Fondateur
André ROBINET

Directeur
Jean-Noël MISSA

Entre modernité et post-modernité, cette collection d'essais a pour vocation première d'encourager des réflexions originales sur l'avenir d'une civilisation caractérisée par l'affontement entre traditions et technosciences.

ÉTHIQUE DES ALGORITHMES ET DE L'INTELLIGENCE ARTIFICIELLE

DERNIERS OUVRAGES PARUS
DANS LA MÊME COLLECTION

GATEAU V., *Pour une philosophie du don d'organes*, 2009.

HOTTOIS G., *Dignité et diversité des hommes*, 2009

QUELQUEJEU B., *Sur les chemins de la non-violence*, 2010

MARCIANO A. et B. TOURRÈS (dir.), *Regards critiques sur le principe de précaution. Le cas des OGM*, 2011.

PERBAL L., *Gènes et comportements à l'ère post-génomique*, 2011.

KUNZ WESTERHOFF D. et M. ATALLAH (dir.), *L'homme-machine et ses avatars. Entre science, philosophie et littérature XVIIe-XXIe siècles*, 2012.

AFEISSA H.-S., *Nouveaux fronts écologiques. Essais d'éthique environnementale et de philosophie animale*, 2012.

HOTTOIS G., *Généalogies philosophique, politique et imaginaire de la technoscience*, 2014.

HOTTOIS G., J.-N. MISSA et L. PERBAL (dir.), *Encyclopédie du transhumanisme et du posthumanisme. L'humain et ses préfixes*, 2015.

MORIZOT B., *Pour une théorie de la rencontre. Hasard et individuation chez Gilbert Simondon*, 2016.

GRESS T. et P. MIRAULT, *La philosophie au risque de l'intelligence extraterrestre*, 2016.

WEYEMBERGH M., *Imaginer l'avenir contre l'absolutisme de la réalité*, 2017.

HOTTOIS G., *Philosophie et idéologies trans/posthumanistes*, 2017.

BAERTSCHI B., *De l'humain augmenté au posthumain*, 2019.

Pour Demain

ÉTHIQUE DES ALGORITHMES ET DE L'INTELLIGENCE ARTIFICIELLE

par

Maël PÉGNY

PARIS
LIBRAIRIE PHILOSOPHIQUE J. VRIN
6 place de la Sorbonne, V e
2024

© *Librairie Philosophique J. VRIN*, 2024

Imprimé en France

ISSN 0180-4847

ISBN 978-2-7116-3186-5

www.vrin.fr

Pour Alexei Grinbaum, maître et ami

ABRÉVIATIONS

ADS	*Automated Decision System*
DL	*Deep Learning*
ERP	*Enterprise Resource Planning*
IA	Intelligence Artificielle
ML	*Machine Learning*
NLP	*Natural Language Processing*
RGPD	Règlement Général sur la Protection des Données
TAL	Traitement Automatique de la Langue (NLP)
XAI	Intelligence artificielle explicable

INTRODUCTION

Si l'on veut mettre en corrélation l'apparition de l'écriture avec certains traits caractéristiques de la civilisation, il faut chercher dans une autre direction [que l'épanouissement intellectuel]. Le seul phénomène qui l'ait fidèlement accompagnée est la formation des cités et des empires, c'est-à-dire l'intégration dans un système politique d'un nombre considérable d'individus et leur hiérarchisation en castes et en classes [...]. Si mon hypothèse est exacte, il faut admettre que la fonction primaire de la communication écrite est de faciliter l'asservissement. L'emploi de l'écriture à des fins désintéressées, en vue de tirer des satisfactions intellectuelles et esthétiques, est un résultat secondaire, si même il ne se réduit pas le plus souvent à un moyen pour renforcer, justifier ou dissimuler l'autre.

Claude Lévi-Strauss, *Tristes Tropiques*

Ces dernières années ont vu une explosion du discours sur les enjeux éthiques des algorithmes, tant dans les espaces médiatique, institutionnel qu'académique. À cette prolifération de discours s'est naturellement adjointe une prolifération terminologique : on parle d'éthique algorithmique, de gouvernance algorithmique, etc.

Parmi l'ensemble très varié des algorithmes, un sous-ensemble particulier monopolise l'attention : il s'agit des algorithmes d'IA, et dans la pratique un sous-ensemble de l'IA, l'apprentissage automatique. On peut bien parler d'une frénésie institutionnelle sur cet enjeu, puisqu'à la création de projets scientifiques et de postes académiques dédiés s'ajoute la signature d'un accord entre la France et le Canada[1], une résolution et une loi dédiés du

---

1. « Le Québec et la France, partenaires stratégiques en intelligence artificielle » Gouvernement du Québec, consulté le 18 janvier 2023, https://www.quebec.ca/nouvelles/actualites/details/le-quebec-et-la-france-partenaires-strategiques-en-intelligence-artificielle.

parlement Européen[1], un vaste ensemble de chartes éthiques[2] et bien d'autres initiatives encore. L'IA fait maintenant partie de ces sujets sur lesquels les institutions doivent s'exprimer, et montrer au moins les signes d'une action dédiée. Mais l'inflation du discours sur l'éthique de l'IA ne doit pas faire oublier la présence d'enjeux éthiques et politiques dans d'autres algorithmes aux caractéristiques techniques et aux contextes d'usage très différents : nous y reviendrons.

Le discours sur les algorithmes en général, et sur les IAs en particulier, attribue sans cesse des propriétés intentionnelles, morales et politiques à ces entités : les algorithmes nous gouvernent, nous surveillent, ils sont racistes, sexistes, classistes, etc. Les algorithmes semblent devenus des acteurs à part entière de notre ontologie sociopolitique, aux côtés d'entités plus familières des sciences sociales comme les individus, les institutions, les organisations ou les cultures. Il semble que ces entités affectent profondément les équilibres politiques préexistants, sans qu'on puisse toujours dire comment et pourquoi.

Ce qui semble susciter une bonne part de ces discussions, c'est l'automatisation, complète ou partielle, de certaines décisions prises auparavant par des êtres humains. Un tel phénomène est difficile à objectiver et à mesurer, d'abord de par son ampleur même, ensuite, et nous y reviendrons, parce qu'il n'est guère aisé d'en définir les contours. Ce qui est incontestable, c'est que ces dernières décennies ont vu la multiplication de l'emploi de systèmes logiciels, notamment venus de l'IA, dans la prise de décisions conséquentes voire sensibles, comme l'octroi d'un prêt ou d'une assurance, le pré-tri des candidatures à un emploi ou de patients susceptibles d'être atteints d'une maladie, la diffusion des campagnes publicitaires ou politiques, l'achat d'une action en bourse, le service client en ligne ou par téléphone, voire même l'identification d'un suspect ou l'évaluation de la dangerosité d'un prévenu. À l'intérieur de cette immense évolution de nos sociétés que l'on nomme l'informatisation, il existerait une évolution particulière, qu'on

---

1. « Une Europe adaptée à l'ère du numérique : Intelligence artificielle », European Commission – European Commission, consulté le 18 janvier 2023, https://ec.europa.eu/commission/presscorner/detail/fr/ip_21_1682, et « Proposition de règlement du Parlement européen et du Conseil établissant des règles harmonisées concernant l'intelligence artificielle (législation sur l'intelligence artificielle) et modifiant certains actes législatifs de l'union », COM/2021/206 final consulté le 4 juin 2024, https://eur-lex.europa.eu/legal-content/FR/TXT/?uri=celex%3A52021PC0206.

2. A. A. Khan *et al.*, « Ethics of AI : A Systematic Literature Review of Principles and Challenges », in *Proceedings of the International Conference on Evaluation and Assessment in Software Engineering 2022*, EASE '22, New York, NY, Association for Computing Machinery, 2022, p. 383-392, https://doi.org/10.1145/3530019.3531329.

appellera l'algorithmisation de la prise de décision. S'il existe à présent une éthique des algorithmes et des IAs, c'est au moins en partie parce que ces algorithmes et ces IAs prennent de plus en plus de décisions qui nous affectent, et qu'on ne peut que s'interroger sur les conséquences éthiques et politiques de cette évolution. Une telle position du problème est assurément encore bien floue et naïve, mais il faut bien commencer quelque part.

Dans le monde académique, les termes d'éthique des algorithmes et d'éthique de l'IA se sont imposés pour désigner un ensemble de problèmes éthiques, politiques et juridiques créés, ou supposés être créés, par l'emploi croissant d'algorithmes en général et de systèmes d'IA en particulier. Le terme d'éthique s'est sans doute juste imposé parce qu'il évoque moins la conflictualité que le terme « politique », et sonne moins technique que le terme « juridique » mais dans les faits la recherche dans ce domaine touche tout autant à la politique et au droit qu'à l'éthique à proprement parler. Nous continuerons à employer le terme établi avec le grain de sel nécessaire lorsqu'il s'agira de désigner l'ensemble des recherches sur la philosophie pratique des algorithmes, sans bien entendu insinuer une réduction de la politique ou du droit à l'éthique.

Pour comprendre ce que les algorithmes et l'IA suscitent de nouveau sans succomber aux sirènes de la mode, il est nécessaire de donner un contexte aux débats récents sur les algorithmes et l'IA. En réalité, nombre des questions et des positions en éthique des algorithmes réactivent des questions et positions venant de traditions intellectuelles bien plus anciennes. Les débats sur l'emploi des algorithmes dans la prise de décision réactivent la tradition intellectuelle sur la bureaucratie et la technocratie ; les discussions sur les réseaux sociaux s'inscrivent dans une longue tradition d'analyse des médias et des forums d'expression ; la discussion des enjeux de responsabilité des véhicules autonomes plonge ses racines dans la longue tradition de la responsabilité industrielle, etc. Il existe donc non pas un, mais plusieurs contextes et traditions intellectuelles dans lesquelles on peut plonger pour comprendre la spécificité des enjeux des algorithmes et de l'IA grâce, et non pas malgré, cet effort de contextualisation historique. Cette remarque élémentaire vient justifier l'emploi de l'approche qui est la mienne, à savoir, selon les appellations, une approche d'épistémologie historique ou d'histoire et de philosophie des sciences intégrées, dans laquelle l'histoire et la philosophie des sciences cherchent à s'enrichir l'une de l'autre dans le respect de leurs différences méthodologiques. Une telle approche ne prétend à aucun monopole ou supériorité dans son application à l'éthique des algorithmes et de l'IA. Mais elle fait l'originalité de cet ouvrage par rapport à une littérature dominée par la philosophie analytique, et elle prétend apporter une pierre nouvelle à la consolidation et la compréhension de ce nouveau champ d'étude, dont je souhaite que l'intérêt soit perçu à travers les différents courants méthodologiques de la philosophie.

Le praticien d'une histoire et d'une philosophie des sciences intégrées que je suis se trouve donc face à un véritable embarras de richesse lorsqu'il s'agit de trouver un contexte intellectuel à l'éthique des algorithmes. Dans le cadre de cet ouvrage, il est impossible de les traiter tous, et il fallait donc bien faire un choix. J'ai décidé de donner priorité à l'inscription de l'éthique des algorithmes dans la pensée critique de la bureaucratie. Si je n'ose prétendre que ce choix fut dépourvu de toute contingence, et encore moins qu'il soit le seul possible, il existe une hypothèse de travail justifiant ce choix tactique qu'il me faut à présent expliquer.

Mon travail sur l'histoire et la philosophie de l'informatique m'avait déjà mené, bien avant que je ne me confronte à l'éthique des algorithmes, à concevoir l'informatique moderne comme un moment dans l'histoire longue des techniques cognitives [1]. Le terme, forgé par le célèbre anthropologue britannique Jack Goody, désigne les techniques dont la fin n'est pas de transformer la matière et l'énergie, mais de soutenir des fonctions mentales comme la communication, la mémorisation et le raisonnement. Les deux premiers exemples de techniques cognitives sont naturellement l'écriture et le calcul, et le travail de Goody a contribué à fonder l'anthropologie de l'écriture, qui étudie l'impact de l'écrit sur l'organisation des sociétés.

La citation de Claude Lévi-Strauss mise en exergue met en évidence une particularité de l'histoire des techniques cognitives, à savoir qu'elles ont été introduites comme des instruments de contrôle social. Si les premières techniques cognitives sont probablement apparues dans les villages du Proche-Orient bien avant l'émergence des premières cités-États [2], elles étaient déjà des instruments de contrôle social, puisqu'elles étaient utilisées à des fins de comptabilité. Ces techniques ont ensuite connu un développement massif dans des sociétés hiérarchisées et centralisées : leur premier

---

1. Je ne prétends pas ici à une quelconque découverte : il s'agit d'une idée assez évidente une fois qu'on connait la littérature en anthropologie des techniques cognitives, et elle est par exemple présente au début de l'ouvrage d'Antoine Garapon and Jean Lassègue, *Justice digitale : révolution graphique et rupture anthropologique*, Paris, Puf, 2018.
2. Pour une introduction simple et accessible à l'état de l'art archéologique sur ces questions, voir D. Graeber, D. Wengrow, *The Dawn of Everything : A New History of Humanity*, London, Penguin, 2021.

effet a été la création de bureaucraties, à savoir d'activités et d'institutions dédiées au contrôle social médié par les techniques cognitives. La suite de leur histoire a vu une grande diversification des usages des techniques cognitives, ainsi qu'une profonde démocratisation de leur maîtrise. Il n'en reste pas moins que sur le temps long, les usages bureaucratiques de ces techniques sont demeurés un de leurs usages dominants. Il n'est donc pas faux de dire que les techniques cognitives sont des techniques bureau-cratiques, si on n'entend par là non pas une quelconque caractérisation essentialiste de ces techniques ou une prétendue loi de l'histoire, mais un constat rétrospectif sur les usages.

Un tel constat justifie une conjecture, que j'appellerai l'hypothèse de long terme : toute modification importante des techniques cognitives est vouée à avoir un impact significatif sur les modalités du contrôle social effectué par les organisations bureaucratiques. Cette hypothèse, comme nombre d'hypothèses, ne tombe pas du ciel, et est formulée avec un œil sur le phénomène que l'on souhaite expliquer. Le phénomène en question est naturellement le développement du capitalisme de surveillance. Ce dernier, qui est devenu durant ces deux dernières décennies une des formes dominantes de l'industrie informatique, et du capitalisme tout court, est fondé sur un renouveau des modalités du contrôle bureaucratique des institutions sur les individus, impulsé par un changement d'échelle de la collecte et l'exploitation des données, ainsi que sur une promesse de personnalisation du contrôle offerte par le profilage et les messages customisés.

Une telle perspective de temps long à l'avantage de permettre de thématiser non seulement l'algorithmisation en général, mais les modèles d'IA en particulier. Ceux-ci jouent en effet un rôle particulier dans les évolutions les plus récentes du capitalisme de surveillance. Ils offrent en effet nombre des ressources permettant, ou à tout le moins promettant, d'extraire des masses de données des informations d'intérêt pour les organisations bureaucratiques. En particulier, l'IA est au cœur des efforts de profilage, et de la promesse alléchante pour certaines institutions d'offrir une connaissance prédictive des individus à partir de leurs traces numériques. En outre, l'IA est, ou prétend être, une forme de programmation différente des autres branches de l'informatique. La littérature récente en éthique de l'IA insiste beaucoup sur la singularité de l'IA récente, en particulier sur la singularité des modèles d'apprentissage automatique qui ont joué un rôle si important dans le renouveau récent du domaine. Là encore, placer la discussion de ces propriétés dans le contexte de la prise de décision bureaucratique nous semble prometteur pour nombre de questions pressantes, notamment la discussion des problèmes d'équité posés par l'emploi d'algorithmes.

Je mentirais à mes lecteurs si je prétendais que mon intérêt pour l'éthique des algorithmes n'a pas été motivé par une inquiétude proprement politique, à savoir que l'explosion des nouvelles techniques cognitives numériques soit l'opportunité d'une explosion de nouvelles formes de contrôle social, comme l'illustre déjà le capitalisme de surveillance existant. Pour toute personne attachée aux libertés publiques et au respect de la vie privée, il est difficile d'échapper à la conclusion que ces deux dernières décennies illustrent de manière frappante comment le progrès technologique peut s'accompagner d'une régression politique majeure. Pour citer Bruce Schneier, nous vivons dans l'âge d'or de la surveillance : jamais les organisations bureaucratiques n'ont disposé d'autant d'informations sur les individus, et d'autant de canaux d'influence sur eux. Ce n'était pas l'âge d'or que les thuriféraires du progrès informatique nous avaient promis, et il est temps de s'interroger sur les raisons qui nous ont fait en arriver là.

J'ai cependant conscience qu'une telle orientation risquait de faire basculer mon travail dans une légende noire de la technique, qui me laissait sceptique pour deux raisons essentielles. La première est que je ne vise pas à nier l'existence des expériences positives de la technique, qu'elle soit le fait des scientifiques, des ingénieurs ou des utilisateurs profanes. À tous ceux qui ont pu faire l'expérience d'une expansion bienheureuse de leur expérience intellectuelle et sociale par le biais des technologies numériques, je ne peux que dire que mon rôle n'est pas tant de faire une description générale des évolutions impulsées par la numérisation, que d'appuyer là où cela fait mal. La seconde est plus importante encore, car elle tient à mon scepticisme à l'égard de l'existence de la technique comme champ autonome, au développement purement endogène, qui déterminerait, pour le meilleur ou pour le pire, ce qu'il advient de nos sociétés. La citation de Lévi-Strauss a ainsi l'avantage de rendre évident un autre fait majeur de l'histoire des techniques cognitives, qui me semble d'une grande importance méthodologique. Personne n'irait aujourd'hui prétendre que l'écriture est par essence une technologie de contrôle social, et que la seule option politiquement viable serait celle de sa suppression. Pourtant, un penseur critique de l'écriture de la Mésopotamie antique, qui aurait analysé l'usage de l'écriture dans son premier demi-millénaire, n'aurait pas eu tort s'il avait assimilé l'écriture à une pure technique de contrôle bureaucratique. Mais une position qui assimilerait l'écriture à une pure technique de contrôle social nous semblerait aberrante, parce qu'elle généraliserait indûment des traits historiques particuliers à la configuration d'apparition de cette technique. Ceci est dû à une évolution majeure de son usage : de privilège d'une petite minorité d'hommes au service du pouvoir central, elle est devenue une technique virtuellement maîtrisée par tous dans les pays développés et dans nombre de pays en développement, et cette diffusion universelle a largement contribué à bouleverser le paysage des pratiques intellectuelles et politiques. Ceci vient montrer que ce que l'on nomme souvent « technique » est en réalité un complexe sociotechnique dont l'évolution est loin d'être uniquement déterminée par les seules caractéristiques intrinsèques du dispositif technique, et que c'est ce complexe qui doit être l'objet de notre attention.

Il convient donc de sortir de l'opposition caricaturale, extrêmement présente dans la littérature spécialisée comme dans le discours public, entre « technique » et « société », comme si l'on avait affaire à deux entités séparées alors qu'on a bien affaire à un véritable co-engendrement des deux termes de la discussion. Les sciences sociales ont abondamment critiqué la constitution de l'économie comme un champ autonome de la recherche académique et de la vie sociale, qui obéirait à un développement purement endogène qui serait séparé, ou devrait être séparé, de la « politique ». Il me semble qu'une pensée critique de la technique se doit d'accomplir un travail similaire de critique de la constitution de la technique comme un objet autonome qui déterminerait l'évolution de la « société ». Il convient de critiquer la mythologie du progrès et de la neutralité de la technique non par une contre-mythologie des dégâts de la technique, mais par une analyse historique et philosophique de la manière dont on délimite les territoires respectifs du technique et du social, et dont cette délimitation vient influer la position des problèmes. Il s'agit pour nous de faire remonter à la surface les évolutions proprement éthiques, politiques et juridiques qui se dissimulent sous le nom de « technique ». Seule une telle analyse nous semble à même non seulement de formuler une théorie solide des évolutions technologiques, et de servir de point d'appui à la réflexion politique. Notre perspective de long terme, qui plonge d'emblée la technique dans une longue tradition de réflexion politique sur les relations entre institutions et individus, nous semble permettre d'échapper à toute réduction simpliste des évolutions politiques à l'influence irrésistible de la technique.

Pour conclure sur ce point, cet ouvrage fait le pari de donner priorité à la conception de l'algorithmisation comme une bureaucratisation, c'est-à-dire à penser l'emploi croissant d'algorithmes comme un moment dans l'histoire de la bureaucratie. Il ne s'agit pas de prétendre que toute l'éthique des algorithmes se réduit à un tel point de vue, loin s'en faut. Mon espoir, plus précis et plus modeste, est qu'un tel point de vue permettra de livrer des outils conceptuels qui se montreront utiles à ceux qui veulent adopter d'autres points de vue, poser d'autres questions, et plonger l'éthique des algorithmes dans d'autres traditions intellectuelles. Pour paraphraser Novalis, cette hypothèse est un filet jeté à la mer, et l'on jugera de la qualité du lancer par la qualité de la pêche.

Une fois posée cette hypothèse de travail, il me faut encore préciser pour quel public cet ouvrage a été conçu, et d'en justifier la structure. Ce livre a vu le jour comme le prolongement d'un enseignement à des étudiants de Master de philosophie. De ce contexte introductif et pédagogique, j'ai souhaité conserver une présentation des enjeux qui ne soient pas restreinte aux seuls spécialistes. Il s'agit là d'une contrainte forte : elle impose de faire ressortir les concepts, questions et positions les plus structurantes pour notre approche plutôt qu'à faire vœu d'exhaustivité et d'encyclopédisme. Ceci impose souvent de s'arrêter à la position des problèmes plutôt qu'à articuler des prises de position éthique ou politique complète. Ceci ne signifie pas que cet ouvrage prétende à une quelconque neutralité politique : on n'écrit pas un ouvrage d'éthique pour être au-dessus de la mêlée, mais pour y entrer. Cet ouvrage ne prétend qu'à la rigueur intellectuelle, qui n'entretient aucune relation simple avec la soi-disant neutralité. Mais cette rigueur impose de ne pas énoncer des positions qu'on n'a pas eu le temps de justifier avec soin, et je ne prends donc position sur certains débats que lorsque la position rigoureuse du problème me semble permettre d'atteindre très rapidement une prise de position sur sa résolution, comme c'est le cas par exemple pour la reconnaissance faciale dans l'espace public.

Je serai très heureux s'il pouvait être lu par les journalistes, militants et par le grand public cultivé intéressés par ces questions. À cette fin, j'ai tâché de donner une présentation des enjeux qui ne monte pas trop rapidement en abstraction philosophique. Il est cependant très difficile de faire à la fois une recherche pointue sur un champ foisonnant et la vulgarisation de cette recherche, surtout lorsqu'on n'a guère d'expérience de la communication au grand public. Si je ne peux prétendre avoir rédigé un ouvrage aisé, j'espère ne pas l'avoir rendu inutilement difficile.

Mais cet ouvrage n'est pas un manuel, ou un ouvrage académique d'introduction. Il est un ouvrage de recherche, destiné au public expert des nombreux philosophes, informaticiennes, spécialistes des diverses branches des sciences sociales et juristes, qui tous s'intéressent à ces enjeux. La recherche académique sur l'éthique des algorithmes et de l'IA est non seulement un champ très jeune et très liquide, dont il est difficile de prétendre qu'il contient un champ de connaissances bien consolidé, mais surtout un champ dont la délimitation et l'interprétation pose problème. En outre, l'expansion de la littérature a suivi ces dernières années un rythme frénétique, qui fait d'un « simple » état de l'art une tâche redoutablement difficile. Comme le savent bien les chercheurs, on fait souvent un cours sur un nouveau domaine de recherche pour soi-même, pour prendre du recul sur la croissance effrénée et anarchique de la littérature, et pour s'offrir la possibilité de s'interroger sur la délimitation et la structuration du champ. Après plusieurs années d'expansion explosive, le champ de l'éthique des algorithmes a atteint ce stade du nécessaire rapport d'étape.

D'un point de vue théorique, la constitution institutionnelle de l'éthique des algorithmes en général, et de l'éthique de l'IA en particulier, ne me paraît pas être une hypothèse allant de soi. Comme il ne suffit pas d'imprimer de la monnaie pour créer de la richesse, il ne suffit pas de multiplier les discours répondant à des incitations institutionnelles pour produire de la connaissance. Avant que de s'aventurer dans ce thème d'actualité, il convient de faire montre d'un scepticisme de méthode, et de se demander si l'éthique des algorithmes en général, et celle de l'IA en particulier, sont des objets bien définis, et si elles posent des problèmes véritablement nouveaux. Là aussi, il m'a semblé qu'une approche intégrant histoire et philosophie exclut d'emblée de prendre l'objet de l'enquête comme une évidence en s'inter-rogeant sur son processus de constitution historique, et en permettant d'inclure dans cet objet les algorithmes eux-mêmes et les représentations construites à leur sujet, qui comprennent les représentations académiques. Si le mérite d'une telle approche n'est pas exclusif des mérites des autres, elle me semble offrir un contre-point intéressant à un champ dominé par les approches de l'éthique analytique, qui sont moins coutumières de l'emploi de la méthode historique comme outil de la connaissance critique. J'espère donc que cet ouvrage permettra à nombre de chercheurs du domaine de prendre une respiration bienvenue, et de contempler leur champ d'un point de vue frais.

Une particularité historique des approches intégrant philosophie et histoire est l'importance accordée aux études de cas. Cette particularité n'a cependant plus vraiment cours, puisque la philosophie analytique des sciences a pris un intérêt grandissant pour la description des pratiques scientifiques qui y a rendu les études de cas parfaitement banales durant ces dernières décennies. Ce qui est plus spécifique à cet ouvrage, c'est de mélanger les études de cas sur l'IA et sur d'autres types d'algorithmes dans une approche résolument comparatiste. L'éthique de l'IA n'est pas un empire dans un empire, mais la constitution extrêmement rapide du champ sous des incitations institutionnelles très fortes à contribuer à un isolement indu des recherches sur l'IA. Je ne compte plus les fois où j'ai entendu des chercheurs du domaine tenir des propos sur l'IA qui, si intéressant fussent-ils, auraient pu tout aussi bien être tenus pour n'importe quel algorithme, voire pour n'importe quelle procédure bureaucratique. Si nous voulons comprendre le phénomène de l'algorithmisation, et le rôle particulier de l'IA dans ce phénomène, il est crucial de comparer les techniques récentes de l'IA avec des algorithmes plus classiques. C'est la raison pour laquelle nous comparerons systématiquement nos exemples d'IA avec des exemples d'autres algorithmes employés pour des tâches similaires. Là encore, cet élargissement de la focale ne vise pas à nier la spécificité de l'IA, mais à prendre les mesures méthodologiques nécessaires pour la capturer. L'étude de la pratique concrète de l'algorithmisation est une tâche titanesque qui ne saurait être effectuée par un seul homme, et cet ouvrage ne peut contenir que quelques coups de sonde stratégiques, et quelques conclusions provisoires : j'espère fortement que cette démarche comparatiste sera adoptée par de nombreux chercheurs et chercheuses du domaine.

Le premier chapitre est consacré à la présentation détaillée de notre hypothèse de travail, que nous n'avons pu qu'esquisser dans cette introduction. Le second chapitre est consacré à une vulgarisation de certains enjeux techniques de l'apprentissage automatique (*Machine Learning*, ML). Il s'agit ici de faire comprendre à un non-spécialiste en quoi les modèles de ML constituent un nouveau paradigme de la programmation, de la modélisation et de la simulation, qui vient prolonger et modifier les pratiques scientifiques et techniques existantes. Une attention particulière sera consacrée à une question centrale de la discussion du ML, à savoir la supposée opacité de ces modèles.

Les deux premiers chapitres sont donc consacrés à la définition du cadre méthodologique et conceptuel du travail, ainsi qu'à la pédagogie et concep-tualisation scientifique des connaissances techniques nécessaires. Reste ensuite à déterminer le parcours suivi dans les enjeux éthiques. Le chercheur se retrouve ici face à un véritable embarras de richesses, tant la discussion de l'éthique des algorithmes s'est déjà étendue dans des directions multiples. L'IA en particulier pose des problèmes redoutables de cadrage. Mais deux thèmes classiques de la littérature actuelle se sont imposés à nous, de par leur relation profonde avec la tradition de réflexion sur la bureaucratie, à savoir les questions d'équité et de respect de la vie privée. L'interrogation sur le respect de la vie privée des personnes face à la volonté de savoir des grandes organisations bureaucratiques est très ancienne, tout comme l'est la réalisation que les moyens informatiques pouvaient décupler les capacités intrusives de ces institutions. La relation avec la question de l'équité pourrait paraître moins évidente à certains lecteurs. C'est pourtant elle qui en premier nous a fait réaliser l'importance de replacer l'éthique des algorithmes, et en tout particulier de l'IA, dans la tradition de discussion de la bureaucratie. Au cours de mes travaux, il m'est apparu assez vite que la discussion sur les mérites de l'automatisation informatique de la prise de décision réactivait des positions et arguments familiers des partisans de la bureaucratisation de la décision, notamment l'hypothèse que la diminution de la part discrétionnaire de la décision humaine aboutit à une décision plus objective, et donc fondamentalement plus équitable. Ces positions et arguments sont si fréquents qu'ils ont fini par rendre évident à mes yeux que l'algorithmisation devait être pensée comme un moment de la bureaucratisation, et l'émergence d'une littérature sophistiquée sur la conception équitable des algorithmes (*fairness by design*) ne pouvait que renforcer cette hypothèse. Nos deux derniers chapitres, les plus conséquents, sont donc consacrés aux thèmes de l'équité et du respect de la vie privée dans la prise de décision algorithmique.

Si l'inclusion de ces deux thèmes ne faisait aucun doute, s'arrêter là n'a pas été sans difficultés, ni sans regrets. Il m'a parfois fallu me faire violence pour poser la plume, non seulement pour contenir la taille de l'ouvrage, mais aussi parce que je souhaitais bénéficier des réactions du public aux fondamentaux de mon approche avant de l'étendre à d'autres domaines où la pensée de la bureaucratie devra nécessairement se confronter à d'autres traditions intellectuelles de grande envergure. Cette confrontation devra attendre un autre ouvrage, si celui-ci ne se fait pas trop donner les verges.

L'ALGORITHMISATION
COMME MOMENT DE LA BUREAUCRATISATION

DU SYNDROME SKYNET AU ML MODERNE

Oublier les problèmes hypothétiques du futur pour affronter les problèmes réels du présent

L'objet de ce premier chapitre est de délimiter ce nouveau domaine de recherche qu'est l'éthique de l'IA, de discuter de son sens, de préciser notre approche générale et les limitations particulières à cet ouvrage. Nous commencerons par écarter certains malentendus créés par la fiction sur la nature des problèmes posés par l'IA, et nous interrogerons sur la nouveauté des problèmes posés par l'éthique des algorithmes et les traditions intellectuelles pertinentes dans lequel ce champ se doit de puiser. Ayant fait le choix résolu d'aller chercher l'inspiration dans la tradition d'analyse de la bureaucratie, nous nous livrerons à une brève introduction aux éléments pertinents de cette littérature[1]. Nous verrons en particulier que la discussion de l'automatisation algorithmique des décisions, essentielle aux débats récents sur l'IA, doit être conçue comme moment de la bureaucratisation[2]. Enfin, nous exposerons les difficultés concrètes auxquels fait face le processus d'algorithmisation de la décision, non seulement pour écarter une vision trop simpliste de ce processus, mais parce que ces limitations sont cruciales pour comprendre les spécificités de l'IA moderne, et les nouveaux problèmes que celle-ci pose à la bureaucratisation de la décision[3].

---

1. « Éléments d'histoire et de philosophie de la bureaucratie », p. 30.
2. « L'algorithmisation comme moment de la bureaucratisation », p. 52.
3. « Conclusion », p. 74.

Aucun enseignement sur l'IA ne peut se déployer dans le vide. Il doit faire aux attentes considérables créées par le mythe de l'IA dite générale. Ce terme désigne la possibilité de construire un système hautement autonome, capable d'une intelligence polyvalente comme l'être humain, voire de volition et d'émotion. Dans les représentations fictionnelles comme dans certains discours publics, la discussion de l'IA générale est dominée par la possibilité qu'elle puisse échapper à notre contrôle, et finir par nous dominer voire nous éradiquer en tant qu'espèce, ce que nous appellerons ici « le syndrome Skynet ». Ces attentes sont notamment créées dans le grand public par l'exposition massive à la mythologie ancienne comme aux œuvres de la science-fiction littéraire et cinématographique contemporaine, de Pygmalion à *Metropolis*, du Golem à *Blade Runner*, de Frankenstein et Philippe K. Dick à *Terminator* et *Her*. Toutes ces œuvres anciennes et modernes ont normalisé l'interrogation sur la créature anthropomorphe échappant à son créateur, à laquelle les évolutions scientifiques et techniques ont donné la forme d'une IA générale dotée des propriétés mentales les plus fortes. Cette situation fictive crée un double problème moral, celui du respect de ce nouvel Autrui créé par la technologie, ou du manque de respect qu'il pourrait avoir à notre égard. Les œuvres oscillent ainsi entre la peur des mauvais traitements infligés à ces nouveaux êtres moraux par des êtres humains les réduisant à un statut d'outils, et la peur de la domination de l'espèce humaine par l'ancienne créature devenue maîtresse de son créateur. La fabrication d'un être sensible semble donc être une éventualité qui travaille en profondeur la culture occidentale – et peut-être d'autres – depuis l'Antiquité, bien au-delà des possibilités effectives offertes par la technologie. La conversation sur l'IA moderne est donc condamnée à s'effectuer avec en arrière-plan ce fond culturel, qui peut servir d'inspiration mais aussi venir perturber la perception des enjeux de notre présent.

Si le lecteur nous pardonne de nous aventurer brièvement dans un sujet qui mérite les travaux les plus sérieux, il est possible que la fascination pour cette éventualité ait des racines anthropologiques profondes. D'après l'anthropologue Philippe Descola, la distinction entre esprit et matière, ou « physicalité » et « intentionnalité » dans sa terminologie, est un universel anthropologique[1]. Toutes les cultures humaines reconnaissent cette distinction, mais la distribution de l'intentionnalité et de la physicalité parmi les êtres varie grandement en fonction des cultures. Là où certaines cultures animistes attribuent une âme à des animaux ou des plantes, où les cultures totémiques partagent une forme de substance corporelle et spirituelle

---

1. Ph. Descola, *Par-Delà Nature et Culture*, vol. 1, Paris, Gallimard, 2005.

entre des classes d'être, la culture occidentale ne reconnaît la présence de l'intentionnalité que chez les humains. Toute variation dans la distribution de l'intentionnalité parmi les êtres du monde dans une culture donnée est donc vouée à bouleverser cette culture : comme les objets que nous fabriquons n'ont normalement pas d'esprit, l'éventualité d'un être fabriqué mais sensible vient semer le trouble dans notre ontologie. Il n'est donc pas étonnant que cette possibilité fascine, qu'elle soit réaliste ou non.

Car le problème est bien là : à court terme, cette éventualité n'a rien de réaliste. Il existe des scientifiques croyant en la possibilité d'une IA polyvalente comme l'esprit humain, souvent nommée « IA générale », tout comme il existe des sceptiques durs[1]. Comme nous le reverrons dans notre chapitre suivant, on peut même qualifier l'IA générale d'utopie scientifique fondatrice du domaine de l'IA. Dès l'article fondateur de Turing en 1947[2], celui-ci envisage la possibilité d'une machine intelligente, et conçoit même un test pour en reconnaître l'existence. Cette utopie scientifique était présente parmi les premiers spécialistes du domaine dès les années 50[3]. Las, les réalisations effectives sont tombées très loin d'une telle cible. L'IA générale fait partie de ces choses dont on annonce sans cesse l'existence, bien que les potentialités présentes ne laissent rien deviner de bien net. On peut en outre s'interroger sur la bonne position du problème : qu'est-ce vraiment qu'un être intelligent, conscient, autonome, et comment en reconnaîtrait-on l'existence[4] ? Ce qui est certain, c'est qu'il n'existe aucun

1. Pour une vaste enquête sur l'état de la communauté sur cette question, voir « WHAT DO YOU THINK ABOUT MACHINES THAT THINK ? | Edge.org », consulté le 6 décembre 2021, https://www.edge.org/annual-question/what-do-you-think-about-machines-that-think.

2. A. Turing, « Computing Machinery and Intelligence », *Mind* 59, n° 236, 1950, p. 433-460.

3. Les premiers acteurs du champ ne partirent bien sûr pas tous de la même position, ni ne connurent ensuite les mêmes trajectoires. Dès la conférence de Dartmouth, John MacCarthy avait exprimé l'espoir que toute intelligence puisse, à tout le moins en principe, être simulée par une machine, avant d'admettre plus tard que l'IA s'était montrée bien plus dure que ce qu'il pensait. Newell, après avoir été réticent face à l'appellation même d'Intelligence Artificielle, a fini par déclarer que le champ finirait par mériter son nom. Pour toutes ces références, voir le chapitre III de N. J. Nilsson, *The Quest for Artificial Intelligence*, Cambridge, Cambridge University Press, 2009.

4. Le professeur Stuart Russell a ainsi déclaré en 2015 « personne n'a la moindre idée de comment construire une machine consciente, pas la moindre. Nous en savons moins sur ceci que nous en savons sur la construction d'un vaisseau spatial plus rapide que la lumière » (nous traduisons). Dans la même entrevue, il déclare également que la possibilité d'une machine intelligente est bien différente de la possibilité d'une machine consciente. « AI Robots Don't Need to Be Conscious to Become Human Enemies », consulté le 13 décembre 2021, https://www.businessinsider.com/artificial-intelligence-machine-consciousness-expert-stuart-russell-future-ai-2015-7.

programme de recherche bien défini permettant de promettre la construction d'une telle IA dans un horizon temporel raisonnable comme une ou deux décennies. Les systèmes d'IA existants s'inscrivent dans ce qu'on appelle par contraste l'IA faible, soit des systèmes dédiés à des tâches spécialisées, et ne présentant pas la moindre prémisse d'émotion, de volition, de conscience, ou d'un autre de ces états mentaux complexes associés à l'IA générale. L'écart est souvent comique entre les attentes créées par le syndrome Skynet et les limitations et difficultés concrètes rencontrées par la véritable IA, entre les robots marcheurs qui s'effondrent lourdement à la première difficulté et les voitures autonomes qui percutent un obstacle sans même en reconnaître la présence[1]. Pour les enthousiastes, nous pourrions arriver à la « singularité », le moment où les machines intelligentes feront leur apparition, enclenchant une accélération exponentielle du progrès technologique et un tournant majeur dans l'histoire de l'humanité[2]. Pour les sceptiques, l'IA générale fait partie de ces choses qui doivent arriver dans vingt ans depuis soixante-dix ans : elle fait partie du futur, mais semble vouer à y demeurer.

La réflexion éthique est soumise à une contrainte métaéthique particulière, ce que la terminologie bureaucratique appelle la réactivité, et que nous appellerons plutôt la pertinence au présent. La réflexion morale a le devoir proprement éthique d'être pertinente pour les problèmes auxquels nous faisons face aujourd'hui : il n'est pas très utile de se lancer de nos jours dans la critique de la monarchie absolue, ou de s'interroger sur les enjeux moraux du voyage interstellaire. En se centrant sur les enjeux éthiques de l'IA générale, cet ouvrage commettrait une faute, qui consisterait à parler de problèmes que nous n'aurons peut-être jamais, au lieu de parler des problèmes urgents auxquels nous faisons face. L'algorithmisation, et en particulier le ML, est en train de refaçonner en profondeur notre économie, notre espace médiatique, le fonctionnement de nos institutions bureaucratiques, notre ordre juridique, nos relations personnelles, et peut-être même nos

1. « Tesla Says Autopilot Makes Its Cars Safer. Crash Victims Say It Kills. – The New York Times », consulté le 13 décembre 2021, https://www.nytimes.com/2021/07/05/business/tesla-autopilot-lawsuits-safety.html. Pour un ouvrage accessible donnant nombre d'échecs de l'IA actuelle, voir M. Broussard, *Artificial Unintelligence : How Computers Misunderstand the World*, Cambridge (Mass.), The MIT Press, 2018.

2. V. Vinge, « The Coming Technological Singularity », in *Vision-21 : Interdisciplinary Science & Engineering in the Era of CyberSpace, Proceedings of a Symposium Held at NASA Lewis Research Center*, 2007 ; R. Kurzweil, *The Singularity Is near : When Humans Transcend Biology*, London, Penguin, 2005 ; N. Bostrom, *Superintelligence*, Paris, Dunod, 2017.

personnes. Parmi ces évolutions profondes, dont toutes ne sont évidemment pas négatives, il en est qui menacent la juste orientation de notre économie, la nature démocratique de nos sociétés, et les droits les plus fondamentaux des individus. Il est temps de faire face aux aspects dystopiques de notre présent, plutôt qu'à une éventuelle dystopie future : sans cette pertinence au présent, la réflexion en éthique des algorithmes risquerait de ressembler aux légendaires discussions byzantines sur le sexe des anges pendant que les troupes ottomanes assiégeaient Constantinople.

Nous faisons donc le choix résolu et pleinement assumé de décevoir les attentes des lecteurs désirant une discussion de l'IA générale, parce que ces attentes sont profondément mal formées par une surexposition à une mythologie déconnectée de l'état de l'art technologique et par une sous-exposition à la véritable actualité et aux véritables horizons technologiques. Loin de nous l'idée de suggérer que la littérature philosophique sur l'IA générale est dépourvue de tout intérêt : l'inspiration par la mythologie et la spéculation n'est pas toujours néfaste, et rien n'interdit à ces réflexions, dont certaines sont devenues des classiques[1], de révéler des idées du plus grand intérêt même si l'IA générale ne devenait jamais une réalité. Nous ne prenons pas non plus position sur ce dernier point. Il ne s'agit pas pour nous d'affirmer que l'IA générale est impossible, ce qui nous engagerait précisément dans le débat que nous souhaitons esquiver, mais plutôt d'affirmer l'évidence qu'elle ne constitue pas un horizon technologique proche, et qu'entretemps le développement courant de l'IA, et les horizons technologiques immédiats, représentent des défis à la fois théoriques et pratiques considérables, dont la discussion peut et doit se déployer indépendamment des considérations sur l'IA générale. Dans le cadre de cet ouvrage, il nous semble donc naturel de ne pas parler d'une éventuelle IA générale, pour mieux parler de l'IA sous nos yeux. Reste à préciser maintenant ce dont nous allons effectivement parler.

---

1. On pensera naturellement au célèbre « argument de la chambre chinoise » de John Searle contre la possibilité de machines pensantes (J. R. Searle, « Is the Brain's Mind a Computer Program? », *Scientific American* 262, n° 1, 1990, P. 25-31.), à sa critique par Daniel Dennett (D. C. Dennett, *Intuition Pumps and Other Tools for Thinking*, New York, W. W. Norton & Company, 2013), tout comme à des critiques classiques de l'IA comme H. L. Dreyfus, *What Computers Still Can't Do : A Critique of Artificial Reason*, Cambridge (Mass.), The MIT Press, 1992.

L'espace des problèmes : du vin vieux dans des outres neuves ?

Il ne suffit pas d'ajouter un objet, même convenablement défini, à son ontologie pour créer un nouvel espace de problèmes et d'hypothèses de recherche. À bien des égards, la pertinence même d'une extension ontologique dépend largement de l'existence de problèmes nouveaux à résoudre qui exigent l'identification d'un tel objet. La question se pose donc : les algorithmes et l'IA, et le phénomène d'algorithmisation de la décision que nous avons évoqué en introduction, posent-ils des problèmes nouveaux ? Nous poserons évidemment cette question dans l'approche d'histoire et de philosophie intégrée qui est la nôtre, en mêlant intimement conceptuali-sation et périodisation des phénomènes historiques d'une part et articulation de leurs enjeux philosophiques d'autre part.

À la lecture de certains écrits et à l'écoute de certains débats, il est permis de faire preuve d'un scepticisme de bon aloi face à la nouveauté *philosophique* de l'IA. Tout au long de ce travail, nous allons sans cesse trouver des antécédents historiques aux évolutions et aux questions aujourd'hui comprises comme des problèmes des algorithmes ou de l'IA. Nombre d'entre elles font en réalité partie d'une histoire ancienne de la philosophie politique, qu'il s'agisse de la critique de la bureaucratie, du management et de la technocratie, ou de la philosophie du droit. C'est ce qui justifie d'adopter une posture sceptique de méthode face à la présomption de nouveauté que l'on trouve trop souvent, même de manière implicite, dans les débats sur les algorithmes et l'IA.

Il nous faut insister ici sur le caractère méthodologique de cette posture sceptique. Il ne s'agit pas d'adopter une posture blasée de demi-habile, trop souvent affectionnée par le snobisme intellectuel, qui consisterait à être trop malin pour adopter l'opinion dominante. Il ne s'agit pas non plus de sombrer dans un continuisme historique plat qui, parce qu'il est capable, comme on pouvait s'y attendre, de voir des sources historiques aux phénomènes vus comme nouveaux, est incapable de voir toute nouveauté, et se contente de proclamer avec détachement, face au fracas des discours à la mode, que rien de neuf ne luit sous le soleil. Durant ces deux dernières décennies, la capacité des États et entreprises à collecter, stocker et traiter les données des citoyens et consommateurs a tout simplement explosé, pour atteindre une échelle sans précédent dans l'histoire de l'humanité[1]. La généralisation des capteurs et puces intégrés aux infrastructures industrielles comme aux objets du quotidien, les objets connectés, le transfert

---

1. Voir « La surveillance ubiquitaire en ligne et hors ligne », p. 270.

massif des activités sociales sur Internet, la diffusion des smartphones et du Wifi, les messageries non-sécurisées, la construction de bases de données, d'infrastructures informatiques et d'outils de recherche et de traitement dédiés a permis cette extension historique de la collecte des données. À l'heure où j'écris ces lignes, il est probable que chacun de leurs futurs lectrices et lecteurs fait déjà l'objet de la collecte de milliers de points de données par jour. Face à une expansion si explosive d'un phénomène sociotechnique, il est naturel de supposer en première approche que le saut quantitatif est un saut qualitatif : *more is different*. Et ce d'autant plus qu'à cette explosion de la collecte s'est combinée une révolution du traitement, largement menée par le renouveau de l'IA. On a là affaire à un tournant majeur dans l'histoire d'une discipline scientifique, qui engendre une série d'innovations techniques traversant un grand nombre de secteurs d'activité. Si je ne souhaite pas discuter ici de la pertinence du terme « révolution industrielle » pour cette vague d'innovations, tant le terme a été galvaudé [1], il n'est guère discutable que ce tournant technologique est aussi un tournant économique remarquable.

Tout ceci justifie l'attention des sciences sociales et de la philosophie, ainsi que la recherche de ce que ces phénomènes ont de nouveau. Mais il s'agit ici de ne pas préjuger de la forme de cette nouveauté, et de présupposer de façon complaisante que parce qu'on parle d'un phénomène nouveau, on parvient à dire quelque chose de nouveau. Parvenir à comprendre la singularité d'un nouveau phénomène historique, et à conceptualiser les problèmes philosophiques qu'il pose, ne peuvent être que les résultats du travail, et non leur point de départ. Si nous recherchons systématiquement les prémisses des problèmes posés aujourd'hui, ce n'est pas pour leur nier *a priori* toute nouveauté, mais pour la comprendre de la seule manière qu'elle puisse être comprise, à savoir sur le fond de leur contexte historique et de leurs processus de formation. Dans notre perspective d'épistémologie historique, la contextualisation et l'étude de la constitution ne sont pas les ennemies de la conceptualisation philosophique de la nouveauté, mais un outil indispensable à son service.

Par conséquent, nous allons essayer de présenter ici quelques-uns des traditions intellectuelles les plus fréquemment remobilisées, parfois de manière inconsciente, dans les débats récents sur les algorithmes et l'IA,

---

1. Comme me l'a aimablement fait remarquer Julien Villain, le concept avait pourtant fait l'objet d'un travail de définition avancée par l'un de ses premiers promoteurs dans P. Mantoux, *La Révolution industrielle au XVIIIe siècle : Essai sur les commencements de la grande industrie moderne en Angleterre*, Paris, Société nouvelle de librairie et d'édition (G. Bellais), 1906.

en particulier sur la prise de décision algorithmique. Il ne s'agit pas ici de prétendre à l'exhaustivité, mais de signaler les héritages intellectuels que nous croiserons et utiliserons le plus souvent tout au long de cet ouvrage, et qui peuvent être d'un grand secours pour nombre de problématiques actuelles.

ÉLÉMENTS D'HISTOIRE ET DE PHILOSOPHIE DE LA BUREAUCRATIE

La bureaucratie comme pouvoir scribal

Lorsqu'elle se penche, comme c'est le cas dans cet ouvrage, sur l'automatisation de la décision, l'une des grandes sources dans laquelle l'éthique des algorithmes peut et doit puiser est l'analyse historique et la pensée critique de la bureaucratie. Il s'agit là à la fois d'une thèse méthodologique, affirmant que la littérature sur ces formes de pouvoir constitue des sources d'inspiration utiles au chercheur en éthique des algorithmes et de l'IA, mais aussi d'une thèse historique, affirmant que l'algorithmisation des décisions peut être conçue comme le vecteur d'une nouvelle phase de la bureaucratisation des sociétés modernes.

Avant de nous pencher sur cette tradition, il nous faut examiner la difficile question de la délimitation de son objet. La bureaucratie est en effet un vaste phénomène historique aux contours changeants, et ses différentes conceptions, lorsqu'elles sont douées de sens, peuvent correspondre à différents moments du phénomène bureaucratique. Puisque nous allons défendre l'idée que l'algorithmisation de la prise de décision participe d'un nouveau moment du phénomène bureaucratique, il nous faut prendre le temps de bien poser nos marques. Celles-ci ne pourront être que grossières pour les historiens de ces phénomènes. Mais ces pages sont avant tout destinées à nos lectrices et lecteurs qui sont peu familiers de la démarche historique, afin de leur montrer la complexité des constructions historiques qui se cachent derrière les concepts que nous pourrons employer pour parler de l'algorithmisation de la décision. Loin d'être un simple constat documentaire, la prise de conscience de ces constructions historiques doit éclairer ces concepts d'un jour nouveau, et permettre ainsi une théorisation plus fine du phénomène contemporain d'algorithmisation.

Dans un sens large, la bureaucratie est aussi ancienne que les royaumes administrés à l'aide de l'écriture, et remonte donc à la fin du IVe millénaire avant J.-C. en Mésopotamie et en Égypte. L'émergence de ces royaumes, et de certaines organisations commerciales, s'est en règle générale accompagnée de la formation d'une caste de scribes dédiée à l'exercice du pouvoir à l'aide de documents écrits et de moyens de calcul. L'emploi de l'écriture et du calcul permet une centralisation, une traçabilité et une conservation de l'information qui se montrent bien utiles pour des fonctions essentielles à la vie de ces sociétés hiérarchisées comme la collecte de l'impôt, la conscription et l'organisation de l'armée, ou les grands ouvrages d'art. La complexité du phénomène bureaucratique se lit dès ses débuts : le terme désigne à la fois un corps professionnel – les scribes –, une modalité technique de l'expression du pouvoir – le document écrit –, et une certaine conception de l'exercice du pouvoir au travers de cette modalité technique – la conservation, la traçabilité et la centralisation de l'information par l'archivage à des fins de contrôle social. La polysémie du terme est essentielle à prendre en compte : lorsqu'on parle de bureaucratie, il n'est pas ainsi toujours évident de déterminer si on parle du corps professionnel des bureaucrates, de ses habitudes et de ses prétentions au pouvoir, ou de la bureaucratie comme conception de l'exercice du pouvoir. L'automatisation informatique peut parfois avoir pour effet de créer une bureaucratie sans bureaucrates : encodé dans le logiciel, les règles de décision bureaucratiques n'ont plus toujours besoin d'être portées par un exécutant spécialisé, et la bureaucratisation peut être alors synonyme d'auto-administration des personnels concernés voire des usagers [1].

Les institutions bureaucratiques entretiennent donc un lien intime avec la collecte massive de données. La collecte des données par ces institutions a en effet une très longue histoire. Elle est aussi ancienne que la création des sociétés hiérarchisées employant l'écriture et le calcul, dont elle est inséparable. Un vaste royaume suppose a minima pour son fonctionnement la collecte de l'impôt, soit un gigantesque effort de collection d'informations économiques à l'échelle d'une société entière. Dès la Mésopotamie antique, les données numériques et l'emploi d'algorithmes sont inséparables des fonctions fiscales et comptables du royaume et des organisations commerciales privées, gourmandes en données numériques nécessaires à leur fonctionnement.

---

1. Comme le rappelle à très juste titre David Graeber dans *The Utopia of Rules : On Technology, Stupidity, and the Secret Joys of Bureaucracy* (Brooklyn-London, Melville House, 2015), il existe ainsi une tradition de soutien à l'application rigoureuse de la règle et à la procéduralisation de la prise de décision politique dans les cercles de réflexion anarchistes, parce qu'elles sont vues comme un outil contre la centralisation du pouvoir et la formation de cliques informelles. Mais il s'agit alors d'une bureaucratie sans bureaucrates, un ensemble de règles internalisées par l'ensemble des sujets politiques et non appliqué par une caste d'experts dédiés, dont le moins qu'on puisse dire est qu'ils n'ont pas bonne presse dans la pensée libertaire. Pour un exemple médié par la technologie informatique, le lecteur prenant l'avion pourra se souvenir de l'introduction de l'enregistrement en ligne ou sur machine dans les aéroports : le travail administratif est alors transféré sur l'usager lui-même par le biais de l'outil logiciel.

Cette utilisation des données numériques a connu une accélération facilitée depuis un peu plus de deux siècles par le développement conjoint de la statistique, qui, comme son étymologie l'indique (de l'allemand *Staatitisk*, forgé à partir de la racine *Staat*, état), a été en premier conçue comme une science au service de l'État. Un sous-problème bien connu de la bureaucratie moderne est donc l'emploi des statistiques dans la décision. L'emploi des statistiques dans la conceptualisation des phénomènes sociaux, et la nouvelle forme de gouvernement par les nombres qu'il permet, est un phénomène déjà ancien, qui fait l'objet d'une littérature historiographique poussée[1]. Il s'agit cependant d'un phénomène bien plus récent que la collecte des données numériques, puisque l'apparition de la branche mathématique des probabilités et des statistiques remonte au XVIIe siècle, et que son utilisation comme ressource de la décision politique apparaît au XVIIIe, avant d'exploser au XIXe siècle[2].

Ce que ces minuscules éléments d'une immense histoire nous rappellent, c'est qu'en sus d'être dédiées à la prise de décision, les institutions bureaucratiques sont des institutions productrices de connaissance, notamment de connaissance sur le monde social[3]. Cette connaissance façonne la prise de décision bureaucratique, les discours de sa légitimation par la connaissance, et les rapports de pouvoir que cette prise de décision et sa légitimation engendrent. De ce point de vue, il devient naturel de faire l'hypothèse que toute modification majeure des outils intellectuels à disposition des institutions bureaucratiques peut engendrer une modification majeure des pratiques bureaucratiques. Cette hypothèse devient d'autant plus naturelle qu'on examine le lien entre bureaucratie et technique cognitive.

Ce terme de l'anthropologue britannique Jack Goody désigne l'ensemble des techniques consacrées à la communication, à la mémorisation et au raisonnement, par opposition aux techniques dédiées à la transformation de la matière et de l'énergie. L'exemple de technique cognitive le plus

1. A. Supiot, *La gouvernance par les nombres. Cours au Collège de France (2012-2014)*, Paris, Fayard, consulté le 30 août 2020, https://www.fayard.fr/sciences-humaines/la-gouvernance-par-les-nombres-9782213681092 ; A. Desrosières, *Pour une sociologie historique de la quantification : L'argument statistique I*, Paris, Presses des MINES, 2008 ; J.-Cl. Perrot, *Une histoire intellectuelle de l'économie politique, XVIIe-XVIIIe siècle*, Paris, Éditions de l'EHESS, 1992 ; É. Brian, *La mesure de l'État. Administrateurs et Géomètres Au XVIIIe siècle*, Paris : Albin Michel, 1994.

2. O. Rey, *Quand le monde s'est fait nombre*, Paris, Stock, 2016.

3. Un numéro récent d'histoire des sciences traites avant tout des institutions bureaucratiques comme des institutions productrices de connaissance : S. Felten and Chr. von Oertzen, introduction de « Bureaucracy as Knowledge », *Journal for the History of Knowledge* 1, n° 1, 2020, p. 1-16.

étudié est de loin celui de l'écriture. Le lien entre écriture et bureaucratie est extrêmement profond[1]. Tout d'abord, d'un point de vue historiographique, l'emploi de documents écrits fait partie de la définition wébérienne de la bureaucratie : les institutions bureaucratiques sont les institutions mettant l'écriture au service de l'exercice du pouvoir. Ensuite, d'un point de vue archéologique, l'écriture est manifestement apparue non comme un moyen de transcription de la langue à des fins intellectuelles ou littéraires, mais comme un moyen de transcription d'informations administratives, notamment fiscales et comptables. L'un des principaux sites archéologiques sur les débuts de l'écriture est Uruk, dans l'actuelle Irak. Parmi les milliers de tablettes datées des premiers siècles de l'écriture, à la fin du IVe millénaire, 85 % des documents sont de nature administrative[2]. Les premiers documents écrits de l'Égypte ancienne trouvés dans la tombe U-j à Abydos, datées de la même époque et constituant probablement une invention simultanée et autonome de l'écriture, comprennent aussi nombre de documents administratifs[3]. L'écriture est donc apparue comme une technique bureaucratique, au moins pendant son premier demi-millénaire. Les origines d'une technique ne déterminent pas son évolution sur le temps long, mais force est de constater l'évidence que les institutions bureaucratiques sont parmi les plus grandes productrices de documents écrits à travers l'histoire humaine.

La deuxième technique cognitive majeure est souvent malheureusement négligée comparativement à l'écriture : il s'agit du calcul. Cette négligence relative est regrettable pour notre objet présent pour deux raisons. La première est que le calcul joue un grand rôle dans les tâches bureaucratiques. Or le calcul, même si sa forme papier-crayon tend souvent à l'assimiler à un sous-phénomène de l'écriture, constitue en réalité un phénomène autonome. Les premières techniques de comptage et d'enregistrement d'information numérique, par exemple sur des cailloux, des bâtons ou des

1. Ce lien est encore réaffirmé dans l'introduction de « Bureaucracy as Knowledge », puisqu'il y est écrit en introduction qu'« une condition pour l'épanouissement des bureaucraties – en tout temps et en tout lieu – semble l'existence d'une culture scribale qui accommode des formes complètes de collecte de l'information et de tenue d'archives » (nous traduisons).

2. V. Grandpierre, *Histoire de la Mésopotamie*, « Folio histoire », Paris, Gallimard, 2010, https://www.decitre.fr/livres/histoire-de-la-mesopotamie-9782070396054.html, p. 318.

3. E. V. MacArthur, « The Conception and Development of the Egyptian Writing System », *Visible Language : Inventions of Writing in the Ancient Middle East and Beyond, Museum Publications* 32, 2010, p. 115-21, p. 119-120.

os, sont plus anciennes que l'écriture des mots[1], et les différents abaques employés après l'apparition du calcul papier-crayon constituent une vaste tradition technique autonome. Ensuite, et surtout, l'information numérique joue un grand rôle dans les tout premiers développements de l'écriture, à tel point qu'on a pu dire que l'écriture des mots est apparue comme un épiphénomène de l'écriture des nombres[2]. L'importance des fonctions économiques, et en particulier des fonctions comptables, dans les premiers développements de l'écriture, justifie cette domination de l'information numérique. Nombre des premiers documents écrits visent ainsi simplement à préciser le type et la quantité d'une marchandise, ainsi parfois que le type d'action (réception, distribution). D'après les travaux de l'archéologue Denise Schmandt-Besserat[3], l'écriture a trouvé sa source en Mésopotamie dans un système d'objets en argile utilisés pour compter, faire inventaire de marchandises et sécuriser des transactions. Il convient donc d'ajouter le calcul, compris dans un sens large incluant comptage, enregistrement d'information numérique et calcul à proprement parler, dans les techniques cognitives essentielles à l'histoire de la bureaucratie, et de ne pas considérer le calcul comme un sous-phénomène de l'écriture.

La deuxième raison pour laquelle cette négligence du calcul est regrettable est que l'Empire Inca offre un exemple de structure étatique administré sans écriture, mais non sans technique cognitive. L'Empire disposait en effet d'une technique d'enregistrement d'informations numériques par un système de nœuds dans des ensembles de ficelles, les *quipus* (ou *khipus*)[4], dont la lecture et la manipulation étaient le privilège d'une corporation

1. Les premiers dispositifs de comptage reconnus, les os d'Ishango retrouvés dans la vallée du Grand Rift dans les années 1950, ont environ 20 000 ans. *Cf.* B. Kotras, « Olivier MARTIN, L'empire Des Chiffres. Une Sociologie de La Quantification, Paris, Armand Colin, 2020, 298 p. », *Reseaux* 4, 2021, p. 282–86.

2. Voir L. Daston, « Calculation and the Division of Labor. 1750-1850 », *Bulletin of the German Historical Institute* 62, 2018, p. 9-30.

3. D. Schmandt-Besserat, *How Writing Came About*, Austin, TX, University of Texas Press, 1996.

4. Voir notamment le projet d'une base de données des quipus conservés menés par Gary Urton de Harvard, le *Khipu Database Project* (https://grantome.com/grant/NSF/BCS-0408324). Il semble que les *quipus* ne soient qu'un exemple particulièrement sophistiqué d'une pratique répandue dans l'Amérique précolombienne, y compris dans les basses terres et l'Amazonie. Il s'agit de l'usage de cordelettes à nœuds à des fins de mesure du temps, de mémorisation des étapes d'un rituel, d'enregistrement des étapes d'un parcours ou d'une action complexe, ou de transactions et de dettes. Un usage à des fins de transmission de messages n'est pas non plus à exclure. Voir *Brésil Indien : Les arts des Amérindiens du Brésil par Réunion Des Musées Nationaux*, Paris, Réunion des Musées Nationaux, 2005, https://www.abebooks.fr/9782711848959/Br%C3%A9sil-Indien-arts-Am%C3%A9rindiens-R%C3%A9union-2711848957/plp.

dédiée, les *quipuquamayocs*. Cette technique était abondamment utilisée dans l'administration très développée de ce vaste Empire, dont les capacités à lever l'impôt ou une armée, recenser sa population ou mener de vastes travaux d'architecture ou d'infrastructure n'avaient pas grand-chose à envier aux structures contemporaines dans d'autres parties du globe. Cet exemple vient encore une fois illustrer le caractère prééminent du calcul, et la nécessité de ne pas surestimer l'importance de l'expression du langage parlé dans les premières activités bureaucratiques. Il convient donc de ne pas pêcher par une centralisation excessive de l'attention sur l'écriture, et de faire de son emploi une condition nécessaire d'existence des institutions bureaucratiques. L'histoire des *quipuquamayocs* peut parfaitement être incluse dans une histoire globale de la bureaucratie, et les institutions bureaucratiques sur le temps long sont tout aussi gourmandes en données numériques et en calcul.

Pour résumer, le premier concept de bureaucratie que nous avons présenté désigne la collecte, le traitement, la conservation, la centralisation et la communication de connaissances au service de l'exercice du pouvoir dans de vastes organisations hiérarchisées. Ces opérations sont effectuées par un groupe d'experts spécifiques, les scribes, et médiées par l'emploi de techniques cognitives. Le phénomène de l'existence de la bureaucratie dans ce premier sens large est absolument générique dans les grands ensembles sociaux munis de techniques cognitives. Il est d'une immense amplitude temporelle et spatiale, puisqu'il s'étend sur plus de cinq millé- naires, et affecte la majorité des grandes aires culturelles de l'humanité. On peut ainsi parler de bureaucratie pour parler des premières cités-États de Mésopotamie, de l'Égypte des pharaons, de l'Empire Romain, de la Chine impériale antique comme de l'Empire Inca ou des premiers grands royaumes du sous-continent indien[1]. Il n'est pas évident que notre connais- sance des premières techniques cognitives en contexte bureaucratique soit complète. Outre qu'on est loin de tout comprendre à l'emploi des *quipus* dans l'Empire Inca, il faut rappeler qu'on ignore encore où se situaient la capitale et les frontières de l'Empire du Mali, alors qu'il s'agit d'un empire vaste et d'une grande richesse[2]. On peut donc anticiper que l'archéologie des grands royaumes africains pourrait encore nous réserver bien des

---

1. On peut ainsi trouver un tel emploi dans les écrits de David Graeber. Le problème d'une telle terminologie est qu'elle ne distingue pas le pouvoir des scribes antiques du règne rationalisé de la règle décrit par Weber, dont nous verrons qu'il est plus tardif et plus localisé en ses débats.

2. Fr.-X. Fauvelle-Aymar, *Le rhinocéros d'or : histoires du Moyen Âge africain*, Paris, Alma, 2013.

surprises sur les capacités d'exercice du pouvoir sans écriture ou avec un emploi limité de celle-ci. L'exclusion des grands royaumes de l'Afrique subsaharienne du phénomène bureaucratique, au nom de leur usage nul ou très limité de l'écriture, n'a rien d'une évidence si on élargit la focale à l'ensemble des techniques cognitives, et qu'on prend en compte notre ignorance encore profonde de cette aire culturelle.

Cette portée extrêmement vaste peut faire craindre un rassemblement forcé d'un grand nombre phénomènes historiques complexes sous une catégorie plutôt lâche, qui pourrait nous aveugler à l'immense variété des situations locales. Sans pouvoir entrer ici dans ce débat difficile, il nous a semblé nécessaire d'introduire ce concept pour deux raisons. La première est qu'elle permet de détacher l'analyse du phénomène bureaucratique de sa conceptualisation comme règne rationalisé de la règle, que nous allons analyser dans la section suivante. Contrairement au premier sens large du concept, cette conception, très profondément rattachée à sa mobilisation par Max Weber, prend son origine dans une compréhension d'un phénomène pensé, à tort ou à raison, comme spécifique à l'Occident moderne, à savoir la construction de l'État de droit et l'apparition d'institutions bureaucratiques dépersonnalisées et rationalisées, au premier chef au service de la construction de l'État occidental moderne. Il est donc aujourd'hui critiqué, notamment dans l'introduction du récent numéro « Bureaucracy as Knowledge » que nous avons déjà cité, comme excessivement eurocentrique, et par trop marqué par son origine comme idéal-typique abstrait et généralisé à partir des exemples de la bureaucratie prussienne. Sans pouvoir encore une fois rentrer dans les détails de ce débat hautement complexe, il convenait donc de montrer que notre analyse du phénomène bureaucratique n'est pas enfermée dans de telles limites spatiales, temporelles et conceptuelles. Il est commode de désigner ce premier concept par l'expression de « pouvoir scribal ». Le terme a le mérite d'évoquer l'antiquité du phénomène, son existence en dehors des cultures européennes, et d'employer une autre expression que le terme de « bureaucratie » qui est à la fois récent et très attaché à sa théorisation wébérienne.

Si l'emploi d'un tel concept large nous semble utile, c'est ainsi parce qu'il nous permet d'adopter une perspective de long terme sur nos phénomènes. Nous venons d'exposer brièvement les liens profonds entre bureaucratie *qua* pouvoir scribal et technique cognitive. Or l'informatique peut être conçue comme une nouvelle technique cognitive totale, qui affecte profondément les modalités de l'écriture et du calcul, mais aussi l'ensemble du traitement de l'information, y compris les informations sonores et vidéo, et de la communication. De ce point de vue, il devient naturel de penser que l'informatisation doit avoir un impact majeur sur les pratiques bureaucratiques, et en particulier la sous-partie du gigantesque phénomène de l'informatisation qui nous intéresse ici, à savoir l'algorithmisation de la décision. On peut donc faire l'hypothèse qu'une modification majeure des techniques cognitives comme l'algorithmisation doit se traduire par une modification majeure des pratiques bureaucratiques sur le temps long. Nous appellerons cette hypothèse *l'hypothèse de long terme*. Mais avant d'aborder cette question, il nous faut présenter la conception wébérienne de la bureaucratie comme règne rationalisé de la règle.

La bureaucratie comme règne rationalisé de la règle : retour sur la théorie wébérienne

Le deuxième moment et concept de la bureaucratie correspond à une modification de la conception de l'exercice du pouvoir, qui se distancie de l'expression de la volonté individuelle, qu'elle soit légitimée par l'autorité traditionnelle ou le charisme personnel, pour se centrer sur l'expression et l'application de la règle : c'est ce qu'on appelle communément l'apparition de l'État de droit dans les sociétés occidentales[1].

Pour comprendre la radicalité des évolutions historiques qui ont mené aux institutions politiques qui nous semblent aujourd'hui évidentes, il faut rappeler que l'emploi même du terme « État » pour désigner les royaumes européens n'a rien d'une évidence jusqu'aux XIVe-XVe siècles. La première raison en est que le roi doit encore négocier, voire entrer en concurrence avec les princes territoriaux pour appliquer ses décisions ou même faire accepter son autorité au niveau local. La deuxième raison est liée à une deuxième difficulté conceptuelle, qui est l'emploi du concept d'« administration ». Parler d'État évoque immédiatement l'existence d'un pouvoir souverain s'exerçant sur des individus grâce à un ensemble d'institutions, notamment administratives. Or, le pouvoir du roi à la fin du Moyen Âge était encore largement de nature féodale : le roi était le suzerain des seigneurs, et ces vassaux contrôlaient une seigneurie et les habitants s'y trouvant. On ne respectait pas des lois et des règlements édictés par des institutions détentrices d'une portion de souveraineté, qui à cette époque n'existent

---

1. L'intégralité de cette section est si redevable à mes conversations avec mon ami l'historien moderniste Julien Villain que je ne sais plus guère comment le remercier. Le lecteur pourra pratiquement considérer la section comme une citation du fruit de nos discussions, où son influence se fait sentir de manière décisive à chaque paragraphe.

pas ou sont encore à un stade embryonnaire : on obéissait à des personnes, dans le cadre de rapports de pouvoir, de fidélité et d'allégeance interpersonnels. Enfin, la conception même du pouvoir royal au Moyen Âge est avant tout arbitrale. Le roi n'a pas pour fonction d'administrer, si on entend par là l'exercice d'un pouvoir visant à modifier l'ordre social : il doit faire régner l'ordre et la justice, tous deux voulus par Dieu. L'idée que le roi puisse mener une politique visant à transformer l'ordre des choses n'apparaît qu'aux XIVe-XVe siècles, en même temps que les juristes lui reconnaîtront le pouvoir de rédiger des lois nouvelles. Les structures étatiques de type administratif, aux moyens encore bien dérisoires comparés aux institutions actuelles, ne se développent qu'au XVIIe siècle, sauf au Pays-Bas et en Italie où le mouvement est plus précoce. En Europe de l'Ouest, les organisations bureaucratiques à l'échelle d'États entiers permettant de relayer une telle ambition administrative n'apparaîtront qu'au XVIIIe siècle, et une partie des élites politiques françaises continuera à maintenir une conception essentiellement judiciaire du pouvoir royal jusqu'à la Révolution.

L'extension de l'État de droit au XIXe siècle sera inséparable d'un développement aussi considérable de la bureaucratie[1]. Il convient ici de rappeler que la théorie la plus fameuse de la bureaucratie, celle articulée par Max Weber à la fin du XIXe et au début du XXe siècle, est manifestement taillée pour capturer des propriétés propres aux bureaucraties modernes dans un État de droit. La bureaucratisation est à la fois cause et effet du nivellement des conditions dans les sociétés modernes. L'application de la même règle à tous est à la fois un facteur de nivellement des conditions, et une conséquence du transfert du contrôle social des autorités locales et traditionnelles à l'autorité centrale et rationalisée de l'État. Même si nous avons insisté sur l'importance des phénomènes bureaucratiques du secteur privé, il est incontestable que la bureaucratisation des sociétés contemporaines est inséparable de la croissance majeure du pouvoir de l'État. Cette croissance ne peut être bien comprise qu'en concevant contre qui elle s'exerce. Pour asseoir son autorité, l'État va devoir se développer contre les sphères d'autorité de l'Église, à laquelle il va notamment retirer tout ou une partie de son autorité sur l'éducation et les affaires familiales, et des notables locaux, qui vont voir les agents de l'État empiéter sur leurs prérogatives traditionnelles.

À la fin du XVIIe siècle, Colbert échouait encore à obtenir une unification des tarifs douaniers sur l'intégralité du territoire du royaume de France.

---

1. M. Weber, *Économie et société*, t. 1, trad. fr. J. Freund *et al.*, Paris, Pockett, 1995, p. 331.

Jusqu'à la Révolution, certaines provinces comme l'Alsace et la Lorraine étaient encore considérées d'un point de vue douanier comme des pays étrangers, ce qu'on appelait « l'étranger effectif ». D'autres étaient simplement « réputées étrangères », comme la Bretagne[1] ou certaines provinces du Sud : si certaines réglementations douanières nationales s'y appliquaient, il existait encore des lignes de douanes aux frontières de la province : pour envoyer des tissus du Languedoc en Provence, il fallait donc subir des contrôles douaniers et payer des taxes[2]. La conception même de l'impôt comme privilège de l'État royal a dû s'imposer de haute lutte contre les prélèvements effectués par l'Église, les seigneurs locaux de l'ordre féodal et autres autorités traditionnelles locales. Jusqu'à la Révolution, le Languedoc, la Bourgogne et la Bretagne disposaient ainsi encore « d'États », assemblées politiques représentatives qui pouvaient entre autres consentir à une partie de l'impôt versé par la province. Le Roi de France, souvent présenté comme le parangon du souverain absolu, devait donc encore négocier le montant des impôts prélevés sur une province avec de telles assemblées locales. L'application uniforme de la règle administrative sur l'intégralité d'un territoire et de ses habitants ne s'oppose pas donc qu'au pouvoir discrétionnaire. Elle s'oppose aussi à la négociation entre le pouvoir central et les autorités locales, phénomène dont la disparition ou la marginalisation supposent un long travail de construction politique.

À ce stade, le lecteur pourra sans doute s'interroger sur la pertinence de l'unification des royaumes pour la compréhension du monde virtuel des algorithmes. Pour dissiper ces doutes, il faut anticiper sur les considérations de notre chapitre IV, et rappeler qu'un réseau social comme Facebook est *de facto* une entité exerçant des fonctions de gouvernement, notamment des fonctions typiquement régaliennes comme la régulation de l'accès à l'information et au débat public pour des centaines de millions de personnes. Ce pouvoir s'exerce en négociation avec d'autres entités comme les partenaires commerciaux de l'entreprise et les dizaines d'États affectés par ce nouvel acteur de gouvernement. Grande ironie de l'histoire, ce sont à présent les États-nations qui jouent le rôle des autorités locales traditionnelles face à la construction d'une sphère publique transnationale. Ce pouvoir ne se réduit cependant pas à offrir et à réguler un forum d'expression. Nous verrons qu'il constitue également une véritable administration des

1. J. B. Collins, *La Bretagne dans l'État royal*, Rennes, Presses Universitaires de Rennes, 2006.
2. W. Beik, *Absolutism and Society in Seventeenth-Century France : State Power and Provincial Aristocracy in Languedoc*, Cambridge, Cambridge University Press, 1985.

populations, dont le comportement est soigneusement influencé, avec un degré de minutie impressionnant, pour maximiser les intérêts commerciaux de l'entreprise. Ce pouvoir s'exerce notamment par une nouvelle forme de régulation bureaucratique portée par les algorithmes qui modèrent la plateforme et customisent l'environnement de chaque utilisateur. Ensuite, du point de vue de la régulation économique, une plateforme comme Google ne doit pas tant être conçue comme un acteur du marché que comme une entité régulant l'accès au marché des autres acteurs. Pour le comprendre, il suffit d'imaginer ce que représenterait une descente à la quinzième page des réponses Google pour les requêtes concernant directement une entreprise : pour nombre d'entre elles, cela signifierait un arrêt de mort. À ce titre, les plateformes numériques comme Facebook et Google ne doivent plus être conçues comme de simples acteurs commerciaux, si gigantesques fussent-ils : ils constituent bien de nouvelles entités politiques et administratives, dont le pouvoir doit être pensé à l'aune de l'histoire des appareils bureaucratiques ayant exercé des fonctions similaires[1].

En reprenant le fil de notre exposé, on ne saurait trop insister sur le caractère long, tortueux et extrêmement varié dans le temps et l'espace de cette construction d'une autorité étatique qui nous semble aujourd'hui une évidence[2]. La bureaucratisation de la société occidentale est donc inséparable de ce long mouvement de centralisation du pouvoir dans les mains de l'État.

Cette remarque historique élémentaire sur la concomitance des phénomènes de centralisation et de bureaucratisation ouvre la question de leurs relations : pour quelles raisons la centralisation du pouvoir a-t-elle pris la forme de la bureaucratisation ? Pour aborder de manière succincte cette question décisive, il faut comprendre que le pouvoir de l'État ne se définit pas seulement par son rapport avec son extérieur, les autorités traditionnelles et locales qu'il vient progressivement supplanter, mais aussi par rapport à son intérieur, à savoir son autorité sur ses agents. Cette autorité s'assoit d'abord sur un trait typique de la bureaucratie de l'ère contemporaine, à savoir la fonctionnarisation du corps professionnel des bureaucrates. Les agents de l'État, puis des autres grandes organisations bureaucratisées,

---

1. Voir « Connaissance des individus et profilage », p. 283.
2. À titre d'anecdote illustratrice, on peut ainsi mentionner qu'Otto von Bismarck, qui commença sa carrière politique comme propriétaire terrien ultraréactionnaire, contestait encore dans sa jeunesse le monopole royal de la justice, et demandait le rétablissement du pouvoir de rendre la justice sur leurs terres pour les *junkers* de Prusse (Fr. Herre, *Bismarck : Der Preussische Deutsche*, Köln, Kiepenheuer & Witsch, 2017, p. 66). Le monopole du pouvoir de rendre la justice, paradigme du domaine régalien, pouvait donc encore être contesté dans l'Europe du traité de Vienne au début du XIXe siècle.

deviennent des employés, et ne peuvent plus être propriétaires de leur poste. Il s'agit là d'une inflexion majeure de l'organisation des bureaucraties *qua* corps professionnels par rapport aux sociétés d'Ancien Régime, où l'achat, la vente et parfois la transmission héréditaire des charges étaient monnaie courante[1], et où certains agents du roi ne recevaient parfois aucun salaire pour leur travail. Cette professionnalisation et cette salarisation des agents doit être comprise comme une mesure de contrôle du pouvoir central sur ces agents. Elle permet une séparation plus nette de la personne privée et de la fonction publique qu'elle remplit, qui pouvait être bien floue lorsque logement de fonction et logement personnel se confondaient, et que l'agent de l'État devait financer certaines de ses activités sur ses propres deniers[2]. Cette séparation permet un plus grand contrôle sur les agents de l'État en accroissant leur substituabilité : le fonctionnaire devient moins un notable voire un potentat local prêtant son autorité et ses moyens à l'exercice de l'État, et plus un employé qu'on peut renvoyer et remplacer s'il ne satisfait pas sa hiérarchie. On voit là apparaître l'un des traits les plus importants du pouvoir bureaucratique, à savoir la dépersonnalisation du pouvoir.

Il s'agit là d'un trait sur lequel nous aurons l'occasion de revenir à de multiples reprises dans cet ouvrage, et notamment dans notre chapitre sur l'équité. Mais s'il nous faut l'évoquer dès à présent, c'est parce que cette dépersonnalisation soutient et est soutenue par le règne de la règle. Ce n'est pas seulement en faisant de ses agents des employés que l'État, et les autres grandes organisations bureaucratiques, se sont assurés de leur obéissance. C'est aussi en faisant d'eux des agents dont l'autorité est fondée sur leur compétence dans l'interprétation et l'application de la règle édictée par le pouvoir central. En instaurant l'autorité anonyme et uniforme de la règle, le pouvoir central ne fait pas que se réserver le privilège de la conception des modalités de la prise de décision : il retire à ses agents toute autorité qui ne soit pas fondée sur les règles formulées par lui. Ceci lui permet tout d'abord de lutter contre la formation de coteries informelles autour d'un chef charismatique dont l'obéissance deviendrait d'autant plus difficile à garantir que ses subordonnés entrent dans une relation de fidélité personnelle à son égard, dans un rappel informel et inchoatif des relations de pouvoir

---

1. M. Weber, *Économie et société, op. cit.*, p. 325 : la nomination du fonctionnaire est nécessaire à la pureté du type de domination légale, car elle augmente sa dépendance au supérieur en l'empêchant de se targuer d'une source d'autorité indépendante. Le lecteur français pourra se souvenir du statut des notaires, qui peuvent acheter et vendre leur charge, comme un vestige de l'ancienne organisation des bureaucraties d'Ancien Régime.

2. Voir le texte de Philippe Ariès dans G. Duby et Ph. Ariès, *Histoire de La Vie Privée*, t. 4, *De La Révolution à La Grande Guerre*, Paris, Seuil, 2000.

féodales. Cela permet ensuite de limiter les possibilités de clientélisme, de népotisme et de corruption à l'égard des administrés, qui assoient le pouvoir personnel de l'agent de l'organisation bureaucratique, et facilitent le détournement des ressources de cette organisation à son bénéfice privé. En enserrant son agent dans un réseau touffu de règles, le pouvoir central délégitime la formation d'une autorité personnelle et limite l'exercice d'un pouvoir discrétionnaire qui échapperait à son contrôle.

L'instauration du règne bureaucratique de la règle est donc historiquement inséparable de la constitution de l'autorité de l'État, et de ses efforts pour asseoir son pouvoir sur ses subordonnés. Les différents traits de l'organisation bureaucratique que nous avons évoqués jusqu'à présent ont été magnifiquement capturés dans ce qui reste encore aujourd'hui l'effort le plus célèbre de théorisation du pouvoir bureaucratique, à savoir la forme légale de la domination de Max Weber. Les deux autres formes de la domination théorisées par Weber, la forme traditionnelle et la forme charismatique, constituent les deux adversaires contre lequel le pouvoir bureaucratique de l'État s'est constitué : dans l'ensemble de la société moderne, le pouvoir personnel, qu'il soit fondé sur l'autorité de la tradition ou sur le charisme d'un individu, voit sa légitimité refluer face au pouvoir impersonnel de la règle.

Le concept d'État de droit, et les phénomènes qu'il est censé dénoter, sont d'une telle complexité, et d'une telle ampleur temporelle et géographique, que même un bref état de l'art serait hors de portée de notre ouvrage[1]. Nous ne pouvons là aussi prétendre que poser quelques jalons nécessaires à la conceptualisation de notre objet. Les codes de lois, les tribunaux, la hiérarchie des normes et des cours et même le droit naturel apparaissent dès le Haut Moyen Âge. Le monde social occidental voit déjà un développement considérable de la règle juridique à la fin du Moyen Âge, avec la croissance du notariat, de la justice ou des comptabilités privées. En outre, l'agent de l'État est dépositaire d'une fraction de l'autorité royale dans un domaine particulier : à ce titre, il peut exercer à son niveau et sur son ressort territorial toutes les prérogatives du roi. Un conseiller au bailliage (tribunal royal) rend la justice, et reçoit les appels des tribunaux inférieurs, ce qui relèverait du pouvoir judiciaire. Mais il peut aussi interpréter la loi royale lorsqu'elle lui semble peu claire, ce qui pourrait se trouver aux limites du

---

1. Voir par exemple B. Z. Tamanaha, *On the Rule of Law : History, Politics, Theory*, Cambridge, Cambridge University Press, 2004 ; B. Garnot, « L'histoire de la justice », *Annales de Bourgogne*, 2012, p. 393-405 ; N. Coulet, « L'État moderne : Le droit, l'espace et les formes de l'État », Paris, CNRS Éditions, 1990.

pouvoir législatif et judiciaire dans nos conceptions modernes, et exercer des compétences de « police », soit d'administration générale, comme fixer les prix de vente maxima des grains, ou réglementer les foires et marchés, ce qui relèverait aujourd'hui d'un pouvoir exécutif. S'il exerce des pouvoirs qui relèveraient aujourd'hui de diverses compétences, l'agent du pouvoir royal, comme le roi lui-même, est avant tout conçu comme un juge. Même quand il prend des décisions qui seraient à nos yeux non-judiciaires, la forme de ces décisions demeure juridique : ses délibérations et décisions se présentent comme des arrêts [1]. Le développement du pouvoir des agents du roi va donc avec un développement du pouvoir sur le modèle du juge, c'est-à-dire d'un pouvoir guidé par l'interprétation et l'application de la règle de droit. À partir de cette époque, la bureaucratie va devenir inséparable de l'idée de règle, et elle est souvent confondue, dans sa compréhension fonctionnelle comme dans sa discussion critique, avec l'application têtue et bornée de celle-ci.

S'il n'est donc pas interdit de parler d'administration ou de bureaucratie pour un secrétaire esclave d'une cité grecque antique ou un scribe de l'Égypte des pharaons, il ne faut pas qu'une telle dénomination mène à une confusion entre des institutions, des exercices et des conceptions du pouvoir radicalement différentes. La construction de l'État administrateur, et de ses grandes organisations bureaucratiques exerçant le pouvoir sur des territoires et populations entières par l'intermédiaire de normes écrites, est le fruit d'un immense et sinueux mouvement de centralisation, d'unification et de dépersonnalisation du pouvoir, qui ne doit en aucun cas être conçu comme une évidence.

Un autre phénomène attaché à la bureaucratisation est encore plus récent, et mérite assurément d'être commenté de par son importance stratégique dans l'algorithmisation. Ce phénomène est lui aussi encodé dans la terminologie théorique wébérienne, puisque Weber emploie un autre nom pour la forme légale de la domination : il la nomme forme rationnelle de la domination. C'est donc le mouvement de rationalisation de l'administration des affaires humaines par les bureaucraties qu'il nous faut à présent brièvement commenter.

Dans la terminologie wébérienne, la rationalisation est même un autre nom de la domination par la loi et la règle, au point que dans certains passages, c'est l'application de la loi qui définit la rationalisation, et non l'inverse. Ce qualificatif mérite une double exégèse, dont les spécialistes

---

1. M. Marion, « Denis Richet : La France moderne : L'esprit des institutions, 1973 », *Dix-Huitième Siècle* 7, n° 1, 1975, p. 375-375.

de Weber nous pardonneront si elle ne cherche pas à coller de trop près à la lettre de ses écrits, et qui s'appuie encore une fois sur un effet de contraste avec les autres formes de la domination contre laquelle le pouvoir bureaucratique se construit. La première exégèse trouve les racines de la présomption de rationalité de l'ordre légal dans la dépersonnalisation. En se détachant de l'autorité charismatique d'une personne, le pouvoir de la règle prétend aussi diminuer l'influence des passions humaines dans l'exercice du pouvoir. Il s'agit bien sûr là d'une présomption, qui peut parfaitement être déçue. Comme nous y reviendrons ensuite abondamment dans notre chapitre sur l'équité, rien n'interdit à la règle elle-même d'être détachée de toute réalité, incohérente, ou imprégnée des préjugés les plus grossiers. Les satiristes de la bureaucratie ont trop de fois fait leurs délices de l'impression de folie qui peut se dégager de l'exercice de la règle bureaucratique et faire craquer de toute part son vernis de rationalité formelle pour que nous ayons besoin d'insister ici sur ce point. Mais cette présomption de rationalité qui accompagne la dépersonnalisation conserve son intérêt, parce que nous verrons qu'elle est toujours présente dans la rhétorique de légitimation de l'algorithmisation.

La présomption de rationalité prend aussi racine dans le caractère explicite de la règle. Pour prendre l'exemple d'un verdict formulé par un jury d'assises, le cadre juridique contraint à condamner des faits relevant d'une qualification juridique précise et au nom d'articles de lois précis : en ce sens, le prévenu ne peut être embastillé sans motifs. Par l'imposition d'une prise de décision fondée sur une règle établie en amont, le règne de la règle impose l'explicitation des raisons d'une décision. Il s'agit là d'un point décisif, sur lequel nous aurons amplement l'occasion de revenir dans notre discussion de l'explicabilité des algorithmes (voir chapitre II) tout comme notre discussion de ParcourSup (voir chapitre III). L'explicitation des raisons de la décision est une des contraintes épistémiques les plus fortes qui pèsent sur le régime de décision bureaucratique. Elle suppose en effet une mise à plat des catégories, critères et règles employées dans les décisions futures, et incite donc à un effort considérable de conceptualisation et de planification, dont le succès n'est jamais garanti[1]. Cet effort

---

1. Cette incitation au travail intellectuel produite par la conception de la règle est bien remarquée dans l'introduction de « Bureaucracy as Knowledge », art. cit., p. 7-8 : « Nos études de cas montrent que la connaissance des règles n'est ni triviale ni cognitivement stérile ; elle pousse les acteurs à poser des questions exploratoires et à effectuer un travail intellectuel important. En explorant de telles pratiques, les chapitres reconstruisent les mécanismes qui ont permis aux bureaucraties d'appliquer des règles aux problèmes du monde réel de manière durable. Ils tracent des boucles de rétroaction apaisant la tension

d'explicitation admet ensuite des degrés, un autre phénomène d'une grande importance sur lequel nous aurons l'occasion de revenir dans notre section suivante : plus la prise de décision est systématisée, plus la reddition des motifs coule naturellement de la prise de décision même.

L'explicitation de la décision est souvent accompagnée d'un autre phénomène politique avec laquelle il ne faut pas la confondre, à savoir la publicisation des raisons de la décision, souvent nommée « transparence ». La distinction entre explicitation et publicisation est essentielle, parce que rien n'interdit d'employer des critères parfaitement définis tout en les gardant secrets. Même s'il ne s'agit assurément pas d'un phénomène extrêmement courant, les lois secrètes et les tribunaux secrets ont ainsi une existence historique. Nous verrons aussi que l'explicitation sans publicisation est précisément un des problèmes posés par l'emploi d'algorithmes propriétaires comme aide à la décision[1]. La publicisation participe aussi de la légitimation de la domination bureaucratique par opposition à l'autorité charismatique et à l'arbitraire. Tout d'abord, parce qu'elle exerce une pression politique sur les décideurs en leur imposant de rendre public les raisons de leurs décisions. Ensuite, parce qu'elle permet d'aux sujets affectés par ces décisions en particulier, et à la sphère publique en général, de les contester et d'en formuler des critiques : la reddition des motifs livre la décision à la critique et à la contestation. La transparence constitue donc simultanément un transfert de connaissance et un transfert de pouvoir des institutions bureaucratiques vers les individus affectés et vers la sphère publique, ce qui explique les fréquentes résistances qu'elle doit affronter. Nous reviendrons sur ce point dans notre chapitre sur le ML et l'opacité[2].

Mais la rationalité vaut aussi par son opposition à la forme traditionnelle de la domination. Tout en sapant les formes de domination traditionnelle et charismatique, il fallait bien que l'autorité bureaucratique de l'État, et après lui d'autres organisations bureaucratiques, trouve sa légitimité dans d'autres sources. Les rhétoriques de la modernisation et de la rationalisation ont donc été mobilisées, et continuent d'être mobilisées à de multiples reprises pour légitimer le pouvoir bureaucratique depuis au moins la fin du XVIIIe siècle. L'explicitation de la règle est aussi ce qui permet son application froide et uniforme à une multitude de cas, et elle est donc aussi facteur d'efficacité. La rationalisation comme explicitation et reddition des

---

entre le besoin de cohérence et celui d'une réponse adaptée, et ils dévoilent les valeurs épistémologiques et les outils de connaissance que cette tension a contribué à mettre en avant » (nous traduisons).

1. Voir par exemple « Le problème de la transparence », p. 198.
2. Voir « L'opacité », p. 117.

raisons, et la rationalisation comme quête d'efficacité sont donc deux phénomènes congruants, ce qui pourrait expliquer l'ambiguïté de la terminologie wébérienne.

Mais la rationalisation n'est pas qu'une rhétorique de légitimation pour la bureaucratie : elle est aussi une réponse aux contraintes qui s'imposent aux vastes organisations bureaucratiques modernes, notamment lorsqu'elles font face aux phénomènes de la massification. Il s'agit là d'un autre trait essentiel de la bureaucratie moderne, sur lequel nous aurons aussi l'occasion de revenir à de multiples reprises[1]. La croissance de l'État, puis des grandes organisations privées, à la fois dans leurs dimensions et dans leurs fonctions, ainsi que la croissance des populations au contact de ces institutions, a confronté ces institutions à un problème essentiel de maîtrise de leur complexité interne et de gestion de flux. La satisfaction de missions affectant de vastes populations d'administrés ou de clients sous de multiples contraintes budgétaires, juridiques, organisationnelles et temporelles n'a rien d'une évidence, et la rationalisation s'est souvent imposée à ses organisations, à tort ou à raison, comme la seule réponse fonctionnelle possible permettant de remplir leurs missions face à ce réseau de contraintes dures. En d'autres termes, la rationalisation est une réponse à la massification de la décision.

Cette compréhension fonctionnelle de la rationalisation bureaucratique s'oppose à la vision critique si courante de la bureaucratisation comme prolifération incontrôlée de la règle, obsession maniaque du contrôle, perte du sens de la décision et de l'action dans le déferlement des contraintes *sui generis*. Après tout, comme le rappellent à juste titre Sebastian Felten et Christine von Oertzen dans leur introduction de « Bureaucracy as Knowledge », le terme de « bureaucratie » a été forgé par le journaliste allemand Melchior von Grimm dans une visée satirique, pour railler l'obsession du règlement affligeant les Français. L'auteur parle aussi de « bureaumanie », classant d'emblée cette obsession dans le domaine des pathologies mentales. Depuis ses tout débuts, la vision de la bureaucratisation comme rationalisation s'oppose à une vision critique du phénomène comme une pathologie culturelle des sociétés modernes, qui produit de l'inefficacité et de l'absurdité. La bureaucratie est-elle donc efficace ou inefficace, vecteur de rationalisation ou royaume d'Absurdie ? Il s'agit là bien évidemment d'une des questions majeures de l'analyse critique de la bureaucratie, sur laquelle nous aurons amplement l'occasion de revenir[2]. Force est de constater que, quelle que

---

1. Voir « Le cas Parcoursup », p. 159 et « Vie privée, surveillance subreptice de masse, et nature des régimes politiques », p. 249.
2. Voir par exemple « La mathématisation de l'équité », p. 216.

soit la réponse ultime à cette question, la critique n'a pas réussi à arrêter la bureaucratisation de la société moderne. Il s'agit là d'un phénomène social remarquable, qui mérite d'être thématisé pour lui-même. Nos sociétés semblent entretenir un rapport profondément malheureux à leur propre bureaucratisation, qu'elles présentent bien souvent comme inutile et néfaste, tout en étant incapables de s'en passer. Cette conscience malheureuse de la bureaucratie, qui dure donc depuis au moins deux siècles et demi, mérite d'être considérée comme une partie intégrante du phénomène bureau-cratique. Les lamentations sur l'absurdité bureaucratique, par leur caractère à la fois si consensuelles et si impuissantes, sont le symptôme d'une tension consubstantielle aux sociétés bureaucratisées qui mérite d'être interrogée pour elle-même.

Cette ambiguïté du rapport à la bureaucratie est déjà bien perçue dans les écrits de Weber, qui méritent qu'on y revienne pour mieux les analyser. Tout en étant l'auteur de critiques cinglantes de la société bureaucratisée, Weber n'est pas de ceux qui considèrent, avec un peu de facilité, que la bureaucratie n'est qu'une simple aberration dont on pourrait se débarrasser sans efforts et sans dommages. Le processus de rationalisation s'exprime pour Weber à la fois dans l'ordre de la production par l'automatisation du travail, et dans l'ordre de l'administration par l'application formelle de la règle. Weber va jusqu'à dire que la bureaucratie est à la décision ce que la machine est à la production dans les sociétés modernes : une modalité indispensable à leur fonctionnement[1]. L'analogie va plus loin que la comparaison de l'importance relative de la bureaucratie et de la machine : elle est authentiquement fonctionnelle, dans la mesure où pour Weber, l'application formelle de la règle est une forme de mécanisation de la décision. La décision juridique est comparée à un automate « dans lequel on insère, en haut, le fait et ses coûts, afin qu'il recrache en bas le verdict et les motifs »[2]. Juriste de formation, Weber défend implicitement une

1. L'ordre bureaucratique est absolument nécessaire à l'émergence du capitalisme moderne : « le développement des formes « modernes » de groupement s'identifie tout simplement au développement et à la progression constante de l'administration bureaucratique : la naissance de celle-ci est, pour ainsi dire, la spore de l'État occidental moderne. » Il ajoute plus loin que sans la bureaucratie, « dans une société qui sépare le fonctionnaire, l'employé, l'ouvrier des moyens d'administration et où sont indispensables la discipline et une certaine formation, l'existence moderne deviendrait impossible, sauf pour ceux qui se trouvent encore en possession des moyens de subsistance (les paysans) » (M. Weber, *Économie et société, op. cit.*, p. 298-299).

2. Dans ce passage remarquable, Weber souligne à la fois que la pratique ultraformaliste du droit, qu'on peut représenter par un « automate juridique », est conçue comme subalterne par les juristes, mais qu'elle correspond néanmoins à une tendance profonde du droit moderne : « La situation de l'automate juridique lié à la simple interprétation de paragraphes

philosophie extrêmement formaliste du droit. Un tel formalisme n'a
évidemment rien d'une évidence pour les théoriciens du droit, et on pourrait
aisément reprocher à Weber, et nous y reviendrons, de pousser trop loin
son raisonnement idéal-typique et de nier les marges de manœuvre concrètes
des exécutants. Il est cependant défendu avec vigueur par Weber, car il
s'inscrit pour lui dans « l'essence de toute formation juridique, y compris
celle des juges et des fonctionnaires d'administration, si on ne veut pas
cultiver l'arbitraire[1] ». De manière remarquable, Weber parle de « calculabilité » du droit pour dénoter cette objectivité imperturbable et cette
prévisibilité de l'application de la règle[2]. Si l'application du droit ressemble
au travail auprès d'une machine, c'est que les deux environnements forcent
l'individu à s'insérer dans un mécanisme auquel il ne peut échapper et qui
le force à « suivre » (mitlaufen). La bureaucratie est donc exactement dans
l'ordre de l'administration ce que la machine est dans l'ordre de la production :
un dispositif dépersonnalisé qui contraint fortement l'action de l'individu
pour le rendre substituable, et permettre une augmentation frappante de
certaines performances.

Cette analogie entre bureaucratisation et mécanisation est intéressante
à un double titre. Tout d'abord parce qu'elle éclaire l'ambivalence de notre
rapport à la bureaucratisation. La machine est à la fois célébrée pour sa
puissance productive, indispensable à la société d'abondance moderne, et
vilipendée pour la concentration du pouvoir dans les mains des propriétaires
de la machine, et le rapport malheureux au travail créé par la déqualification
et l'asservissement au rythme de la machine. De manière analogue, la
bureaucratie est célébrée par son rôle décisif dans le fonctionnement des
vastes organisations centralisées modernes, et vilipendée pour la concentration du pouvoir, l'étouffement de l'autonomie des individus par le réseau
touffu de la réglementation, et les nombreuses aberrations provoquées par
la réduction de la réalité aux catégories bureaucratiques et par l'application
bornée de la règle. Notre ambivalence face au processus de bureaucratisation

et de contrats, dans lequel on introduit en haut les faits ainsi que les coûts, afin qu'il crache
en bas le jugement ainsi que les motifs, semble subalterne aux praticiens modernes du droit
et est ressentie de manière de plus en plus embarrassante précisément avec l'universalisation
du droit formel codifié. » (nous traduisons), « Die Wirtschaft und die gesellschaftlichen
Ordnungen und Mächte », *in* M. Weber, *Grundriss der Sozialökonomik. Wirtschaft und
Gesellschaft*, vol. 2, Tübingen, J.C.B. Mohr, 1947, p. 507.

1. Voir H. Treiber, « État moderne et bureaucratie moderne chez Max Weber »,
*Trivium. Revue franco-allemande de sciences humaines et sociales – Deutsch-französische
Zeitschrift für Geistes- und Sozialwissenschaften*, n° 7, 2010, http://journals.openedition.
org/trivium/3831.

2. Voir M. Weber, *Grundriss der Sozialökonomik, op. cit.*, p. 470 et 742.

ne provient pas d'une contradiction dans la conception de ses effets, mais bien une ambivalence de ce processus même, et plus généralement du processus de rationalisation.

L'analogie avec la machine permet aussi de mettre en valeur d'autres propriétés de la rationalisation du travail que l'on retrouve également dans la bureaucratie. La rationalisation ne vise pas qu'à augmenter la productivité : elle permet aussi d'accroire la prévisibilité des actions entreprises, et par là les capacités de planification. Le règne de la règle permet d'abord de rendre l'action des agents des organisations bureaucratiques plus prévisibles, en augmentant la probabilité de leur obéissance et en encadrant plus précisément l'exécution des instructions. Ces contraintes sur l'autonomie individuelle sont ainsi source de sécurisation et de prévisibilité, qui sont aux yeux de Weber des facteurs décisifs dans le développement du capitalisme moderne. Mais elle permet aussi de rendre plus prévisible les actions des populations au contact des institutions bureaucratiques. Celles-ci voient leur comportement régimenté par le quadruple jeu de l'acceptation passive, de l'intériorisation, de l'incitation et de la coercition. Si l'ingénierie instrumentalise les régularités du monde empirique pour rendre le produit de son action technique prévisible, la règle bureaucratique tend à former des sujets prévisibles. Elle participe donc d'un régime de constitution des subjectivités, une idée que nous retrouverons aussi dans notre réflexion[1].

Cette volonté de rendre prévisible se heurte néanmoins aux limites profondes de la prévisibilité des phénomènes sociaux. Cette difficulté se manifeste notamment par le problème bien connu des juristes de la capture de la singularité des cas. Les règles, critères et catégories employées par la décision bureaucratique portent toutes en elles une présomption de généralité : elles ne sont pas faites pour être appliquées à un cas, mais à l'ensemble des cas tombant sous leur portée. Cette généralité est la précondition de l'uniformité du traitement juridique. Mais ce désir de généralité vient se heurter à la multiplicité des situations concrètes, qui vient souvent rendre difficile l'application des règles, critères et catégories. Ces limites de la capacité d'anticipation des phénomènes sociaux se traduisent concrètement par des limites dans l'incarnation de l'idéal-typique de mécanisation de la décision. Pour être capables de fonctionner, les institutions bureaucratiques doivent admettre des limites à leur volonté de planification et de contrôle, et conférer à leurs agents un pouvoir d'interprétation discrétionnaire de la règle, qui leur donne l'autonomie

---

1. Voir « Connaissance des individus et profilage », p. 283.

nécessaire à la compréhension et au traitement de la singularité des cas[1]. Les juges et les agents administratifs sont donc loin de pouvoir être réduits à de simples exécutants robotisés de règles édictées par d'autres, et ce pour des raisons qui proviennent des limites épistémiques du règne de la règle. Nous reviendrons à plusieurs reprises sur les limites de cet idéal machinique de la décision, et sur les façons dont l'algorithmisation vient déplacer ces limites.

Car si l'idée wébérienne de mécanisation de la décision nous intéresse au plus haut point dans le cadre de cet ouvrage, c'est évidemment pour son pouvoir d'anticipation conceptuelle de l'algorithmisation de la décision. Si le lecteur nous permet une première formulation volontairement naïve, ce passage semble aujourd'hui visionnaire, tant il permet de conceptualiser l'automatisation de la décision comme la réalisation d'une tendance profonde des habitudes de fonctionnement bureaucratiques, qu'un auteur qui n'a jamais vu un ordinateur voyait déjà comme habité par un idéal de mécanisation. L'automatisation permet en effet de porter à leur point le plus haut la réalisation de propriétés désirées par le fonctionnement bureaucratique, à savoir l'explicitation des raisons, l'uniformisation et la dépersonnalisation de la décision. De ce point de vue, l'algorithmisation de la décision n'apparaît pas tant comme une rupture radicale des pratiques apportées de l'extérieur par la technologie informatique que comme une radicalisation, par l'instrumentalisation de ces techniques, de tendances déjà existantes dans le fonctionnement bureaucratique. Tout l'arsenal terminologique employé par Weber pour conceptualiser le règne de la règle – mécanisation, formalisme, calculabilité – décrit en effet bien des traits qu'on attribuerait aujourd'hui à la décision algorithmisée, mais qui sont déjà inclus par Weber dans son idéal type de la domination bureaucratique.

Si cette première formulation est bien évidemment naïve, c'est qu'il ne s'agit pas de faire de la bureaucratisation un idéal abstrait s'incarnant de manière uniforme en tout temps et en tout lieu, et encore moins de faire de l'algorithmisation la réalisation d'un *telos* de la bureaucratie. Nous reviendrons sur ces difficultés dans notre section suivante, qui traite précisément de la mobilisation de l'héritage de conceptualisation de la

---

1. Cette tension entre prévisibilité générée par la règle et nécessité d'accorder une autonomie aux agents ressort encore dans les publications les plus récentes comme « Bureaucracy as Knowledge », même lorsque celle-ci conteste la pertinence de l'idéal-type wébérien : « les auteurs remarquent une tension entre le désir de créer des règles (afin de rendre les actions des bureaucrates plus prévisibles) et le besoin d'accorder de l'autonomie (pour que ces règles "correspondent" aux exigences des pratiques de travail des agents) », S. Felten and Chr. von Oertzen, « Bureaucracy as Knowledge », art. cit., p. 7.

bureaucratie au service de la conceptualisation de l'algorithmisation de la décision. Il nous suffit pour l'heure de souligner que certains passages de Weber contiennent des idées bien trop frappantes pour être ignorées par cette réflexion. La massification, qu'on a introduite comme une incitation à la rationalisation, est aussi concomitante d'un autre phénomène historique majeur des sociétés contemporaines, à savoir la disparition de la société d'ordres et le nivellement des conditions. Ce nivellement des conditions est à la fois cause et effet du règne de la règle : le nivellement des conditions accroît l'égalité des citoyens face à la puissance de l'État, tout comme l'instauration de règles valables pour tous contribue à l'égalitarisation des citoyens. Max Weber résumait ce trait des sociétés contemporaines en disant que la bureaucratie est l'ombre portée de la démocratie de masse[1]. Avec le recul des événements historiques, la formule mérite une correction qui est décisive pour la discussion de la bureaucratisation en général, et de l'algorithmisation en particulier : la bureaucratie est l'ombre portée de la société de masse. Les expériences soviétique et national-socialiste ont en effet démontré que la construction d'un État-Leviathan à la bureaucratie tentaculaire pouvait parfaitement coïncider avec les formes de gouvernement les plus autoritaires, et même avec un maintien de l'autorité charismatique dans ses formes les plus exaltées au sommet de l'État. Dans son célèbre ouvrage *La langue du Troisième Reich*, Viktor Klemperer avait aussi remarqué que le régime nazi avait permis le retour de la volonté du chef dans les modes d'expression bureaucratiques. Les documents bureaucratiques pouvaient ainsi comprendre une mention explicite de la volonté du Führer ou du chef de service, en lieu et place de la citation d'article de loi, comme la justification ultime de l'ordre donné[2]. Même dans les sociétés contemporaines, il n'existe donc aucun lien essentiel entre bureaucratie d'une part et démocratie d'autre part. Dans le développement de l'État de droit, il faut donc bien distinguer le développement des

---

1. « [...] [la bureaucratisation] est partout l'ombre inséparable de la "démocratie de masse" en progrès », M. Weber, *Économie et Société*, t. 1, *op. cit.*, p. 301.
2. V. Klemperer, *LTI, La Langue Du IIIᵉ Reich*, Paris, Agora, 2003. La compréhension de ces organisations administratives comme des bureaucraties au sens wébérien n'est donc pas évidente. Pour Weber les termes « direction administrative » et « bureaucratie » ne sont pas synonymes : la bureaucratie est une forme particulière de direction administrative, le « type le plus pur de la domination légale. » (M. Weber, *Économie et société*, t. 1, *op. cit.*, p. 294) La conceptualisation d'organisations administratives qui exercent le pouvoir par le droit sans vraiment être soumises à un état de droit, ou qui sont conçues comme des relais institutionnels du pouvoir charismatique, censé être exclu par la forme légale de la domination, est difficile à faire entrer dans l'idéal-type wébérien.

règlements s'appliquant à l'ensemble de la population et aux agents des organisations bureaucratiques (*rule by law*) de l'idéal juridique d'une égalité de tous les citoyens, y compris les dirigeants, face à la loi (*rule of law*). Le premier aspect peut très bien aller sans le second, tout comme la rationalisation instrumentale évoquée par Weber peut parfaitement cohabiter avec les formes d'autorité charismatique les plus brutales.

Il y a là une ambivalence des effets politiques de la bureaucratisation qui va nous accompagner tout au long de cet ouvrage, et s'appliquer bien au-delà du seul domaine de l'autorité de l'État. D'un côté, la bureaucratisation dénote la dépersonnalisation du pouvoir, la transparence, et l'égalité de tous face au pouvoir anonyme de la règle : elle peut donc sembler une compagne acceptable voire désirable de la démocratie. De l'autre, la bureaucratisation est aussi une entreprise dédiée à la centralisation du pouvoir et au contrôle, qui réduit ses agents à de simples serviteurs et ses administrés à de simples cas. Elle peut donc, et a indiscutablement été dans bien des configurations historiques, un instrument au service de la concentration autoritaire du pouvoir. Cette ambivalence entre égalitarisation et concentration du pouvoir n'est pas une contradiction dans la perception de la bureaucratie, mais le reflet de mobilisations dans des sens politiques opposés, qui peuvent parfaitement cohabiter dans les mêmes sociétés, des relations de pouvoir créés par la bureaucratie.

L'ALGORITHMISATION COMME MOMENT DE LA BUREAUCRATISATION

Il nous faut à présent expliquer comment la tradition de conceptualisation et de critique du phénomène bureaucratique peut être mobilisée pour mieux comprendre l'algorithmisation de la décision. Le mieux est de commencer par tracer les limites de notre objet. Nous nous intéressons ici avant tout au phénomène de l'algorithmisation de la décision, et non à l'intégralité de l'informatisation de la bureaucratie. Ce dernier phénomène est d'une ampleur considérable, et comprend de nombreux volets bien distincts de l'algorithmisation de la décision. Il affecte des aspects aussi importants de l'activité bureaucratique que la collecte des données, la constitution et l'usage des archives, les modalités de communication avec le public et dans les services, la rédaction des documents, l'exécution des calculs, la formation des personnels, la constitution d'un nouveau groupe d'experts dans la nouvelle technique cognitive, l'usage de modèles et simulations scientifiques. La bureaucratie fait indubitablement partie des secteurs d'activité qui ont été profondément affectés par l'informatisation. Si nos résultats ont naturellement vocation à entrer en dialogue avec tous les travaux effectués sur ce phénomène, nous réduirons volontairement la focale de cet ouvrage, tant le phénomène d'algorithmisation constitue déjà en soi un sujet considérable. Cette importance a déjà été reconnue par d'autres auteurs, qui ont pu jusqu'à parler d'algocratie[1] pour désigner cette nouvelle forme du pouvoir bureaucratique médiée par les algorithmes. En outre, la focalisation sur les modalités de la prise de décision nous mène à écarter de notre objet les questions d'organisation professionnelle et de statut qui sont si décisives dans l'histoire de la bureaucratie. Nous ne prétendons nullement capturer l'intégralité de l'activité bureaucratique, et là encore notre ouvrage ne peut être lu que comme une invitation au dialogue avec les travaux traitant des aspects ici mis de côté.

Le phénomène qui nous intéresse ici au premier chef est donc une forme particulière de la prise de décision, et c'est cette forme que nous appelons « bureaucratique ». Cette forme se caractérise tout d'abord par les propriétés suivantes de la prise de décision même : dépersonnalisation, explicitation des raisons, uniformisation du traitement des cas. La satisfaction de chacune de ces propriétés doit être conçue de manière intensive, et non comme une affaire de tout ou rien. Si la satisfaction de ces propriétés peut fréquemment s'opérer de manière conjointe, tant elles sont structurellement liées entre elles, nous verrons qu'il est possible de satisfaire seulement certaines d'entre elles[2]. La décision bureaucratique se caractérise ensuite par les finalités poursuivies par l'implémentation de ces propriétés, qui peut comprendre tout ou une partie des éléments de la liste suivante : quête de l'efficacité, équité du traitement, transparence, centralisation de la conception de la décision et du contrôle de son exécution, massification de l'application. La décision bureaucratique est donc la décision qui satisfait ces propriétés, et qui poursuit ces fins. La bureaucratisation de la décision est le processus d'extension de l'ensemble des décisions satisfaisant ces propriétés et poursuivant ces fins, ainsi que l'intensification de la satisfaction de ces propriétés et de la poursuite de ces fins.

Il nous faut maintenant justifier notre hypothèse de travail selon laquelle l'algorithmisation doit être conçue comme un moment de la bureaucratisation de la décision. La décision algorithmisée ne fait pas que satisfaire aux propriétés définissant la décision bureaucratique : elle optimise la satisfaction de ces propriétés. Il n'y a pas de décision plus impersonnelle

1. J. Danaher, « The Threat of Algocracy : Reality, Resistance and Accommodation », *Philosophy & Technology* 29, n° 3, 2016, p. 245-268.
2. Voir « Le ML comme limite et vecteur de la bureaucratisation », p. 64.

que celle exécutée par un programme, c'est-à-dire par personne ; pas de
meilleure explicitation des raisons que celle permise par la programmation,
qui exige la parfaite explicitation des instructions guidant la décision ; pas
de traitement plus uniforme que celui effectué par un algorithme dont
l'exécution n'est qu'application uniforme de règles. La décision algorithmisée
est donc la décision bureaucratique par excellence. Elle permet donc également,
à tout le moins en théorie, une intensification de la poursuite des
finalités bureaucratiques : elle accroît l'efficacité, facilite la massification,
l'équité et la transparence du traitement, renforce la centralisation de la
conception et le contrôle de l'exécution en les plaçant toutes entières dans
les mains du développement informatique et de ses maîtres d'œuvre. Ou
à tout le moins c'est ce qu'une première formulation de notre hypothèse
doit donner à croire, car nous verrons que l'examen des pratiques de
l'algorithmisation va livrer une image bien plus complexe.

L'algorithmisation de la décision poursuit donc des tendances déjà
présentes dans le développement des institutions bureaucratiques, tout en
les radicalisant considérablement. Il est donc possible de la concevoir à la
fois comme une continuation et comme une rupture par rapport aux tendances préexistantes, et cette dualité est précisément ce qui fait l'intérêt
de la conceptualisation de l'algorithmisation comme moment de la bureaucratisation. En outre, cette formulation des propriétés de la bureaucratisation
de la décision va aussi nous permettre de mieux comprendre les limites de
ce processus dans la pratique, et de voir comment certains phénomènes
récents de l'algorithmisation, notamment ceux liés à l'IA récente, conduisent
paradoxalement à renforcer le processus de bureaucratisation tout en affaiblissant certaines de ses propriétés. Toutes ces raisons justifient à nos yeux
l'emploi heuristique de cette conceptualisation de l'algorithmisation.

Mais avant d'engager l'analyse de ces derniers points, il nous faut
insister sur l'absence de toute téléologie dans notre conception, et en
particulier dans la notion de poursuite de tendances préexistantes. Si notre
concept de décision bureaucratique est assurément, comme la forme
rationnelle de la domination de Weber, un idéal-type, il ne s'agit pas de
traiter l'algorithmisation de la décision comme l'incarnation inévitable de
cet idéal dans l'Histoire. Il n'y a nulle nécessité transhistorique à ce que
l'algorithmisation se produise, ni à ce qu'elle se produise partout de la
même façon. Si algorithmisation il y a, c'est bien parce que des acteurs
pensent y trouver leur compte, parce que des opportunités et incitations
pointent leur nez, parce que des structures, idéologies, habitudes et institutions sont déjà en place ou apparaissent, parce qu'en bref des motivations
et des moyens pour le processus en question surviennent et se perpétuent.

Si nous ne nous intéressons que de manière tangentielle aux motivations et aux moyens derrière le processus d'algorithmisation, cela ne veut pas dire que nous les prenons pour une évidence, et notre travail évoquera à de nombreuses reprises la dépendance structurelle de ce processus à son contexte historique étroit et large. Même la poursuite des tendances pré-existantes des institutions ne doit en aucun cas être prise pour une évidence. Il n'en reste pas moins que la satisfaction par l'algorithmisation de propriétés déjà considérées comme désirables, de manière plus ou moins articulée, par nombre d'institutions bureaucratiques peut susciter un intérêt pour ce processus dans ces institutions, et faciliter son acceptation. La manière dont une technologie peut être acceptée non parce qu'elle a de nouveau, mais parce qu'elle peut être perçue comme continuation et renforcement des pratiques préexistantes est en soi un sujet d'étude fascinant, pour la programmation comme pour d'autres technologies. Mais il ne s'agit pas ici de notre sujet, et nous continuerons à parler de tendances préexistantes avec le grain de sel d'usage.

Avant que de passer à la discussion des limites de la bureaucratisation de la décision, il nous faut en outre rappeler quelques éléments d'histoire qui font que la résonance entre informatisation et bureaucratisation n'a rien de miraculeux, mais est au contraire naturel au regard de leurs racines communes dans l'histoire de la rationalisation, racines qui remontent aux débuts de l'ère industrielle. À la fin du XVIIIe siècle, le baron Gaspard de Prony (1755-1839) s'efforça d'augmenter la fiabilité et la précision du calcul des tables de logarithmes, très utilisées dans l'astronomie et donc utiles pour la navigation. À partir de 1793, il organisa à l'Observatoire de Paris un véritable laboratoire de calcul, où les tâches computationnelles faisaient l'objet d'une organisation collective rigoureuse délibérément inspirée de la division du travail dans les manufactures[1]. Dès l'époque où Adam Smith fournit la première théorisation de la division du travail, le calcul est donc conçu comme un lieu privilégié d'application des nouvelles conceptions du travail : une telle simultanéité n'a rien d'un miracle, dans la mesure où de Prony et Smith partagent des sources intellectuelles communes[2] Les travaux de Prony eurent à leur tour une influence majeure sur le mathématicien anglais Charles Babbage (1791-1871), aujourd'hui célèbre pour sa tentative de construction d'un calculateur numérique

---

1. I. Grattan-Guinness, « Work for the Hairdressers : The Production of de Prony's Logarithmic and Trigonometric Tables », *Annals of the History of Computing* 12, n° 3, 1990, p. 177-185.

2. L. Daston, « Calculation and the division of labor, 1750-1950 », *Bulletin of the German Historical Institute* 62, 2018, p. 9-30.

programmable. Babbage avait un grand intérêt pour l'application des mathématiques aux activités économiques[1], mais aussi pour l'application de l'économie aux mathématiques, puisqu'il concevait son calculateur comme une usine, et sa programmation comme une rationalisation du travail de calcul. Babbage pousse la réflexion de Prony un cran plus loin, puisque la rationalisation du travail de calcul doit pour lui aller jusqu'à l'automatisation complète, qui tire son inspiration de l'emploi des machines dans les manufactures britanniques. Les projets de calculateurs de Babbage ne furent jamais menés à bien, mais ils démontrent l'inscription des moyens de calcul modernes, dès leur proto-histoire, dans le mouvement de rationalisation du travail. L'organisation en équipe puis l'automatisation du calcul numérique ont donc été d'emblée pensées sur le modèle de la division du travail dans les manufactures modernes : le calculateur est une petite usine, et le mathématicien, qu'on peut voir ici comme un proto-informaticien, est un manager veillant à la planification du travail calculatoire. Dès leurs prémisses, il existe donc une parenté consciente et assumée entre pensée informatique et rationalisation du travail, et la circulation d'idées entre ces deux pôles de la rationalisation, qui s'est certainement effectuée dans les deux sens, mérite d'être étudiée en elle-même.

Cette parenté va s'approfondir avec l'apparition du « management scientifique » dans la première moitié du vingtième siècle. Une figure majeure de l'informatique naissante comme John von Neumann (1903-1957) comparait encore la programmation à la planification du travail d'une équipe de calculateurs humains pour une tâche si longue qu'elle prendrait plusieurs siècles si elle était effectuée à la main. La vitesse des nouveaux ordinateurs justifie la rigueur de la planification informatique, parce qu'elle est la planification d'un travail calculatoire énorme : on ne pourrait laisser une équipe de calculateurs travailler seule pendant des années sans lui fournir une liste d'instructions extrêmement rigoureuse, dont l'exécution scrupuleuse garantirait la bonne complétion de la tâche[2].

Un autre concept, fréquemment attaché à la bureaucratie de nos jours, permet aussi d'éclairer les relations historiques profondes entre bureaucratie et informatique, celui de « procédure ». La diffusion de ce concept fait partie d'un développement plus tardif que la théorie wébérienne. Weber ne fait pas emploi de ce terme lorsqu'il conceptualise la forme légale de la domination et le fonctionnement des bureaucraties modernes, qu'il décrit

---

1. Ch. Babbage, *On the Economy of Machinery and Manufactures*, Cambridge, Cambridge University Press, 2010.

2. J. Von Neumann, « Electronic Methods of Computation », *Bulletin of the American Academy of Arts and Sciences* 1, n° 3, 1948, p. 2-4.

en termes de lois et de règles[1]. La banalisation du terme de « procédure »
dans la théorie des organisations date en réalité du taylorisme, et de la mode
considérable du « management scientifique » qui s'ensuivit au début du
XXᵉ siècle. La bureaucratisation ne signifie plus alors seulement l'application des règles et l'exécution des instructions, mais l'agencement de ces
règles et de ces instructions dans une séquence censée produire ou aider à
la production du « meilleur résultat ». La procéduralisation devient alors
un véritable mode de pensée à la fois dans l'ordre de la production et de
la prise de décision, croisant la limite entre les deux ordres de l'activité
discutés par Weber[2]. Dans l'un des textes les plus célèbres de l'informatique
naissante, le *Report on the EDVAC*[3], John von Neumann emploie le terme
« procédure » plus de cinquante fois, ce qui illustre bien l'importation des
catégories du management scientifique dans la conception que l'informatique
se fait d'elle-même. L'informatique sera donc naturellement l'un des vecteurs par lesquels la pensée procédurale taylorienne, originaire du monde
de la production matérielle, va s'insérer dans la bureaucratie moderne, et
envahir ainsi le royaume de la décision administrative. Le terme de
« procédure » n'est d'ailleurs pas la seule trace terminologique des relations
intenses entre informatique et rationalisation du travail. Le terme même
de « programme » pour désigner la préparation d'un calculateur à l'exécution d'une tâche tire son origine du vocabulaire de la planification
managériale[4]. Les diagrammes de flot (*flowcharts, process charts*), une

1. H. Treiber, « État moderne et bureaucratie », trad. fr. O. Mannoni, *Trivium* 7, 2010.

2. Il convient cependant de ne pas toujours mettre un signe d'égalité entre
« procéduralisation » et « rationalisation ». C'est un constat bien contenu des spécialistes
de *business processes* que l'évolution des organisations ne les emmène pas toujours vers
une procéduralisation croissante. L'identification de la rationalité instrumentale avec la
rationalité procédurale prend pour argent comptant une propagande d'une certaine branche
du taylorisme managérial : dans certains cas, la procéduralisation n'est pas génératrice
d'efficacité ou de productivité. Un constat identique, mais avec des modalités spécifiques
que nous tâcherons de décrire, peut être fait pour l'informatisation des processus : celle-
ci peut se révéler coûteuse, inefficace et plus génératrice de problèmes que de solutions.
Comme me l'a fait remarquer Henri Stéphanou, les simples contraintes dues à un site
particulier peuvent ruiner toute tentative d'uniformisation des procédures dans un réseau
d'entreprises multi-sites. Il existe donc une critique interne à la pensée managériale de la
procéduralisation, qui l'attaque précisément au nom des valeurs d'objectivité et d'efficacité
qu'elle prétend défendre.

3. J. Von Neumann, « First Draft of a Report on the EDVAC », *IEEE Annals of the
History of Computing* 15, n° 4, 1993, p. 27-75.

4. D. A. Grier, « Programming and Planning », *IEEE Annals of the History
of Computing* 33, n° 1, 2011, p. 86-88 ; L. De Mol et M. Bullynck, « Roots of
'Program'Revisited », *Communications of the ACM* 64, n° 4, 2021, p. 35-37, https://doi.
org/10.1145/3419406.

représentation diagrammatique des programmes fréquemment employés durant les premières décennies de l'ordinateur moderne, tirent aussi leur origine du management, qui les utilisait pour décrire les procédures de travail[1]. Cette circulation d'idées entre management de la production, informatique et bureaucratie vient conforter l'analogie weberienne selon lequel l'ordre de la production et l'ordre de la décision partagent dans le monde moderne une tendance profonde à la rationalisation qui peut trouver son terme dans l'automatisation, même si celle-ci peut s'effectuer de manière progressive et sinueuse.

Il ne s'agit là que de quelques éléments de l'histoire commune entre informatique et rationalisation du travail, et notamment du travail bureaucratique, qui mériterait bien sûr d'être étudiée en elle-même. Nous les rappelons juste au lecteur ignorant de cette historiographie pour souligner que les résonances que notre concept de décision bureaucratique crée immédiatement entre bureaucratisation et algorithmisation ne sont le fruit ni d'une téléologie, ni d'un miracle. Ces éventuels malentendus dissipés, nous pouvons à présent nous intéresser aux limites d'algorithmisation de la décision, et comment ces limites sont un angle d'attaque fécond pour comprendre les nouveautés introduites dans l'ordre bureaucratique par l'IA moderne.

Limites de la bureaucratisation par algorithmisation

Les difficultés de l'automatisation de la règle bureaucratique

Prima facie, comprendre l'algorithmisation de la décision comme le dernier moment de la bureaucratisation peut mener le lecteur ignorant de la pratique de la programmation à souscrire à une certaine continuité entre le règne de la règle formulée en langue naturelle et la règle formalisée de la programmation. Si une telle vision n'est pas fondamentalement erronée, elle peut porter à sous-estimer les immenses difficultés pratiques que représente l'automatisation partielle ou totale d'une décision[2]. À ce titre, l'algorithmisation doit être conçue autant comme un saut qualitatif que comme une continuité avec les pratiques préexistantes. Il nous faut à présent

---

1. F. Bunker Gilbreth and L. Moller Gilbreth, *Process Charts. First Steps in Finding the Best Way to Do Work*, New York, American society of mechanical engines, 1921, http://archive.org/details/processcharts00gilb.

2. L'intégralité de cette section doit énormément à Henri Stéphanou, qui a su me faire bénéficier à la fois de son expérience dans l'informatisation des bureaucraties privées et de son sens philosophique de l'épistémologie de la programmation.

présenter ces difficultés pour aborder le sujet essentiel des limites de la bureaucratisation de la décision. Comme le remarque à très juste titre Lorraine Daston[1], l'exemple de la grève à l'italienne (*sciopero bianco*) illustre à merveille le sous-bassement d'interprétation des règles formulées en langue naturelle qui est absolument nécessaire au fonctionnement de nombre de grandes organisations bureaucratiques. Dans ce type de mouvement social, qui fut par exemple pratiqué par les postiers italiens, c'est par l'application littérale et butée des règles d'organisation du travail que les travailleurs démontrent qu'ils sont bien plus que des exécutants disciplinés des règles d'organisation conçues par le management, comme une première approximation pourrait le laisser accroire. Ce n'est pas seulement le retrait de leur force de travail, mais celui de leur pouvoir d'interprétation des règles, qui attaque le processus de production. Ceci démontre que les exécutants d'une procédure sont bien plus que de simples rouages dans une machine : ils priorisent, réduisent des ambiguïtés, adaptent en fonction du contexte, et parfois comblent les vides dans les règles et procédures édictées pour diriger leur action. Sans ce travail permanent d'interprétation et d'adaptation, l'exécution collective des instructions ralentit drastiquement, voire s'effondre purement et simplement. Il ne faut donc surtout pas céder, que ce soit pour la louer ou la déplorer, à une représentation fantasmatique de la règle bureaucratique qui réduirait les exécutants à de simples machines exécutant le plan du

---

1. Voir la contribution de Lorraine Daston dans l'ouvrage collectif de P. Erickson *et al.*, *How Reason Almost Lost Its Mind* (Chicago, IL, University of Chicago Press, 2013), consacré à la vision formaliste et procédurale de la rationalité développée et employée dans les États-Unis de la guerre froide. Par contraste, la complexité des relations entre informatisation, conceptions de la rationalité et organisation peut être soulignée par une tentative originale comme T. Winograd et F. Flores, *Understanding Computers and Cognition : A New Foundation for Design* (Bristol, Intellect Books, 1986). L'ouvrage a le mérite singulier d'être le fruit d'une collaboration entre une figure majeure de l'IA et du TAL, Terry Winograd, et l'ancien Ministre des Finances du gouvernement Allende, Fernando Flores, acteur d'une tentative très singulière d'emploi de la cybernétique dans la gestion d'une économie socialiste, que le coup d'État est venu interrompre (E. Medina, *Cybernetic Revolutionaries : Technology and Politics in Allende's Chile* (Cambridge (Mass.), The MIT Press, 2011). Pour une présentation brève, voir « Chili : Le Système Informatique Cybersyn, Une Machine à Gouverner | Vanity Fair », consulté le 9 décembre 2021, https://www.vanityfair.fr/actualites/articles/cybersyn-la-machine-a-gouverner-le-chili/23947.). Dans la littérature du management et de la sociologie du travail, ces questions sont aussi connues par les discussions sur le système d'organisation des usines Toyota, et leur caractérisation comme une nouvelle forme de taylorisme ou une alternative au taylorisme (pour une introduction fine à ces questions, voir par exemple H. Pruijt, « Teams between Neo-Taylorism and Anti-Taylorism », *Economic and Industrial Democracy* 24, n° 1, 2003, p. 77-101).

tout-puissant management. Dans la réalité, l'organisation bureaucratisée du travail est très loin de l'automatisation complète, et elle s'appuie, explicitement ou implicitement, sur les capacités cognitives des exécutants. L'analogie de l'automate judiciaire de Max Weber fait partie de cette représentation fantasmatique de la mécanisation de la décision, qui en sous-estime grandement la complexité.

Si l'exemple de la grève à l'italienne pris par Lorraine Daston provient initialement du monde de la logistique et évoque donc le travail matériel, c'est bien les capacités cognitives des exécutants qui sont en jeu, et les conclusions qu'on peut en tirer s'appliquent tout aussi bien au monde de la décision bureaucratique. Le concept juridique de pouvoir discrétionnaire, formulé par nombre de droits positifs, constitue une reconnaissance de la nécessité de cet acte d'interprétation et d'adaptation dans le domaine juridique. Le pouvoir discrétionnaire se situe à mi-chemin entre l'arbitraire, qui n'est encadré par aucune règle, et la simple application formelle de la règle produisant mécaniquement la décision adaptée au cas particulier. Sa formulation reconnaît l'existence d'une pluralité de décisions légales possibles engendrées par l'application de la règle au cas particulier, et confère à l'agent administratif le pouvoir de choisir entre ces possibilités en fonction de son expérience et de son appréciation de l'intérêt supérieur du service. *Pace* Weber, l'application de la règle juridique ne peut être assimilée à un calcul, dans la mesure où le concept de calcul sous-jacent à cet argumentaire est déterministe : en prenant le cas en entrée, l'application littérale de la règle devrait mécaniquement engendrer en sortie une décision donnée. La présence même du pouvoir discrétionnaire dans nombre de droits positifs est une réfutation de cette vision étroitement mécaniste de l'application de la règle, et vient montrer la persistance d'une autonomie non-négligeable des agents dans la décision bureaucratisée formulée en langue naturelle, et la complexité des actes cognitifs nécessaires pour combler le fossé entre la règle et le cas. L'automatisation de la décision suppose donc une capture de ces actes cognitifs par le système informatique qui constitue un défi majeur.

L'automatisation de la décision ne peut donc se réduire à une tâche routinière, consistant à traduire en code informatique une suite de « si-alors-sinon » qui serait déjà clairement présente dans les règles formulées en langue naturelle. Dans la pratique, outre les multiples difficultés pratiques soulevées par la numérisation des données et la construction de systèmes dédiés, la formalisation des raisonnements en langue naturelle, l'élimination des ambiguïtés de la langue peuvent représenter un défi fondamental. Non seulement le droit et les règlements comprennent nombre de concepts non-définis dont l'interprétation est laissée aux agents administratifs, mais les formalisations des concepts, des propositions et du raisonnement en langue naturelle constituent des tâches d'une difficulté redoutable, pour lesquelles il existe fréquemment une pluralité d'approches menant à une pluralité de solutions. La formalisation de règles énoncées en langue naturelle est donc une tâche dont le succès n'est pas garanti, et la pluralité des possibilités révélées par ce travail pose en soi un problème d'interprétation redoutable [1].

Mais la notoire ambiguïté de la langue naturelle n'est pas le seul défi affronté par la programmation des règles : l'ambiguïté peut provenir non de la langue, mais des règles elles-mêmes. Pour ne prendre qu'un exemple, la mise en place de systèmes informatiques unifiés dans les entreprises, connus sous le nom d'ERP, provoque nécessairement un effort de reconceptualisation des règles définissant le fonctionnement de l'entreprise. Leur intégration dans un système unique et leur formalisation dans un programme met en évidence les redondances dans les opérations, les incertitudes dans la portée des règles, les indéterminations dans le sens des procédures qui n'ont jamais été résolues dans la vie ordinaire de l'organisation. La conception du système suppose donc de résoudre un vaste ensemble de questions en suspens, qui sont autant de causes possibles d'hésitations, de débats voire de conflits ouverts dans l'organisation. Pour ne prendre qu'un exemple simple, la suppression d'une redondance d'opérations entre deux services différents suppose de décider quel service doit se voir attribuer la responsabilité de l'opération, ce qui peut aisément provoquer un conflit. Pour reprendre l'expression d'un classique de la littérature managériale, l'automatisation consiste souvent moins à formaliser des procédures préexistantes qu'à les oblitérer et à reprendre leur conception de zéro [2]. Cet effort de conception n'est pas seulement intellectuellement difficile et coûteux en temps et en argent, il est porteur de risques politiques majeurs qui peuvent menacer l'achèvement du projet. Outre les difficultés proprement « techniques », ces incertitudes associées à cet effort de réorganisation font que la mise en place d'un ERP est

1. L'ambiguïté des règles et consignes en langue naturelle, tout comme le caractère imprécis ou tacite des savoir-faire, qui ne sont d'ailleurs pas toujours conçus de manière négative, fait aussi l'objet d'une vaste littérature en management. Voir par exemple R. Reed and R. J. DeFillippi, « Causal Ambiguity, Barriers to Imitation, and Sustainable Competitive Advantage », *Academy of Management Review* 15, n° 1, 1990, p. 88-102. D. M. Townsend *et al.*, « Uncertainty, Knowledge Problems, and Entrepreneurial Action », *Academy of Management Annals* 12, n° 2, 2018, p. 659-687.

2. M. Hammer, « Reengineering Work : Don't Automate, Obliterate », Harvard Business Review, July-August 1990. Là encore, l'histoire des systèmes bureaucratiques nommés ERP est une bonne illustration de ce point. Les simples problèmes d'héritage posés par le recollement de différents logiciels ne partageant pas la même représentation des données ont justifié la reconceptualisation globale des processus business à partir de zéro.

considérée dans l'industrie informatique comme un projet à haut risque[1]. La programmation des règles d'une organisation bureaucratique ne doit donc pas être comprise seulement comme une formalisation de l'existant, dont nous venons de voir qu'elle constituait déjà une difficulté majeure, mais comme un effort majeur de reconceptualisation des règles régissant l'organisation.

L'algorithmisation accroît considérablement une autre difficulté connue dans la théorie du droit, à savoir le maintien de la cohérence avec la jurisprudence. Un système informatique se doit en général d'interagir avec d'autres systèmes informatiques préexistants, parfois conçus selon des finalités et modalités radicalement étrangères au nouveau programme, ce qu'on appelle dans la terminologie du métier un problème d'héritage. En termes de règles bureaucratiques, ceci implique de concevoir des règles parfaitement cohérentes avec les règles préexistantes, sous peine de faire échouer tout le programme. La planification en amont que suppose la programmation augmente donc considérablement la difficulté de cet enjeu de cohérence avec l'existant : le programme doit résoudre tous les enjeux de cohérence à l'avance, et ne peut recourir à un juge ou à agent administratif pour résoudre les conflits de règle au cas par cas. Il s'agit là d'un problème redoutable, dont le poids se fait de plus en plus sentir à mesure de l'intégration de systèmes bureaucratiques de plus en plus complexes.

L'effort de résolution des problèmes d'interprétation en amont est rendu encore plus difficile par la prise en compte de l'évolution constante de l'environnement des organisations, et notamment de l'environnement légal et réglementaire. Si les évolutions juridiques supposent une remise en cause radicale de la conception d'un programme qui met plus de temps à être conçu qu'il n'aura de durée de vie effective, la programmation devient dépourvue d'intérêt. L'effort de planification en amont provoqué par la programmation doit donc affronter la nécessité d'adaptation constante des organisations, qui rend parfois caduques certains systèmes à peine déployés. L'échec du logiciel Louvois de gestion unifié du système de paie de l'Armée française pourra ici être pris en exemple. Louvois est devenu un exemple canonique de désastre industriel dans l'industrie informatique française, et on pourrait l'utiliser pour illustrer presque chacun des problèmes que nous évoquons dans cette section. Tout d'abord, la réalisation d'un tel

---

1. Voir par exemple cet échec récent d'un ERP pour l'US Air Force, qui a dû être abandonné après plus d'un milliard de dollars de dépenses : Chr. Kanaracus, « Air Force Scraps Massive ERP Project after Racking up $1B in Costs », *Computerworld*, 14 novembre 2012, https://www.computerworld.com/article/2493041/air-force-scraps-massive-erp-project-after-racking-up-1b-in-costs.html.

logiciel pourrait naïvement être prise comme une formalité par ceux qui croient à une fausse continuité entre procéduralisation bureaucratique et programmation. Le calcul d'une paie semble se réduire à l'application de conditions réglementaires et de calcul arithmétique, une suite de « si-alors-sinon » et de formules de calcul qui se programmerait de manière routinière. Il est vrai que l'automatisation des fiches de paie est pratiquée depuis des décennies. Mais, comme les ERPs, Louvois va d'abord illustrer les problèmes d'organisation interne révélés par un projet d'unification de systèmes informatiques. Le projet mobilisait, sans attribution claire de responsabilité, plusieurs sous-branches de l'armée française incapables de communiquer entre elles et de prendre des décisions communes, et empilant les fonctionnalités dans la spécification du projet sans souci de cohérence. Ensuite, la formalisation du système de calcul des soldes était une tâche d'une haute complexité, avec des modalités de calcul différentes selon les armées, et un grand nombre de facteurs dynamiques, comme la projection de troupes en opération, impactant la solde mensuelle[1]. Enfin, c'est un changement de cadre politique et réglementaire qui a complété le tableau du désastre. L'armée a souhaité adapter à marche forcée un projet déjà mal en point aux nouveaux objectifs et contraintes introduites par la Révision Générale des Politiques Publiques, notamment la diminution des personnels RH, précipitant une catastrophe administrative, les familles de soldats en opération ne recevant plus leur solde[2]. Au début du XXIe siècle, l'automatisation d'une tâche bureaucratique peut donc virer au désastre pour une institution majeure d'un pays développé, ce qui illustre bien les défis à la fois politiques et techniques de cette automatisation.

Sans être fausses ou dénuées de pertinence, les catégories de « formalisation », « procéduralisation », « instruction », « règle » sont des vêtements taillés trop amples pour saisir la forme exacte des processus historiques, et l'impact propre de la technologie informatique : leur emploi pour décrire la bureaucratie avant et après l'informatisation créé une illusion de continuité qui détachent l'historien et le philosophe de la description précise des pratiques. L'identité des termes masque ici les difficultés profondes soulevées par la formalisation de langue naturelle, la reconcep-

1. « Référé de La Cour Des Comptes à M. Jean-Yves Le Drian, Ministre de La Défense », Décembre 2013.

2. Pour un témoignage et une analyse sur le déroulement du désastre, voir J.-M. Palagos and J. Maris, *Diriger en ère de rupture : brouillard et solitude*, Paris, Hermann, 2016. Pour un entretien résumant les thèses de l'ouvrage, J. Guisnel, « Logiciel Louvois de paie des militaires : les raisons du désastre », Le Point, 8 juin 2016, https://www.lepoint. fr/editos-du-point/jean-guisnel/logiciel-louvois-de-paie-des-militaires-les-raisons-du-desastre-08-06-2016-2045137_53.php.

tualisation des règles, les problèmes d'héritage et de mises à jour. Si nous tenons à présenter l'algorithmisation de la décision comme un moment de sa bureaucratisation, c'est avant tout pour souligner la continuité des propriétés désirées et des finalités poursuivies par le processus de rationalisation. Cette continuité des propriétés et des finalités de la décision bureaucratisée ne doit pas masquer le saut qualitatif produit par l'automatisation : le changement de moyens peut constituer un moment radicalement nouveau dans la poursuite des mêmes fins. Mais nous allons voir en examinant les spécificités du ML que ces limitations peuvent avoir un effet encore plus radical, à savoir affecter les propriétés et finalités poursuivies.

Le ML comme limite et vecteur de la bureaucratisation

La deuxième limitation de la bureaucratisation par algorithmisation de la décision que nous allons à présent aborder touche à la nature de l'IA et à sa comparaison avec les autres formes de la programmation. Cette limitation a aussi un aspect plus paradoxal. D'une part, elle constitue une limitation plus fondamentale que les difficultés déjà considérables que nous venons d'évoquer. D'autre part, elle se trouve étrangement dans la branche de la programmation – l'apprentissage automatique – qui constitue l'un des vecteurs les plus puissants de l'automatisation de la décision. Par un paradoxe qui mérite méditation, l'apprentissage automatique constitue donc un vecteur de la bureaucratisation par algorithmisation de la décision en même temps qu'un révélateur de ces limites.

Pour comprendre ce paradoxe, il nous faut introduire certaines propriétés de l'apprentissage automatique (*Machine Learning*, ML) que nous exposerons plus en détail dans le chapitre suivant. Tout d'abord, l'apprentissage automatique est une approche conçue pour dépasser les limites des approches des premières décennies de l'IA. Ces premières décennies ont en effet montré l'immense difficulté de la programmation de tâches intelligentes comme des ensembles de règles. Pour prendre un exemple pertinent pour l'objet de ce chapitre, l'IA débutante s'était montrée incapable d'automatiser la tâche de prise de décision juridique en la formalisant comme l'application routinière d'un ensemble de règles. Ces difficultés ont paru si grandes qu'elles ont incité à concevoir une approche entièrement différente de la programmation de ces tâches, qui ne serait plus fondée sur l'écriture de règles, mais sur un apprentissage statistique semi-autonome de la tâche par l'examen d'un grand nombre d'exemples. Au lieu de dicter au système informatique une procédure détaillée qu'il lui suffirait d'exécuter pour accomplir sa tâche, l'apprentissage automatique expose le système à un vaste ensemble d'exemples représentatifs de la tâche, et le laisse apprendre en autonomie les corrélations nécessaires à son exécution réussie.

Si l'apprentissage automatique est apparu dès les années 1980, ce n'est qu'à la fin des années 2000 et au début des années 2010 que cette branche a connu l'explosion scientifique et industrielle qui fait d'elle le moteur de l'IA récente, et l'une des branches les plus actives de l'informatique contemporaine. Parmi d'autres facteurs que nous examinerons plus en détail au chapitre suivant, l'une des raisons de cette explosion est une radicalisation méthodologique de l'apprentissage automatique, notamment dans une de ses sous-branches nommées l'apprentissage profond. L'apprentissage y est effectué dans une plus grande autonomie[1], et les programmes produits par cette méthode sont qualifiés d'opaques, au sens où les critères employés par le programme final pour exécuter sa tâche demeurent obscurs même aux yeux de ses développeurs. L'apprentissage automatique opaque constitue donc un paradigme non-procédural de la programmation : les programmes produits par le ML ne peuvent être décrits comme un enchaînement de règles.

Cette rupture entre programmation et règne de la règle n'a pas empêché l'emploi abondant de programmes issus du ML dans l'algorithmisation des décisions prises par les institutions bureaucratiques. Si l'emploi des programmes opaques, notamment pour les décisions critiques, est encore limité par un ensemble de contraintes organisationnelles, budgétaires, juridiques et techniques, il a déjà fait son apparition dans des secteurs sensibles comme la reconnaissance du numéro de plaque d'une voiture ayant commis une infraction routière ou la détection des fausses plaques, le traitement d'un chèque bancaire, l'évaluation du risque de récidive d'un prévenu[2] ou la décision médicale[3]. Quel que soit son état de développement actuel dans l'aide algorithmique à la décision, qui est loin d'être négligeable, le ML opaque constitue une possibilité de rupture entre algorithmisation et règne de la règle.

Cette rupture constitue un tournant paradoxal dans le processus de bureaucratisation de la décision : le ML peut à la fois être conçu comme un vecteur majeur de la bureaucratisation par algorithmisation de la décision, et une forme d'algorithmisation sans bureaucratisation. Parce qu'il permet une automatisation partielle ou complète de nombre de décisions auparavant hors de portée de cette automatisation, le ML en général, et sa forme opaque

---

1. Voir « Un exemple de modèle opaque : l'apprentissage profond », p. 103.
2. Voir « Sur les paradoxes de l'humain », p. 180.
3. Voir chapitre II pour les références détaillées, p. 79 *sq.*

en particulier, participe à l'intensification de la dépersonnalisation et de l'uniformisation de la décision, dont nous avons vu qu'elles étaient des propriétés majeures de la décision bureaucratique. Il permet aussi l'intensification de la poursuite de finalités typiques de la bureaucratisation comme la quête d'efficacité, la centralisation de la conception et de l'exécution et la massification. En revanche, le ML opaque a ceci de particulier qu'il affaiblit par ailleurs la satisfaction d'une propriété comme l'explicitation des motifs de la décision. En affaiblissant cette propriété, le ML opaque rend plus difficile, voire compromet la poursuite de finalités comme la transparence et l'équité. Le problème de compatibilité entre opacité et transparence va de soi. Le jugement de l'équité de la décision quant à lui est complexifié par l'absence de connaissance des critères employés dans la décision. En vertu de certaines propriétés et certaines finalités, le ML opaque contribue au processus de bureaucratisation par algorithmisation de la décision. En vertu d'autres, il contribue à son ralentissement, voire à sa régression. L'emploi de programmes opaques constitue donc un tournant dans l'histoire des décisions prises par les institutions bureaucratiques, en ce sens qu'il est à la fois une radicalisation des tendances préexistantes et une rupture nette avec elles : il provoque une séparation nette de propriétés et de finalités qui étaient auparavant fréquemment conçues conjointement.

Cette rupture est d'autant plus importante qu'elle pourrait être enracinée dans des causes scientifiques profondes. La situation actuelle de l'état de l'art du ML opaque est marquée par une profonde incertitude, sur laquelle nous reviendrons dans le chapitre suivant[1]. Il est à l'heure actuelle impossible de dire si l'opacité de certains programmes du ML est fondée sur des limitations épistémiques fondamentales, ou sur des traits contingents de l'état de l'art. Dans le premier cas de figure, le processus de bureaucratisation de la décision ne pourrait se poursuivre qu'en abandonnant une partie des traits qui lui sont usuellement associés. Dans le deuxième cas de figure, il est très difficile de dire combien de temps cette opacité va demeurer pour tout ou en partie avec nous, et quelle forme pourrait prendre son allègement par le progrès scientifique et technique. Comme nous le verrons en effet dans notre discussion des travaux dédiés à cette question au chapitre suivant, son analyse complexifie considérablement la discussion en la faisant sortir de l'alternative binaire entre opacité complète et transparence parfaite. En tout état de cause, une incertitude majeure pèse sur le processus de bureaucratisation de la décision : va-t-il se poursuivre en s'appuyant

1. Voir « L'opacité », p. 117.

massivement sur le ML opaque, et donc changer de nature en intensifiant la poursuite de certaines de ses propriétés et finalités tout en en abandonnant d'autres ? Cette question est autant une question de droit qu'une question de fait, puisque la transparence et l'équité font partie des fins censées apporter une légitimité éthique et politique au processus de bureaucratisation de la décision. Dans le cadre de cet ouvrage consacré à l'éthique des algorithmes, cette question de la légitimité de l'emploi de modèles opaques, et du tournant qu'il représente pour le processus de bureaucratisation, est vouée à être une question cardinale.

Critique de la bureaucratie et critique de l'algorithmisation :
Introduction aux thèmes de l'ouvrage

La conception de l'algorithmisation de la décision comme moment de la bureaucratisation n'est pas vouée qu'à avoir des vertus descriptives : elle est aussi censée éclairer la discussion critique du processus de bureaucratisation de la décision. Elle permet ainsi de mettre en perspective les analogies très fortes entre les argumentaires *pro et contra* de l'algorithmisation de la décision et la critique de sa bureaucratisation, et plus généralement des institutions bureaucratiques. On retrouvera donc sans surprise, dans la bouche et sous la plume des thuriféraires de l'algorithmisation des prises de décision des argumentaires typiques des partisans de la procéduralisation, et plus généralement de la règle de droit. Mais on retrouvera aussi de manière tout aussi attendue dans les argumentaires *contra* des idées typiques de la critique de la bureaucratie et du droit. La critique de l'algorithmisation est aussi un moment dans la critique de la bureaucratisation. L'introduction de ces débats critiques servira donc d'introduction aux grands thèmes de cet ouvrage.

Une première perspective critique de la bureaucratisation souligne les limites épistémiques induites par le règne de la règle dans la prise de décision. Parmi les critiques les plus courantes figurent l'ignorance du contexte et de la singularité des situations, la rigification introduite dans les modes de conceptualisation et de décision, la distorsion des réalités sous-jacentes par sa réduction à un cas forcé d'entrer dans les catégories prédéfinies par l'institution, avec ses effets bien connus comme les effets de catégorisation (le « rentrer dans les cases ») et les effets de seuil. On peut aussi parler de « culte de la règle » dans le fonctionnement de certaines organisations, qui interdit de penser l'approche d'un problème en termes autres que ceux imposés par l'application de règles. La règle devient donc d'autant plus intéressante à étudier d'un point de vue critique qu'elle devient une forme *a priori* de la solution cherchée par les acteurs historiques à leurs problèmes, et qu'elle constitue à ce titre un vrai mode de pensée. Il s'agit là de sujets classiques de la critique de la bureaucratie et de la philosophie du droit, remis au goût du jour par les algorithmes. On peut comprendre les algorithmes (et programmes) comme une radicalisation de nombre d'enjeux posés par la pensée dominée par la règle et la procédure, de par l'extrême formalisation qu'elle implique. Les problèmes de la règle se transfèrent donc a fortiori aux règles formalisées dans des programmes.

En rendant publiques les modalités de la prise de décision, et en permettant à chacun de vérifier si les décisions prises sont conformes à ces modalités publiées, l'explicitation des raisons de la décision et leur publicisation sont des armes centrales des États de droit modernes dans leur lutte affichée contre l'arbitraire et l'abus de pouvoir. La critique des algorithmes et de l'IA réactive un thème de la critique de la bureaucratie et de la régulation par le droit, à savoir la perte d'intelligibilité produite par la sophistication et la prolifération de la règle. Il a déjà été remarqué à de nombreuses reprises que la publication de règles absconses, loin de rendre le processus politique accessible à tous, assoit en réalité le privilège d'un groupe de professionnels dédiés : la règle dissimule ainsi tout autant qu'elle dévoile. Une nouvelle opacité est ainsi créée par le pouvoir politique, qui n'est plus basée sur le secret mais sur l'accessibilité intellectuelle : une opacité par incompétence[1]. Cette critique, qui pouvait déjà s'appliquer à des formes anciennes de l'État de droit, est reprise avec vigueur dans le débat sur les algorithmes. Il a ainsi été remarqué durant la controverse sur la plateforme Parcoursup, sur laquelle nous reviendrons longuement[2], que la publication du code source de la plateforme, loin d'être une garantie de transparence démocratique, ne pouvait que laisser sur la touche la grande majorité des Français incapables de lire un programme, et produisait autant un effet d'aliénation et d'intimidation intellectuelle indue qu'une diffusion de connaissance dans le grand public[3]. Mais la prolifération et la sophistication des procédures et règles n'est pas qu'un problème pour le profane :

---

1. Je traduirais ainsi le concept de Jenna Burrell d'*opacity through illiteracy* dans J. Burrell, « How the Machine "Thinks" : Understanding Opacity in Machine Learning Algorithms », *Big Data & Society* 3, n° 1, 2016, p. 1-12, https://doi.org/10.1177/2053951715622512. Cette auteure introduit une distinction trinitaire des formes d'opacité introduites par les algorithmes, par le secret, l'incompétence et, pour le ML opaque, les limites de l'état de l'art scientifique. À l'exception de la forme scientifique d'opacité introduite explicitement pour le cas particulier du ML, la critique d'opacité par incompétence peut tout aussi bien s'appliquer aux règles formulées en langue naturelle.

2. Voir chapitre III.

3. Voir « Le cas Parcoursup » p. 159.

elle peut finir par écraser même les gardiens du temple de la règle (avocats, magistrats, juristes d'entreprises ou d'administrations...), et produire une perte de contrôle intellectuel sur le système normatif qui nous environne. Le droit constitue un exemple bien connu de ces problèmes, puisqu'il présente d'abord des problèmes d'intelligibilité pour le public, mais qu'il atteint un tel développement dans notre système moderne qu'il devient écrasant même pour le plus brillant des professionnels. Là encore, les algorithmes semblent reprendre et radicaliser ce problème : ils posent un problème d'explication pédagogique au grand public mais aussi un vrai problème de domination intellectuelle même pour les plus beaux esprits informatiques. Non seulement l'exécution devient d'une longueur écrasante, mais le code source lui-même peut faire des millions de lignes qu'aucun informaticien ne peut lire dans une vie, sans même parler de la finesse et de la complexité de certains passages du code. Le philosophe des sciences Paul Humphreys a introduit le terme d'opacité épistémique [1] pour décrire cette nouvelle situation créée par la complexité de nos programmes : leur longueur interdit la vérification ligne à ligne des données et du raisonnement qui a souvent été pensé comme un standard philosophique de la connaissance. Ce problème ne peut qu'être accru par les algorithmes de ML, dont nous avons vu que l'intelligibilité pose problème bien au-delà des simples questions de compétence, et dont l'opacité pourrait ne pas être due qu'à la longueur de leur code (voir chapitre II).

Cette critique de l'opacité par l'incompétence, adjointe à la nouvelle critique de l'opacité scientifique du ML opaque, alimente une critique plus générale de la bureaucratie moderne, à savoir l'aliénation du sujet par un monde de décisions d'une portée et d'une sophistication de plus en plus écrasantes, qui forcent l'individu à vivre dans un environnement socio-politique qu'il ne peut comprendre. L'aliénation politique ainsi produite par nos sociétés modernes pourrait ne pas être moindre que celle produite par le bon vouloir d'un souverain, dont on peut au moins essayer d'anticiper les intentions. L'emploi d'algorithmes peut renforcer cette tendance bien identifiée de nos sociétés bureaucratiques, à moins qu'on n'utilise l'informatique pour créer d'autres interfaces d'interaction avec la bureaucratie qui accroissent son intelligibilité.

En filigrane, cette critique de l'aliénation bureaucratique dessine une critique profonde du progrès. Le progrès intellectuel de procédures de décision toujours plus sophistiquées pourrait parfaitement s'accompagner

---

1. P. Humphreys, *Extending Ourselves. Computational Science, Empiricism and Scientific Method*, Oxford, Oxford University Press, 2004.

d'une régression politique, indépendamment de tout jugement de valeur sur la pertinence de ces procédures, si elle s'accompagne d'une perte de contrôle intellectuel d'une large partie de la population, du sentiment d'aliénation que cette perte provoque, et des opportunités de manipulation politique que l'opacité ne manque jamais d'offrir. On rejoint alors une des critiques les plus fréquentes et les plus profondes de la bureaucratie, à savoir que le bon gouvernement ne peut se limiter à la rationalité d'une caste d'experts, mais doit signifier la formation d'une raison partagée. La sophistication dans la prise de décision politique met donc le gouvernement des sociétés modernes face à un dilemme fondamental : sans elle, il pourrait être privé des instruments intellectuels lui permettant de remplir ses fonctions ; avec elle, il peut provoquer une aliénation d'une large partie des sujets politiques qui ruine la possibilité même de formation d'une communauté politique. La politique moderne affronte ainsi un problème redoutable de division du travail intellectuel, qu'à bien des égards l'informatisation ne fait que rendre plus criant.

L'emploi de règles dans la prise de décision pose aussi des problèmes immédiats de justice, en particulier des problèmes d'équité, que l'on retrouve sans surprise au cœur des discussions sur les algorithmes. Comme nous l'avons déjà évoqué lors de notre brève présentation de l'histoire de la bureaucratie, l'emploi de la règle a souvent été défendu non seulement en termes d'efficience, mais aussi en termes d'équité. L'un des arguments les plus communs en sa faveur est que l'uniformisation de la décision constitue une protection contre le traitement inéquitable. En réduisant l'autonomie de l'agent administratif, l'application uniforme de la règle constituerait une protection contre l'incohérence, les préjugés discriminatoires, le favoritisme, le népotisme et la corruption. La critique la plus immédiate de cet argument est qu'il repose sur une assimilation abusive entre uniformité et équité. Cette assimilation est abusive parce qu'elle masque les traitements inéquitables qui ne proviennent pas de l'initiative de l'agent bureaucratique, mais de la règle elle-même. De manière volontaire ou non, la règle peut être inéquitable de par sa conception même. L'application uniforme d'une règle inéquitable ne constitue en aucun cas une protection contre le traitement inéquitable : elle permet au contraire sa massification. Les exemples de lois ouvertement discriminatoires comme les lois de Nuremberg ou le régime de l'apartheid viennent immédiatement à l'esprit pour symboliser le caractère inéquitable de la règle. Le partisan de la règle de droit pourrait cependant rappeler que de telles lois ne sont possibles que dans un système juridique qui ne respecte pas l'égalité des citoyens devant la loi, et par là même empêche l'application uniforme d'une même règle à tous : l'uniformisation ne peut évidemment faire effet que sur la population à laquelle la règle est uniformément appliquée, et ses effets ne peuvent être jugés à l'aune de systèmes juridiques créant des populations distinctes soumises à des règles distinctes. C'est ici qu'il faut rappeler un deuxième argument classique de la critique de l'uniformisation de la décision, à savoir qu'il n'est aucunement besoin que la règle soit explicitement discriminatoire pour qu'elle puisse être source d'un traitement inéquitable. Pour simplifier l'exposition par un exemple fictif, imaginez un système d'attribution d'aide basé sur un calcul de risque de fragilité financière des individus. Il suffit au calcul d'ignorer certains facteurs de risque spécifiques à une population pour que cette population voie ses besoins systématiquement moins satisfaits que ceux d'autres populations dont les risques sont mieux modélisés par ce calcul. Pour être inéquitable, il n'est donc nul besoin que la règle soit explicitement discriminatoire : il lui suffit d'ignorer les besoins propres à une population. La règle peut aussi être volontairement discriminatoire sans jamais faire mention explicite de la population ciblée par ces discriminations : il lui suffit de faire emploi d'une variable fortement corrélée à l'appartenance à la population discriminée, dite « variable proxy ». Pour ne prendre qu'un exemple du début du XXᵉ siècle, l'imposition par certains États du sud des États-Unis de tests d'alphabétisation comme condition au droit de vote était volontairement conçue pour empêcher le vote des Afro-Américains, dont l'accès à l'éducation élémentaire était bien plus faible que pour la population blanche, et dont le niveau pouvait en outre être « contrôlé » de manière totalement discrétionnaire par des agents administratifs, notamment dans le bureau de vote[1]. L'uniformité de l'application de la règle et l'absence de discrimination explicite ne sont donc pas des conditions suffisantes d'équité, et cette critique se généralise immédiatement à la règle automatisée. Nous discuterons en détail ce problème crucial dans notre chapitre III.

Pour finir la présentation des questions d'équité, et introduire l'objet de notre dernier chapitre, il nous faut rappeler l'importance des données pour les institutions bureaucratiques comprises comme productrices de connaissance. En anticipant quelque peu sur les résultats du chapitre suivant[2], nous verrons que le véritable objet de l'éthique des algorithmes

---

1. D. Ross, « Pouring Old Poison into New Bottles : How Discretion and the Discriminatory Administration of Voter ID Laws Recreate Literacy Tests », *Colum. Hum. Rts. L. Rev.* 45, 2013, p. 362.
2. Voir « Algorithmes (et programmes) », p. 79.

ne peut être réduit à l'algorithme seul, et a en réalité pour objet le triplet (données, algorithmes, programmes). La discussion de l'algorithmisation de la décision comme moment de la bureaucratisation doit donc aussi être une discussion des données.

Les données peuvent souffrir de nombreux biais structuraux, qui peuvent faire d'elles des sources de traitement inéquitable. Comme nous l'avons vu dans notre discussion de l'équité de la règle, le pouvoir bureaucratique peut s'exercer de manière inéquitable simplement en ignorant la situation concrète d'une population, que cette ignorance soit le fruit de l'erreur, de la négligence ou d'une stratégie politique délibérée par la fameuse manœuvre consistant à baisser la température en cassant le thermomètre. Quoi qu'il en soit, la constitution de bases de données peut en elle-même constituer une revendication politique majeure, parce qu'elle est une étape nécessaire à la reconnaissance d'un phénomène par les institutions bureaucratiques. Mais les données peuvent avoir des effets sur l'équité autrement que par leur simple existence. La conception, la classification, la collecte et l'interprétation des données peuvent souffrir de nombreux biais structurels. La dépendance des institutions bureaucratiques aux données pour reconnaître l'existence, concevoir et attaquer un problème est donc une critique ancienne de la bureaucratie.

Celle-ci se trouve réactivée avec une vigueur particulière pour les algorithmes. La dépendance aux données conçues et collectées en amont de la décision est encore plus complète dans le cas de l'algorithme. Contrairement à l'agent administratif humain, qui peut se rendre compte par une visite sur le terrain ou une discussion avec un administré que les modalités de la décision ignorent des facteurs décisifs qu'elle devrait prendre en compte, l'algorithme est totalement dépendant de ses données, qui constituent pour ainsi dire l'intégralité de son monde : l'intérêt de son usage dépend donc encore plus crucialement de l'intérêt des données sur lesquelles il opère. Quand bien même les données prendraient en compte tous les facteurs nécessaires à une décision juste, encore faut-il que la collecte soit suffisamment complète, et la qualité des données satisfaisante pour fournir des valeurs précises à ces variables. Dans le cas contraire, l'algorithme, comme toute procédure de décision, se trouve victime du phénomène dit *garbage in*, *garbage out*, selon lequel aucune procédure ne peut donner de résultat censé si elle part d'entrées de mauvaise qualité.

Cette dépendance aux données prend une importance encore plus grande dans la discussion des modèles de ML, de par la dépendance du comportement de ces modèles au contenu des bases de données sur lesquelles ils sont entraînés. Le programme de ML ne peut rien apprendre qui ne soit contenu dans ces données : si celles-ci ne sont pas représentatives de la tâche à résoudre, il peut aboutir à une représentation profondément faussée de sa tâche, qui peut grandement affecter la justesse et l'équité des décisions prises avec son aide. La discussion de ces problèmes dits de « biais » dans les données suppose de mobiliser la vaste tradition intellectuelle d'analyse de l'usage des statistiques par les institutions bureaucratiques. Cette tradition est particulièrement pertinente pour la discussion de l'IA récente, dans la mesure où une large partie de l'apprentissage automatique constitue une automatisation et une extension de l'analyse des données et de la modélisation statistique. L'été de l'IA est donc aussi un été de la statistique, qui peut mener à une augmentation et un renouveau de l'emploi des statistiques dans l'aide à la décision. Nous aborderons donc aussi ces questions de biais dans les données et dans leur analyse statistique dans le cadre de notre chapitre sur l'équité. Nous examinerons aussi la validité pour certains travaux du ML de certaines critiques typiques de l'emploi des statistiques, notamment dans la critique du management, à savoir la réduction de la représentation des problèmes sociaux complexes à des indicateurs quantitatifs simplistes [1].

Mais la compréhension des institutions bureaucratiques comme productrices de données et de connaissance est aussi importante pour un autre enjeu, qui fera l'objet de notre dernier chapitre. La collecte de données crée des asymétries d'information entre les grandes organisations, souvent seules capables de l'effectuer, et les individus objets de la collecte. Ces asymétries d'information renforcent des asymétries de pouvoir en même temps qu'elles en sont le fruit, que les données soient collectées à des fins de collecte de l'impôt, de recensement et de conscription, de surveillance et répression, de manipulation politique des foules, ou d'intérêt économique. La connaissance accumulée sur les individus par les institutions bureaucratiques est donc un vecteur de pouvoir sur ces individus par ces institutions. Il est donc possible de craindre qu'une augmentation radicale des pouvoirs de collecte et d'analyse de données puisse approfondir des asymétries de pouvoir entre institutions et individus, jusqu'à provoquer une modification des équilibres politiques. Nous verrons justement que les deux dernières décennies ont vu une explosion de ces pouvoirs de collecte et d'analyse des données, dans laquelle le ML a joué un très grand rôle. L'algorithmisation de la décision se fait aussi dans le lit de ce mouvement de fond de l'histoire récente, que le spécialiste de cybersécurité Bruce Schneier a brutalement qualifié « d'âge d'or de la surveillance ». Cette

---

1. Voir « La mathématisation de l'équité », p. 216.

évolution doit provoquer une interrogation sur le devenir de la vie privée, et des équilibres politiques entre individus et institutions que son respect est censé garantir, face à cet approfondissement des asymétries de savoir et de pouvoir. Nous ne pourrons bien évidemment en aucun cas embrasser l'intégralité de ce phénomène de la surveillance numérique dans le cadre de cet ouvrage, mais nous nous contenterons de préciser le rôle que certaines innovations algorithmiques en général, et en particulier le ML, ont pu jouer dans son développement, pour mieux comprendre l'impact de l'algorithmisation de la connaissance et de la décision sur le respect de la vie privée. Pour présenter brièvement ce thème, il suffit de rappeler que l'immense massification du traitement des données sur les individus qui s'est produit ces deux dernières décennies serait impossible sans traitement algorithmique. Les algorithmes sont tout d'abord employés pour la collecte, le nettoyage et à la structuration des données dans des bases. Mais ils sont aussi le seul moyen de traiter des gigabytes de données pour en extraire une information utile aux institutions et à leurs décideurs. Si les immenses quantités de données accumulées par les institutions sur les individus appellent naturellement une analyse en termes d'algorithmisation de la connaissance, il faut aussi rappeler que cette connaissance, comme on peut s'y attendre, est dédiée à la décision et à l'action. L'âge d'or de la surveillance n'est pas un âge d'or d'une contemplation passive des individus par les institutions, fût-elle intrusive : elle est aussi un nouvel âge d'or de l'influence, souvent subreptice, de ces institutions sur ces individus, et même un vecteur de façonnement du comportement de ces individus, voire de leur subjectivité, par ces mêmes institutions. L'algorithmisation de la connaissance des individus constitue donc une part majeure de l'histoire de l'algorithmisation de la décision, et c'est à elle que sera consacré notre dernier chapitre.

CONCLUSION

Dans ce chapitre introductif, nous avons essayé de tracer un chemin pour l'éthique de l'IA qui offre à la fois pertinence aux enjeux du présent et résistance aux sirènes de la mode. Pour atteindre cette cible ambitieuse, il faut d'abord cesser de s'inquiéter du soulèvement des machines pour se concentrer sur les enjeux d'apparence moins spectaculaires, mais plus profonds et plus pressants. Il faut aussi acquérir de la profondeur historique et faire usage d'une bonne dose de scepticisme méthodologique face aux proclamations de nouveauté radicale, non pas pour conclure que rien de neuf ne luit sous le soleil technologique, mais pour saisir véritablement la nouveauté de notre présent : on saisit la nouveauté grâce à la contextua-lisation historique, et non malgré elle.

Il n'existe cependant pas un seul, mais plusieurs contextes historiques pertinents pour parler des enjeux éthiques des algorithmes et de l'IA. Dans le cadre de cet ouvrage essentiellement consacré à l'algorithmisation de la décision, il nous semble essentiel de voir que certains des enjeux essentiels des débats contemporains, notamment ceux liés à l'opacité, l'équité et le respect de la vie privée, s'inscrivent manifestement dans une longue tradition de discussion sur le pouvoir des institutions bureaucratiques en général, et sur la bureaucratisation de la prise de décision en particulier. La prise en compte de cette tradition permet non seulement d'aller chercher de l'inspiration dans l'immense littérature produite sur la bureaucratie, mais elle permet aussi de conceptualiser le phénomène même de l'algorithmi-sation comme un moment dans l'histoire de la bureaucratisation de la prise de décision.

Pour achever cette conceptualisation, il est d'abord nécessaire de distinguer deux concepts de bureaucratie, qui recouvrent de nombreux emplois plus ou moins systématiques du terme dans la littérature. Le premier concept, que nous avons appelé « pouvoir scribal », désigne la collecte, le traitement, la conservation, la centralisation et la communication de connaissances au service de l'exercice de pouvoir dans les vastes organi-sations hiérarchisées. Ces opérations de connaissance sont médiées par l'emploi de techniques cognitives, et effectuées par un groupe d'experts – les scribes – compétents dans la manipulation de ces techniques cogni-tives. Ce premier concept dénote un phénomène historique qui appartient au temps long de l'histoire de l'humanité, puisqu'il est générique dans tous les grands ensembles sociaux munis de techniques cognitives : il a donc plus de cinq millénaires, et balaye la majeure partie des aires culturelles du globe. Ce concept nous permet avant tout d'adopter une perspective de long terme sur le phénomène d'algorithmisation, et de nous demander s'il constitue une évolution majeure des techniques cognitives entraînant une évolution des institutions bureaucratiques, ce que nous avons appelé l'hypothèse de long terme.

Le second concept de bureaucratie désigne le règne rationalisé de la règle. Il est profondément attaché à la théorisation wébérienne de la construction de l'État de droit moderne dans les sociétés occidentales et du processus de rationalisation des organisations. L'examen de ce concept nous a permis d'extraire une liste de propriétés de la décision bureau-cratisée – dépersonnalisation, explicitation des raisons, uniformisation du traitement – et de finalités poursuivies à travers la satisfaction de ces propriétés – efficacité, centralisation de la conception de la décision et du contrôle de son exécution, massification, équité, transparence. Si l'algorithmisation doit être conçue comme un moment de la bureaucratisation, c'est parce qu'elle permet d'intensifier la satisfaction de ces propriétés, et la poursuite de ces fins : la décision algorithmisée est la décision bureaucratisée par excellence.

Pour éviter de verser dans une vision trop simpliste de l'algorithmisation des décisions prises par les institutions bureaucratiques, et pour mieux comprendre les spécificités de l'usage de l'IA par ces institutions, nous avons ensuite insisté sur les difficultés fondamentales rencontrées par l'algorithmisation de la décision. Le premier ensemble de difficultés était bien connu avant l'apparition de l'IA, et s'applique à des programmes conçus de manière procédurale. Les difficultés de formalisation de la langue naturelle, la difficile reconceptualisation des règles provoquée par leur algorithmisation, les problèmes d'héritage et les difficiles mises à jour rendues nécessaires par l'environnement mouvant des organisations bureaucratiques constituent des obstacles durs à l'automatisation de la décision. Si l'algorithmisation peut sembler à un regard superficiel une simple continuation de tendances préexistantes au vu de la continuité des propriétés et des fins, un examen plus attentif aux pratiques montre que l'algorithmisation constitue une radicalisation majeure de la bureaucratisation de la décision : l'automatisation constitue un véritable saut qualitatif par rapport aux pratiques bureaucratiques précédentes.

Mais l'examen des limites de l'algorithmisation révèle des évolutions encore plus radicales lorsqu'on se penche sur l'emploi du ML moderne par les institutions bureaucratiques. Le ML est né comme un paradigme alternatif de programmation, qui visait à dépasser les limitations rencontrées dans la programmation de certaines tâches de l'IA. Si l'on veut résumer en une formule abrupte une histoire complexe, on peut dire que le ML est précisément né pour remédier à l'incapacité de programmer certaines tâches comme l'exécution d'une suite de règles, pour y substituer l'apprentissage semi-autonome de la tâche par analyse statistique d'un grand nombre d'exemples. Le ML est donc né d'un constat sur les limites épistémiques de la règle dans le monde informatique. Dans ses formes les plus récentes, dites « opaques », les programmes produits par le ML ne sont pas même lisibles par un être humain. S'il est possible de voir sur un grand nombre d'exemples que le programme effectue correctement sa tâche, il n'est pas possible de dire selon quels critères il l'effectue : le programme ne peut donc être conçu comme une suite de règles. Mais le ML est cependant devenu un vecteur massif de l'algorithmisation de la décision durant la dernière décennie, et semble voué à continuer à l'être à court terme. Dans l'histoire de la bureaucratisation de la décision, l'emploi du ML constitue un phénomène paradoxal. D'une part, il est un vecteur de bureaucratisation de la décision par algorithmisation parce qu'il contribue à la dépersonnalisation et à l'uniformisation du traitement, et permet d'intensifier la quête de l'efficacité, de la centralisation et de la massification. D'autre part, il compromet la satisfaction de la propriété typique d'explicitation des raisons de la décision, et par là même la quête de transparence et d'équité. Si l'on devait encore une fois résumer une situation historique complexe en une formule abrupte, le ML opaque constitue donc une bureaucratisation sans explicitation des raisons. L'emploi du ML opaque dans la prise de décision constitue donc un tournant au sein du tournant de l'algorithmisation, en ce qu'il renforce certains traits typiques de la décision bureaucratisée tout en affaiblissant d'autres. Ce tournant est d'autant plus crucial qu'il pourrait être fondé sur des limites épistémiques fondamentales dans la compréhension de certaines décisions comme des suites de règles. La compréhension des enjeux éthiques d'un tel tournant constitue le problème central de cet ouvrage.

Par bien des aspects, l'algorithmisation radicalise des tendances profondes de la rationalisation des sociétés bureaucratiques modernes. Il est même possible de dire que l'algorithmisation, lorsqu'elle arrive à l'automatisation complète de la décision, porte certaines de ces tendances à leur apogée. Si l'automatisation de la décision échoue à produire des résultats plus efficaces, plus justes et plus transparents que les décisions humaines, alors il devient possible de conjecturer que la bureaucratisation de la décision arrive à ses limites fondamentales. Si les promesses de justice et d'efficacité portées par les sociétés modernes ne peuvent être satisfaites à l'heure de l'algorithmisation, c'est bien que ce modèle politique sera arrivé à ces limites. L'algorithmisation est donc une véritable pierre de touche des bureaucraties et des États de droit modernes : il se joue en elle quelque chose de décisif dans l'histoire de notre modernité.

CHAPITRE II

INTELLIGENCE ARTIFICIELLE ET OPACITÉ

DE QUOI PARLONS-NOUS ? ALGORITHMES, IA, APPRENTISSAGE
AUTOMATIQUE, RÉSEAUX DE NEURONES PROFONDS ET OPACITÉ

Le public qui découvre les débats éthiques sur l'IA est d'abord confronté
à une jungle de termes informatiques, qui peuvent rapidement provoquer
un effet d'intimidation intellectuel. Afin de lever cette première barrière,
et de mieux définir l'objet de notre travail, il va nous falloir tout d'abord
affronter ce défi terminologique, en offrant une présentation qui ne soit pas
qu'un simple catalogue, mais un effort de définition progressive de notre
objet par cercles concentriques.

Algorithmes (et programmes)

Le premier problème de définition est évidemment posé par l'objet
« algorithme ». Les tentatives de définition de cette notion ont suivi une
trajectoire intellectuelle très singulière durant ces dernières années, qui l'a
mené du statut d'objet spéculatif pour des mathématiciens et philosophes
intéressés par les fondements logiques de leurs disciplines à un sujet pour
des rapports administratifs et des textes juridiques. Cette trajectoire parcourant
divers corpus est en elle-même le symptôme linguistique de l'informatisation des pratiques sociales, et du besoin de conceptualisation qu'elle crée
pour les théoriciens du droit, les législateurs et les administrateurs.

Dans les années 1930, le travail sur les fondements des mathématiques
avait mené à la quête de résultats d'indécidabilité, c'est-à-dire de preuves
montrant que certains problèmes mathématiques ne sont pas solubles par

un algorithme, souvent alors appelé « procédure effective ». Le résultat de ce travail ne fut cependant pas tant une définition explicite de la notion qu'une délimitation de l'extension de la notion de « fonction calculable par une procédure effective », ce qui suffisait aux recherches d'indécidabilité. En bref, les mathématiciens n'ont jamais défini ce qu'est un algorithme, ils ont délimité l'ensemble des fonctions calculables par un algorithme[1]. Le concept d'algorithme a ceci de très particulier qu'il est un important concept de la pratique mathématique sans définition mathématique explicite.

Il existe encore aujourd'hui une recherche théorique active sur la définition des algorithmes, sur la forme qu'elle devrait prendre et le rôle qu'elle devrait jouer[2]. Ce débat se joue cependant à un niveau d'abstraction et de sophistication mathématique tel qu'il est peu probable qu'il ait une influence à court terme sur les considérations pratiques. Le problème politique est précisément que la définition d'un algorithme est devenue un problème pratique pour les législateurs et juristes souhaitant encadrer l'emploi du traitement informatique. En l'absence d'une définition mathématique explicite, ce problème ne peut être abordé qu'avec des définitions semi-intuitives, qui doivent remplir deux fonctions :

– Discriminer entre ce qui est un algorithme, et ce qui ne l'est pas. Cette discrimination est vouée à jouer un rôle légal important, dans la mesure où elle est nécessaire à la conceptualisation d'une décision pleinement automatisée.

– Demeurer en accord avec les intuitions et la terminologie des spécialistes techniques, ici les mathématiciens et informaticiens, dans leur activité théorique et pratique. Ceci devrait notamment nous permettre de faire la différence entre des propriétés essentielles de l'algorithmisation et des propriétés contingentes des pratiques sociales qui l'accompagnent.

Nous allons voir qu'il s'agit là déjà d'une ambition considérable, qui va devoir faire face à de nombreux problèmes.

L'algorithme est souvent défini peu ou prou comme une suite ordonnée d'instructions élémentaires dont l'exécution sur des entrées permet d'accomplir une tâche prédéfinie dont le résultat est obtenu en sortie de

---

1. N. Dershowitz et Y. Gurevich, « A Natural Axiomatization of Computability and Proof of Church's Thesis », *Bulletin of Symbolic Logic* 14, n° 3, 2008, p. 299-350.
2. Voir par exemple le projet de recherche ANR en cours *Geometry of Algorithms* qui porte précisément sur cette question : « The Geometry of Algorithms », Agence nationale de la recherche, accessed December 1, 2021, https://anr.fr/Project-ANR-20-CE27-0004. https://anr.fr/Project-ANR-20-CE27-0004.

l'exécution[1]. Une telle définition est cependant problématique. En suivant sa logique, une recette de cuisine compte comme algorithme : en prenant comme entrées des ingrédients, la recette donne une suite d'actions à accomplir pour obtenir en sortie un plat. Toute routine, toute procédure, tout procédé, toute méthode, tout ensemble de règles s'appliquant uniformément à des entrées pour obtenir de manière déterministe une sortie prédéfinie peut être qualifié d'algorithme à ce titre.

Une telle définition, si elle n'est pas en soi incohérente et est parfois employée par des mathématiciens et informaticiens[2], fait cependant l'impasse sur une propriété majeure des algorithmes, à savoir leur écriture dans un langage mathématique. Le terme algorithme vient en effet du monde mathématique : son étymologie même est un hommage au mathématicien persan Al Khwarizmi (780-850). Les algorithmes désignent donc en premier lieu des procédures de calcul visant à obtenir la valeur d'une fonction pour des arguments donnés.

Entre ces deux acceptions du concept, la procédure et la procédure mathématisée, il existe cependant un gouffre représenté par l'effort de mathématisation. Il n'est pas évident de tout décrire en termes mathématiques : il suffit de chercher un modèle mathématique de l'instruction « ajoutez une pincée de sel » pour s'en convaincre aisément. Si l'algorithme est une procédure écrite en langage mathématique, toute confusion entre procédure au sens simple et procédure mathématisée fait fi de l'effort considérable, et jamais garanti de succès, que signifie la mathématisation d'une certaine représentation d'un objet ou d'un processus. S'il n'y a rien de mal à parler de procédures en général, il est important de garder trace de ce dont on parle. Il est donc important de s'interroger sur la pertinence de nommer quelque chose « algorithme », alors que les effets de mode poussent à renommer ainsi ce qui aurait auparavant été nommé « procédure ». De manière insidieuse, la mode entourant un objet contribue ainsi à le confondre avec les objets similaires préexistants, et empêche ainsi de comprendre sa singularité conceptuelle et son impact historique[3]. Si l'on

1. Par exemple, une version d'une telle définition est donnée dans le rapport de la Maison Blanche « Big Data and Privacy : Seizing Opportunities, Preserving Values », White House Report, p. 46 : « Qu'est-ce qu'un algorithme ? En termes simples, un algorithme est défini par une suite d'étapes et d'instructions qui peuvent être appliquées à des données. ».
2. Voir par exemple l'introduction de D. Le Métayer et S. Desmoulin-Canselier, *Décider avec les algorithmes. quelle place pour l'homme, quelle place pour le droit ?*, Paris, Dalloz, 2020.
3. Durant un débat sur les algorithmes publics organisés par Étalab, le service de la Direction Interministérielle en charge entre autre de l'ouverture des données et algorithmes du service public, un agent du service public se plaignit que nombre de réclamations auprès des services étaient désormais formulées comme des plaintes contre l'« algorithme », alors même que les décisions sont fréquemment encore totalement humaines.

veut ainsi comprendre l'impact des algorithmes d'aide à la décision en contexte bureaucratique, il convient de comprendre quelles propriétés ils possèdent du fait de leur appartenance au *genus* « procédure bureaucratique de décision », et quelles propriétés proviennent de l'algorithmisation en propre, toutes réflexions qui seront impossibles à articuler si les deux objets sont d'emblée confondus. De manière paradoxale, si l'on veut comprendre ce que sont et ce que font les algorithmes, il nous faut résister à l'engouement actuel qui pousse à les voir partout.

À la première difficulté soulevée par la notion d'« algorithme » s'ajoute une seconde, à savoir la distinction, très rarement faite dans le débat public, entre « algorithme » et « programme ». Un programme est le produit de la rédaction d'un algorithme dans un langage formel de programmation, produit qui peut être exécuté par un ordinateur. La distinction entre algorithme et programme est nécessaire en ceci qu'un même algorithme peut être rédigé en différents langages de programmation, et que cette programmation permet l'automatisation de l'exécution du calcul, qui autrement doit s'exécuter à la main[1]. Mais le programme a aussi ceci de particulier qu'il peut être conçu comme un objet tangible, même s'il est de nature symbolique : il s'agit d'un texte formel inscrit dans la mémoire d'un ordinateur, tandis que l'algorithme est un objet mathématique abstrait, qui ne peut être localisé ni dans le temps ni dans l'espace. Malgré cette distinction d'apparence nette et tranchée, il n'est cependant pas évident dans la pratique de distinguer ce qui relève de l'algorithmique et ce qui relève de la programmation. Si l'examen de cette question nous entraînerait dans des considérations par trop techniques, il suffit de remarquer ici que les informaticiens ne raisonnent pas avec une opposition simple entre « abstrait » et « concret, » mais plutôt avec une série de niveaux d'abstraction, et qu'il n'est pas évident de trancher à quel niveau de détail on doit se placer pour parler d'algorithme ou de programme.

Encore faut-il distinguer deux types de programmes : le « code source » est le code écrit par le programmeur. Il est écrit dans un langage dit de « haut niveau », c'est-à-dire un langage faisant abstraction de nombre de détails de l'exécution par la machine pour être lisible et compréhensible

---

1. Ce point peut mériter qu'on le souligne. L'historien Loup Cellard, qui travaille sur l'informatique dans l'administration française, m'a ainsi dit avoir eu une discussion quelque peu surréaliste avec une de ses sources, qui ne comprenait pas qu'une procédure exécutée à la main pouvait être appelée à bon droit un algorithme. Ce fut pourtant le cas majoritaire pour le calcul numérique pendant des milliers d'années, et rien ne vient justifier une telle confusion entre « programme » et « algorithme ». Cette distinction est bien faite dans certains documents officiels, comme le « AI, Automation and Economy », White House Report, 2016, p. 29.

par un être humain. Mais ce code source doit encore être traduit pour donner un programme dit « de bas niveau », c'est-à-dire compréhensible et exécutable par la machine : on le nomme « exécutable » pour cette raison[1]. Cet exécutable est encore un texte, fût-il écrit dans un langage binaire illisible pour l'être humain : l'exécution elle-même est un événement physique, localisé dans le temps et l'espace, qui modifie des signaux électriques et produit de la dissipation de chaleur.

Une autre difficulté soulevée par la relation entre algorithme, programme et procédure est que la qualification générique des algorithmes comme des procédures n'est pas évidente pour tous les informaticiennes et informaticiens. S'il n'est pas difficile de trouver des auteurs qualifiant les programmes comme des procédures, d'autres membres de la profession rejetteront vigoureusement une telle caractérisation de leur objet de recherche. Pour prendre un premier exemple chez les spécialistes de l'informatique théorique pratiquant les approches logiques de la programmation, la tradition logique conçoit souvent les programmes non comme des procédures mais comme des preuves, selon ce qu'on appelle la correspondance preuves-programmes. Mais le point de vue logique sur les programmes n'est pas le seul menant à mettre à distance la caractérisation procédurale de l'algorithme ou du programme. De manière plus générale, le développement de l'informatique a mené à une grande diversification des approches des algorithmes et programmes, dont certaines seraient bien difficiles à réduire à une forme étrange de procédure bureaucratique. Des programmes comme les automates cellulaires, les simulations multi-agents, les simulations Monte-Carlo, les algorithmes génétiques sont bien loin, à moins de torturer désespérément les concepts, de pouvoir être assimilés aisément à une simple routine de calcul arithmétique ou à une procédure bureaucratique. Enfin, et de manière bien plus cruciale pour notre objet présent, certains des programmes employés en ML qui sont au cœur des interrogations éthiques sur l'IA font aussi partie de ces programmes difficilement réductibles à l'intuition courante d'une procédure : nous aurons l'occasion d'y revenir. En tout état de cause, la définition de l'objet fondamental de l'algorithmique et de la programmation comme des procédures est une question théorique difficile, qui dépasse de beaucoup la portée de cet ouvrage. Il nous suffit de constater que nombre de programmes peuvent très naturellement être caractérisés comme des procédures et qu'un certain nombre de membres de la profession informatique n'éprouvent aucune réticence à considérer que leur travail porte sur des procédures : la conception procédurale de l'algorithmique et

---

1. Nous passons ici sur les détails techniques impliquant la distinction entre compilation et interprétation, car ils ne sont pas essentiels pour notre propos.

de la programmation est donc naturelle et fréquente, mais elle est loin d'être évidente et hégémonique.

Il faut signaler un troisième problème fréquent, enraciné dans ce qu'on peut appeler une présomption de sophistication. Le public profane a tendance à associer les algorithmes et les technologies informatiques dernier cri, ce qui engendre une incapacité à percevoir certaines recettes simples de calcul, telles celles utilisées dans des feuilles Excel pour calculer des taxes ou des pensions de retraite, comme des algorithmes. Elles sont pourtant non seulement des algorithmes, mais font même partie, comme nous l'avons vu dans notre premier chapitre, des plus vieux exemples d'algorithmes connus. Ils font donc rappeler à toutes les personnes ayant reçu une éducation élémentaire qu'elles sont toutes des Monsieur Jourdain de l'algorithmique, et que toutes les recettes de calcul qu'elles ont apprises durant leur enfance, qu'il s'agisse de l'addition décimale en colonne, de la règle de trois ou du calcul de pourcentage, comptent comme des algorithmes de plein droit[1]. Rien dans la définition même de l'algorithme ne justifie une présomption de sophistication : un algorithme a autant le droit d'être simple qu'il a le droit d'être exécuté à la main plutôt que par un ordinateur.

Toutes ces distinctions ne sont pas que des précautions intellectuelles génériques : elles ont acquis une véritable pertinence politique et juridique. La distinction entre « algorithme » et « programme » pose ainsi des problèmes juridiques de propriété intellectuelle : l'algorithme, considéré comme une idée scientifique au même titre que les théorèmes mathématiques, ne peut faire l'objet d'une appropriation intellectuelle en droit européen, tandis que le programme est protégé en droit français par le droit d'auteur et est donc un objet de propriété intellectuelle. On se retrouve donc avec deux objets soumis à deux régimes juridiques différents, alors que l'un est pourtant censé être l'expression symbolique de l'autre, et que nous avons vu que la distinction est loin d'être évidente dans la pratique pour les professionnels.

La distinction entre les procédures de décision implémentées par un programme et les procédures de décision bureaucratiques en général est d'autant plus cruciale qu'elle est devenue un véritable enjeu de droit, particulièrement lorsqu'on doit faire la différence entre une décision humaine, fût-elle assistée par un programme, et une décision pleinement automatisée. Le droit européen, dans sa forme actuelle exprimée dans le Règlement Général de Protection des Données entré en vigueur en mai 2018,

---

1. Durant la première présentation de ce travail à des étudiants en philosophie, j'avais eu ainsi la surprise d'entendre un étudiant me demander des exemples d'algorithmes qui ne soient pas des algorithmes d'IA.

confère ainsi le droit aux utilisateurs de demander l'intervention d'un « humain dans la boucle ». L'application de ce droit suppose donc une capacité à distinguer entre les procédures pleinement automatisées et les autres. L'exigence d'exercer une telle capacité, si elle n'a rien de déraisonnable *a priori*, peut créer des incitations à des stratégies d'évitement dans les institutions, qui peuvent inclure des êtres humains de manière purement symbolique, sans rien changer au fond du mécanisme de décision.

Dans l'état actuel du droit européen et français, les décisions pleinement automatisées sont aussi soumises à un régime juridique différent des décisions où l'humain demeure responsable de la décision finale en termes de transparence. Les décisions algorithmiques prises par la puissance publique sont ainsi soumises par défaut à un régime de transparence administrative, qui contraint à la publication du code. Les décisions qualifiées d'humaines peuvent être au contraire soumises au secret des délibérations ou aux qualifications propres au pouvoir discrétionnaire, qui permettent de communiquer bien moins d'information sur les critères de décision, voire de se passer de toute explication et motivation. On risque ainsi de voir émerger là aussi un régime juridique à deux vitesses, où certaines décisions seront soumises à des standards bien inférieurs parce qu'elles sont prises par des êtres humains. Outre qu'une telle situation ne semble pas en soi désirable, elle crée là aussi une incitation à des stratégies d'évitement de la part des institutions, qui pourront chercher à obtenir la qualification de décision humaine, fût-ce par des contorsions symboliques, parce que cela les soumettra à des contraintes juridiques moins exigeantes. Cette classification binaire, et ces effets institutionnels, sont d'autant plus problématiques que de plus en plus de décisions sont en réalité des décisions mixtes, qui mélangent décision humaine et décision algorithmique : nous verrons ce problème jouer à plein dans notre discussion de Parcoursup, où il a eu une influence délétère[1]. Il a souvent été remarqué que dans la perception publique, les technologies d'automatisation sont souvent soumises à des standards plus élevés que leurs équivalents humains[2]. Si cela est à bien des égards parfaitement normal – pourquoi choisir l'automatisation si elle ne nous offre pas un progrès dans quelque dimension ? –, il ne faut pas que cette attitude se répande dans notre système judiciaire sous forme d'une approche binaire, qui pourrait pousser nombre d'acteurs, dont les pratiques sont effectivement mixtes, à chercher à basculer du bon côté de la barrière légale.

1. Voir « Sur les paradoxes de l'humain », p. 180.
2. J. Zerilli *et al.*, « Transparency in Algorithmic and Human Decision-Making : Is There a Double Standard ? », *Philosophy & Technology* 32, n° 4, 2019, p. 661-683, https://doi.org/10.1007/s13347-018-0330-6.

Un autre exemple des confusions juridiques introduites par la définition des algorithmes, et son application aux procédures de décision bureaucratiques, peut être trouvé dans la définition des « systèmes de décision automatique » (*Automated Decision Systems, ADS*) donnée sur son site web par la N*ew York City Automated Decision System Task Force*. La définition a ici un enjeu administratif évident, puisqu'il s'agit de délimiter le périmètre d'autorité de cette nouvelle administration, chargée de faire face aux problèmes posés par l'automatisation de la prise de décision dans la bureaucratie de la ville de New York[1]. Cette définition est notamment fournie à l'intention des différents agents de l'administration de la ville, afin qu'ils puissent savoir si certains pans de leur activité tombent sous le périmètre de cette nouvelle agence.

Les ADS sont tout d'abord présentés comme de simples synonymes des algorithmes. Mais la définition détaillée est contradictoire avec cette formulation initiale, puisqu'elle réduit les ADS aux algorithmes utilisés pour l'aide à la décision ou son automatisation. Les ADS sont ainsi des « implémentations informatiques d'algorithmes, incluant l'intelligence artificielle et autre traitement des données, utilisées pour assister ou prendre une décision ». Le texte ne contient aucune définition explicite de ce qu'est une décision, juste une définition contextuelle selon les fins pratiques des autorités locales. Cette définition suppose clairement d'avoir résolu le problème d'identification des algorithmes, mais elle introduit aussi un autre problème, à savoir identifier ce qui constitue une décision non d'un point de vue informatique, mais d'un point de vue légal. Un calcul arithmétique simple, une classification automatique d'image, la pré-classification d'un dossier comme relevant d'une catégorie donnée, ... doivent-elles compter comme des décisions ? Du point de vue informatique, il est courant d'appeler « fonction de décision » toute fonction menant d'un ensemble quelconque à un ensemble à deux éléments, et de parler de « problème de décision » pour tout problème pouvant se formaliser de cette manière. Comme le sait tout étudiant de la théorie de la complexité computationnelle, nombreux sont les problèmes qui peuvent d'ailleurs être reformulés comme des problèmes de décision. La classification d'images peut relever de la décision dans ce sens, sans qu'elle soit considérée comme une décision au sens politique ou administratif du terme. Dans ce flou terminologique, il n'est pas évident de déterminer qu'un logiciel automatise une décision ou même puisse être considéré comme une aide à la décision. Une définition trop

---

1. « Automated Decision Systems Task Force », consulté le 30 novembre 2021, https://www1.nyc.gov/site/adstaskforce/index.page. Cette définition est basée sur la loi locale 49 de 2018.

large pourrait mener à inclure pratiquement l'intégralité des logiciels utilisés dans un contexte administratif, tandis qu'une définition trop étroite pourrait nous faire manquer certains logiciels jouant un rôle important, même s'il est discret, dans une décision donnée. Une tentative de définition pourrait s'appuyer sur la distinction entre « fournir une information utile à une décision » et « participer au processus de décision ». On pourrait dire que les logiciels de calcul numérique et de classification fournissent simplement des informations utiles, mais tout dépend d'où commence et d'où finit le processus de décision, et de la granularité de sa définition. L'acte de classifier un groupe d'individus dans une catégorie administrative peut être vu comme une décision politique dans un contexte donné, et peut être vu comme une simple information dans un autre. La compositionnalité [1] des processus de décision et leur intégration dans des ensembles complexes peuvent ainsi grandement affecter ce qui est considéré comme une décision à un moment donné, ce qui rend difficile à employer le type de définition employée par l'*ADS Task Force*. Cet exemple simple montre donc que non seulement le concept d'algorithme, mais le concept de décision, requièrent une réflexion dédiée pour permettre un encadrement juridique de l'aide algorithmique à la décision.

Un autre objet crucial pour la compréhension des algorithmes est celui des données. Les algorithmes sont inséparables des données : sans données à prendre en entrées, l'immense majorité des algorithmes sont sans objet. Ceci pose immédiatement un nouveau problème de définition de notre objet : il ne s'agit pas de l'algorithme en soi que l'on étudie lorsqu'on parle de politique des algorithmes, mais du couple (données, algorithmes). Pour que l'algorithme puisse produire de la connaissance, il faut donc préparer une représentation de ces connaissances sous forme de données, ce qui constitue une contrainte technique et intellectuelle significative. La connaissance doit être représentée sous forme de données, numérisée, collectée, structurée et stockée dans des bases et offerte au traitement algorithmique. Tout ceci suppose une évolution massive des pratiques de collecte de données et d'archivages de nos sociétés. En outre, l'emploi des algorithmes permet de produire de nouvelles connaissances, parfois à fort potentiel scientifique, économique ou géostratégique à partir de ces données. Ceci contribue à un changement de regard sur ces données, qui deviennent source de valeur pour les individus et organisations. Comme on dit dans le milieu de l'industrie informatique, les données sont le nouveau pétrole (*data is the new oil*). À l'algorithmisation répond donc une « datafication » des

---

1. On désigne par ce terme la capacité de mettre bout à bout deux processus pour obtenir un nouveau processus.

activités, c'est-à-dire non seulement une collecte massive de données sur les activités sociales, mais une quête de valorisation de ces données et une reconfiguration des activités en fonction de la collecte et du traitement des données.

Si nous devions nous exprimer avec une absolue rigueur, ce serait donc du triplet (données, algorithme, programme) que nous parlerions lorsque nous parlons d'éthique des algorithmes. Nous allons continuer à suivre la terminologie usuelle de la littérature en éthique et en droit, et à employer le terme « algorithme » pour désigner l'objet de notre travail, même si l'objet effectif du débat est, dans nombre des exemples étudiés, un programme. Il importe seulement que le lecteur garde à l'esprit la distinction entre la conception d'un algorithme, objet mathématique abstrait pouvant être employé dans la modélisation d'une certaine procédure, et son implémentation et exécution par un programme. Cette deuxième phase d'implémentation et d'exécution est cruciale car elle permet l'automatisation complète de l'exécution, et fait donc sortir l'algorithme des mains humaines. Puisque nous cherchons à comprendre l'automatisation de la décision, une telle distinction est conceptuellement cruciale, et nous venons de voir qu'elle a déjà pris un sens politique. Enfin, il faut garder à l'esprit que c'est l'interaction entre l'algorithme et les données qui va dans la majorité des cas être la source d'un efficace, et soulever ainsi des problèmes éthiques. Nous venons de voir que la difficulté de définition des algorithmes, et la distinction entre algorithme et programme, posent déjà de nombreux problèmes de conceptualisation éthique et juridique, en particulier pour la définition du périmètre des nouvelles mesures juridiques ciblées. Toutes ces remarques demeureraient exactes si nous ignorions complètement l'IA, et ne parlions que d'arbres de décision ou de tabulateurs Excel. Il nous faut maintenant comprendre ce que l'IA ajoute à ces problèmes.

L'Intelligence Artificielle

Les difficiles débuts

L'IA constitue une sous-branche de l'informatique dont l'objet est d'obtenir l'exécution de tâches intelligentes par des systèmes informatiques. Cette exécution de tâches intelligentes peut prendre une forme anthropomorphique, émulant les modes de pensée humains pour mieux les comprendre, ou non-anthropomorphique, inventant de nouvelles manières, parfois radicalement différentes de la pensée humaine, pour exécuter des tâches intelligentes. La conférence de Dartmouth en 1956 est souvent

considérée comme l'acte fondateur du champ, car il s'agit du premier
événement universitaire où le terme fait son apparition. Ceci ne signifie en
aucun cas que des questions, concepts ou méthodes de ce nouveau champ
ne trouvent aucun écho dans les recherches antérieures à cette date. Au
contraire, l'organisateur de la conférence et futur grand nom de l'informatique, John MacCarthy, avait choisi le terme d'intelligence artificielle pour
mieux se distinguer de la théorie des automates, dont l'objet lui semblait
trop étroit, et de la cybernétique, parce que celle-ci accordait beaucoup
d'importance à la rétroaction par des signaux physiques continus, dits
« analogiques » par opposition aux signaux discrets du monde numérique,
et parce qu'elle était par trop associée au nom de Norbert Wiener[1]. En
outre, certaines publications comme l'article de Turing de 1947 intitulé
Computing Machinery and Intelligence sont ainsi conçues *a posteriori*
comme des gestes fondateurs du domaine[2]. Quoi qu'il en soit, il s'agit d'un
champ datant des débuts de l'informatique et répondant à une interrogation
profonde et prométhéenne sur la capacité des systèmes informatiques à
être plus que de puissants instruments de calcul et à manifester une véritable
forme d'intelligence.

Dès ses tout débuts, l'Intelligence Artificielle est marquée par une
démarche opérationnelle. Il ne s'agit pas tant de formuler une définition
de l'intelligence que d'essayer d'effectuer des tâches que chacun recon-
naîtra comme intelligentes. L'intuition est qu'on connaît ce que l'on arrive
à reproduire, et que l'intelligence sera comprise par la reproduction de ses
performances dans certaines tâches. Il s'agit parfois de tâches qu'on peut
qualifier de perceptives, portant notamment sur la reconnaissance de formes,
comme la reconnaissance d'un objet dans une image, d'un caractère écrit,
d'un son ou d'un mot parlé. Mais il s'agit aussi de tâches proprement
intellectuelles, parfois généralistes, comme tenir une conversation avec un
être humain, parfois propres à une expertise donnée, comme effectuer un
diagnostic médical, démontrer un théorème mathématique, prendre une
décision juridique, traduire un texte, écrire un pastiche ou jouer aux échecs.
Enfin, l'intelligence artificielle est aussi mobilisée pour l'automatisation
de l'action dans le monde analogique, de par son interaction forte avec la
robotique.

Comme nous l'avons déjà mentionné en introduction, l'IA a ceci de
particulier parmi les champs scientifiques qu'elle est d'emblée animée par
une véritable utopie scientifique, à savoir créer une machine intelligente
capable d'effectuer les tâches les plus nobles de l'esprit humain, comme

---

1. N. J. Nilsson, *The Quest for Artificial Intelligence, op. cit.*, p. 78.
2. A. M. Turing, « Computing Machinery and Intelligence », *Mind* 59, 1950.

écrire de la poésie ou démontrer un théorème mathématique, voire même de rassembler l'ensemble de ces tâches dans une intelligence artificielle générale qui émulera voire dépassera l'intelligence humaine. Une telle ambition a permis au champ de créer beaucoup d'enthousiasme, mais a aussi engendré de cruelles déceptions. Après une première grande vague d'enthousiasme des institutions américaines dans les années 1950 et 1960, l'écart entre les ambitions affichées et les accomplissements s'est révélé cruel, et les financements se sont taris. On parle depuis lors d'« hiver de l'IA » pour désigner cette période de découragement et de désintérêt, à la fois scientifique et institutionnel, qui a suivi la période des premiers enthousiasmes. Mais l'expression a cessé de désigner seulement une période spécifique, et il est devenu courant de périodiser l'histoire de l'IA en « été » et en « hiver ». Nous vivons depuis environ une décennie un nouvel été de l'IA, qui est indiscutablement le plus chaud de l'histoire de la discipline.

Au milieu de tout cet enthousiasme récent, il est bon de rappeler que le fossé entre les ambitions prométhéennes initiales et les échecs parfois retentissants a pu contribuer à donner au champ une mauvaise réputation. La difficile cohabitation entre l'ethos prophétique et la rigueur scientifique est rendue encore plus problématique par le mélange entre utopisme scientifique et langage promotionnel des entreprises, qui tend à rendre les promesses encore plus éclatantes. Comme elle est fortement consacrée à des tâches appliquées, la recherche en IA entretient en effet de fortes relations avec l'industrie : nombre des meilleurs laboratoires de recherche en IA, y compris sur les problèmes les plus fondamentaux, appartiennent aux géants de l'industrie numérique, et nombre de chercheurs font l'aller-retour entre la R&D et la recherche fondamentale, entre le secteur marchand et le secteur non-marchand. Ceci a pu contribuer à donner une image négative à l'IA dans la communauté scientifique, en la montrant comme une discipline trop prompte à faire des promesses futuristes suivies de peu d'effet, et dont les modalités de communication seraient plus proches de la communication promotionnelle d'entreprise que de la sobriété du discours scientifique. Il convient donc de garder une distance critique par rapport aux discours sur le futur de l'IA, tout en sachant qu'il existe indubitablement, comme nous allons le voir, des tâches où la discipline fait des avancées majeures. La perception du futur de l'IA est donc une tâche intellectuelle difficile, parce qu'elle implique de faire la différence entre des discours promotionnels souvent trop beaux pour être honnêtes et le dynamisme incontestable du champ, porté par ses succès récents.

Pour faire comprendre la difficulté de la programmation de tâches effectuées de manière routinière par les êtres humains voire par d'autres espèces animales, nous nous heurtons encore une fois au défi de faire sentir la difficulté de la programmation à quelqu'un qui ne l'a jamais pratiqué. Que le lecteur s'imagine avoir une amie aveugle de naissance qui s'apprête à trouver la vue grâce à une nouvelle opération chirurgicale. Vous souhaitez fournir à votre amie des descriptions et règles qui lui permettront de reconnaître certains objets dès qu'elle ouvrira les yeux. Par exemple, comment lui permettre de reconnaître un chat ? Vous essayez de concevoir une description de la forme d'un chat pour quelqu'un qui n'en a jamais vu. Non seulement il n'est pas facile de mettre en mots la forme générique d'un chat, mais en toute rigueur cette description devrait aussi permettre de faire la différence entre un chat et d'autres félins qui ont globalement la même forme, de reconnaître un chat même s'il lui manque une oreille ou la queue bien que cela altère sa forme, ou de le reconnaître même si l'on ne voit qu'une partie de son corps, ou si on le voit sous un angle ou un éclairage inhabituel. En réfléchissant un peu, le lecteur se rendra compte facilement qu'il s'agit là d'une tâche extrêmement difficile, et cela ne dit encore rien de la difficulté qu'il y aura à traduire toute cette longue description en langue naturelle dans un langage de programmation qui ne sait pas *a priori* ce qu'est une oreille, une queue ou une fourrure. Cette étape d'implémentation dans un langage de programmation de la description ou des règles énoncées en langue naturelle décuplera encore la difficulté de la tâche, si elle n'était pas déjà suffisamment écrasante.

Cette difficulté a des sources multiples. Une partie de la difficulté provient de la nécessité d'expliciter des choses qui demeurent inarticulées et évidentes dans la pratique quotidienne. Nos lecteurs et lectrices sont probablement capables de reconnaître immédiatement la forme d'un félin, mais elles n'ont probablement jamais mis cette connaissance en mots. Une large partie de nos pratiques intelligentes, et en particulier de nos pratiques perceptives, ne sont jamais verbalisées, et leur explicitation constitue en soi une tâche inédite. Cette explicitation est d'autant plus difficile qu'elle s'adresse à un récipiendaire, qu'il s'agisse d'un système informatique ou dans notre expérience de pensée d'une personne n'ayant jamais fait l'expérience de sensations visuelles, avec laquelle il n'existe pas de sens commun partagé. Il va donc falloir non seulement lui dire des choses qui vont d'ordinaire sans dire, mais tout lui dire. Comment expliquer quelque chose comme « les yeux du chat brillent dans l'obscurité » à une personne qui n'a aucune notion visuelle ? Une deuxième difficulté relève de ce que les informaticiens appellent la gestion d'exceptions, ici les multiples exemples de chats présentant des différences significatives avec un chat archétypal, comme l'absence de queue, de fourrure, ou la possession d'yeux de couleurs différentes. Toutes ces exceptions sont évidentes à gérer pour nous si nous y sommes confrontés, mais la programmation va exiger de nous une conception et énumération exhaustive de ces possibles exceptions, une tâche dont le lecteur comprendra aisément qu'il comprend un fort risque d'omission.

Mais ces deux difficultés sont encore des difficultés génériques de la programmation : reste à concevoir les difficultés propres aux tâches d'IA. Une difficulté que l'on trouve en particulier dans nombre de ces tâches est la difficulté à formuler un modèle mathématique clair de la tâche en question. Certaines tâches intuitives sont aisément formalisables : comme nous le verrons dans le cas de Parcoursup, une tâche comme « attribuer des places à des personnes selon des critères clairs » peut aisément être formalisée comme un problème d'appariement. Une fois que le développeur ou la développeuse dispose d'une claire définition mathématique de sa tâche, elle peut se concentrer sur la tâche, par elle-même suffisamment difficile, de trouver l'algorithme et l'implémentation optimale pour cette tâche. Elle peut alors séparer clairement son travail en deux sous-phases, une phase « quoi » et une phase « comment ». En outre, la bonne définition mathématique permet parfois l'emploi de méthodes mathématiques sophistiquées comme la preuve de programme, qui consiste à prouver que le programme fait bien ce qu'il est censé faire en fonction de la définition mathématique donnée de la tâche. Toutes ces propriétés désirables de la programmation sont inatteignables pour nombre de tâches de l'IA, où il est impossible de séparer la quête d'un programme efficace de celle de la compréhension plus fine de la tâche elle-même, et où il est donc impossible d'employer des méthodes de preuve de programme. Une démarche exploratoire, emplie de tâtonnements et d'erreurs, devient inévitable lorsque la compréhension de la tâche est d'une complexité à vous faire fondre le cerveau[1].

Une autre difficulté propre à certaines tâches de l'IA vient de la compréhension du monde dans lequel vit notre programme, monde qui est constitué par ses données. Votre amie aveugle vit dans un sens profond dans un monde différent du vôtre. Elle n'est sans doute pas dépourvue de représentation d'un chat. Peut-être a-t-elle même un compagnon félin dont la forme du corps et la douceur du pelage sont familières à son toucher, comme le son de son miaulement ou de son ronronnement est familier à

1. F. Doshi-Velez, « Talks at Google | A Roadmap for the Rigorous Science of Interpretability », 23 mai 2017, https://gtalks-gs.appspot.com/talk/a-roadmap-for-the-rigorous-science-of-interpretability.

ses oreilles. Mais la traduction, pour ne prendre qu'un exemple, des représentations tactiles en représentations visuelles n'a rien d'une évidence : quelle représentation notre amie aveugle s'est-elle forgée de la forme du corps d'un chat, et sera-t-elle capable de recouper cette représentation avec une représentation visuelle pour les comprendre comme deux représentations d'un même objet ? Il s'agit là d'un point fondamental pour l'apprentissage automatique : le système informatique n'a accès qu'à ses données, qui constitue pour lui l'intégralité de son monde. Il nous est donc difficile de comprendre la représentation du monde d'un système pour qui rien n'est évident, et pour qui l'univers se réduit à ce qui est présent dans ses données, si vastes fussent-elles. Il est ainsi difficile de comprendre que les modèles de Traitement Automatique de la Langue (TAL) exécutent des tâches linguistiques sans avoir aucune notion du monde auquel ce langage réfère, puisque leurs données sont purement linguistiques, ou qu'un algorithme qui reconnaît des images de chat n'a jamais interagi avec un vrai chat. Dans un sens profond, ces textes et ces images ne représentent rien pour ces systèmes : ils sont l'intégralité du monde auquel ils ont accès. La programmation de ces systèmes nous confronte donc à la tâche extrêmement difficile de comprendre le monde que le système s'est construit à partir de ses données, et sa relation au monde qui nous intéresse.

L'apprentissage automatique (Machine Learning)

Il est possible de comprendre l'évolution de l'IA, et en particulier le développement de la sous-branche de l'apprentissage automatique ou *Machine Learning*[1] (ML), comme une tentative de réponse méthodologique à ces défis de la programmation des systèmes d'IA. Une telle vision tient évidemment de la reconstruction *a posteriori*, et ne saurait représenter la complexité des développements historiques. Les premiers échecs de l'IA, et la prise de conscience que ces échecs pouvaient en partie être attribués à la profonde difficulté qu'il y a à exprimer certaines tâches intuitives en des règles explicites, ont mené à la quête de méthodes différentes qui sont

---

1. L'expression « *Machine Learning* » apparaît dès 1959 sous la plume d'un pionnier de l'IA, Arthur Samuel (A. L. Samuel, « Some Studies in Machine Learning Using the Game of Checkers », *IBM Journal of Research and Development* 3, n° 3 (1959) : 210–29.). Le champ a connu des hauts et des bas : aux débuts des années 1980, il avait une position marginale dans l'IA (N. J Nilsson, *The Quest for Artificial Intelligence, op. cit.*, p. 495). Les relations précises entre ML, statistiques (L. Breiman, « Statistical Modeling : The Two Cultures (with Comments and a Rejoinder by the Author) », *Statistical Science* 16, n° 3, 2001, p. 199-231.), *data mining, data science* (M. I. Jordan et T. M. Mitchell, « Machine Learning : Trends, Perspectives, and Prospects », Science, Vol. 349, Issue 6245, 2015) et Intelligence Artificielle sont disputées, comme pratiquement toute frontière disciplinaire.

devenues centrales dans les évolutions récentes. L'apprentissage automatique vise non pas tant à dicter explicitement au système comment exécuter une tâche intelligente par une suite d'instructions qu'à lui permettre d'apprendre à l'exécuter dans une relative autonomie par apprentissage statistique sur de grandes masses de données. Une fois la phase d'entraînement terminé, le système va pouvoir utiliser les traits identifiés par cet apprentissage pour se faire sa propre idée de ce à quoi ressemble probablement une image de chat, afin de l'utiliser pour décider si de nouvelles images contiennent ou non un chat. Si on devait capturer en une formule la méthodologie de l'apprentissage automatique, on pourrait dire qu'elle vise à laisser le système apprendre par l'exemple ce qu'on ne peut lui expliquer. Une telle formulation a l'avantage de rendre plus naturel le problème d'opacité posé par certaines productions du ML contemporain. La possibilité de l'opacité est ouverte d'emblée par une approche où non seulement la production du programme est partiellement automatisée, mais où elle ne peut être guidée par une représentation claire de la tâche à résoudre, dans la mesure où c'est précisément l'absence d'une telle représentation claire qui sert d'incitation à concevoir et employer une telle méthodologie de programmation.

Si elle a près de quatre décennies d'existence et est depuis longtemps bien installée dans le paysage de l'IA, l'approche par apprentissage automatique a connu son heure de gloire durant la dernière décennie, en étant à l'origine du renouveau explosif de l'IA tant au point de vue scientifique qu'industriel. Les résultats spectaculaires pour diverses tâches anciennes de l'IA comme la reconnaissance d'images, de sons, de caractères écrits ou le Traitement Automatique de la Langue (TAL, souvent désigné par l'acronyme anglais NLP, *Natural Language Processing*) proviennent tous du ML. Lorsqu'on parle de l'IA récente, on parle donc très souvent du ML. J'emploierai donc à présent ce terme par défaut, et je ne reviendrais à l'IA que lorsque la discussion des autres branches de la discipline sera vraiment pertinente, ou lorsque les résultats obtenus par le ML devront être discutés dans le cadre des ambitions générales de l'IA.

Maintenant que nous avons brièvement évoqué les raisons historiques d'introduction de cette méthodologie, il nous faut la présenter plus en détail. Un système de ML apprend sa tâche à partir d'un ensemble de données. Pour comprendre plus précisément en quoi cela consiste, nous allons prendre un exemple choisi dans une des formes les plus courantes de l'apprentissage automatique, l'apprentissage supervisé. On distingue en effet couramment trois formes d'apprentissage :

– L'apprentissage supervisé, où le système va chercher à réaliser des prédictions sur des ensembles de données d'après un objectif fixé par l'être humain. Cet objectif se traduit par un indexage des données d'apprentissage fait à la main. Si la tâche consiste à reconnaître la présence d'un objet dans une image, on créera donc une base d'apprentissage avec des images indexées comme contenant ou non cet objet. Le système va alors rechercher librement dans l'image les facteurs permettant de reconnaître la présence de cet objet, et sa compréhension est ensuite éprouvée sur une base d'images non-indexées, dite de test. Reprenons l'exemple canonique d'un système chargé de reconnaître une image de chat. La base de données pourra comprendre des millions d'exemples d'images dont certaines contiendront des chats et d'autres non. Chacune des images a été indexée à la main afin de préciser si elle contient ou non un chat. Lors de sa phase d'entraînement, le système a accès à l'image et à l'index. Il va ainsi pouvoir détecter par analyse statistique les traits qui apparaissent dans les images indexées « chat », et va utiliser ces traits lorsque l'on demandera de déterminer, lors de sa phase de test, si les images qu'on lui présente contiennent ou non un chat sans plus avoir accès à l'index. Après un certain nombre d'itérations de l'apprentissage et du test, le système est déployé dans le vrai monde, avec l'espoir que si le système et la base de données initiale ont été bien conçus, les performances réalisées sur la base de test se généraliseront convenablement aux données du monde extérieur.

– L'apprentissage non-supervisé, où le système va chercher des régularités dans les données sans objectif fixé par un être humain. Par exemple, le système peut être capable de regarder un ensemble de points de données et de regrouper certains d'entre eux en nuages, comme nous sommes capables de le faire en regardant un ensemble de points de données.

– L'apprentissage par renforcement, où le système se voit accorder une forme de récompense lorsqu'il réussit une tâche, récompense qui guide alors son apprentissage.

Nous allons étudier l'apprentissage supervisé à la fois parce qu'il est d'une plus grande simplicité pédagogique, et qu'il est au cœur de nombre des applications les plus spectaculaires de l'IA récente, notamment en reconnaissance de formes. Nous suivrons en cela la pente de la littérature pédagogique où les exemples d'apprentissage supervisé sont dominants. Nous devons cependant admettre qu'un tel choix pédagogique constitue une des limitations les plus importantes de cet ouvrage du point de vue de la présentation de la littérature scientifique. L'apprentissage par renforcement et l'apprentissage non-supervisé sont des formes majeures du ML moderne, et un ouvrage plus ambitieux sur le plan technique ne pourrait en aucun cas faire l'économie de leur présentation. Mais l'ambition propre à cet ouvrage, qui est d'arriver à une introduction originale mais néanmoins ouverte à un public profane des problématiques éthiques de l'algorithmisation dans un format court, nous impose des limites strictes. D'un point de vue pédagogique, il nous a semblé essentiel de réduire le contenu technique au minimum nécessaire à la compréhension des enjeux éthiques, et on peut introduire l'essentiel des enjeux de cet ouvrage sans faire de présentation explicite de l'apprentissage non-supervisé ou par renforcement. C'est donc ce que nous ferons, tout en encourageant le lecteur à demeurer conscient de cette limitation essentielle de l'ouvrage.

Au cœur de l'ambition de nombre de modèles de ML se trouve donc une ambition de prédire correctement à partir de l'étude d'un grand nombre d'exemples. Le terme de « modèle » est ainsi employé en apprentissage automatique pour désigner le produit de l'entraînement. Comme ce produit a souvent un pouvoir prédictif sur une classe de phénomènes donnée, la terminologie de la communauté est inspirée par la tradition de la modélisation mathématique. En outre, ce produit aurait été difficile à nommer « algorithme » sans créer de confusion pour deux raisons. La première est que le terme d'algorithme est déjà employé pour désigner l'algorithme guidant l'apprentissage du système : l'employer pour désigner également le produit de cet apprentissage, sans que cela soit une aberration conceptuelle, aurait donc créé un risque de confusion terminologique. La deuxième est que l'algorithme connote en général une entité mathématique abstraite définie indépendamment des données. L'apprentissage automatique rend en revanche nécessaire de considérer les éléments du triplet (données, algorithme, programme) comme lié par une relation de dépendance fondée sur l'apprentissage sur une base de données particulière, ce qui est souvent présenté comme une singularité de cette branche particulière de l'informatique. Le programme final n'est pas la seule implémentation d'un algorithme défini par un mathématicien : il est le fruit d'une interaction avec une base de données particulière. Comme nous allons le voir dans notre présentation d'exemples du ML, il contient des paramètres qui ont été calibrés sur cette base de données, et c'est ce calibrage qui lui donne son pouvoir prédictif. Le démêlage de l'écheveau terminologique est donc nécessaire pour commencer à formuler des hypothèses sur ce qui fait la singularité de l'IA en général, et du ML, interprétable ou opaque, en particulier. Nous parlerons de « modèles de ML » pour suivre l'usage terminologique de la communauté, mais le lecteur devra garder à l'esprit qu'il n'est pas *a priori* aberrant de considérer ces modèles comme des algorithmes ou des programmes.

Il convient de souligner l'importance du caractère statistique de l'apprentissage automatique. La méthode d'apprentissage est statistique, et les performances le sont également : un système prédictif ne prédit pas un évènement, il prédit un évènement avec une certaine probabilité. Cette probabilité peut être très élevée – pour certains systèmes, elle peut atteindre 98 ou 99 % – mais elle demeure une simple probabilité, non une certitude. Du point de vue de la compréhension de la sphère d'usage légitime de ces systèmes, il faut comprendre que même les systèmes les plus performants continuent à commettre des erreurs : leur usage n'est donc légitime que si leur contexte d'usage tolère leur pourcentage d'erreur, ou s'il existe des mécanismes permettant de compenser ces erreurs. Nous reviendrons sur cette question décisive de la sphère d'usage légitime dans notre discussion de l'opacité[1].

L'ambition de prédire à partir de l'étude d'exemples fait qu'on parle parfois d'un nouvel inductivisme pour désigner la philosophie implicite du ML[2]. Une telle position soulève évidemment nombre de problèmes familiers pour le philosophe. Plutôt que d'insister sur les critiques bien connues du raisonnement inductif, il semble plus pertinent de tâcher de capturer la singularité du ML dans ce courant méthodologique. La première est évidemment que l'apprentissage de phénomènes empiriques, que l'apprentissage automatique tâche d'émuler, est fondé sur des pratiques inductives, du moins si on comprend l'induction dans un sens large : nous n'apprenons pas à reconnaître un chat en étudiant l'axiomatique de la félinité, mais en étant mis en contact avec des exemples de tels félins. La seconde est évidemment la nature statistique de l'apprentissage, qui n'est pas une propriété évidente de l'apprentissage effectué par des êtres biologiques. La troisième est que la qualité de l'apprentissage automatique, comme de toute induction, dépend d'une faculté de généralisation à partir d'un ensemble d'exemples forcément limité, si grand fût-il. La qualité de cette généralisation dépend à la fois de la qualité des exemples examinés, qui se doivent d'être représentatifs du phénomène étudié à la fois dans sa diversité intrinsèque et dans ses traits les plus stables, et du raisonnement effectué à partir de ces exemples. Le ML innove dans ces deux dimensions,

---

1. Voir « Les effets politiques de l'opacité », p. 125.
2. Pour une discussion approfondie de l'induction dans l'apprentissage machine, voir T. F. Sterkenburg and P. D. Grünwald, « The No-Free-Lunch Theorems of Supervised Learning », *Synthese*, 2021, p. 1-37.

en fournissant de nouvelles manières de collecter les données et d'étudier leur qualité, et en offrant de nouveaux outils statistiques pour apprendre à partir d'elles. Enfin, et surtout, la qualité des performances ne dépend pas seulement de la compréhension du phénomène, mais de la pérennité de ce dernier : pour que le système produise de bonnes prédictions, il faut que le futur ressemble au passé. Une telle hypothèse n'a évidemment plus rien d'une évidence lorsqu'on passe aux phénomènes historiques, que ceux-ci soient sociaux, psychologiques, biologiques ou même géologiques. C'est l'un des défis les plus essentiels du ML que de déterminer quand cette généralisation du passé au futur est légitime. Il s'agit là évidemment d'un défi générique de la pensée inductive, mais là aussi le ML a ouvert un nouveau chapitre de l'histoire de cette pensée. Comme nous le discuterons dans notre section sur l'extension des capacités de modélisation[1], le ML s'est notamment distingué par sa capacité à produire des modèles d'une grande efficacité pour certains phénomènes sociaux, et sa capacité d'ingestion de grandes quantités de données lui offre aussi des capacités de mise à jour inédites face à des phénomènes sociaux en mouvement.

Après cette brève présentation générale de l'apprentissage automatique, il nous faut à présent donner plus de chair à ces idées générales en présentant quelques exemples de modèles. Le choix des exemples est évidemment guidé par des considérations d'accessibilité pédagogique, mais cette accessibilité n'est pas notre seul critère. Il est tout d'abord crucial de lutter contre la présomption de sophistication qui afflige la réflexion sur les innovations à la mode. Nombre de modèles de ML sont en réalité une automatisation de la production de modèles statistiques simples. Nous commencerons donc par un exemple bien connu de tels modèles, à savoir le calcul d'une régression linéaire. Pour permettre une discussion informée de l'opacité et de son antonyme, l'interprétabilité ou explicabilité des modèles, nous introduirons ensuite deux exemples classiques de modèle interprétable[2], l'arbre de décision et les listes de règles. Nous finirons ensuite notre étude d'exemples en présentant ce qui est à la fois le modèle phare du nouvel été de l'IA, et le paradigme du modèle opaque, à savoir l'apprentissage profond. Nous concluons cette première discussion du ML par une présentation des enjeux de l'emploi d'un grand nombre de variables, et du ML compris comme une extension des pouvoirs de modélisation statistique.

---

1. Voir « L'apprentissage automatique comme extension de la modélisation statistique », p. 115.
2. En toute rigueur, la régression linéaire est aussi un exemple de modèle interprétable, mais nous l'utilisons avant tout comme exemple d'un modèle statistique simple.

Un exemple simple de ML : calculer une régression linéaire

Une bonne partie des programmes de ML est une automatisation de tâches de l'analyse de données et de la modélisation statistique. Parmi celles-ci, on peut citer la tâche de régression linéaire. Il s'agit là du terme technique pour la tâche consistant, dans le cas particulier d'un modèle de dimension 2, à tracer une droite passant par un ensemble de points. Imaginons que notre lecteur soit une scientifique ayant effectué un ensemble de mesures indiquant la valeur d'une variable y en fonction d'une variable x. En regardant ses résultats, il pourrait lui sembler manifeste que la variable y suit une droite en fonction de la variable x. Reste à tracer cette droite. Intuitivement, on souhaite que la droite soit « proche de la grande majorité des points », mais il faut réussir à formaliser cette intuition si on veut pouvoir automatiser cette tâche au lieu de simplement tracer la droite à la main et au jugé.

Pour formaliser l'intuition d'une droite proche de la majorité des points, notre scientifique peut faire usage d'une méthode simple comme la méthode des moindres carrés : il s'agira de trouver la droite minimisant la somme des carrés des distances entre la droite et les points. Cette formalisation de la tâche permet de la reformuler comme une tâche d'optimisation : on cherche la solution à notre problème qui minimise une certaine quantité, à savoir la somme des carrés des distances. Cette reformulation en termes d'optimisation est importante, comme nous le verrons plus loin[1], parce que les mathématiciens ont conçu nombre de techniques pour résoudre des problèmes d'optimisation.

Comment trouver la solution optimale ? Une droite est définie par deux paramètres : sa pente et sa valeur en 0. Qui plus est, les valeurs que peuvent prendre ces deux paramètres sont bornées : rien ne sert de prendre en 0 une valeur plus élevée que l'ordonnée du point le plus haut, ni d'essayer des pentes de valeur négative si la valeur des points semble croître. Notre solution se trouve donc dans ce que la terminologie informatique nomme un espace de recherche fini.

Lorsque l'espace de recherche est fini, et de taille raisonnable, il est possible de chercher la solution à un problème par une méthode dite « de force brute », c'est-à-dire tout simplement en essayant toutes les combinaisons possibles de paramètres. Pour notre problème de régression linéaire, il suffit donc d'essayer toutes les valeurs possibles des paramètres de pente et de valeur en 0, de calculer la somme des moindres carrés, et de choisir comme solution la paire de paramètres donnant la valeur optimale. Une telle méthode de force brute serait inapplicable en pratique à un grand

---

1. Voir « L'apprentissage automatique », p. 93.

nombre de points sans la puissance de calcul des ordinateurs contemporains. On retrouve là un trait structurel du ML, à savoir qu'il est foncièrement dépendant d'une abondante puissance de calcul.

Le calcul d'une régression linéaire n'a rien d'une tâche scientifiquement bouleversante. Mais elle permet déjà de mettre en valeur certains traits structuraux que nous retrouverons dans les tâches plus sophistiquées : la reformulation du problème initial en un problème d'optimisation, l'usage de la force brute pour trouver une combinaison de paramètres optimale, le caractère incontournable de l'automatisation face au grand nombre des données et à la longueur des calculs. Un autre aspect mérite commentaire : le calcul d'une régression peut être décrit comme la formulation d'un modèle prédictif d'un phénomène. En calculant cette droite, on fait l'hypothèse que notre phénomène suit une loi linéaire, et cette loi linéaire nous permet de prédire la valeur de y pour des valeurs de x non-observées : il nous suffit pour cela de prolonger la droite. Cet exemple permet donc de rappeler qu'un modèle scientifique prédictif n'est pas nécessairement une théorie d'une sophistication diabolique : la plus simple analyse des données permet de formuler de tels modèles. Un modèle simple peut parfaitement rendre de grands services. Mais il convient de dissiper l'aura de sophistication associée à la puissance prédictive de la science : un modèle extrêmement simple peut avoir une valeur prédictive non-triviale. Alors que l'IA vient auréolée de la sophistication de ses modèles les plus complexes, il faut toujours garder à l'esprit que nombre des modèles de ML ne sont qu'une automatisation des tâches les plus simples de l'analyse de données et de l'analyse statistique. Lorsqu'on parle de « modèle de ML », on est en outre tenté d'assimiler le développement au travail théorique de formulations d'hypothèses fondamentales. En réalité, une large partie du ML est mieux comprise par analogie avec le travail expérimental de détections de régularités dans les données. Sans cette capacité à distinguer le degré de sophistication des modèles de ML, on risquerait d'attribuer une autorité indue à des analyses statistiques simplistes, dont l'emploi à tort et à travers dans la compréhension des phénomènes sociaux peut devenir une plaie plus qu'une bénédiction : nous y reviendrons le moment venu[1].

---

1. Voir « L'algorithmisation des décisions sensibles par le ML », p. 185. Lors de notre participation à un colloque à Karlsruhe sur l'opacité du ML (Len (ITAS) Piltz, « KIT – ITAS – News – Events– Machine Learning : Prediction Without Explanation? », Text (Piltz, Len (ITAS), July 8, 2021), KIT, https://www.itas.kit.edu/english/events_2020_workshop_machine_learning.php.), nous avons ainsi entendu un des participants déclarer, mi-sérieux mi-joueur, que le ML devrait être renommé « modélisation statistique automatique multi-variables ». Il est certain qu'une telle présentation du champ en sobres termes mathématiques créerait moins de fantasmes que les caractérisations empruntant aux propriétés mentales humaines. Elle a aussi le mérite de souligner la continuité entre

Un exemple de modèle interprétable : les arbres de décision et les listes de règles

Afin de mieux comprendre les enjeux de l'opacité du ML, il est essentiel de donner des exemples de modèles interprétables. Les arbres de décision et les listes de règles constituent des exemples paradigmatiques de tels modèles. Considérons un modèle d'arbre de décision permettant de classifier trois fleurs, *Setosa*, *Versicolor* et *Virginica* en fonction de trois variables : la longueur et la largeur des pétales, ainsi que la longueur des sépales[1] (voir figure 1 ci-dessous). On part à la racine de l'arbre par une classe mélangeant à parts égales les trois fleurs, et on tâche d'obtenir les classes les plus pures possibles, à savoir de se rapprocher autant que possible de classes ne contenant qu'une seule fleur. Le coefficient de Gini mentionné dans l'arbre est une métrique de la pureté des classes obtenues : une classe est pure quand son coefficient de Gini a une valeur 0.

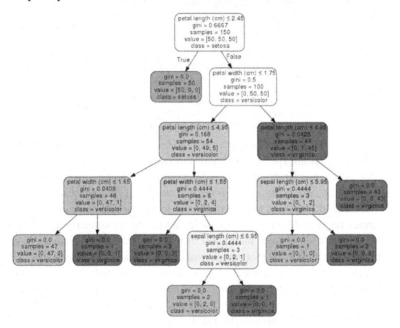

Figure 1. Un arbre de décision engendré par ML : classification de trois espèces de fleurs. Source : scikit-learn.

cette branche de l'informatique et la modélisation statistique, qu'elle vient en grande partie prolonger et automatiser (voir « L'apprentissage automatique comme extension de la modélisation statistique », p. 115).

1. On désigne par « sépale » l'ensemble des éléments dont la réunion compose le calice supportant la corolle de la fleur.

Le lecteur peut aisément lire l'arbre et comprendre la logique à l'œuvre dans la classification. Celle-ci débute en examinant si la longueur des pétales est inférieure ou égale à 2,45 cm : si cette condition est satisfaite, la fleur est une *Setosa*. La classification se poursuit en examinant à chaque nœud une condition basée sur la valeur d'une des trois variables, jusqu'à parvenir à une classification réussie puisqu'elle s'achève sur des classes pures. Ce qui est exprimé ici sous forme d'un arbre aurait pu tout aussi bien être exprimé par une liste de règles simples de la forme « si... alors, sinon... » : les arbres de décision sont donc des proches parents de cette autre forme de modèle interprétable qu'on nomme les listes de règles.

Un tel arbre aurait sans doute pu être produit par un être humain à force de tâtonnements. Mais l'exemple en question a été engendré automatiquement par un modèle de ML : celui-ci a appris l'ordre d'emploi des variables, et les valeurs figurant dans les conditions permettant de parvenir aux classes pures finales. Là encore, l'apprentissage est guidé par la formulation de la tâche comme une optimisation – maximiser la pureté des classes – et soutenue par la puissance de calcul permettant la coûteuse recherche de la valeur adéquate des variables. L'originalité du ML dans cet exemple particulier réside tout entière dans le mode de production du programme. Le produit fini peut, au moins en principe, non seulement être lu mais aussi être produit par un être humain. Comme dans le cas de la régression linéaire, l'intérêt de l'automatisation pour de tels programmes interprétables réside dans un accroissement de la fiabilité et de l'échelle. Si l'exemple que nous avons examiné est d'une complexité raisonnable, la taille des données, de l'arbre et la complexité des conditions formant les nœuds de l'arbre peuvent s'accroître considérablement dans des exemples réalistes, jusqu'à devenir absolument écrasantes même pour des experts. L'automatisation de la production de modèles interprétables par le ML, si elle ne produit pas en dernier recours de nouvelles manières de raisonner sur un phénomène, permet de produire avec succès des instances de méthodes connues pour des tâches dont la taille et la complexité étaient pratiquement hors de portée de l'être humain. S'il s'agit déjà d'un accroissement notable de nos pouvoirs de modélisation, il nous faut saisir le contraste avec les modèles opaques pour voir en quoi ceux-ci constituent une innovation bien plus radicale dans l'histoire de la modélisation et de la programmation.

Un exemple de modèle opaque : l'apprentissage profond

Au sein du ML, il existe une sous-branche particulière qui a joué un rôle décisif dans le nouvel été de l'IA : il s'agit de l'apprentissage par réseaux de neurones artificiels profonds, aussi nommé « apprentissage profond » (*Deep Learning, DL*). Ce modèle est au cœur du renouveau de toutes les tâches que nous avons citées jusqu'ici, raison pour laquelle il n'est pas abusif de le qualifier de modèle moteur du renouveau de l'IA. On les trouve aujourd'hui dans les moteurs de recherche, dans les applications de reconnaissance d'images, de caractères écrits ou de sons, de traduction comme DeepL, dans les assistants domestiques, dans les applications NLP comme ChatGPT et dans bien d'autres applications encore [1]. L'apprentissage profond, en plus d'être l'un des modèles les plus stratégiques de l'IA récente, est aussi le paradigme du modèle opaque. Pour le présenter, il faut introduire une dernière distinction interne au champ, à savoir la distinction entre approche symbolique et approche connexionniste de l'IA.

L'IA symbolique, dominante durant les débuts de l'IA, cherche à émuler le raisonnement humain par des procédures explicites. Elle comprend des branches comme la démonstration automatique, les systèmes experts

1. Les réseaux de neurones profonds sont devenus l'approche dominante en classification d'images et reconnaissance d'objets dès le début des années 2010. En 2015, le modèle Resnet réussit pour la première fois de l'histoire à dépasser les performances humaines en reconnaissance d'objets sur la vaste base de données standard ImageNet (K. He *et al.*, « Delving Deep into Rectifiers : Surpassing Human-Level Performance on ImageNet Classification », *ArXiv : 1502.01852 [Cs]*, 6 février 2015, http://arxiv.org/abs/1502.01852.). La reconnaissance de caractères écrits, ancien problème de la reconnaissance de formes, peut maintenant prétendre aller au-delà des performances humaines (L. Chen *et al.*, « Beyond Human Recognition : A CNN-Based Framework for Handwritten Character Recognition », in *2015 3rd IAPR Asian Conference on Pattern Recognition (ACPR)*, Kuala Lumpur, IEEE, 2015, p. 695-699.). Autre exemple canonique du champ, la reconnaissance d'images de tumeurs, en particulier pour les cancers de la peau, a atteint le niveau des experts humains grâce au réseau de neurones A. Esteva *et al.*, « Dermatologist-Level Classification of Skin Cancer with Deep Neural Networks », *Nature* 542, n° 7639, 2017, p. 115-118. Nous évoquerons la reconnaissance des visages humains, autre tâche majeure de la reconnaissance de forme, dans notre chapitre sur la vie privée. En traitement automatique de la langue, les réseaux de neurones sont devenus l'état de l'art pour de nombreuses tâches, et les grands réseaux de neurones capables de prédire le passage suivant dans un texte sont devenus le fondement de nombreux développements de la sous-discipline (R. Bommasani *et al.*, « On the Opportunities and Risks of Foundation Models », *ArXiv Preprint ArXiv : 2108.07258*, 2021). En 2016, un réseau de neurones entraîné par renforcement, AlphaGo, réussit à battre le champion d'Europe de Go (D. Silver *et al.*, « Mastering the Game of Go with Deep Neural Networks and Tree Search », *Nature* 529, n° 758, 2016, p. 484-89, https://doi.org/10.1038/nature16961), puis écrase le champion du monde Lee Sedol quatre parties à une (T. Chouard, « The Go Files : AI Computer Wraps up 4-1 Victory against Human Champion », *Nature News*, 2016.).

(programmes émulant une connaissance experte par des suites de règles), et certains domaines de la robotique. La deuxième branche, qui constitue un paradigme rival du premier, est dite « connexionniste ». Il ne s'agit pas tant d'imiter le raisonnement humain conscient exprimé dans un langage que de construire des modèles permettant de faire émerger le comportement intelligent sans le coder explicitement dans des règles et instructions. L'un des modèles phares de ce domaine est les réseaux de neurones artificiels. Comme nous allons le voir plus en détail ci-dessous, les réseaux de neurones artificiels sont basés sur une modélisation très simplifiée des neurones du cerveau animal. Ce réseau de neurones est ensuite entraîné sur des tâches dans le paradigme de l'apprentissage automatique, et le comportement intelligent est censé émerger de cette simulation du fonctionnement neuronal. Il ne s'agit donc pas tant ici d'émuler le raisonnement humain, tel qu'il pourrait se manifester dans la conscience d'un sujet, par un programme explicite que de simuler, ne serait-ce que de manière très simplifiée, le fonctionnement de l'organe de l'intelligence, et de voir si cette simulation permet d'accéder au comportement intelligent. La distinction entre l'approche symbolique et l'approche connexioniste est importante pour notre sujet, car le récent renouveau de l'IA a été un triomphe de l'approche connexionniste, et ce triomphe méthodologique sera très important pour nos questions d'interprétation.

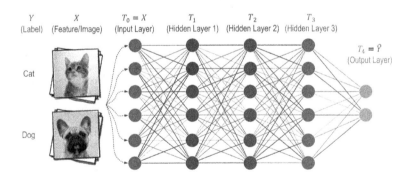

Figure 2. Un réseau de neurones pour l'apprentissage supervisé : classification d'images. Source: doi: https://doi.org/10.1371/journal.pone.0240656.g006.

Considérons à présent un exemple d'apprentissage profond supervisé. Comme on peut le voir dans la figure 2 ci-dessus, le réseau de neurones est organisé comme une suite de couches. Les réseaux de neurones profonds doivent leur nom au nombre important de couches dites « cachées », c'est-à-dire situées entre la première et la dernière : il s'agit là d'une des différences marquantes d'avec les premiers réseaux de neurones artificiels, où le nombre de couches était bien moins élevé. Les neurones d'une couche n sont reliés aux neurones de la couche $n + 1$, et seulement à celles-là, par des connexions. Selon les modèles, un neurone peut être relié à tous les neurones de la couche suivante, ou seulement à une partie d'entre eux. Dans le cas de figure considéré ici, l'information ne peut passer que d'une couche à la couche suivante : il n'y a pas de signal envoyé de la couche n + 1 à des couches précédentes (*feed-forward network*). Le signal passant par une connexion est multiplié par un nombre qui permet de moduler la puissance du signal. Ce nombre est appelé « poids », et il joue un rôle décisif dans les réseaux de neurones, car c'est l'ensemble des poids du réseau qui va être modulé pour permettre l'apprentissage.

Les données sont encodées dans la première couche du réseau ou « couche d'entrée ». Le signal des valeurs encodées dans chaque neurone de cette couche est ensuite envoyé vers les neurones connectés de la couche suivante, et est multiplié par le poids associé à chaque connexion. Si l'on zoome sur un neurone d'une couche postérieure à la couche d'entrée, on voit (voir figure 3 ci-dessous) que chaque neurone de la couche n +1 reçoit comme entrée la somme des signaux envoyés par les neurones de la couche précédente auxquels il est connecté, pondérés par le poids associé à la connexion. À cette somme pondérée peut être ajouté un nombre supplémentaire, nommé « biais ». Ce nombre n'a rien à voir avec les « biais » qui sont évoqués dans l'analyse des questions d'équité en éthique des algorithmes : il ne s'agit que d'un paramètre technique permettant de moduler encore le signal reçu par le neurone. Le comportement du neurone artificiel face à ses entrées est basé sur un modèle simple du comportement des neurones réels. Ceux-ci n'envoient un signal vers les neurones auxquels ils sont reliés que si le signal qu'ils reçoivent dépasse un certain seuil. Le signal reçu par le neurone artificiel passe donc par une fonction d'activation, qui conditionne la transmission du signal vers les neurones connectés de la couche suivante au dépassement d'une certaine valeur. Cette fonction d'activation joue un rôle important dans les réseaux de neurones artificiels, parce qu'elle permet d'introduire un comportement que les mathématiciens qualifient de « non-linéaire, » c'est-à-dire un comportement où la sortie ne varie pas proportionnellement à l'entrée. L'introduction de la non-linéarité renforce considérablement les capacités de modélisation du système, dans la mesure où nombre de phénomènes naturels ne sont pas linéaires.

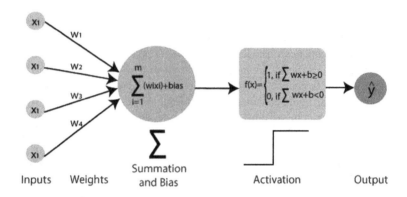

Figure 3. Description du fonctionnement d'un neurone artificiel.
Source : Naveen / nomidl.com

Le signal continue de se propager de couche en couche jusqu'à ce qu'il parvienne à la dernière couche, dite « couche de sortie » : celle-ci encode la sortie du système. Dans notre exemple d'apprentissage supervisé d'une tâche de classification, la sortie encode donc la classe à laquelle appartient notre entrée selon le réseau. Pour être plus précis, elle encode un nombre qui sera plus ou moins proche du nombre encodant une classe.

Le processus d'apprentissage prend la forme suivante. Au départ, les paramètres définissant le réseau de neurones, à savoir les valeurs de ses poids, sont initialisés de manière aléatoire. Une entrée est fournie au système, et la sortie donnée par celui-ci est comparée à la véritable valeur de l'entrée encodée dans le label. Si le système a produit une valeur erronée, cela signifie que la valeur encodée dans la couche de sortie est trop éloignée du nombre encodant la classe désirée. L'objectif de l'apprentissage est donc de réduire la différence entre la valeur obtenue et la valeur souhaitée. Là encore, le problème original, quel qu'il fût, peut être reformulé comme une simple tâche d'optimisation : réduire la différence entre valeur obtenue et valeur souhaitée pour chaque entrée. Cette reformulation générique permet d'attaquer l'apprentissage par une méthode générique sans plus se soucier de la sémantique originale de la tâche : on peut opérer ainsi l'apprentissage de la même façon que l'on classe des images ou des sons, des mots d'une langue ou d'une autre, des chiffres ou des lettres. Cette spectaculaire généricité de la méthode d'apprentissage profond est un de ses avantages les plus notables.

La méthode employée pour optimiser les poids du réseau de neurones est l'algorithme de rétropropagation. La compréhension précise de cet algorithme supposerait d'entrer dans des détails techniques, notamment sur le calcul différentiel multi-variables, qui sont hors de la portée de cet ouvrage. Nous nous contenterons de communiquer une intuition simple sur cet algorithme. Celui-ci doit son nom au fait qu'il modifie les paramètres du réseau en partant de la dernière couche. Il cherche toujours à trouver la plus petite modification d'un paramètre permettant de faire évoluer la valeur de sortie dans la direction désirée. Il permet donc un apprentissage en pente douce, où les paramètres du réseau reçoivent la plus modification nécessaire à l'obtention de la sortie désirée pour une entrée donnée, avant de passer à l'entrée suivante. Pour se faire une idée de cet apprentissage en pente douce, que le lecteur imagine un système apprenant à contourner un obstacle en s'y heurtant des milliers de fois, et en ne faisant qu'une très légère correction de sa direction après chaque erreur, jusqu'à atteindre le moment où la direction de son mouvement permet de contourner l'obstacle. En termes mathématiques, il n'existe pas de preuve de convergence pour cette méthode d'apprentissage. En termes intuitifs, il n'est donc pas possible de savoir avec certitude si les paramètres obtenus sont les paramètres optimaux permettant d'atteindre la meilleure performance possible pour la tâche, ou s'il serait possible de poursuivre encore l'apprentissage pour permettre l'obtention de meilleures performances. Les développeurs du modèle doivent donc prendre la décision d'arrêter l'apprentissage lorsqu'il semble que le modèle n'effectue plus de progrès. Il s'agit là évidemment d'une faiblesse majeure de la méthode d'un point de vue théorique, mais cela ne l'empêche pas d'obtenir de très bons résultats dans la pratique.

Avant de revenir à la question décisive de l'opacité, l'apprentissage profond mérite quelques commentaires d'ordre général. La compréhension du succès des réseaux de neurones profonds est en soi une question délicate. L'idée de créer un système informatique fondé sur une modélisation simplifiée des neurones est très ancienne. Le premier modèle, le perceptron, date de 1958[1]. Les premiers réseaux de neurones multi-couches capables d'exécuter des tâches pratiques apparaîtront dès les années 80, avec par

---

1. Fr. Rosenblatt, « The Perceptron : A Probabilistic Model for Information Storage and Organization in the Brain. », *Psychological Review* 65, n° 6, 1958, p. 386.

exemple un système de vision pour diriger un camion semi-autonome[1]. Ces progrès seront notamment dus à l'algorithme utilisé pour guider l'apprentissage, l'algorithme de rétro-propagation, qui date également de cette décennie[2]. Certaines versions plus avancées des réseaux de neurones, comme les réseaux convolutionnaires, sont découvertes dès la fin des années 1990[3]. Si le concept du système et l'algorithme d'apprentissage ont plus de trois décennies, pourquoi les réseaux de neurones n'ont pris leur envol qu'il y a environ une décennie ? La réponse simple tiendrait dans l'adjectif « profond ». Les réseaux de neurones récents sont composés de nombreuses couches, là où les modèles anciens n'en comportaient qu'une seule. Cette évolution aura elle-même été favorisée par la démocratisation de la puissance de calcul, notamment par l'utilisation des cartes graphiques initialement conçues pour les jeux vidéo, et des grandes bases de données nécessaires à l'apprentissage[4]. Si cette interprétation était correcte, le succès récent des réseaux de neurones serait une affaire de force brute technologique : l'apprentissage profond serait apparu récemment uniquement parce que cette approche nécessitait une puissance de calcul et une abondance de données que seules les évolutions technologiques récentes auraient permis de démocratiser. Mais nous verrons que d'autres sources, plus complexes, peuvent être trouvées au succès de l'apprentissage profond, et qu'elles comprennent bien de nouvelles idées, même si leur caractérisation nécessite une analyse plus fine.

Une deuxième remarque générale est que l'apprentissage pratiqué par les réseaux de neurones profonds est bien différent de celui pratiqué par les humains et autres animaux : il s'agit donc d'un paradigme d'IA non-anthropomorphique. L'apprentissage profond est basé sur des millions d'essais et d'erreurs sur des milliers, des millions voire des milliards d'exemples. Les êtres biologiques ne jouissent pas d'un tel nombre d'essais, qui serait coûteux en temps, en ressources essentielles ou même juste

1. N. J. Nilsson, *The Quest for Artificial Intelligence*, *op. cit.*, p. 507 *sq.*

2. D. E. Rumelhart, G. E. Hinton, and R. J. Williams, « Learning Representations by Back-Propagating Errors », *Nature* 323, n° 6088, 1986, p. 533-536. Il s'agit probablement de la redécouverte d'un résultat déjà publié en 1970 dans la thèse d'un étudiant finnois, S. Linnainmaa, « The Representation of the Cumulative Rounding Error of an Algorithm as a Taylor Expansion of the Local Rounding Errors », *Master's Thesis* (*in Finnish*), *Univ. Helsinki*, 1970, p. 6-7. Pour plus de détails, voir « Who Invented Backpropagation ? », consulté le 4 décembre 2021, https://people.idsia.ch//~juergen/who-invented-backpropagation.html.

3. Y. LeCun and Y. Bengio, « Convolutional Networks for Images, Speech, and Time Series », *The Handbook of Brain Theory and Neural Networks* 3361, n° 10, 1995, p. 1995.

4. Pour plus de détails et de références, voir le début de Y. Yuan *et al.*, « Deep Learning from a Statistical Perspective », *Stat* 9, n° 1, 2020, p. e294.

douloureux : un tel mode d'apprentissage progressif rendrait la survie improbable sinon impossible. Les animaux apprennent à exécuter une tâche avec quelques exemples et quelques erreurs[1], jusqu'à arriver au moment d'illumination où ils ont compris comment l'effectuer. Une telle rupture qualitative dans le comportement ne se produit pas dans l'apprentissage profond, qui est basé sur un apprentissage en pente douce. Les réseaux de neurones artificiels, même si leur architecture provient d'une analogie biologique, ne pratiquent donc pas une forme d'apprentissage inspirée directement des êtres biologiques. L'apprentissage du ML en général, et de l'apprentissage profond en particulier, est fondé sur l'hypothèse d'un coût de l'erreur pratiquement nul, une hypothèse naturelle dans un environnement numérique ayant accès à une grande puissance de calcul, mais inadaptée à un être biologique.

Pour nombre d'exemples d'apprentissage profond, une particularité de ces systèmes tient aussi au caractère extrêmement réduit de l'information dont ils partent. Avant l'émergence de l'apprentissage profond, les réseaux de neurones artificiels avaient déjà été employés pour effectuer par exemple de la reconnaissance d'images, avec un succès mitigé. Mais les données étaient alors prétraitées pour permettre au programme de reconnaître plus facilement les entités présentes dans l'image : on parle dans ce cas de données structurées. Les données dont partent aujourd'hui les modèles d'apprentissage profond sont souvent non-structurées : pour l'exemple de la reconnaissance d'images, il s'agit d'images brutes. Là encore, il est crucial de comprendre que le système part d'absolument rien : pour lui, l'intégralité de son monde est constituée de sa base de données. Contrairement à un enfant, la donnée qu'il regarde n'a donc pas de contexte. En outre, le système ne jouit pas de la compréhension sémantique que nous projetons immédiatement sur une donnée comme une image ou un texte, et ce dès un très jeune âge. Une image normale n'est pas pour nous une collection de pixels, comme un texte n'est pas qu'une suite de caractères sans structure ni sens : elle représente immédiatement une voiture, une dame marchant dans la rue, un poteau télégraphique. Rien de tout cela n'existe pour le système commençant son apprentissage : pour lui, une

---

1. La question du nombre exact de répétitions et d'exemples différents nécessaires pour un apprentissage n'est cependant pas évidente, puisque certaines recherches tendent à montrer que le cerveau apprend aussi en simulant des tâches de manière inconsciente (voir C. Buckner, « Deep Learning : A Philosophical Introduction », *Philosophy Compass* 14, n° 10, 2019, p. e12625.). Toujours est-il que l'expérience consciente de l'apprentissage est bien différente, et qu'il est improbable que l'apprentissage humain atteigne des répétitions de l'ordre du million, comme il est normal en ML.

image n'est qu'une collection de pixels de couleurs sans aucune signification, un texte qu'une suite de caractères. Il est ainsi presque erroné de dire que ces systèmes regardent des images ou lisent des textes, tant c'est déjà projeter sur ces systèmes une structuration du donné qui est précisément absente. Ce que le système s'efforce de faire, c'est de détecter des corrélations entre l'index de la donnée et des régularités dans les statistiques qu'il arrive à forger à tâtons en examinant des milliers d'exemples : le système cherche des corrélations entre l'index et des traits de l'image qui se présente tout d'abord à lui sans aucune structuration. Il est difficile de se représenter l'extrême naïveté avec laquelle le système regarde ses données qui pour nous sont d'emblée douées d'une structure riche. L'un des intérêts intellectuels de l'apprentissage profond est précisément d'être capable d'apprendre des tâches sophistiquées simplement en optimisant ses métriques de performance, en ne disposant d'aucune connaissance préalable sur ses données.

Avant d'aborder la question décisive de l'opacité, il faut rappeler que le concepteur du modèle conserve de nombreux leviers d'action malgré cette opacité et l'automatisation du processus d'apprentissage. Outre la conception des bases de données d'apprentissage et de test, sur laquelle nous reviendrons dans notre chapitre sur l'équité, et la décision de terminaison de l'apprentissage que nous venons d'évoquer, il existe de nombreux leviers d'action pour le développeur en fonction des données disponibles et des objectifs particuliers de l'apprentissage. Il peut ainsi agir sur ce que la communauté appelle les hyperparamètres, soit les paramètres du modèle qui ne sont pas modifiés par le processus d'apprentissage comme les poids du réseau, mais qui peuvent être modifiés à la main par le développeur, comme par exemple le nombre de couches du réseau. Parmi les modèles les plus performants de l'apprentissage profond, on compte aussi des modèles dont l'architecture a été modifiée expressément pour certaines tâches. On peut ainsi mentionner les réseaux convolutionnels pour les données graphiques, ou les transformeurs pour le Traitement Automatique de la Langue. Les réseaux convolutionnels contiennent ainsi des couches dédiées à l'exploitation des propriétés géométriques de l'image, tandis que les transformeurs contiennent des couches exploitant des mécanismes dits d'attention, en ce qu'ils tâchent de déterminer l'importance relative d'un élément du contexte pour comprendre le sens d'un mot. L'apprentissage profond pour le TAL a aussi employé des hypothèses venues de la linguistique, comme l'importance des fréquences d'occurrence d'un mot dans différents contextes pour déterminer la signification de ce mot. Ce pot-pourri de remarques vise seulement à faire comprendre au lecteur que l'apprentissage profond ne peut se résumer à l'application aveugle d'une méthode générique à tout type de problèmes et tout type de données. Si la généricité de la méthode est assurément spectaculaire, elle ne signifie pas l'abandon de tout effort de recherche et de modélisation dédiées à la compréhension d'un phénomène : elle signifie un changement des modalités de cet effort de modélisation. Ceci suffit à remettre en cause l'idée que le succès de l'apprentissage profond ne proviendrait que d'une démocratisation de la puissance de calcul et des grandes bases de données.

Toutes ces précautions étant prises, il est indéniable que l'apprentissage profond se caractérise par un manque de compréhension détaillée du fonctionnement des modèles qu'il produit. Le scientifique maintient toujours *a minima* un contrôle de certains paramètres du comportement global du système, dont la moindre n'est pas le succès des prédictions. Mais il n'en reste pas moins que les raisons par lesquelles le programme parvient à ces décisions demeurent largement obscures. L'opacité des modèles d'apprentissage profond se voit tout d'abord dans le manque de lisibilité du programme produit par l'apprentissage. À la fin de l'apprentissage, le programme pourrait être présenté par un vaste tableau de nombres, indiquant la valeur de chaque poids, et la somme des poids entrant dans chaque neurone. En sachant que les réseaux les plus complexes peuvent comprendre des millions de neurones, voire des milliards pour les plus grands systèmes récents [1], on comprendra aisément qu'il est impossible pour un développeur de lire ce programme et d'en comprendre le fonctionnement en détail. On peut voir les réseaux de neurones comme des programmes de bas niveau, c'est-à-dire, comme nous l'avons mentionné plus haut [2], des programmes écrits dans un langage fait pour être compris par une machine et non par un être humain. Dans ce cas de figure, ce n'est donc pas seulement le mode de production du programme qui est changé par le ML, mais la forme que prend le résultat final, à savoir le programme lui-même.

Si la taille de ces programmes constitue en soi un fait remarquable, ils sont loin d'être les seuls programmes trop longs pour être lus et assimilés dans leurs détails par un être humain. Il s'agit là d'un trait remarquable de

---

1. Alors que l'année 2021 arrive à son terme, deux modèles de TAL ont dépassé la barre du trillion de paramètres, le *Switch Transformer* de Google, avec 1.6 trillions de paramètres (William Fedus, Barret Zoph, and Noam Shazeer, « Switch Transformers : Scaling to Trillion Parameter Models with Simple and Efficient Sparsity », *ArXiv : 2101.03961* [*Cs*], 11 janvier 2021, http://arxiv.org/abs/2101.03961.), et le Wudao 2.0 produits par des universitaires chinois avec 1.75 trillion de paramètres (« Chinese AI Academics Claim to Have Created the World's Largest Language Model », AI Business, accessed December 4, 2021, https://www.aibusiness.com/document.asp ? doc_id=770105.).

2. Voir « Algorithmes (et programmes) », p. 79.

l'informatique moderne, qui y introduit ce que le philosophe des sciences américain P. Humphreys a appelé une « opacité épistémique »[1]. Les grands programmes modernes introduisent une opacité épistémique en ce que les données, les programmes et leur exécution deviennent trop grands pour être revus dans leurs détails par un sujet humain : il devient donc impossible pour un sujet donné de comprendre l'intégralité des raisons ayant mené à un résultat dans tous leurs détails. À cette opacité due essentiellement à la taille des objets considérés, le ML semble ajouter une opacité supplémentaire sur les critères et représentations guidant le modèle, qu'Humphreys et Alvarado ont nommé « opacité représentationnelle »[2]. Du simple point de vue de la lecture du programme, cela signifie que même un court extrait d'un réseau de neurones n'est plus nécessairement lisible et compréhensible pour le développeur. Ce n'est donc pas seulement que le programme soit composé de trop d'étapes pour qu'il puisse être relu par un être humain, mais aussi que ce programme ne peut être décomposé en des étapes qui fassent sens pour l'être humain. La question qui demeure ouverte est de savoir s'il sera un jour possible d'extraire systématiquement des réseaux de neurones profonds des représentations d'un plus haut niveau d'abstraction qui soient compréhensibles par un être humain.

Avant de nous nous pencher sur la place du ML dans l'histoire des pratiques de modélisation statistique, il convient de prendre une brève respiration après avoir bombardé le lecteur de distinctions terminologiques. Ces distinctions, si floues et problématiques que puissent être nombre d'entre elles, ne sont en effet pas un luxe lorsqu'on veut discuter de la perception de l'IA. Lorsqu'on parle d'IA dans le débat public récent, il est difficile de savoir si l'on parle de la discipline en général, de l'apprentissage automatique voire même seulement de l'apprentissage profond. Or, comme notre brève présentation suffit amplement à le montrer, tous les algorithmes de ces différentes sous-disciplines sont loin de partager les mêmes propriétés, ni d'avoir le même degré de sophistication. Si l'automatisation d'une tâche comme le calcul d'une régression linéaire est intéressante lorsqu'on doit tracer une droite parmi des milliers de points, on est loin du modèle impénétrable reconnaissant des objets complexes ou générant des textes qu'on dirait écrit par un être humain. La présomption de sophistication joue à plein pour les algorithmes d'IA, et vient ainsi masquer la relative

1. P. Humphreys, *Extending Ourselves. Computational Science, Empiricism and Scientific Method, op. cit.*
2. P. Humphreys and R. Alvarado, « Big Data, Thick Mediation, and Representational Opacity », *New Literary History* 48, 2017, p. 729-749.

simplicité, voire la rusticité de nombre de modèles employés. Nous retrouverons cette simplicité lorsque nous analyserons l'algorithme COMPAS d'aide à la décision judiciaire (voir chapitre III). La difficulté est là encore accrue par les effets de mode, qui pousse à renommer « IA » à peu près tout et n'importe quoi pour lui procurer le lustre de l'innovation *cutting-edge*. Là encore, il importe de résister aux tendances inflationnistes si on souhaite conserver à la terminologie sa valeur intellectuelle propre. Comme pour la notion d'algorithme, la bonne compréhension des notions d'IA et d'apprentissage suppose une résistance à la mode qui pousse à les voir partout.

L'importance de l'échelle : données massives et fléau de la haute dimensionnalité

L'un des traits distinctifs du ML, en tant qu'il propose une automatisation de nombreuses tâches de base de l'analyse de données et de la modélisation statistique, est qu'il a permis une montée en échelle de ces tâches : le ML permet d'analyser un plus grand nombre de points de données pour un plus grand nombre de variables.

Ce passage à l'échelle ouvre en soi de nouvelles possibilités, même pour des modèles simples. Comme nous venons de le voir, le calcul d'une régression linéaire n'a rien en soi de complexe, mais l'exécuter sur des milliers de points à la main pourrait être une tâche écrasante, que les moyens de calcul contemporains rendent triviale. À cet intérêt du traitement d'un grand nombre de points de données s'ajoute celui du traitement d'un grand nombre de variables indépendantes. Il n'est pas rare d'avoir aujourd'hui des modèles employant des centaines voire des milliers de variables différentes pour capturer un phénomène : on dit de tels modèles, ou des bases de données sur lesquels ils sont construits, qu'ils sont de haute dimensionnalité. Nous sommes tous familiers du concept de dimension par notre expérience de l'espace réel : nous disons que nous vivons dans un espace de trois dimensions parce qu'il nous faut un triplet de variables (x, y, z) pour localiser un point dans l'espace. Les mathématiques modernes généralisent le concept d'espace et de dimension de l'espace pour modéliser des phénomènes qui n'ont rien à voir avec l'espace réel, mais qui maintiennent l'intuition du nombre de variables indépendantes nécessaires pour modéliser. Si nous cherchons à modéliser un phénomène comme le prix du litre d'essence, nous serons obligés de prendre en compte un grand nombre de variables indépendantes comme le prix du brut et des autres intrants, le coût de la main-d'œuvre et de la fiscalité, le prix de l'appareil de production, les coûts de transport, la demande dans les pays consommateurs, etc. Si nous employons 50 variables indépendantes pour modéliser le prix de l'essence, nous pourrons dire que le prix de l'essence vit dans un espace à 50 dimensions ou de dimension 50. Un fait essentiel de la pratique de la modélisation scientifique, notamment pour nombre de problèmes appliqués, est qu'ils nécessitent la prise en compte d'un très grand nombre de variables : c'est ce qu'on appelle parfois le fléau de la haute dimensionnalité (*curse of high dimensionality*). Il s'agit bien d'un fléau dans la mesure où la haute dimensionnalité des espaces, combinée à l'existence d'un grand nombre de points de données dans ces espaces constitue une difficulté essentielle de la modélisation. En plus de rendre les calculs à la main virtuellement impossibles, elle complexifie voire annule l'emploi de l'intuition et de la visualisation. Les capacités de visualisation humaine sont en effet limitées aux espaces à au plus 3 dimensions. Lorsqu'on cherche à comprendre ce qui se passe dans un espace de dimension supérieure, on est donc soit obligé de renoncer aux atouts de la visualisation, soit d'employer des techniques de projection d'un espace vers un espace de dimension inférieure, dites techniques de réduction de dimension. Comme les projections de la sphère terrestre sur la surface d'une mappemonde imposent des déformations des continents, dont une projection préservera la surface tandis qu'une autre préservera les contours des côtes, ces techniques imposent de choisir entre différentes projections pour déterminer quelle information géométrique va être préservée, et quelle autre va être sacrifiée. Elles ne permettent donc de préserver l'usage de la visualisation qu'au prix d'un sacrifice d'une partie de l'information contenue dans l'ensemble de données original, et d'un travail d'interprétation délicat. Les modèles de ML sont donc largement utilisés pour ces phénomènes à haute dimension, non seulement parce que l'automatisation facilite les longs calculs nécessaires à ces modèles, mais aussi parce qu'elle permet une exploration des corrélations entre variables dans ces espaces à haute dimension où l'intuition humaine se perd. Le ML est donc une arme pour affronter le fléau de la haute dimensionnalité.

Ceci explique en partie l'intérêt scientifique et industriel de ces modèles, mais cela explique aussi en partie leur opacité. Si le ML facilite la production de tels modèles de haute dimension, il ne peut changer les limitations cognitives humaines : il nous est toujours aussi difficile de raisonner avec 500 variables. Ces modèles de haute dimension peuvent donc poser de véritables problèmes d'interprétation aux esprits mathématiques les plus brillants. Il est donc raisonnable de considérer que l'opacité des modèles de ML provient en partie de la haute dimensionnalité, et de se demander si nos modèles ne sont pas parfois devenus trop gros pour nos cerveaux.

L'apprentissage automatique comme extension de la modélisation statistique

Il est crucial de souligner que la haute dimensionnalité n'est pas un trait nécessaire des modèles de ML, ni même forcément un trait recherché. La raison en est que la montée en dimension n'est pas un gain épistémique assuré. Au lieu de rendre le modèle plus puissant, l'ajout de variables peu significatives peut simplement ajouter du bruit, et rendre la perception du signal plus difficile. Qu'on en prenne pour preuve le modèle de ML du taux de mortalité du Covid, qui s'est avéré l'un des meilleurs prédicteurs du taux de mortalité aux États-Unis[1]. Ce modèle a la double particularité d'avoir été proposé par un informaticien venu du monde de la finance sans aucune expérience en épidémiologie, et d'être de plus basse dimension que d'autres modèles proposés par des épidémiologues. La dimension du modèle ne saurait être plus basse, puisque le modèle prévoit le taux de mortalité future à partir d'une seule variable, le taux de mortalité passé. La valeur de simplicité des modèles, si bien connue dans les sciences de la Nature, ne s'évanouit donc pas lorsqu'on s'approche des modèles de ML, et il serait caricatural de réduire les vertus de ces modèles à la simple capacité d'ingurgiter plus de points de données dans des espaces de plus haute dimension : ils peuvent aussi avoir un intérêt comparatif dans des espaces de basse dimension.

D'un point de vue plus général, la haute dimensionnalité participe, mais ne rend pas intégralement compte d'un trait essentiel du ML, à savoir qu'il agit comme une extension des capacités de modélisation mathématique, notamment des capacités de modélisation mathématique prédictive. Cette extension ne se réduit ni à une simple montée en échelle, ni à une simple automatisation de tâches pré-existantes. Nous avons vu qu'en sus d'automatiser des outils de modélisation déjà connus, le ML récent offre de nouveaux outils de modélisation statistique, comme l'apprentissage profond[2]. Ces innovations permettent d'abord d'étendre la puissance prédictive dans des secteurs de la connaissance empirique disposant déjà de modèles mathématiques sophistiqués. Ainsi, en météorologie, les réseaux de neurones profonds sont à présent compétitifs pour la prédiction des ouragans, un problème qui a fait l'objet d'un travail de modélisation physique et de

---

1. S. Roberts, « Lessons from the Pandemic's Superstar Data Scientist, Youyang Gu », *MIT Technology Review*, 2021.

2. La formalisation des fondements statistiques de l'apprentissage profond est d'ailleurs un travail théorique en cours. Pour une revue introductive de l'apprentissage profond du point de vue du statisticien, voir Y. Yuan *et al.*, « Deep Learning from a Statistical Perspective », art. cit.

simulation numérique très poussé[1]. En outre, les modèles de ML permettent de développer des capacités prédictives dans des secteurs de la connaissance où de telles capacités étaient notoirement dures à atteindre, comme certains phénomènes sociaux. De tels modèles peuvent ainsi être utilisés pour permettre une meilleure gestion des ressources basée sur une telle connaissance prédictive. Un service comme les pompiers de Paris a ainsi entamé un vaste travail d'exploitation opérationnelle de ses données, qui peut employer le ML par exemple pour la gestion des appels ou l'analyse des facteurs pesant sur le temps de réponse[2]. Le ML permet ainsi une généralisation de l'usage de modèles prédictifs dans des secteurs où cet emploi était inexistant, marginal ou d'un effet limité, et il suscite ainsi l'intérêt de nombre d'organisations, qu'elles soient publiques ou privées.

Ici comme ailleurs dans l'histoire de la modélisation mathématique, l'extension de la capacité de prédiction s'accompagne donc non seulement de progrès théoriques, mais aussi d'une extension de la volonté d'anticipation, de planification et de contrôle. Une telle explosion d'intérêt pour ces modèles, et leur impact sur la structuration et le fonctionnement des organisations, pose évidemment la question politique de la légitimité des attentes, et des usages qui seront faits de ces modèles. En devenant l'objet d'usages aussi massifs que cruciaux, les modèles de ML commencent une seconde vie, où la connaissance scientifique et ses limites se mélangent avec les défis pratiques, les attentes, les illusions, les instrumentalisations, les mésinterprétations qui peuvent accompagner ces usages.

Automatisation de tâches simples, montée en échelle tant dans le nombre de points de données traités que dans la dimension des espaces, introduction de nouveaux modèles, extension des capacités prédictives aussi bien dans des secteurs où la modélisation prédictive est bien développée que dans d'autres où elle l'est moins : c'est bien une nouvelle page de l'analyse de données et de la modélisation statistique qui s'ouvre avec les succès récents du ML. Lorsqu'on sait l'importance transversale des statistiques dans la pratique des sciences de la nature, de l'ingénierie et des sciences sociales, on ne saurait surestimer l'impact de ce tournant, tant d'un point de vue scientifique que d'un point de vue pratique.

---

1. S. Alemany *et al.*, « Predicting Hurricane Trajectories Using a Recurrent Neural Network », in *The Thirty-Third AAAI Conference on Artificial Intelligence*, 2019.

2. « #TechForRescue : la journée "Transformation digitale et secours" ouvre la réflexion sur les enjeux du numérique pour les sapeurs-pompiers », Pompiers.fr, 29 mai 2019, https://www.pompiers.fr/actualites/techforrescue-la-journee-transformation-digitale-et-secours-ouvre-la-reflexion-sur-les. « Challenges 2020 », consulté le 5 décembre 2021, https://www.college-de-france.fr/site/stephane-mallat/Challenges-2020.htm.

L'OPACITÉ

Opacité et explicabilité : un bref et subjectif état de l'art

Comme nous l'avons vu, l'opacité désigne notre ignorance des mécanismes internes déterminant le comportement de certains modèles de ML. On n'arrive pas de manière systématique à analyser le comportement du modèle opaque comme une suite d'instructions, formulées avec des critères et des représentations claires, qui composeraient une procédure que nous pourrions comprendre.

L'état de l'art de cette question est marqué par une profonde incertitude. En l'état actuel des connaissances, nous ne savons pas s'il est impossible d'obtenir une telle analyse procédurale des IAs opaques : il n'existe pas de limites scientifiques dures l'interdisant. Mais nombre d'éléments mènent à penser qu'il s'agit d'une tâche scientifique difficile, qui ne peut recevoir une réponse simple.

Les immenses difficultés rencontrées par les anciens systèmes de règles sur certaines tâches, comparées aux succès rencontrés par l'approche alternative du ML, mènent naturellement à un certain scepticisme sur la possibilité de retrouver un système de règles à partir des IAs opaques. Il s'agit là d'un argument méta-inductif, parce qu'il est basé sur une induction à partir des tentatives scientifiques précédentes. Si ce scepticisme était ultimement justifié, cela signifierait la fin d'un certain idéal procédural de la programmation : l'opacité du ML est donc une question pour la compréhension de la discipline informatique, et pour un certain idéal de gouvernement des décisions et de la production par la procéduralisation.

Il faut cependant relativiser quelque peu l'étendue de cette opacité. En comparant, comme cela est souvent le cas, les IAs opaques à des boîtes noires, on peut donner l'illusion que l'on ne comprend absolument rien au fonctionnement de ces systèmes. Cela est faux à bien des égards. La première raison en est qu'on peut apprendre bien des choses pertinentes d'un point de vue pratique par une analyse en boîte noire ou modèle-agnostique d'un système[1]. Sans aucune connaissance des rouages internes de ce système, il est tout d'abord possible de connaître la liste des facteurs employés. Une telle liste est significative en soi, tout d'abord parce qu'elle permet de contrôler la présence de facteurs dont l'emploi serait illicite ou amoral, tout comme de constater l'absence d'un facteur reconnu pour sa pertinence, et de pouvoir ainsi critiquer la conception de l'algorithme. La liste peut

---

1. F. Doshi-Velez *et al.*, « Accountability of AI Under the Law : The Role of Explanation », in *Privacy Law Scholars Conference*, 2018.

idéalement être ordonnée par importance des facteurs[1], voire par une pondération, permettant de mieux comprendre ce qui est essentiel et ce qui relève du détail aux yeux du modèle. Il est ensuite possible de voir si deux cas qui nous semblent intuitivement identiques donnent le même résultat lorsqu'ils sont donnés en entrée au modèle, et si deux cas qui nous semblent intuitivement différents donnent des résultats distincts. Ceci permet notamment de constater si le modèle se comporte selon notre intuition de l'équité, qui exige à la fois d'ignorer des différences sans importance réelle et d'être sensible à toutes les différences pertinentes entre individus[2]. Enfin, l'analyse en boîte noire permet également d'éprouver la sensibilité d'une décision donnée à un facteur, en le supprimant ou en le faisant varier tout en fixant les valeurs des autres facteurs.

Toute cette connaissance permet de développer une véritable compréhension qualitative du modèle dont la pertinence n'est pas que théorique. Si cette compréhension est suffisamment développée, elle peut permettre d'effectuer des raisonnements contrefactuels, soit des raisonnements inférant le comportement du modèle pour des entrées différentes de celles qu'il a pu traiter jusqu'à présent. Une telle forme de raisonnement est décisive pour les impacts pratiques des explications, notamment parce qu'elle est la forme de raisonnement nécessaire pour fournir des conseils stratégiques à un individu souhaitant obtenir une décision qui lui soit favorable. Pour reprendre un exemple fréquent dans la littérature, un individu s'étant vu refuser l'octroi d'un prêt pourra souhaiter comprendre comment les valeurs qui le décrivent doivent être modifiées pour obtenir une réponse favorable. L'étude de la sensibilité du modèle à ses facteurs permet alors en principe de concevoir la plus petite modification des valeurs permettant d'obtenir le résultat désiré. Il importe de souligner le « en principe », car les stratégies conseillées par le raisonnement contrefactuel doivent encore prendre en compte des contraintes causales et des contraintes pragmatiques pour être véritablement utiles : rien ne sert de conseiller à un individu de devenir

---

1. Il existe une méthode mathématique bien fondée pour déterminer l'importance d'un facteur dans un modèle statistique, le calcul des valeurs de Shapley. Cette méthode a déjà été implémentée dans des outils logiciels parmi les plus populaires de la communauté du XAI, comme le logiciel SHAP. *Cf.* S. M. Lundberg and S.-I. Lee, « A Unified Approach to Interpreting Model Predictions », *in* I. Guyon *et al.* (eds.), *Advances in Neural Information Processing Systems 30*, Red Hook, NY, Curran Associates, Inc., 2017, p. 4765-4774, http://papers.nips.cc/paper/7062-a-unified-approach-to-interpreting-model-predictions.pdf. Le calcul exact des valeurs de Shapley peut cependant vite représenter un coût computationnel prohibitif, ce qui entraîne dans la pratique l'usage d'approximations dont la robustesse peut quant à elle poser problème (voir Chr. Molnar, *Interpretable Machine Learning*, Lulu.com, 2019).

2. Voir « La généralisation de la logique sélective et ses effets », p. 168.

plus jeune, ou de devenir millionnaire d'ici le mois prochain. La prise en compte de ces contraintes causales et pragmatiques est très récente dans la littérature du XAI[1], et il n'est pas douteux qu'elle soulève de grandes difficultés. Il n'en reste pas moins que la littérature en XAI montre déjà que l'analyse en boîte noire peut fournir une connaissance riche et pertinente sur le comportement du modèle sous-jacent, et que cette connaissance a au moins le potentiel d'être exploitée dans la formulation de conseils exploitables (*actionable*) aux personnes affectées par des décisions algorithmiques. La formalisation et l'automatisation du raisonnement contrefactuel sur les facteurs d'un modèle sont devenues l'un des sous-champs les plus dynamiques de l'IA explicable (eXplainable AI, XAI)[2], et son avenir jouera probablement un rôle décisif dans le développement d'explications et de conseils exploitables accessibles au plus grand nombre. Ceci démontre, s'il en était besoin, que la connaissance sur les modèles d'aide à la décision constitue une connaissance socialement stratégique, dont la diffusion constitue un véritable transfert de pouvoir des institutions vers les individus.

Ce transfert de savoir stratégique des institutions vers les individus, si important fût-il, ne constitue pas le seul bénéfice de l'explication en boîte noire : celle-ci peut aussi nourrir le débat public sur l'emploi de ces modèles. La connaissance qualitative que nous venons de décrire peut être amplement suffisante pour questionner l'autorité d'un modèle, discuter de la pertinence de son emploi ou proposer des modifications substantielles. En termes politiques, elle ne permet donc pas seulement l'adaptation stratégique des individus aux modalités de la décision institutionnelle, mais elle ouvre aussi la voie à un véritable débat politique sur ces modalités mêmes. Elle permet notamment d'aborder d'importantes questions d'équité. Grâce à elle, comme nous venons de le voir, on peut non seulement éprouver si le modèle respecte nos intuitions sur la similarité de deux cas, mais aussi mettre en évidence l'existence de biais discriminatoires contre une sous-population. Si un algorithme de sélection des candidats à

1. Voir par exemple R. Poyiadzi *et al.*, « FACE : Feasible and Actionable Counterfactual Explanations », in *Proceedings of the AAAI/ACM Conference on AI, Ethics, and Society*, 2020, p. 344-350, https://doi.org/10.1145/3375627.3375850.
2. Pour l'un des premiers articles à avoir mis le raisonnement contrefactuel sur le devant de la scène du XAI, voir S. Wachter, B. Mittelstadt, and Chr. Russell, « Counterfactual Explanations Without Opening the Black Box : Automated Decisions and the Gdpr. », *Harvard Journal of Law & Technology* 31, n° 2, 2017, p. 841. Deux ans plus tard, l'article FACE référencé à la note ci-dessus reconnaît déjà le raisonnement contrefactuel comme une des approches dominantes du XAI. Fin 2021, une recherche des termes « counterfactual explanation XAI » donne 1710 résultats sur Google Scholar.

un poste défavorise systématiquement les femmes, cela se verra ainsi dans les statistiques globales des résultats. Mieux encore, la présence d'un tel biais dans la distribution des résultats peut être étudiée même si la variable objet de la discrimination n'est pas présente dans les entrées du modèle. On peut ainsi contrôler la présence de biais discriminatoires à l'égard d'une population due à la présence de variables fortement corrélées à l'appartenance à cette population, ou variables proxy : nous reviendrons sur cette question décisive dans notre chapitre sur l'équité. Le lecteur pourra penser à la pratique du *bling testing* pratiquée depuis des années pour tester l'existence de discriminations pour mieux comprendre cette approche. Par exemple, il est possible d'envoyer à diverses institutions des centaines de CVs identiques sur le fond, où l'on fait juste varier la possible variable cible des discriminations comme le genre ou l'origine ethnique, et voir les divergences des réponses. On peut ainsi établir d'un point de vue statistique l'existence de discriminations sans avoir aucune connaissance des modalités de la prise de décision. On ne peut ainsi établir si la discrimination est inconsciente ou volontaire, le fruit d'une décision individuelle ou collective, d'une procédure viciée ou d'un pouvoir discrétionnaire, mais on pourra établir son existence et son amplitude. La même logique s'applique à l'analyse en boîte noire des modèles d'aide à la décision. Une telle approche est non seulement possible pour les algorithmes, mais elle est même facilitée par l'aisance avec laquelle on peut générer de fausses données et les donner à manger au modèle. Nombre de questions pertinentes pour les problématiques politiques et éthiques peuvent donc être explorées par une telle approche. Celle-ci a le mérite d'avoir des prérequis techniques très faibles, et d'être donc pédagogiquement accessible à de vastes populations. Elle peut en outre être appliquée à des algorithmes protégés par le secret commercial. La décision algorithmique, si elle est le lieu où pourraient apparaître de nouvelles formes de discrimination ou se renforcer les discriminations existantes, fournit aussi de nouveaux moyens pour détecter, analyser et rendre publiques de telles discriminations. Même si l'analyse en boîte noire affronte des défis considérables, elle est essentielle pour ne pas désespérer des capacités à livrer au débat public des modèles d'une sophistication et d'une opacité croissantes.

Ensuite, la communauté scientifique du XAI travaille à développer des techniques pour comprendre le comportement des systèmes opaques au-delà de l'analyse entrées-sortie en boîte noire. Nous ne pouvons guère donner une revue complète de ce champ foisonnant, et nous nous contenterons d'évoquer quelques méthodes à la fois simples à expliquer et pertinentes pour nos problématiques. La première est le test adversarial, notamment pratiqué en reconnaissance d'images[1]. Il s'agit de générer des contre-exemples à un système de reconnaissance, en manipulant les images jusqu'à ce qu'elles permettent d'obtenir des faux positifs ou des faux négatifs. En poussant ainsi le système à la faute, on comprend ainsi mieux sa logique. On voit que certains systèmes sont sensibles à des manipulations de quelques pixels qui, si elles sont sans importance voire même invisibles pour l'œil humain, mènent à de fausses classifications par certaines IAs. On comprend aussi quelles parties de l'image sont regardées par le système pour obtenir la reconnaissance de l'objet. On a pu ainsi comprendre qu'un système chargé de reconnaître un fruit ne reconnaissait en fait que sa couleur : il suffit de produire une forme de fruit sans la couleur normale, et une tache informe de la couleur souhaitée, pour voir que le système choisit le second comme exemple de fruit. Ce désir de comprendre quelle partie de l'image est regardée par le système est aussi utilisé dans les techniques de *saliency mappings*[2]. Pour résumer grossièrement, il s'agit de voir, pour les réseaux de neurones utilisés en reconnaissance d'image, quelle partie de l'image est la plus prise en compte dans la décision de classification. On obtient ainsi des images, nommées aussi *heat maps*, où les couleurs sont intensifiées sur les parties de l'image sur lesquelles est centrée l'attention du système. Enfin, nombre de travaux actuels tâchent de concevoir des systèmes explicateurs, qui sont chargés d'expliquer le comportement des systèmes opaques[3]. De tels systèmes ont ceci de remarquable qu'ils proposent une automatisation

1. Voir l'article fondateur de l'approche en 2015 A. Nguyen, J. Yosinski, and J. Clune, « Images », in *Proceedings of the IEEE Conference on Computer Vision and Pattern Recognition*, 2015, p. 427-436 ; « Deep Neural Networks Are Easily Fooled : High Confidence Predictions for Unrecognizable Images », et l'article de synthèse S. Qiu *et al.*, « Review of Artificial Intelligence Adversarial Attack and Defense Technologies », *Applied Sciences* 9, n° 5, 2019, p. 909.

2. Pour une introduction accessible, voir A. Alqaraawi *et al.*, « Evaluating Saliency Map Explanations for Convolutional Neural Networks : A User Study », in *Proceedings of the 25th International Conference on Intelligent User Interfaces*, Cagliari, ACM, 2020, p. 275-285, https://doi.org/10.1145/3377325.3377519.

3. Le lecteur désireux de plus de détails techniques pourra ainsi consulter les travaux suivants : la méthode LIME introduite M. T. Ribeiro, S. Singh, et C. Guestrin, « "Why Should I Trust You ? " : Explaining the Predictions of Any Classifier », *ArXiv : 1602.04938* [Cs, Stat], février 2016, http://arxiv.org/abs/1602.04938., la méthode SHAP introduite par l'article de S. M. Lundberg and S.-I. Lee, « A Unified Approach to Interpreting Model Predictions », art. cit., la méthode contrefactuelle introduite par S. Wachter, B. Mittelstadt, and Chr. Russell, « Counterfactual Explanations Without Opening the Black Box : Automated Decisions and the Gdpr. », art. cit., l'usage d'explications visuelles soit par des exemples prototypiques introduit par A. Nguyen *et al.*, « Synthesizing the Preferred Inputs for Neurons in Neural Networks via Deep Generator Networks », *Advances in Neural Information Processing Systems* 29, 2016, p. 3387-3395, soit par des exemples similaires au cas considéré C. J. Cai, J. Jongejan, et J. Holbrook, « The Effects of Example-Based Explanations in a Machine Learning Interface », in *Proceedings of the 24th International Conference on Intelligent User Interfaces*, 2019, p. 258-262.

du travail d'explication lui-même. Si nombre de ces systèmes sont destinés à l'usage exclusif des informaticiens, des systèmes destinés aux utilisateurs profanes sont aussi en cours de développement. Certains de ces systèmes sont des systèmes interactifs, capables de répondre à des questions posées en langue naturelle par le profane[1], et d'y apporter une réponse en termes simples, même si le travail à réaliser dans ce sens est encore immense, et qu'il n'est pas impossible qu'il se heurte à des limites dures.

Le champ du XAI est aussi marqué par une certaine incertitude méthodologique. Les quelques exemples que nous venons de prendre tiennent pour acquis la nécessité de développer d'abord un modèle opaque, afin de développer ensuite un second modèle explicateur de son comportement : ils font partie des approches dites « *post hoc* ». Une telle approche est justifiée par l'arbitrage entre précision et interprétabilité : puisque les modèles opaques sont les plus performants en termes de puissance prédictive, il est nécessaire de les développer avec toute leur opacité pour essayer ensuite de la dissiper. D'autres approches, dites « *ex ante* » ou intrinsèques, cherchent au contraire à modifier la conception du modèle pour le rendre d'emblée plus interprétable. On peut avoir ainsi des approches qu'on peut qualifier d'hybrides, mélangeant des traits de modèles interprétables et de modèles opaques. Certaines approches mêlant réseaux de neurones et IA symbolique sont ainsi qualifiées de « neuro-symboliques » et ont pu obtenir des résultats remarquables[2]. L'arbitrage entre ces deux approches dépend de l'arbitrage entre précision et interprétabilité, et donc des performances comparées entre modèles interprétables et modèles opaques en termes de prédiction, mais aussi de l'intérêt de l'explicabilité en elle-même dans le cas d'usage considéré.

Le XAI souffre également d'un certain flou conceptuel sur la définition de son objet. Il n'est tout d'abord pas évident de séparer les modèles en deux classes, la classe des modèles interprétables et la classe des modèles opaques. La dimensionnalité du modèle est un facteur systématique de difficulté pour l'interprétation : un exemple canonique de modèle interprétable comme les arbres de décision peut ainsi devenir dur à

---

1. Voir par exemple S. Teso and K. Kersting, « Explanatory Interactive Machine Learning », in *Proceedings of the 2019 AAAI/ACM Conference on AI, Ethics, and Society*, 2019, p. 239-245.
2. W. Knight, « Two Rival AI Approaches Combine to Let Machines Learn about the World like a Child », *MIT Technology Review*, 2019, https://www.technologyreview.com/2019/04/08/103223/two-rival-ai-approaches-combine-to-let-machines-learn-about-the-world-like-a-child/.

comprendre lorsque les arbres sont très grands. En outre, il n'est pas certain qu'un réseau de neurones soit systématiquement moins interprétable qu'un modèle considéré comme interprétable, comme par exemple un modèle linéaire. Le préjugé en faveur du modèle linéaire provient de la meilleure compréhension relative du processus d'apprentissage. Mais cette propriété du processus d'apprentissage ne se transmet pas systématiquement au produit fini, à savoir le modèle appris : entre un modèle linéaire de très haute dimension, entraîné sur des variables peu intuitives, et un réseau de neurones compact, entraîné sur des données intuitives et où des méthodes comme le *saliency mapping* peuvent donner un bon aperçu des représentations apprises, il est parfaitement possible de dire que le réseau de neurones est plus interprétable[1].

Outre le flou entourant l'extension du concept d'explicabilité, un flou plus profond encore entoure la définition de son intension. Quels desiderata doit satisfaire un travail prétendant expliquer le comportement d'un système opaque ? Comment faire la distinction entre une authentique explication et un enfumage technique ? Quel type de compréhension doit être suscité par le travail d'explication, et quelles capacités pratiques sont-elles censées permettre d'épanouir chez son récipiendaire ? L'articulation du sens de l'opposition entre explicable et opaque fait donc partie des défis de l'IA explicable au même titre que sa résolution pour tel ou tel modèle particulier. Il ne s'agit pas seulement de comprendre certains modèles, mais de comprendre ce que c'est que comprendre un modèle. Faire face à ces questions difficiles, c'est faire face à l'aspect proprement philosophique du champ du XAI, qui se doit de donner un contenu technique à d'anciennes interrogations philosophiques sur la nature de l'explication. Un tel travail philosophique reste encore largement à faire, et nous ne pouvons que l'appeler ici de nos vœux, et espérer pouvoir un jour y contribuer. Les débats s'annoncent d'autant plus riches qu'ils nécessitent la croisée de deux traditions de réflexion méthodologique, celle portant sur les programmes et celle portant sur la modélisation prédictive.

1. Z. C Lipton, « The Mythos of Model Interpretability », in *Proceedings of the 2016 ICML Workshop on Human Interpretability in Machine Learning*, vol. 16, 2018, p. 31-57.

Les effets scientifiques et techniques de l'opacité

D'un point de vue méthodologique, l'opacité des modèles a pour premier effet délétère de perturber la connaissance des limites de notre connaissance, et ainsi la capacité d'identifier et de réparer les erreurs. Du point de vue de la modélisation, la conscience de ces limites est essentielle à la distinction entre les hypothèses du modèle susceptibles d'être généralisées d'avec les limitations contingentes à dépasser. Du point de vue de la modélisation statistique en particulier, l'opacité des modèles rend évidemment redoutablement difficile les défis classiques de l'analyse statistique, comme la distinction entre l'existence d'une relation causale entre phénomènes et la présence d'une simple corrélation. Du point de vue de la programmation, la compréhension intime des rouages du programme est essentielle à son déboggage, à la vérification de ses propriétés tout comme à la composition du programme avec d'autres entités logicielles.

Une telle absence de visibilité sur de possibles erreurs soulève des enjeux évidents de sécurité. Pour reprendre un exemple venu de la littérature sur les tests adversariaux, s'il suffit d'apposer un sticker sur un panneau de signalisation pour qu'il ne soit plus reconnu comme tel, on peut s'interroger sur la sécurité des véhicules autonomes, qui dépendent crucialement des IAs analysant en temps réel leur environnement[1]. Une fois une telle erreur identifiée, il peut être possible de mettre en place des contre-mesures. Mais le problème est que celles-ci ne sont justement que des contre-mesures réactives, et non une assurance que d'autres faiblesses ne peuvent surgir. L'opacité des modèles de ML interdit l'emploi des méthodes formelles de Vérification & Validation (V & V), très souvent exigées dans les applications sécurité-critiques, parce qu'elles permettent précisément de prouver la satisfaction de certaines propriétés. Par conséquent, il est impossible d'employer le ML dans des domaines industriels où de tels processus de V & V sont incontournables, comme par exemple dans l'avionique[2]. L'opacité n'est donc pas qu'une question d'élégance intellectuelle : elle représente un enjeu industriel stratégique,

1. K. Eykholt *et al.*, « Robust Physical-World Attacks on Deep Learning Visual Classification », in *Proceedings of the IEEE Conference on Computer Vision and Pattern Recognition*, 2018, p. 1625-1634.
2. Voir la norme IEC-61508-3 dans International Electrotechnical Commission, « IEC 61508 Functional Safety of Electrical / Electronic / Programmable Electronic Safety-Related Systems », *IEC Standards Online*, 2010, p. 161, qui classe les techniques d'IA dans la catégorie Non-Recommandé pour les applications sécurité-critiques. Je remercie Jean-François Hasson de m'avoir fait prendre connaissance de ce point.

dans la mesure où elle interdit l'entrée de certains domaines industriels majeurs à l'IA opaque.

Les effets pratiques de l'opacité ne peuvent cependant se réduire à ces dimensions scientifiques et techniques. Si l'opacité est un problème éthique, c'est aussi parce qu'il existe une dimension politique de l'exigence de transparence, irréductible à la simple volonté d'améliorer des modèles, d'éliminer des bogs ou de vérifier des propriétés. C'est sur cette dimension politique que nous allons à présent nous pencher.

Les effets politiques de l'opacité : tentative de position d'un problème

Nos remarques sur l'analyse en boîte noire permettent de constater que nombre de questions éthiques et politiques ne nécessitent pas une compréhension du moindre détail des systèmes, mais la capacité d'une compréhension à un certain niveau d'abstraction pertinent. Ceci peut constituer un message optimiste face à l'augmentation de l'opacité des systèmes utilisés dans des décisions cruciales : ce qui compte, ce n'est pas tant la compréhension du moindre détail technique, que la compréhension des traits pertinents pour la décision à l'œuvre. Pour tempérer cet optimisme, il faut rappeler que la sélection du degré pertinent d'abstraction, et la formulation d'explications à la fois honnêtes et simples, sont loin d'être des questions faciles, et font l'objet d'une recherche en cours et très récente. Ce que nous allons tâcher de faire dans cette dernière section, ce n'est pas d'apporter des solutions à ce problème, mais de montrer son immense complexité en l'abordant par la perspective d'épistémologie historique de la bureaucratie qui est la nôtre.

D'un point de vue philosophique, il faut garder à l'esprit les trois types d'opacité que nous avons présentée (restriction d'accès, incompétence, opacité scientifique), ainsi que les publics touchés par l'opacité. Outre la distinction évidente entre le public des experts scientifiques du ML en particulier et des algorithmes en général et le public profane, il faut aussi distinguer les enjeux d'opacité au niveau de la prise de décision individuelle des enjeux d'opacité au niveau de la prise de décision affectant la vie collective, qu'on appellera ici « gouvernement »[1].

---

1. On entend ici par « gouvernement » l'action de prendre des décisions affectant la vie collective, et non un groupe d'individus particuliers dirigeant l'État. Le gouvernement en ce sens peut concerner aussi bien les entreprises, les associations, les syndicats ou les communautés libertaires autogérées que le gouvernement de l'État, et le collectif exerçant le gouvernement peuvent tout aussi bien être composé de citoyens « ordinaires » que de professionnels de la politique ou de capitaines d'industrie.

Commençons par la discussion des effets de l'opacité par restriction d'accès au niveau individuel. Dans les discussions informelles des rencontres académiques, il m'est souvent arrivé d'entendre une défense de l'opacité par restriction d'accès des systèmes de décision algorithmique. De ce point de vue, l'ouverture des critères de décision au public entraîne un risque intolérable d'attaque tactique contre le système (*gaming the system*), soit d'ajustements permettant d'obtenir une décision désirée par l'individu soit par l'entrée de valeurs frauduleuses, soit par des manipulations des valeurs licites mais violant l'esprit des règles suivies par la décision. Les aides algorithmiques à la décision sont la cible fréquente de telles attaques comme tout système de décision, et ces attaques servent de justification à l'opacité par restriction d'accès, qu'il s'agisse de Google luttant contre l'optimisation des résultats de moteurs de recherche par certains sites[1], ou même de modèle de NLP justifiant leur caractère propriétaire face au risque de mésusages du traitement automatique de la langue par la propagande ou le harcèlement en ligne[2]. Face à la mention très courante de ce problème, il convient de rappeler deux faits pratiques essentiels dans la conception des systèmes. Le premier est que la publication des règles de fonctionnement d'un système n'est pas suffisante pour permettre son attaque : un individu ne peut modifier des valeurs de variables auxquelles il n'a pas accès, ou qu'il ne peut modifier. Pour reprendre un exemple qui me fut donné par Quentin Loridant, si un modèle d'accidentologie des navires indique que le risque d'accident dépend de la longueur du navire, il sera bien difficile aux armateurs de modifier cette longueur pour échapper aux contrôles. Ensuite, et peut-être surtout, il faut rappeler que l'ajustement tactique des individus aux critères de la décision n'est non seulement pas toujours nocif, mais qu'il peut être explicitement désiré. Lorsque les paramètres pertinents sont modifiables par l'individu affecté par la décision, tout critère de décision publié et compris fonctionne comme une incitation à l'adaptation face à ces critères : le banquier qui précise que votre taux d'endettement dépasse ce qui semble raisonnable pour permettre un

1. S. Umoja Noble, *Algorithms of Oppression : How Search Engines Reinforce Racism*, New York, NYU Press, 2018.

2. OpenAI, un acteur majeur du NLP, a ainsi refusé de diffuser librement son modèle GPT-2 en argumentant qu'il avait un trop grand potentiel d'usage néfaste pour la propagande ou le harcèlement en ligne. « Better Language Models and Their Implications », OpenAI, 14 février 2019, https://openai.com/blog/better-language-models/. Cette décision a engendré une controverse très vive dans la communauté, certains accusant cette décision d'être un simple coup médiatique. R. Lowe, « OpenAI's GPT-2 : The Model, the Hype, and the Controversy », *Medium*, 2019, https://towardsdatascience.com/openais-gpt-2-the-model-the-hype-and-the-controversy-1109f4bfd5e8.

nouveau prêt vous donne une incitation à baisser votre taux d'endettement. Si jamais vous y parvenez, cela posera pour seul problème au banquier d'avoir un nouveau client solvable. Non seulement l'ajustement tactique aux critères de décision ne pose pas toujours problème aux institutions, mais il peut même être explicitement désiré par elles : c'est bien ce qu'on appelle le gouvernement par incitations. Toute prise de décision fondée sur des modalités opaques aux individus affectés ruine donc la possibilité d'un gouvernement par incitations, puisqu'elle ruine la possibilité d'ajustement tactique des individus que l'institution souhaitait instrumentaliser en sa faveur. Il est donc incertain qu'une institution réduisant les individus à l'état de points de données soit toujours une institution plus puissante, si on entend par là non une institution plus autoritaire et moins contestée, mais une institution capable de parvenir à ses fins. Le transfert de savoir et de pouvoir des institutions vers les individus n'est donc pas toujours néfaste du point de vue même de ces institutions : en ruinant ce moyen de communication entre institutions et individus, on détruit aussi un des leviers d'action des institutions [1].

La conception des systèmes de décision peut donc les protéger contre des attaques en se focalisant soit sur des variables que l'individu affecté ne peut modifier, soit sur des variables dont l'optimisation tactique par l'individu peut être indifférente voire désirable du point de vue de l'institution. Il est donc faux de prétendre en toute généralité que la publication des critères de décision ouvre nécessairement la porte à des attaques : si des attaques sont possibles, c'est avant tout parce que les variables choisies sont des cibles possibles de manipulation frauduleuse, ou parce que l'emploi de variables proxy permet des manœuvres d'optimisation permettant d'obtenir une décision favorable sans optimiser les variables sous-jacentes qui sont le véritable intérêt de l'institution. Ces deux faiblesses stratégiques des variables choisies sont loin d'être faciles à exclure, mais il n'en reste pas moins que la publication n'est pas l'unique responsable de la possibilité d'attaque du système [2].

Mais ces remarques techniques ne doivent pas masquer le problème éthico-politique de fond soulevé par la défense contre les attaques, à savoir

1. Il ne s'agit pas ici pour nous de faire l'éloge du gouvernement par incitations. Il est bien évident qu'un système d'incitations qui ne laisse aux individus affectés que l'alternative entre des ajustements draconiens désirés par l'institution ou l'opposition d'un mur impénétrable de refus n'est pas un système présentant le plus profond respect de l'autonomie des individus.
2. Je tiens à remercier le *data scientist* Quentin Loridant pour m'avoir fait remarquer ce point lors d'un entretien.

son nécessaire rééquilibrage par l'exigence de transparence qui fait partie des exigences fondamentales des sociétés démocratiques. L'individu affecté par la décision algorithmisée ne doit pas être enfermé dans le rôle d'un adversaire, et la transparence des décisions est un droit essentiel des sociétés démocratiques, notamment sous la forme de la transparence imposée aux administrations publiques. Le centrage de la conversation sur la question des attaques adopte un point de vue typique des institutions autoritaires, qui considèrent *a priori* les individus affectés comme des suspects. La défense démocratique de la transparence est basée sur trois arguments qui affectent aux individus trois rôles bien différents de celui de fraudeur, correcteur des décisions erronées, sujet autonome capable d'ajustement stratégique, et citoyen co-concepteur des règles qui l'affectent. Le premier rôle provient du caractère inévitable des erreurs institutionnelles : la transparence sur les critères de décision est essentielle pour donner aux individus le pouvoir de les corriger[1]. Les individus affectés ne sont pas que des fraudeurs fournissant aux institutions des entrées frauduleuses : ils peuvent aider à rétablir la vérité ignorée par les institutions. La transparence ouvre donc la voie à la contestation des décisions erronées, que celles-ci soient fondées sur une information inexacte ou une inférence fautive, ce que la littérature appelle parfois le recours algorithmique[2]. Mais au niveau individuel, l'opacité pose en effet avant tout problème en ce qu'elle affecte l'autonomie des individus. La connaissance des règles des jeux sociaux auxquels l'individu est soumis, parmi lesquelles figurent les raisons des décisions qui l'affectent, sont décisives pour l'exercice de son autonomie. Tout d'abord, et c'est là le deuxième rôle des individus affectés, parce que, même en conservant les critères de décision fixés, leur connaissance permet à l'individu de concevoir des stratégies permettant la défense de ses droits, valeurs et intérêts, qu'il s'agisse de l'accès au crédit, à l'assurance, à l'aide sociale, aux soins ou de quoi que ce soit d'autre encore. Ensuite, et c'est

1. Le lecteur pourra consulter Fr. Pasquale (Fr. Pasquale, *Black Box Society. The Secret Algorithms That Control Money and Information*, Cambridge (Mass.), Harvard University Press, 2015) et C. O'Neil (C. O'Neil, *Weapons of Math Destruction How Big Data Increases Inequality and Threatens Democracy*, New York : Broadway Books, 2016) pour voir de nombreux exemples d'erreurs, parfois dramatiques, commis par des systèmes de décision automatisée, et les souffrances infligées aux individus affectés lorsque l'opacité du système rend la découverte et la correction de ces erreurs extrêmement longue et pénible.
2. S. Venkatasubramanian et M. Alfano, « The Philosophical Basis of Algorithmic Recourse », in *Proceedings of the 2020 Conference on Fairness, Accountability, and Transparency*, 2020, p. 284-293. A.-H. Karimi *et al.*, « A Survey of Algorithmic Recourse : Definitions, Formulations, Solutions, and Prospects », *ArXiv : 2010.04050 [Cs, Stat]*, 2021, http://arxiv.org/abs/2010.04050.

là le troisième rôle évoqué, parce que la connaissance de ces règles permet aussi d'ouvrir la possibilité politique de leur contestation. En contestant les règles auxquels il est soumis, l'individu s'élève au statut de co-concepteur de ces règles, ce qui est précisément le pouvoir qu'il est censé exercer en tant que citoyen d'une société démocratique. En bref, la connaissance des raisons d'une décision permet aux individus affectés de s'extraire du simple statut d'objet de la décision pour devenir des sujets actifs du processus de décision, que ce soit en optimisant leur positionnement par rapport aux règles du jeu créé par ces raisons, ou en entrant dans un rapport de contestation des décisions qui les affectent. Aucune de ces expressions de la capacité d'autonomie individuelle ne peut se retrouver dans un monde où les individus ne comprennent rien aux processus de décision qui les affectent, voire même sont ignorants de l'existence des multiples traitements algorithmes affectant leur destin[1].

Toutes les remarques que nous venons de faire valent pour la discussion de l'opacité par accès, et étaient donc valables, et bien connues, avant l'apparition du ML moderne. La défense de la transparence dans les sociétés démocratiques ne peut cependant se réduire à la défense de la publicité des critères de décision. La sophistication des traitements algorithmes modernes vient considérablement augmenter les problèmes soulevés par l'opacité par incompétence, et le ML opaque vient y rajouter l'opacité scientifique. Ces problèmes supplémentaires viennent nous rappeler que la publicité des critères de décision n'est pas une fin en soi : elle n'est qu'une condition nécessaire, mais non suffisante, d'un transfert de savoir. Ce sont les conditions proprement épistémiques de ce transfert de savoir qui doivent à présent nous intéresser.

En entrant dans le domaine de la contestation politique des règles, le niveau individuel croisait déjà le niveau collectif d'analyse. La prise en compte des problèmes épistémiques posés par l'opacité par incompétence et par l'opacité scientifique du ML que nous devons à présent interroger renforce encore le recoupement de ces deux niveaux d'analyse. Les problèmes posés par les transferts de savoir coupent au travers de toute distinction

---

1. K. Hao, « The Coming War on the Hidden Algorithms That Trap People in Poverty », *MIT Technology Review*, 2020, https://www.technologyreview.com/2020/12/04/1013068/algorithms-create-a-poverty-trap-lawyers-fight-back/. Comme le montre cet excellent reportage, cette ignorance affecte notamment des individus pauvres concernés par les nombreux traitements algorithmiques employés par l'aide sociale américaine, et a notablement complexifié le travail des avocats tentant de défendre les droits de ce type de clients. Avant même d'arriver aux problèmes d'opacité scientifique, il semble donc que dans la pratique l'algorithmisation peut aussi empirer l'opacité par restriction d'accès et par incompétence.

qu'on voudrait tracer entre les « sachants » et les « profanes », ou entre les gouvernants et les gouvernés. Avant même de considérer le problème de l'opacité scientifique du ML, toute distinction binaire de cet ordre est basée sur un déni de la profondeur de la division du travail intellectuel dans les sociétés contemporaines, où plus aucun individu ne peut maîtriser l'ensemble des connaissances scientifiques ayant un impact significatif sur le débat politique. Nous sommes donc tous irrémédiablement condamnés à passer dans la position d'ignorant face à certaines décisions politiques majeures dont les connaissances scientifiques sous-jacentes ne feront pas partie de notre bagage. Avec l'opacité scientifique, c'est la classe même des experts des systèmes techniques considérés qui doivent avouer leur ignorance face aux raisons de certains comportements des systèmes qu'ils ont créés. S'il est possible, et nous allons y revenir, qu'il s'agisse là d'une étape significative dans l'approfondissement de la perte de maîtrise intellectuelle provoquée par la sophistication de notre technologie, il n'en reste pas moins que nos sociétés ont atteint un stade de division du travail intellectuel avancé depuis bien longtemps, et que l'interrogation ainsi soulevée sur les conditions épistémiques du débat public et du gouvernement n'a pas attendu le ML pour être d'une difficulté embarrassante, parce qu'elle affecte chaque individu engagé dans la discussion des affaires de la cité et chacune des décisions où la connaissance scientifique avancée joue un rôle majeur. L'interrogation sur les transferts de savoir dans cet état de division avancée du travail intellectuel touche aussi bien les transferts de savoirs des institutions vers les individus affectés par elles que toutes les instances de gouvernement lorsqu'elles communiquent avec des parties détenant une connaissance ésotérique. C'est ici que se pose à proprement parler le problème d'explication, conçue comme ce qui vient réduire voire éliminer l'opacité par incompétence et l'opacité scientifique.

Quelles connaissances l'explication est-elle censée fournir sur le système de décision considéré, et quelles capacités ces connaissances sont-elles censées renforcer chez le public visé ? Nous allons prendre comme point de départ de notre réflexion une liste de connaissances inspirée par des travaux conjoints de juristes et d'informaticiens[1]. D'après cette liste, l'explication est censée fournir les connaissances suivantes :

– Liste des facteurs employés dans la décision.

– Raisonnement sur l'identité des cas. L'explication doit ainsi permettre de se demander si des cas qui semblent intuitivement identiques reçoivent bien la même réponse du système.

---

1. S. Wachter, B. Mittelstadt, et Chr. Russell, « Counterfactual Explanations Without Opening the Black Box : Automated Decisions and the Gdpr. », art. cit.

– Raisonnement contrefactuel. Il s'agit là d'un nom savant pour le raisonnement sur les questions « que se passerait-il si … ? » Il permet d'explorer le comportement du système pour différents scénarios, y compris des scénarios différents de la décision affectant l'individu demandant l'explication ou des décisions déjà prises par le système.

On remarquera immédiatement que les connaissances présentes dans cette liste ne comprennent pas que de simples informations sur le système, mais vise aussi à développer dans le public visé des capacités à raisonner sur le système. D'après S. Wachter, B. Mittelstadt, et Chr. Russell, l'explication transmettant ces connaissances permet de développer trois capacités essentielles, que le juriste pourrait conceptualiser comme autant de droits des individus affectés par une décision. La première est l'explication locale, à savoir la capacité à comprendre comment une décision donnée a été atteinte. La deuxième est la capacité de recours : le récipiendaire de l'explication peut utiliser les connaissances acquises pour contester les raisons fournies pour expliquer la décision. La troisième, que nous avons déjà mentionnée, est ce que la littérature anglophone appelle l'*actionability*, que nous traduisons ici par « exploitabilité ». Il s'agit de la capacité à utiliser l'explication pour concevoir des stratégies pragmatiquement faisables et désirables pour l'individu, en ce qu'elles lui permettent d'obtenir une décision plus favorable. En des termes synthétiques, l'explication doit permettre de formuler des conseils pratiques pour l'individu affecté.

Bien qu'elle ait été manifestement conçue pour les systèmes de décision algorithmiques et pour le public des individus affectés par la décision, la portée de ces connaissances et de ces capacités dépasse de loin ces systèmes et ce public. Ces exigences pourraient parfaitement être appliquées à n'importe quel système de décision bureaucratisé, qu'il soit automatisé ou non. Elles sont tout aussi pertinentes pour un public profane qui ne serait pas affecté par ces décisions, mais qui est voué à participer au processus de conception des systèmes de décision, qu'il s'agisse de membres d'une institution discutant de la pertinence de l'emploi d'un système ou du public général participant au débat politique. En outre, ces exigences ne pèsent pas que sur l'explication en un sens étroit visant uniquement à comprendre le comportement du système tel qu'il est. Elles permettent aussi d'ouvrir le débat sur la justification du système, c'est-à-dire sa comparaison avec d'autres systèmes existants ou possibles, algorithmiques ou non, qui est vouée à être au cœur des débats politiques sur ces systèmes. Se demander si la liste des facteurs est complète, ou si elle néglige un facteur décisif pour la décision considérée ; questionner le caractère licite, la pertinence et la nécessité de l'emploi de certains facteurs ; éprouver si le système de décision respecte nos intuitions sur l'équité de traitement ou explorer le comportement du système dans différents scénarios : toutes ces questions peuvent être abordées grâce à la liste de connaissances présentée ci-dessus, et ces questions font partie du débat sur la justification de l'emploi d'un système.

Il importe aussi de remarquer que la complexité de l'explication dépend fortement de la portée de l'explication. La littérature distingue fréquemment l'explication locale, qui désigne la compréhension des raisons d'une décision donnée exigée dans la liste ci-dessus, de l'explication globale, qui désigne la compréhension du comportement du système dans son intégralité. Si la liste originale des capacités devant être renforcées par l'explication ne comprend que la compréhension locale, on remarquera que l'ensemble des connaissances fournies participe de l'explication globale, même si on peut évidemment discuter de leur caractère exhaustif. On pourrait donc facilement rallonger la liste de capacités renforcées par l'explication, et exiger qu'elle fournisse une explication globale, soit à tout le moins une intuition sur le comportement général du système, qui permette une anticipation qualitative de son comportement dans certains scénarios : c'est d'ailleurs un pas qui a déjà été franchi dans la littérature[1].

Comme nous l'avons déjà discuté dans une publication précédente[2], l'explication locale peut être considérablement plus simple que l'explication globale. Pour prendre l'exemple d'un arbre de décision, l'explication d'une décision donnée ne nécessite pas l'explication de l'arbre entier, mais seulement des branches de l'arbre activées dans la décision. Ceci réduit considérablement le nombre de facteurs et d'inférences à considérer. D'un point de vue pratique, l'explication locale sera souvent tout ce qui est nécessaire à l'individu affecté, ce qui permet à la fois de simplifier le travail du responsable de l'explication tout en respectant les contraintes de temps et d'effort intellectuel de l'individu affecté. L'explication pourra ensuite être complexifiée si l'individu ne se contente pas de comprendre les raisons de la décision qui le concerne, mais souhaite explorer des possibilités contrefactuelles pour concevoir une stratégie permettant d'obtenir une décision plus favorable. Cette exploration contrefactuelle suppose d'explorer d'autres facteurs et d'autres inférences réalisables par le système,

---

1. I. Lage *et al.*, « An Evaluation of the Human-Interpretability of Explanation », in *32nd Conference on Neural Information Processing Systems* (*NIPS*). Montréal, 2018.

2. M. I. Ibnouhsein and M. Pégny, « Quelle transparence pour les algorithmes d'apprentissage machine ? », *Revue Française d'Intelligence Artificielle* 32, n° 4, 2018, https://doi.org/10.3166/ria. 32.447-478.

mais n'est pas forcément équivalente à une explication de l'intégralité du système. Cette exploration est en effet limitée par des contraintes causales génériques, les contraintes pratiques particulières à l'individu et ses désirs propres. Il ne sert à rien d'explorer ce que le système répondrait si l'individu était moins âgé (impossibilité causale), s'il triplait son revenu en trois semaines (impossibilité pratique), ou s'il exerçait une profession qu'il n'a aucune intention d'exercer (incohérence avec les désirs de l'individu). Le raisonnement contrefactuel doit donc prendre en compte un vaste ensemble de contraintes génériques et spécifiques qui peuvent complexifier considérablement la tâche du responsable de l'explication (voir ci-dessous), mais réduisent aussi la part du système à expliquer. Enfin, à partir du moment où l'individu s'intéresse à l'explication globale du système de décision, il se retrouve dans la même position qu'une instance de gouvernement tâchant de comprendre ce même système. La distinction entre l'explication fournie aux individus affectés par une décision et l'explication nécessaire au gouvernement n'est pertinente que lorsque l'individu n'est intéressé que par l'explication locale de la décision l'affectant ou dans l'exploration de scénarios contrefactuels restreints par ses contraintes propres. Pour comprendre les conditions épistémiques d'une bonne explication, ce n'est pas donc tant la distinction entre individus affectés et individus participant au gouvernement des systèmes de décision qui est ici pertinente, que la portée de l'explication, et les contraintes que cette portée impose au processus d'explication. Nous allons à présent nous intéresser aux problèmes soulevés par l'explication globale des systèmes de décision à un public profane, en tant que cette explication est une composante aussi essentielle que difficile du débat politique sur l'emploi de ces systèmes compris comme un acte de gouvernement.

On retrouve à nouveau ici des thèmes classiques de la discussion de l'usage des sciences dans la décision publique et de l'analyse de la technocratie, notamment la question de fond de la possibilité même d'un gouvernement éclairé dans une société marquée par une profonde division du travail intellectuel. De quelle connaissance a-t-on besoin pour atteindre des décisions informées et équitables sur l'emploi de tels systèmes, et comment déterminer le niveau d'abstraction pertinent? Face à l'immensité de ce problème, même une simple revue de l'état de l'art serait une tâche écrasante, dépassant de très loin l'ambition du présent ouvrage. Nous allons nous contenter de quelques remarques, qui sont autant de questions posées à la communauté de la recherche, visant à capturer la singularité des problèmes posés par l'opacité de l'IA dans la longue histoire des rapports entre institutions bureaucratiques, transparence et maîtrise intellectuelle.

Il faut commencer par rappeler que la division du travail intellectuel n'est pas toujours un problème. Le fonctionnement de vastes sociétés à l'organisation complexe dépend d'échanges intellectuels comme elle dépend d'échanges des produits du travail matériel, et l'autarcie intellectuelle n'est pas forcément plus désirable que l'autarcie matérielle. Mais l'acte de gouvernement de ces sociétés complexes, qui comprend la justification des systèmes de décision mis en place, suppose une transmission de la connaissance nécessaire à une décision éclairée. S'interroger sur les effets de l'opacité, c'est donc s'interroger sur les conditions épistémiques de l'acte de gouvernement : en termes simples, que doit-on savoir pour gouverner ? Une telle interrogation est inséparable d'une autre question, tout aussi difficile, sur les fonctions du gouvernement, la connaissance nécessaire dépendant *a priori* des fins poursuivies. Mais la question qui hante en dernier recours toute réflexion sur les conditions épistémiques de la prise de décision est celle de la possibilité même d'un gouvernement sensé dans une société ayant atteint un stade avancé de division du travail intellectuel, en particulier lorsqu'on évoque l'une des formes les plus poussées de cette division du travail intellectuel, à savoir l'emploi de modèles scientifiques maîtrisés par une classe très réduite d'experts. À l'heure où nous écrivons ces lignes, les polémiques récurrentes autour des modèles épidémiologiques de la pandémie du Covid-19 ou des modèles du changement climatique nous rappellent que ce questionnement est loin d'être limité aux modèles opaques du ML, et est déjà devenu un trait récurrent de l'organisation politique de nos sociétés.

Face à l'ancienneté et au caractère récurrent de ces questionnements, il est légitime de faire montre d'un certain scepticisme méthodologique, et de s'interroger sur la véritable nouveauté de l'opacité du ML d'un point de vue strictement politique. Si la conception de modèles opaques peut être une nouveauté pour le scientifique ou l'ingénieur, elle pourrait ne pas changer grand-chose pour la réflexion du profane, qu'il s'agisse d'un citoyen dit « ordinaire » ou d'une personne en position de pouvoir, qui n'est pas capable en règle générale de lire des programmes ou de comprendre des modèles scientifiques dans tous leurs détails. Du point de vue profane, les modèles et programmes sont déjà opaques au moins par incompétence, et leur opacité scientifique ne change pas la donne. En outre, le succès prédictif des modèles scientifiques, et les manipulations techniques qu'il permet, a toujours été une source de légitimité essentielle de ces modèles largement découplée de la capacité à expliquer ces modèles au grand public : le succès prédictif permet en effet à chacun de jauger la valeur d'un modèle par ses résultats empiriques, sans comprendre le détail de son fonctionnement. De ce point de vue, les modèles scientifiques employés dans la prise de décision sont déjà largement jaugés par une analyse en boîte noire, et l'opacité scientifique de certains modèles de ML ne constitue donc pas nécessairement à ce titre une nouveauté. La terminologie scientifique elle-même tend à renforcer cette présomption d'identité des modèles de ML aux autres modèles scientifiques sophistiqués pour le public profane : si leur explication est modèle-agnostique, c'est bien que les détails de leur fonctionnement qui différencient ces modèles ne jouent pas de rôle dans leur explication en boîte noire. Il est donc bon de poser la question sceptique : l'opacité scientifique du ML change-t-elle quoi que ce soit aux problèmes soulevés par l'explication de modèles et de programmes sophistiqués à un public profane ?

Pour commencer à répondre à cette question avec la modestie qui s'impose, il faut dire que l'apparition d'un champ scientifique comme l'IA explicable constitue en soi un événement digne d'intérêt. Pour la première fois, l'acte d'explication devient un objet d'investigation pour les scientifiques, alors qu'il était surtout auparavant un objet pour les philosophes ou les sociologues des sciences. Avec les approches modèle-agnostiques, le savoir transmissible sur un modèle sans exposer son fonctionnement interne va pour la première fois faire l'objet de résultats scientifiques. Il reste à savoir si ce champ scientifique pourra satisfaire toutes les attentes qui peuvent émerger à son égard. Il a la lourde tâche de produire des explications qui soient non seulement intéressantes pour les expertes et experts tâchant de comprendre leurs modèles, mais aussi pour le public profane désireux de s'engager dans le débat sur l'emploi de ces modèles, ainsi que pour les philosophes et sociologues des sciences ayant étudié la transmission de savoir sur les modèles scientifiques. Enfin, à ces défis déjà considérables, l'IA explicable en ajoute un autre, à savoir celui d'automatiser la production d'explications. Une large partie de la recherche est en effet consacrée à la production de systèmes explicateurs capables de produire automatiquement, sous une forme ou sous une autre, des explications d'un système cible opaque. Quand bien même on tiendrait les positions les plus optimistes sur la possibilité d'expliquer les systèmes opaques du ML, et de transmettre une partie significative de cette connaissance au grand public, rien ne garantit que cette réussite intellectuelle puisse être automatisée.

Comme le montre l'exemple de la liste de connaissances et de capacités prises plus haut, ce travail scientifique sur le ML opaque peut faire ressortir des problématiques plus génériques, qui concernent les autres systèmes d'aide à la décision voire même les procédures de décision suivies par des agents humains. Il s'agit à la fois d'une bonne et d'une mauvaise nouvelle : bonne parce que les résultats ont une plus grande portée, mauvaise parce que cela signifie que la littérature a encore du mal à capturer la spécificité des enjeux propres au ML opaque. Nous allons passer en revue quelques résultats accessibles de la littérature afin de mieux interroger la spécificité du ML opaque.

L'interprétabilité des données elles-mêmes est un défi pour l'IA explicable. Comme nous l'avons mentionné dans un autre manuscrit[1], la haute dimension est en soi un problème pour l'explication de la liste des facteurs. Lorsqu'un programme prend en entrée des milliers de facteurs, il devient difficile de les passer en revue, de les mémoriser, et de se former une représentation synthétique des facteurs pris en compte. En outre, les données font souvent l'objet d'un prétraitement avant d'être offertes en entrées à un modèle, ce qui peut les rendre beaucoup moins intuitives à présenter. Ces problèmes ne sont pas dans l'absolu spécifique au ML, ou même au ML opaque, mais force est de constater que le ML rend ces problèmes plus fréquents, plus intenses et donc plus pressants.

L'interrogation sur le traitement uniforme des cas identiques est confrontée au problème de robustesse des modèles de ML. On désigne par ce terme la sensibilité excessive d'un système à de petites modifications de ses entrées qui entraînent une modification de résultats qui ne devraient pas se produire[2]. Il s'agit là d'un problème que nous avons déjà croisé dans le cas des attaques à 1 pixel sur les systèmes de reconnaissance d'images, mais qui est en réalité beaucoup plus générique. Ce que la recherche en IA explicable a déjà montré, c'est que non seulement nombre de systèmes de ML opaques souffrent d'un problème de robustesse, mais que les systèmes

---

1. M. Pégny, « The Relations Between Pedagogical and Scientific Explanations of Algorithms : Case Studies from the French Administration », 2020, https://philpapers.org/rec/PGNTRB.

2. Il s'agit là du sujet d'une vaste littérature, touchant à des enjeux extrêmement fondamentaux du ML, puisque l'absence de robustesse implique des difficultés à généraliser les performances à de nouvelles données. Pour une introduction à quelques exemples simples, et de nombreuses références, voir la section *Robustness to distribution shifts* dans l'article de R. Bommasani *et al.*, « On the Opportunities and Risks of Foundation Models », art. cit.

explicateurs souffrent aussi de ce problème : une modification sans importance des entrées peut provoquer un changement de l'explication fournie par ces systèmes, ce qui peut entraîner l'existence de deux explications différentes pour des faits qui relèveraient de la même explication[1]. La robustesse est en soi une question classique de la modélisation scientifique. L'IA récente a non seulement montré que ce problème est courant dans les modèles de ML, mais aussi qu'il apparaît au niveau des systèmes explicateurs. À notre connaissance, il s'agit d'une première scientifique.

Pour ce qui est du raisonnement contrefactuel, nous avons vu que l'extraction de conseils exploitables (*actionable*) à partir de ce raisonnement impose la prise en compte des contraintes causales génériques ainsi que des contraintes pragmatiques et des désirs propres au public visé par ces conseils. La prise en compte de ces contraintes par la littérature en XAI est cependant extrêmement récente, puisqu'elle remonte environ à 2019. Aussi surprenant que cela puisse paraître, rien n'empêchait aux premiers systèmes explicateurs de conseiller à un individu d'abaisser son âge, ou de changer son sexe, pour obtenir une décision favorable. Le chantier s'annonce immense, vu la complexité de l'ensemble de contraintes à prendre en considération pour chaque système, et la nécessité d'une individualisation de ce réseau de contraintes pour servir l'autonomie du public visé.

L'automatisation de l'explication ne fait pas qu'affronter la sophistication scientifique et technique des modèles, comme c'est le cas pour les questions de haute dimensionnalité ou de prétraitement des données. En IA explicable comme dans tant d'autres domaines, l'automatisation fait ressortir des problèmes si basiques et si évidents qu'ils demeuraient informulés dans la pratique informelle. Les questions de robustesse des explications comme celles d'extractions de conseils exploitables en sont une bonne illustration, et la littérature développée sur ces questions montrent que ces problèmes en apparence basiques vont rester quelque temps avec nous. L'IA explicable demeure un champ jeune, qui fait face à des problèmes ambitieux. On remarquera au passage qu'il n'est pas évident de déterminer comment et dans quelle mesure ces problèmes prennent une forme spécifique dans le cas du ML opaque. La détermination de la spécificité du ML opaque n'est donc pas qu'un problème pour la perspective d'épistémologie historique qui est la nôtre : elle est aussi un problème pour la littérature technique sur ces questions. Pour les approches modèles-agnostiques de

---

1. L. Hancox-Li, « Robustness in Machine Learning Explanations : Does It Matter ? », in *Proceedings of the 2020 Conference on Fairness, Accountability, and Transparency*, 2020, p. 640-647.

l'explication, il reste encore à voir s'il subsistera à ce niveau d'abstraction des différences entre modèles de ML opaques et autres systèmes d'aides à la décision : la littérature est juste trop jeune pour apporter une réponse définitive. En tout état de cause, il s'agit là de recherches scientifiques dignes d'intérêt pour toutes les démarches de science sociale intéressées par la diffusion du savoir scientifique, et les obstacles politiques liés à l'opacité par incompétence.

Même s'il n'existait aucune différence significative entre ML opaque et les autres modèles scientifiques d'un point de vue modèle-agnostique, il resterait encore à savoir quelles attentes concrètes en termes d'explication peuvent être satisfaites par les approches modèle-agnostiques. Là encore, il s'agira de résultats du plus haut intérêt pour toute la communauté des sciences sociales intéressée par le niveau d'abstraction auquel la décision politique peut aborder les objets scientifiques, et la légitimité des décisions politiques prises sur la base des connaissances accessibles à ce niveau d'abstraction. Il s'agit là d'un autre chantier commun, pour le moins inattendu, entre philosophie des sciences, informatique et sciences sociales.

Si l'on laisse à présent de côté le problème posé par l'explication du ML opaque par le public profane, reste à aborder les questions politiques soulevées par le manque de compréhension de ces modèles par les experts et expertes eux-mêmes.

L'impossibilité d'expliquer le fonctionnement du modèle peut notamment poser un problème politique aux institutions en cas d'erreur commise dans une prise de décision sensible. Si expliquer n'est pas forcément justifier, la capacité à expliquer la prise de décision en cas d'échec des prévisions avancées est à la fois un mécanisme essentiel de reddition des comptes, et donc de contrôle des institutions, mais aussi elle est un mécanisme de défense des institutions face aux critiques de leur action. En d'autres termes, si nombre d'institutions seraient très heureuses de ne pas avoir à expliquer leurs échecs, elles sont aussi désireuses de pouvoir le faire si elles y sont forcées. L'opacité scientifique du ML peut donc provoquer une réaction défensive très forte de la part des institutions, qui préféreront éviter l'emploi de tels modèles plutôt que de risquer se retrouver dans la situation politiquement intenable d'être incapable d'expliquer la source de leurs échecs.

À bien des égards, cette attitude prudente peut sembler parfaitement désirable : l'un des intérêts des mécanismes de reddition de comptes est précisément de susciter une telle prudence dans les institutions. Mais il n'est pas sûr que l'absence d'explicabilité doive clore par la négative la discussion sur la possibilité d'emploi des modèles de ML dans la prise de décision sensible. Pour le faire comprendre, il faut faire voir que le succès prédictif n'est pas qu'une froide valeur technique, mais qu'il peut avoir une véritable portée morale, dont l'importance ne doit pas nécessairement être négligée face aux considérations de mécanismes institutionnels de contrôle des institutions par reddition de comptes. On le comprend mieux en regardant un exemple majeur d'emploi de modèles scientifiques dans une prise de décision sensible, à savoir les modèles scientifiques sous-jacents à l'attribution des greffes d'organes vitaux en France. À l'heure actuelle, l'attribution des greffons est fondée sur des algorithmes attribuant un score à chaque patient sur liste d'attente. Ce score est lui-même en partie fondé sur des modèles scientifiques, nommé « modèles de survie », calculant la probabilité de survie des patients greffés à un an. Le rôle de ces modèles est d'une immense gravité, puisqu'une chance de survie à un an inférieur à 50 % exclut un patient pour un greffon de cœur donné. Ces modèles sont pour l'heure des modèles médicaux interprétables, mais l'agence de la biomédecine a exprimé depuis plusieurs années[1] son intérêt pour un éventuel passage à un modèle basé sur du ML, éventuellement opaque. De tels modèles auraient potentiellement le double avantage d'augmenter le taux des prévisions réussies et de faciliter la mise à jour de ces modèles face aux évolutions de la population concernée. Un passage à un modèle opaque rendrait cependant l'institution vulnérable à une situation où elle serait incapable d'expliquer ses erreurs. Si une telle situation peut sembler politiquement indéfendable, il faut cependant rappeler que les modèles interprétables commettent également des erreurs, et que le rôle des médecins n'est pas d'éviter les procès, mais de se faire l'avocat zélé de la santé de leurs patients. À cet égard, un modèle opaque augmentant ne serait-ce que de quelques points le taux de succès prédictif des modèles de survie pourrait chaque année sauver des vies, et il n'y a rien de déraisonnable à penser qu'un tel bénéficie écrase le désavantage de la perte d'explicabilité. Il existe ainsi un risque que l'insistance sur l'explicabilité, si compréhensible soit-elle en règle générale, mène à des décisions plus fondées sur la volonté de protection juridique des institutions que sur la réalisation de leur fonction fondamentale[2].

---

1. Voir le témoignage du Pr. Olivier Bastien, directeur-adjoint prélèvements greffe organes-tissus à l'Agence de la Biomédecine dans C. Villani, et G. Longuet, « Les algorithmes au service de l'action publique : le cas du portail admission post-bac », février 2018, p. 46-47.
2. Je tiens à remercier chaleureusement le Dr Jacquelinet, conseiller scientifique de l'agence de la Biomédecine en charge des algorithmes de *scoring* pour les greffes d'organes vitaux, pour m'avoir fait prendre conscience de ce point.

Il est manifeste que la légitimité de l'emploi d'un modèle opaque dépend largement des enjeux contextuels de la décision : la conception d'un jeu vidéo, ou d'une œuvre d'art engendrée par une IA, ne pose manifestement pas les mêmes enjeux qu'un modèle employé dans des applications critiques. Néanmoins, et contrairement à ce qu'on pourrait anticiper, notre exemple montre bien que la plus grande gravité des décisions à prendre ne justifie pas toujours l'attitude la plus conservatrice. Tout dépend tout d'abord des alternatives scientifiques présentes. Contrairement à la sécurité aéronautique, où il existe des programmes dont le comportement est déterministe, et font l'objet de standards de Vérification & Validation élevés, les modèles de survie sont des modèles probabilistes où un taux d'échec conséquent est en l'état actuel de l'art inévitable. Ensuite, un autre facteur si crucial dans nombre de décisions vient ici encore jouer un rôle décisif, à savoir le facteur temps. Si la mise en production d'un avion peut être repoussée de plusieurs mois sans tuer personne, la décision d'attribution d'un greffon d'organe vital, comme tant de décisions médicales, est à effectuer dans le temps limité que les patients ont encore à vivre. Dans un tel contexte, la prise de risque bien plus élevée associée à l'emploi d'un modèle souffrant de limitations bien connues peut être parfaitement tolérable si elle promet une amélioration relative d'un résultat à la fois décisif et fortement dépendant de la temporalité de la décision, comme le taux de survie des patients. Enfin, notre exemple montre également que la légitimité de l'emploi d'un modèle opaque peut se retrouver entre les feux d'un conflit de valeurs, entre le désir de maintenir des mécanismes institutionnels génériques de reddition des comptes et une mission spécifique d'une institution, à savoir ici sauver des vies dans des contraintes de temps et d'incertitude très fortes. L'opacité scientifique introduit donc une tension particulière entre l'accomplissement d'une mission d'une institution et les mécanismes de contrôle qui visent justement à déterminer si elle remplit bien cette mission.

Dans la discussion des alternatives scientifiques présentes, l'arbitrage entre interprétabilité et performance prédictive, spécifique au ML, introduit une dimension inédite dans la comparaison des modèles. L'emploi des modèles opaques est particulièrement digne de discussion lorsque cet arbitrage doit avoir lieu, c'est-à-dire lorsque les modèles prédictifs les plus performants sont des modèles opaques. On se retrouve alors dans la situation bien particulière où les modèles opaques introduisent simultanément un progrès selon une dimension classique et cardinale d'évaluation des modèles – la performance prédictive – et une régression selon la nouvelle dimension – l'interprétabilité – que leurs particularités scientifiques ont contribué à mettre en avant. Comme le montre notre exemple, il est difficile de prétendre énoncer à ce stade une règle universelle pour cet arbitrage entre interprétabilité et performance prédictive, tant la prise en compte des particularités contextuelles de la décision semble jouer ici un rôle essentiel.

Ce n'est cependant pas seulement l'attitude à adopter face à l'éventualité d'erreurs inexplicables qui pose problème dans l'interaction experte avec ces modèles. C'est l'ensemble du processus de conception, d'évaluation, de justification, et d'emploi de ces nouveaux outils d'aide à la décision qui est affecté. Du point de vue de l'histoire de la bureaucratisation qui est ici le nôtre, l'emploi des modèles opaques provoque un divorce entre la légitimité provenant de l'explicitation des critères de la décision, que les modèles scientifiques étaient censés garantir au plus point, et la légitimité provenant du pouvoir prédictif des modèles. L'explicitation sert une promesse de mécanisme de contrôle institutionnel et d'enrichissement des échanges intellectuels, tandis que la prévision augmente l'efficacité, le pouvoir de planification et l'autorité scientifique. Les modèles scientifiques semblent en général avoir la particularité de renforcer à la fois l'explicitation et le pouvoir de planification, mais l'IA opaque vient offrir une exception à cette avancée sur deux fronts.

En soi, l'emploi de systèmes techniques que l'on ne comprend pas dans le détail n'a rien d'une anomalie dans l'histoire des techniques. Si l'on pense aux temps préscientifiques, il est heureux que nos ancêtres n'aient pas eu besoin de comprendre la gravitation et les frictions pour apprendre à tirer à l'arc. Même si l'on parle de techniques fondées sur des connaissances scientifiques, on emploie fréquemment des médicaments dont l'efficacité a été idéalement démontrée par un test randomisé en double aveugle, mais dont le mécanisme thérapeutique exact nous échappe, et les effets secondaires sont bien souvent découverts sur le tard[1]. Nous devons donc mettre en balance les bienfaits que nous procurent l'usage du médicament avec les possibles risques provoqués par les limites de notre connaissance, en sachant que la compréhension fondamentale des mécanismes thérapeutiques peut prendre des décennies, et qu'entretemps des personnes pourraient voir leur vie changer pour le mieux par le traitement. Mais l'opacité provient ici de l'insuffisance de notre compréhension des phénomènes naturels que nous exploitons dans un usage technique : elle est la part d'ombre de la nature dans notre système technique. Un système de décision est au contraire artificiel de part en part : si opacité il y a, elle est donc tout entière

---

1. La longue histoire de l'aspirine, ou la découverte des effets du lithium sur les troubles bipolaires, sont des exemples bien connus de ce grand écart entre établissement d'un effet thérapeutique et compréhension des mécanismes physiologiques sous-jacents.

introduite par nous. Cette décision délibérée d'introduction de l'opacité soulève potentiellement de nouveaux enjeux éthiques.

CONCLUSION

La compréhension des enjeux spécifiques de l'éthique des algorithmes suppose de trouver son chemin dans une forêt touffue de concepts où même le spécialiste peut se perdre. Procédures informelles, algorithmes, IA, apprentissage automatique, apprentissage profond, modèles, ... : la prolifération terminologique n'est pas seulement cause de confusions ponctuelles. Elle pose à la recherche le défi majeur de parvenir à comprendre la portée et spécificité de chacun de ses concepts pour parvenir à une appréhension fine de ses objets. Dans le cas particulier de notre approche d'épistémologie historique, il s'agit en outre d'être capable de saisir la singularité des phénomènes historiques dénotés par ces concepts, d'affiner leur périodisation, de questionner la pertinence des concepts pour saisir à la fois la profondeur du contexte historique et la spécificité des enjeux du présent. Outre le nombre et la complexité intrinsèque des concepts, les effets de mode poussant à reformuler sans réflexion des problèmes anciens dans la terminologie la plus récente, et à recouvrir chaque application informatique du lustre du terme le plus en cours, ne sont pas le moindre des ennemis de la conceptualisation rigoureuse.

Ce sont les raisons pour lesquelles nous avons tout d'abord procédé par cercles concentriques, du plus général au plus particulier, en traversant le chemin menant des algorithmes à l'apprentissage profond. Il importe de comprendre l'apprentissage automatique et l'apprentissage profond comme des moments dans l'histoire de la programmation. L'apprentissage automatique est apparu comme une tentative de résolution des difficultés de la programmation de tâches intelligentes d'apparence simples par des instructions explicites, que les débuts difficiles de l'IA avaient amplement démontré. Dans notre perspective d'épistémologie historique de la bureaucratie, il est donc possible de dire que ces approches sont apparues comme une réaction aux limites effectives de la bureaucratisation de la décision. Le ML opaque radicalise cette approche, en ce que non seulement la production du programme est semi-automatisé, mais le produit final n'est plus compréhensible comme une procédure, et n'est pas même lisible par un être humain. La question reste ouverte de savoir s'il s'agit là d'un état transitoire de l'art, ou si nous arrivons à quelque chose comme des limites fondamentales du règne de la règle.

Dans notre premier chapitre, nous avions formulé l'hypothèse que l'emploi de modèles opaques dans l'aide à la décision constitue un tournant potentiel dans l'histoire de la bureaucratisation de la décision, parce qu'il provoque une séparation de deux propriétés souvent conjointes de cette bureaucratisation : la dépersonnalisation et l'explicitation des raisons. Notre présentation de l'opacité, si brève et introductive fût-elle, permet déjà de nuancer cette hypothèse. L'explicabilité n'est pas affaire de tout ou rien. Il importe de déterminer quelle connaissance est nécessaire à quelle question, et quelle connaissance est accessible à un niveau d'abstraction donnée. Les récents travaux en IA explicable montrent l'intérêt des approches en boîte noire, qui ignorent délibérément le détail du fonctionnement des modèles pour se concentrer sur leur comportement entrées-sortie. Il reste d'ailleurs à déterminer si les modèles opaques du ML posent bien des défis singuliers, et si oui lesquels, à ce niveau d'abstraction. Très légères en prérequis techniques, ces approches représentent une piste intéressante pour une explication accessible au profane, et ce d'autant plus que le processus d'explication lui-même est automatisé. Ces approches font cependant face à des défis immenses, non seulement d'un point de vue technique, mais d'un point de vue philosophique. Il leur importe de déterminer si elles donnent bien accès aux savoirs nécessaires à l'acte de gouvernement de ces technologies tout comme au respect de l'autonomie des individus, et de comprendre quels pouvoirs elles souhaitent transmettre en transmettant ces savoirs. Il s'agit là de questions d'une ambition redoutable, qui ne peuvent se réduire à une pure analyse informatique. S'il existe un intérêt philosophique à l'opacité du ML, c'est sans doute dans l'ouverture d'un travail profond sur la division du travail intellectuel dans nos sociétés, et sur les vertus que nous attendons de l'emploi de modèles sophistiqués.

CHAPITRE III

ÉQUITÉ

INTRODUCTION

L'emploi d'algorithmes, et en particulier de modèles de ML pour des prises de décisions à fort impact sur la vie des personnes est déjà une réalité. Ces algorithmes sont maintenant utilisés pour présélectionner les candidatures pour un poste[1], licencier un individu, accorder un prêt ou une assurance, prioriser l'accès à des soins, ou estimer le risque de récidive d'un détenu[2]. Mais les questions d'équité ne sont pas réduites à ces décisions qu'on qualifie de sensibles, comme celles attribuant des biens sociaux essentiels, dirigeant les activités de répression, ou permettant l'accès au pouvoir. Même des décisions d'apparence plus anodine peuvent poser de graves problèmes d'équité, comme les algorithmes diffusant des publicités. Si un algorithme décide qu'une population ne doit pas recevoir d'annonces immobilières ou d'offres d'emploi, ses chances d'accès à ces biens stratégiques peuvent s'en trouver considérablement affectées, même si l'algorithme n'affecte pas directement les décisions d'attribution de logement ou d'emploi[3].

---

1. M. Raghavan *et al.*, « Mitigating Bias in Algorithmic Hiring : Evaluating Claims and Practices », Barcelona, FAT*20, 2020 ; H. Schellmann and J. Strong, « Want a Job ? An AI Will See You Now. », *MIT Technology Review*, 2021.
2. En toute rigueur, il faut distinguer le sens légal de la récidive, qui désigne une nouvelle condamnation pour des faits identiques, de l'emploi plus courant du terme, qui désigne la recondamnation pour des faits possiblement différents. Nous emploierons ici le terme dans son acception courante.
3. K. Hao, « Facebook's Ad-Serving Algorithm Discriminate by Gender and Race », *MIT Technology Review*, 2019.

Le débat actuel sur les enjeux d'équité des algorithmes est très largement formulé en termes de lutte contre les biais. Le terme est un anglicisme, ou plutôt une traduction maladroite de l'anglais *bias*, dont des traductions plus exactes seraient, selon le contexte, « préjugé », « traitement inéquitable » ou « discrimination ». Néanmoins, le terme est désormais bien implanté, et fréquemment employé dans des contextes où ces traductions seraient maladroites. J'emploierai donc ce terme devenu canonique, en restant attentif à sa polysémie intrinsèque.

Mais de quel biais parle-t-on ici ? Dans la terminologie politique anglophone, le qualificatif de *biased* est fréquemment employé pour désigner les décisions, actions, idées et attitudes qu'on qualifierait en français de discriminatoires, c'est-à-dire des décisions, actions, idées et attitudes structurellement défavorables à l'égard d'une population déterminée. On pense évidemment tout de suite aux catégories usuelles de la sociologie, du droit et du discours politique, comme l'appartenance ethnique, le genre, l'orientation sexuelle, la confession, la classe, etc., et il est évident que ces catégories vont jouer un grand rôle dans la discussion de l'équité des algorithmes. Cependant, comme nous l'avons vu dans notre présentation de l'apprentissage automatique, il ne faut pas oublier la possibilité que les algorithmes, et en particulier les algorithmes de ML, puissent faire bien plus que reproduire voire renforcer les préjugés préexistants, et puissent contribuer à infléchir les pratiques discriminatoires, voire à créer de nouvelles pratiques discriminatoires. Cet effet pourrait être d'autant plus insidieux que les populations délimitées par les traitements algorithmiques, par exemple par les logiciels de profilage, pourraient être très différentes des populations habituelles dans le discours public, et ces nouvelles définitions de populations seraient d'autant plus redoutables qu'elles seraient difficiles à comprendre, et complètement ignorées du public. Il n'y a guère de risque à supposer que les catégories employées dans le droit ou la statistique contribuent à forger la manière dont les institutions appréhendent les populations affectées par leurs actions et conçoivent leurs politiques. En changeant les catégories à travers lesquelles sont perçus les acteurs sociaux, les algorithmes, et notamment les modèles de ML, pourraient contribuer à ouvrir un nouveau chapitre de cette longue histoire de la catégorisation des populations, et de ses potentiels effets discriminatoires.

Le centrage de la discussion des effets éthiques et politiques des algorithmes sur la notion de biais incite donc à penser en termes de populations plutôt que d'individus. Il ne faut cependant pas fermer la porte à la possibilité de traitements inéquitables affectant des individus plutôt que des populations, c'est-à-dire des individus en tant qu'individus, et non en tant que membres d'une population. Si de tels traitements inéquitables affectent *a priori* moins de monde que ceux affectant des populations entières, ils n'en sont pas moins significatifs, et ils constituent un problème épistémologique important pour les algorithmes. La critique qu'on peut adresser aux algorithmes, qu'ils soient déterministes ou statistiques, comme on pouvait l'adresser auparavant aux procédures bureaucratiques, est précisément d'être incapables de comprendre la singularité des cas, et d'être donc potentiellement injustes à l'égard des individus dont la situation est mal décrite par les catégories choisies par la procédure ou l'algorithme. Les algorithmes, les procédures et les statistiques pourraient avoir comme effet politique de créer un mode de pensée où l'individu, et la singularité de son histoire, devient un impensé, complètement réduit qu'il est à son appartenance à des cases prédéterminées. Il convient donc de s'interroger sur notre capacité à continuer à comprendre l'individualité des cas dans un monde dominé par la pensée procédurale, statistique et algorithmique. C'est la raison pour laquelle il est bon d'employer la distinction devenue courante dans la littérature entre équité de groupe (*group fairness*) et équité individuelle (*individual fairness*)[1], même si ce chapitre sera, comme l'ensemble de la littérature, dominé par la discussion de l'équité de groupe.

La question des discriminations joue un rôle d'autant plus crucial pour l'éthique des algorithmes que la lutte contre les discriminations créées par les biais humains est un lieu commun de la justification de l'automatisation de la décision. Selon ce discours légitimant, l'algorithmisation des décisions serait désirable parce qu'elle libérerait la prise de décisions de biais humains souvent présentés comme pratiquement indépassables. Aux États-Unis en particulier, la justification des algorithmes s'est profondément nourrie des travaux en psychologie et en sciences sociales montrant la persistance des pratiques racistes, en particulier des pratiques racistes à l'égard des Afro-Américains, même dans des populations *a priori* sensibilisées à ces questions. Ces travaux ont contribué à une croyance forte et répandue en ce qu'on peut appeler une « anthropologie de la faillibilité ». Dans cette anthropologie implicite, l'être humain confronté au défi de la décision équitable est systématiquement présenté comme faillible, structurellement incapable de

---

1. Pour une discussion élégante et approfondie de la relation entre équité de groupe et équité individuelle, voir R. Binns, « On the Apparent Conflict Between Individual and Group Fairness », in *Proceedings of the 2020 Conference on Fairness, Accountability, and Transparency*, Barcelona, FAT*20, Association for Computing Machinery, 2020, https://doi.org/10.1145/3351095.3372864.

surmonter ces biais inconscients[1]. Nous avons déjà vu une critique courante de cette position, à savoir que les algorithmes, tout comme les procédures, ne libèrent que des préjugés des exécutants, mais ne libèrent pas des préjugés encodés dans les données, catégories, règles et procédures elles-mêmes[2]. Ceci étant acquis, reste à savoir si l'algorithmisation des prises de décision peut aboutir dans les faits à une diminution effective des pratiques discriminatoires, ou s'il ne s'agit là que d'une chimère technophile de plus. Il s'agit là d'un enjeu énorme, puisque, comme nous l'avons déjà discuté dans notre premier chapitre, ce n'est rien de moins qu'une promesse essentielle des sociétés modernes qui est ici mise à l'épreuve, à savoir la promesse que l'uniformisation, l'explicitation des raisons et la dépersonnalisation de la prise de décision peuvent être sources de justice. Les échecs précédents de cette promesse pouvaient être attribués par ces partisans à un développement insuffisant de ces vertus supposées, de telle manière que l'espoir d'un progrès pouvait être maintenu en continuant les efforts. Mais avec l'algorithmisation de la décision, nous sommes arrivés à l'acmé de cette tendance de nos sociétés vers l'uniformisation et la dépersonnalisation, qui peut parvenir à l'exclusion totale du sujet humain de la décision par son automatisation. Si une telle automatisation échoue à produire un progrès sensible dans la lutte contre les discriminations, voire produit une dégradation, ce serait donc l'échec d'une promesse politique fondamentale des sociétés modernes dont il faudrait prendre acte, et tirer des leçons. L'algorithmisation constitue donc la pierre de touche d'une promesse essentielle des États de droit modernes.

Comme nous l'avons déjà montré au chapitre précédent, l'IA opaque a ceci de paradoxal qu'elle sépare deux propriétés de la bureaucratisation, la dépersonnalisation et l'explicitation des raisons, en offrant l'une des méthodes les plus puissantes d'automatisation de la décision sans offrir de formalisation des critères de cette décision. Il y a là comme un tournant dans l'histoire des emplois bureaucratiques des techniques cognitives, qui mérite d'être interrogé en lui-même.

Dans ce chapitre, nous nous consacrerons donc à la question des biais algorithmiques. Nous devrons garder à l'esprit les questions suivantes : comment concevoir ces biais algorithmiques, et leur distinction d'avec les pratiques discriminatoires préexistantes ? Quelle est leur origine ? Quels

---

1. S. Brayne and A. Christin, « Technologies of Crime Prediction : The Reception of Algorithms in Policing and Criminal Courts », *Social Problems*, 2020, spaa004, https://doi.org/10.1093/socpro/spaa004.

2. Voir « Critique de la bureaucratie et critique de l'algorithmisation », p. 67.

sont leurs effets, et dans quelle mesure se distinguent-ils des discriminations préexistantes, en les renforçant, les affaiblissants ou les modifiant? Comment enfin changent-ils les différentes luttes contre la discrimination? Nous discuterons les différentes sources de biais dans les algorithmes, et en particulier dans le ML[1]. Dans notre perspective comparatiste, nous étudierons les enjeux d'équité dans deux études de cas. La première portera sur un algorithme « classique », l'algorithme d'appariement sous-jacent à la plateforme Parcoursup[2]. La seconde portera sur le *locus classicus* de l'équité du ML, le modèle de risque de récidive COMPAS[3]. Nous discuterons enfin les défis posés par les tentatives de modélisation mathématique d'un comportement équitable des algorithmes, et leurs relations à la pensée critique de la bureaucratisation[4].

LES BIAIS DES ALGORITHMES : DÉFINITIONS ET ENJEUX

Les biais du ML : échantillonnage, suroptimisation, boucle de confirmation, prédiction et infirmation

Comme nous l'avons vu au chapitre précédent[5], une manière de présenter le ML est de le voir comme un moyen de détection automatique de régularités dans les données. Une telle formulation est d'apparence moins ambitieuse que celle de « modèle prédictif », qui suggère une automatisation du travail de modélisation scientifique. Elle montre le ML comme un outil d'analyse des données qui permet un travail scientifique non pas comparable au travail du théoricien, mais plutôt à celui de l'expérimentateur s'efforçant de trouver des régularités dans des masses de données. Une telle aide est particulièrement utile lorsque les données sont massives, complexes à interpréter et de haute dimension.

Les informaticiens spécialisés dans la science des données parlent parfois de biais lorsque le système détecte une pseudo-régularité, ou une régularité sans pertinence pour la tâche en vue. Il ne faut pas réduire ce problème aux phénomènes concernant des personnes physiques : les mêmes erreurs peuvent se manifester dans la détection de défauts dans une turbine

1. « Les biais des algorithmes : définitions et enjeux », p. 149.
2. « L'algorithmisation d'une décision sensible par un algorithme interprétable : le cas Parcoursup », p. 159.
3. « L'algorithmisation des décisions sensibles par le ML : COMPAS, le cas d'un algorithme d'aide à la décision judiciaire », p. 185.
4. « La mathématisation de l'équité », p. 216.
5. Voir « Un exemple simple de ML : calculer une régression linéaire », p. 99.

à gaz ou de fuites dans un entrepôt. On a affaire à un problème général qu'en analyse de données on appelle le biais d'échantillonnage (*sample bias*).

Un exemple bien connu de tels biais est celui de « la bonne réponse pour les mauvaises raisons ». Un système peut donner les bonnes réponses sur les données de test non pas parce qu'il arrive par exemple à reconnaître un objet, mais parce qu'il arrive à reconnaître un autre objet ou trait présent dans l'environnement de l'objet dans les données de test. Un système détectant la présence d'une image de mouton pourrait en réalité reconnaître la présence d'un champ herbeux dans le fond de l'image, parce que les images qu'on lui a données à apprendre représentent en général les moutons dans un tel environnement, et il est naturel pour le système d'accorder une grande importance aux étendues herbeuses puisqu'elles occupent souvent la plus grande partie du champ.

C'est un exemple classique du phénomène de suroptimisation de l'apprentissage (*overfitting*) : le système apprend des traits spécifiques aux données qui lui sont présentées au lieu d'apprendre les traits essentiels à sa tâche. Le grand problème de la suroptimisation est qu'elle limite la capacité de généralisation du système. Présenter à notre système imaginaire une image parfaitement claire de mouton dans une cour pavée, et il sera incapable d'y reconnaître une image de mouton. Présenter lui une image de vaste champ d'herbe, et il y détectera un mouton, même s'il n'y en a pas un seul[1]. Le système se comporte comme un élève qui réussit à répondre correctement à une question à choix multiples en observant l'intonation de son professeur lorsqu'il présente les réponses : la performance apparente est correcte, mais elle n'est pas fondée sur un véritable apprentissage de la tâche, et ne peut donc être généralisée. Cependant, dans les exemples que nous avons pris, le système apprend bien quelque chose, il n'apprend

---

1. Il s'agit d'un exemple réel (« Do Neural Nets Dream of Electric Sheep ? », *AI Weirdness*, 2018, https://www.aiweirdness.com/do-neural-nets-dream-of-electric-18-03-02/). Dans un autre cas, une machine censée reconnaître une image de cancer de la peau a appris à reconnaître des images de règles, parce que les médecins avaient tendance à placer une règle à côté d'une tache cancéreuse pour en indiquer l'échelle, ce qu'ils ne faisaient pas pour une peau saine. Le problème du développement est de réussir à se dépouiller de toute intuition humaine pour épouser le point de vue de la machine : nous savons qu'une règle n'est pas un mélanome, et cela est si évident pour nous qu'il n'est pas évident d'anticiper que la présence de la règle pourrait perturber l'apprentissage. « When AI Flags the Ruler, Not the Tumor – and Other Arguments for Abolishing the Black Box (VB Live) », *VentureBeat* (blog), 2021, https://venturebeat.com/2021/03/25/when-ai-flags-the-ruler-not-the-tumor-and-other-arguments-for-abolishing-the-black-box-vb-live/.

juste pas ce qu'on souhaitait qu'il apprenne. Cela montre que l'optimisation d'une métrique n'est pas une garantie d'un apprentissage correct.

Une autre chose à garder à l'esprit est que la régularité détectée par le système n'est pas forcément une régularité qu'un être humain aurait utilisée pour cette tâche : parfois, il peut même s'agir d'une régularité qu'aucun humain n'a jamais détectée. Le ML n'appartient pas, rappelons-le, à la branche anthropocentrée de l'IA. Cela peut rendre ces systèmes plus intéressants scientifiquement, puisqu'ils ne font pas que reproduire des tâches que nous savons exécuter de la même manière que nous les exécutons : avant même de passer à de nouvelles tâches suprahumaines, l'IA peut réaliser une tâche d'une manière différente d'un être humain. Mais cela peut aussi rendre la compréhension de leur comportement plus difficile, et donc rendre aussi plus ardu la détection et réparation d'un problème. Amazon a ainsi réalisé qu'un système visant à présélectionner les candidats à un poste pour une interview favorisait les hommes[1]. Cela n'était guère surprenant, puisqu'Amazon, comme l'ensemble de l'industrie informatique, a un personnel très genré, et que le système apprenait ce qu'un recrutement réussi est à partir d'exemples essentiellement masculins. Mais le logiciel ne regardait pas le genre du candidat en examinant le genre des prénoms ou en voyant le contenu de la case « genre » : le genre ne faisait pas partie des éléments d'information donnés au système. Celui-ci apprenait des traits genrés sur ses exemples masculins, comme les loisirs et les caractéristiques du vocabulaire employé dans les textes écrits par les candidats pour se décrire eux-mêmes, et les voyait corréler au succès du recrutement. Le système détectait donc des comportements genrés et les associait au succès professionnel sans même savoir ce qu'est un homme ou une femme. Si la corrélation du genre aux types de loisirs aurait pu être anticipée, l'anticipation des traits linguistiques genrés aurait été bien plus difficile. Cette difficulté illustre l'insuffisance d'une approche fondée sur l'élimination de l'information sensible, et même l'élimination à la main des variables proxy, tant les capacités d'analyse statistique des modèles de ML peuvent déjouer nos attentes. Dans ce cas, il est en revanche relativement facile de détecter l'existence d'un biais par analyse statistique des résultats : on verrait vite dans les statistiques si un système défavorise lourdement les femmes. On peut ainsi détecter la présence d'un biais en analyse boîte noire, c'est-à-dire par simple analyse entrées-sortie du système et donc sans aucune connaissance

1. « Amazon Scraps Secret AI Recruiting Tool That Showed Bias against Women », *Reuters*, 10 octobre 2018, sec. Retail, https://www.reuters.com/article/us-amazon-com-jobs-automation-insight-idUSKCN1MK08G.

des mécanismes internes. Mais la situation pourrait ne pas toujours être aussi favorable.

Ceci doit nous amener à nuancer la remarque faite si souvent que « le système est biaisé parce que les êtres humains qui l'entraînent sont biaisés ». De telles formulations tendent à écraser les problèmes d'équité survenant en ML sur les problèmes qui surviennent lors de la conception d'une procédure interprétable : le biais apparaît parce qu'une personne a glissé ses préjugés d'être humain dans le système informatique. Mais il faut voir qu'ici la machine peut apprendre des choses qu'aucun être humain n'aurait pu lui souffler, même avec la plus mauvaise intention du monde, tout simplement parce que la machine apprend différemment de l'être humain. Les biais peuvent survenir autrement que par percolation des préjugés humains dans le système technique : ils peuvent provenir d'une origine plus profonde, et plus difficilement détectable. La structuration de nos sociétés induit des corrélations multiples entre différents attributs des données. Certains peuvent être l'effet d'un effort conscient voire institution-nel, de préjugés inconscients, mais aussi de toute une autre série d'effets, dont certains sont purement accidentels et peuvent échapper à l'attention de tous. Ceci est particulièrement frappant dans le cas des images, que nous avons déjà mentionné, puisqu'un système peut être sensible à des traits de l'image qui sont invisibles à l'être humain, ou auxquels il est à tout le moins insensible. Un changement de quelques pixels bien choisis dans l'image peut ainsi provoquer un changement de classification, alors que l'être humain ne les verrait même pas à l'œil nu[1]. Le système entraîné sur des données peut donc être biaisé pour des raisons qui ont peu à voir avec les préjugés de ses concepteurs, et c'est précisément l'autonomie de l'apprentissage, une des propriétés spécifiques au ML, qui est à la source de ces nouvelles potentialités discriminatoires.

Cependant, si la croyance en l'origine des biais doit être nuancée, elle n'est bien sûr pas dénuée de tout fondement, mais pour le comprendre il faut s'intéresser à une forme de biais qui n'est ni un biais d'échantillonnage ni un biais de raisonnement dans l'apprentissage. Lorsque des moteurs de recherche font une suggestion raciste[2] ou antisémite[3], il est difficile de parler de biais d'échantillonnage : Google a sans doute l'échantillon de requêtes le plus colossal et le plus représentatif jamais amassé. Le problème

---

1. Pour une présentation pédagogique, voir la section *Adversarial Attacks* de Chr. Molnar, *Interpretable Machine Learning, op. cit.*

2. S. U. Noble, *Algorithms of Oppression*, New York, New York University Press, 2018.

3. C. Caldini, « Google est-il antisémite ? », 23 mai 2012, https://www.francetvinfo.fr/societe/justice/google-est-il-antisemite_90113.html.

est que le système fait peut-être ici trop bien son travail, qui est de détecter les tendances présentes dans l'existant, et que cet existant est profondément marqué par les rapports de domination de la société dans son ensemble. Ce n'est pas la faute du moteur de recherche si des associations d'idées racistes sont présentes chez ses utilisateurs.

Il est vrai que les résultats d'un moteur de recherche comme Google, comme le remarquait déjà Noble[1], font bien plus que refléter l'existant. La disparition de certaines suggestions de complétion et de résultats à connotation raciste que cette autrice dénonçait il y a déjà quelques années montre que Google a réalisé un effort pour éliminer ou filtrer ses résultats les plus tendancieux[2]. Il ne faut donc pas tomber dans l'illusion que les algorithmes d'apprentissage ne font que refléter la réalité des opinions et des comportements. Un système de complétion de requêtes comme celui de Google fait bien plus que calculer la suite de mots la plus fréquemment associée au début de votre requête, et l'entreprise ne peut se défausser indéfiniment de toute responsabilité sur ses utilisateurs. Mais ce que nous cherchons à souligner ici par un argument *a fortiori* est que même si c'était le cas, cela serait tout de même problématique. L'idée cruciale est que la reproduction des corrélations entre représentations n'est pas qu'un reflet théorique de l'existant, mais qu'elle est déjà une intervention, même si elle peut être involontaire, dans le domaine politique. La décision de refléter l'existant a ici un effet politique, à savoir conforter les préjugés existants. L'emploi d'algorithmes basés sur le comportement des utilisateurs pose donc un dilemme éthique redoutable : se doit-on de refléter l'existant, au prix de la reproduction passive des rapports de domination et préjugés? C'est un problème consubstantiel à l'emploi d'un raisonnement inductif sur les phénomènes sociaux : faire une induction sur ces phénomènes, c'est prendre le risque de reproduire la manière dont le plus fréquent est l'expression des rapports de domination, et donc de participer à la reproduction de ces mêmes rapports de domination. En revanche, ne pas reproduire l'existant constitue aussi un risque politique associé au filtrage de l'information, risque exacerbé par la titanesque centralisation de l'accès à l'information dans les mains des géants de l'industrie numérique. Si les problématiques d'accès à l'information ne figurent pas dans cet ouvrage, il est important de constater leur intersection avec les problématiques de biais créés par le

1. *Ibid.*
2. Le lecteur pourra aisément s'en convaincre en tapant « black girls » dans le moteur de recherche Google, et en comparant les résultats d'images et de sites web suggérés d'avec ceux discutés dans le travail de Noble : les suggestions pornographiques et racistes ont totalement disparu des premières pages de résultats.

caractère inductif du ML, et de toute autre procédure fondée sur la reproduction des comportements statistiquement significatifs.

Un autre problème posé par de tels apprentissages inductifs est celui de la boucle de confirmation ou d'autoconfirmation[1]. Dans un monde où les fréquences des évènements sociaux sont profondément déterminées par les rapports de domination sociale, une prise de décision fondée sur les statistiques présente un grand risque d'autoconfirmation du système social. Cibler le travail de police sur les zones géographiques où ont été réalisées le plus grand nombre d'arrestations, c'est prendre le risque de reproduire les biais de sélection de la police. Recruter des employés en fonction des décisions de recrutement du passé, c'est prendre le risque de reproduire les biais de sélection des recruteurs. Mais le concept de boucle de confirmation ne se réduit pas à la simple reproduction théorique des biais existants : il comprend en outre l'idée que cette reproduction théorique conduit à une reproduction pratique. En basant la prise de décision sur la croyance en une corrélation entre des attributs sociaux, on contribue à reproduire voire à renforcer cette corrélation, qui sera à son tour réutilisée pour justifier des actions du même type, et ainsi de suite. Cibler une zone géographique pour un contrôle policier contribue à reproduire voire à augmenter le taux d'arrestations dans cette zone, ce qui vient confirmer l'idée que cette zone est dangereuse, ce qui vient confirmer l'idée qu'il faut la cibler, etc. Reproduire les biais de genre dans le recrutement contribue à maintenir des équipes très masculinisées, ce qui renforce la croyance qu'il s'agit d'un « travail d'homme », ce qui renforce à son tour la masculinisation du recrutement, etc. Pour anticiper sur l'exemple de COMPAS, ce logiciel de prédiction du risque de récidive peut faire usage de facteurs particulièrement caricaturaux dans leur potentiel d'autoconfirmation, comme l'usage de l'histoire criminelle des parents comme facteur de risque, et ignorer certains facteurs permettant d'infléchir le jugement dans une autre direction, comme la participation à des programmes de réinsertion des détenus. La décision fondée sur les corrélations existantes peut contribuer au renforcement itératif de ces corrélations. Donner une chance aux individus signifie leur donner l'opportunité d'aller au-delà de la reproduction des corrélations attendues entre attributs sociaux, et donc de faire mentir les corrélations : toute conception de l'attribution des bien sociaux basée sur la simple reproduction des corrélations existantes se doit d'être combattue pied à pied.

1. C. O'Neil, *Weapons of Math Destruction. How Big Data Increases Inequality and Threatens Democracy*, New York, Crown, 2016.

ÉQUITÉ

Les croyances sur la réalité sociale ont donc une propriété performative, au sens où elles contribuent à reproduire l'ordre social qu'elles prétendent seulement décrire. Ces boucles de confirmation sont donc un phénomène très général, et bien connu des sociologues. On peut dire de manière sommaire que toute approche inductive des phénomènes sociaux qui ne pose pas la question de l'origine des corrélations présentes entre divers attributs sociaux s'expose fortement à de telles boucles d'autoconfirmation, comme les sciences sociales ont pu déjà le constater à moult reprises bien avant l'introduction du ML, notamment sous le terme de « prophétie autoréalisatrice »[1]. Mais le ML pourrait contribuer à renforcer ce biais de confirmation, en le rigidifiant et en l'ancrant dans l'autorité de la science et de la technique.

Si des modèles de ML simplistes venaient à se généraliser dans des décisions sensibles, notamment dans l'attribution de biens sociaux essentiels, on pourrait assister à une massification délétère de pratiques discriminatoires. Des individus venant d'un milieu social désavantagé pourraient se voir refuser l'accès à l'éducation, à l'emploi, au crédit, à l'assurance, au logement, etc. car rien n'est moins corrélé à l'accès aux biens sociaux qu'une origine défavorisée. D'autre part, les personnes ayant la chance de posséder certains biens sociaux pourraient être systématiquement favorisées dans l'attribution d'autres biens. La société rentrerait alors dans une boucle de confirmation automatisée proprement infernale, d'autant plus cruelle pour ses victimes que son origine leur demeurerait obscure[2].

Loin de nous de suggérer l'idée que le ML est condamné à la reproduction simpliste des corrélations existantes entre attributs sociaux connus. Comme le remarquait déjà Catherine O'Neil, la boucle d'autoconfirmation est fondée sur un mauvais choix de données et d'interprétation des données : le modèle prédictif est jugé à l'aune d'un indicateur que les décisions et actions fondées sur lui ne peuvent qu'améliorer. Un modèle sainement conçu doit au contraire être confronté à des données qui ont le pouvoir d'infirmer les hypothèses sur lesquelles il est fondé. D'un point de vue méthodologique, le grand intérêt de la prédiction est précisément qu'elle

1. R. K. Merton, « The Self-Fulfilling Prophecy », *The Antioch Review* 8, n° 2, p. 1948, p. 193-210. On pourra aussi voir, parmi tant d'autres exemples possibles, une description de ce phénomène à l'œuvre dans l'introduction de P. Bourdieu, *Les Structures sociales de l'économie* (Paris, Média Diffusion, 2016), qui montre comme la soi-disante description des dispositions de l'agent économique rationnel est basée sur et participe du refoulement du long travail d'acculturation qui ont rendu ces dispositions socialement acceptables.
2. D. K. Citron, P. Frank, « The Scored Society. Due Process for Automated Predictions », *Washington Law Review* 89 (1), 2014.

a la capacité d'être fausse. Pour exprimer le plus profond mépris à l'égard d'une théorie trop mal définie pour être confrontée à l'expérience, les physiciens ont coutume de dire « ce n'est même pas faux ». L'attachement rigoureux aux fondements de la méthodologie scientifique permet donc d'éviter les boucles d'autoconfirmation vicieuses.

Le problème des données post-déploiement

Mais pour que ce retour vertueux d'expérience puisse avoir lieu, encore faut-il collecter les données le permettant. Deux cas de figure sont alors possibles. Le premier est celui où cette collecte de données n'est pas effectuée pour des raisons purement contingentes. Il n'existe pas forcément d'obligation légale de collecter des données sur le succès d'un algorithme après son déploiement, et dans bien des cas réels cette collecte n'est tout simplement pas effectuée. Là encore, le cas COMPAS offre des traits remarquables qui ont été relativement négligés. Dans l'enquête menée par l'ONG ProPublica, qui a mené à l'accusation de biais raciste à l'égard de COMPAS sur laquelle nous reviendrons dans la section dédiée[1], ce problème méthodologique est visible dès les premières lignes du rapport : les enquêteurs de ProPublica ont dû collecter eux-mêmes les données sur le succès des prédictions deux ans après le déploiement, car cette collecte n'a tout simplement pas été effectuée par les administrations concernées.

La mise en place d'un cadre législatif contraignant est d'autant plus essentielle que le geste de collecte des données nécessaire à un retour d'expérience, même avec les capacités technologiques contemporaines, ne doit pas être pris pour une évidence. La collecte de données, en particulier dans le secteur administratif, s'effectue sous de lourdes contraintes budgétaires, juridiques et organisationnelles : elle peut notamment supposer la mise en place d'un travail de collecte et de stockage dédié, la mise en place d'un cadre réglementaire idoine, et la centralisation de données et de pouvoirs décisionnels dispersés dans plusieurs services aux relations parfois tendues. Le travail de collecte pourrait bien être plus long et difficile que le travail d'entraînement du modèle, comme c'est d'ailleurs fréquemment le cas en ML. Tout ceci pourrait rendre le travail de retour sur expérience impossible pour des raisons juridiques, éthiques, politiques, organisation-nelles ou budgétaires.

Ce problème est d'autant plus essentiel que cette collecte ne sert pas qu'à éprouver la puissance prédictive des modèles à un temps t, elle sert aussi à traiter un problème essentiel de mise à jour des connaissances. Les

---

1. « La controverse ProPublica », p 209.

modèles d'apprentissage automatique ne peuvent apprendre que des données passées : leur efficience prédictive est fondée sur l'hypothèse que le futur ressemblera au passé[1]. Non seulement cette hypothèse n'a rien d'une évidence, mais elle n'est pas validée une fois par toutes par le succès du modèle sur un ensemble donné de cas. En permettant le déploiement de modèles prédictifs pour des décisions sensibles sans imposer la collecte des données post-déploiement, le système juridique permet donc l'apparition d'une forme d'aberration scientifique et politique, l'*evidence-based policy without evidence*. Il y a là un problème essentiel pour le futur scientifique du ML et pour le futur politique de son emploi, puisque le progrès scientifique de ce domaine comme la discussion politique de sa pertinence comme outil dans la prise de décision sensible ont un besoin vital de la collecte et de l'analyse de ces données post-déploiement. Il y a là un grand problème d'attitude institutionnelle, où certaines institutions pensent pouvoir jouir des avantages rhétoriques d'une politique faite au nom de la science sans accomplir le rude travail de retour critique sur expérience qui est au fondement de la démarche scientifique. Ceci prive donc le modèle d'une des parts les plus essentielles de son progrès méthodologique, à savoir le succès de sa généralisation au-delà des données de test. Il s'agit là d'un problème grave du déploiement industriel du ML, et il est remarquablement peu débattu dans la littérature spécialisée, alors qu'il pourrait faire l'objet d'évolutions juridiques décisives. Il s'agit là d'un problème générique d'emploi des modèles scientifiques prédictifs, mais aussi un problème particulièrement important pour les questions d'équité, qui exigent un retour sur expérience dédié et détaillé.

Même des algorithmes qu'on ne considère pas typiquement comme des algorithmes prédictifs peuvent être vus comme tels, si on leur adjoint un modèle des données. Ainsi, un algorithme calculant un impôt produit une prédiction sur les recettes fiscales à venir, si on lui fournit un ensemble de données qu'on pense représentatif de l'assiette fiscale de l'année à venir. Il devient alors essentiel d'analyser l'écart entre ses prédictions et la réalité, puisque ce n'est pas tant l'algorithme en lui-même qui nous intéresse que

---

1. Cette remarque fréquente doit être nuancée par la distinction entre *batch processing learning* et *online learning*. Dans le premier cas, le modèle est entraîné une fois pour toutes sur une base de données ; dans le second, il est régulièrement mis à jour face à un constant flux de nouvelles données. Ce deuxième type d'apprentissage est particulièrement pertinent pour les modèles au service de plateformes numériques en ligne, qui doivent être régulièrement mis à jour face aux comportements évolutifs des utilisateurs. Mais cette nuance ne fait que renforcer notre intuition fondamentale : la pertinence de l'apprentissage effectué jusqu'à un temps *t* pour tous les moments à venir ne saurait être prise pour une évidence, en particulier lorsqu'on traite de phénomènes sociohistoriques comme les comportements humains.

son action sur les données de ce monde. Cette idée simple mais néanmoins essentielle a été à notre connaissance très peu discutée dans la littérature sur l'éthique et le droit des algorithmes. Même si elle était restreinte au cas d'algorithmes employés dans des décisions sensibles, la contrainte de collecte des données post-déploiement représente une contrainte industrielle majeure, qui mériterait discussion de la part tant des acteurs de l'industrie, des autorités de contrôlé pertinentes que des institutions utilisatrices d'aides à la décision algorithmique.

Autre chose que la répétition du même : le ML au-delà de l'auto-confirmation de l'état de fait

Outre la collecte et l'analyse des données, les développeurs disposent d'une marge considérable de manœuvre dans la conception de leurs modèles, qu'il s'agisse du choix des variables étudiées, de leur usage comme proxies, indicateurs ou métriques de performance, dans le choix des modèles prédictifs – les facilités du ML moderne permettent souvent d'en essayer plusieurs- ou l'interprétation des résultats. Le ML pourrait parfaitement être utilisé comme outil par les sciences sociales pour remettre en cause certaines croyances, en modifiant la perception de certaines corrélations ou en découvrant de nouvelles corrélations qui pourraient légitimer un changement des pratiques existantes vers des pratiques moins discrimina-toires. Les modèles de score de risque de récidive, s'ils ont fait l'objet de nombreuses critiques sur leurs limites scientifiques et leurs potentiels effets discriminatoires, ont ainsi pu avoir un effet politique plus novateur que cette conversation critique a pu quelque peu négliger. Ces modèles ont pu en effet être utilisés pour conseiller beaucoup plus de libérations anticipées ou provisoires que la pratique ordinaire de l'institution judiciaire améri-caine, et donc de ses juges humains[1]. Ces modèles pouvaient en effet permettre d'argumenter de manière contrefactuelle sur la base des scores de risque, et de prédire ainsi qu'il était possible d'obtenir un taux de récidive bien moindre à population carcérale constante, ou de maintenir un taux de récidive constante avec une population carcérale bien moindre. Ils ont ainsi déjà contribué à infléchir la politique pénale de certains États américains, qui recommandent à présent beaucoup plus de largesse dans les mises en liberté. Un tel résultat politique n'a rien d'anodin dans un pays où la

---

1. Voir S. Corbett-Davies, S. Goel, et S. González-Bailón, « Even Imperfect Algorithms Can Improve the Criminal Justice System », *The New York Times*, 20 décembre 2017, « The Upshot », https://www.nytimes.com/2017/12/20/upshot/algorithms-bail-criminal-justice-system.html. pour des exemples de pratiques d'incarcération moins sévères inspirées par l'emploi des outils prédictifs.

politique d'incarcération de masse est devenue un serpent de mer politique, si souvent critiquée sans obtenir de véritable changement. Si le taux de récidive des détenus libérés est proche des prédictions de l'algorithme, celui-ci pourrait donc à long terme contribuer à une inflexion radicale de politique pénale que tant de mouvements critiques n'avaient pas réussi à obtenir, un sujet de réflexion en soi sur l'autorité de la technique dans nos sociétés, et le manque d'autorité des sciences sociales. Quel que soit le retour final sur expérience, il est en effet remarquable que l'emploi de modèles prédictifs ait permis de conférer suffisamment d'autorité à des raisonnements contrefactuels, et donc à des suggestions de politique pénale alternatives, pour permettre l'expérimentation de nouvelles pratiques dans un système politique où l'incarcération de masse demeurait le chemin de moindre résistance politique. Un tel cas d'étude montre la complexité politique des exemples de déploiement du ML, qui peuvent combiner dans un même ensemble de cas des traits innovants, comme une inflexion progressiste de la politique d'incarcération de masse, et des traits profondément délétères. En tout état de cause, l'emploi de modèles scientifiques inductifs n'est donc pas condamné à la reproduction de l'existant, et peut même servir de fondement, ou peut-être de prétexte, à une inflexion radicale des représentations et pratiques politiques existantes. Mais le risque de boucles de confirmation vicieuses demeure bien présent, et cela légitime une réflexion politique et juridique sur le bon usage de ces modèles, et son possible encadrement juridique.

L'ALGORITHMISATION D'UNE DÉCISION SENSIBLE PAR UN ALGORITHME INTERPRÉTABLE : LE CAS PARCOURSUP

Considérations préliminaires

Il convient de rappeler, en concordance avec les remarques méthodologiques de notre chapitre introductif, que l'algorithmisation – et ses potentiels effets discriminatoires – est un phénomène bien plus vaste que le ML. L'un des premiers types d'algorithmes a avoir été automatisé est probablement le plus ancien type d'algorithmes utilisés par la puissance publique, à savoir les algorithmes de calcul, notamment les algorithmes de calcul fiscal[1]. Cette automatisation à bas bruit est très avancée, puisque la collecte des données fiscale, la recherche des fraudes, le calcul du montant

---

1. S. Chignard, S. Penicaud, « "With Great Power Comes Great Responsibility" : Keeping Public Sector Algorithms Accountable », 2019, https://github.com/etalab/

des impôts est aujourd'hui largement automatisé. Il est évidemment parfaitement légitime de s'interroger sur la possibilité d'effets discriminatoires dans la conception et l'exécution de la collecte des impôts, et sur les effets de l'automatisation sur ces éventuelles discriminations, même si ce sujet majeur provoque bien moins de discussions publiques que les dernières applications de l'IA. Pour ne prendre qu'un exemple, la défunte taxe d'habitation a été l'objet de critiques virulentes, portant sur l'opacité du calcul et les écarts de montants apparemment aberrants entre des cas similaires, empêchant d'estimer l'impact fiscal d'un déménagement[1]. L'algorithme est pourtant parfaitement interprétable aux yeux du ML contemporain, puisqu'il est essentiellement un arbre de décision dont les nœuds sont des formules de calcul arithmétique.

Un autre type d'algorithmes que l'automatisation a contribué à banaliser sont les algorithmes d'appariement. Cette classe d'algorithmes vise à l'attribution d'une ressource à un individu, comme les places de crèche pour les familles avec de jeunes enfants, pour prendre un exemple réel. L'automatisation a permis de généraliser l'emploi de tels algorithmes sur de larges populations, une tâche qui aurait pris auparavant un temps bien trop long pour être raisonnable.

L'exemple le plus connu d'un tel algorithme en France est l'algorithme Parcoursup (anciennement APB), un algorithme appariant les places dans les filières universitaires et les étudiants. Cet algorithme a fait l'objet de controverses si passionnées qu'il va probablement façonner sur un temps relativement long la perception de la prise de décision algorithmique dans le pays. Il s'agit d'un exemple difficile à étudier, non seulement par son caractère extrêmement controversé mais aussi par le mélange dans la discussion de traits à la fois très génériques de l'automatisation et de traits hautement contingents, que l'analyse se doit de séparer soigneusement. C'est donc à la fois la difficulté de ce cas et son fort impact politique qui justifie que nous le prenions comme notre exemple d'un algorithme bureaucratique extérieur au ML.

La question de l'opacité de la prise de décision a été largement discutée, même si l'algorithme d'APB puis de Parcoursup seraient considérés comme interprétables aux yeux d'un informaticien. En outre, l'algorithme a l'avantage d'être simple, bien étudié, et de posséder des propriétés

algorithmes-publics/blob/master/20190611_WorkingPaper_PSAAccountability_Etalab. pdf.

1. C. Villani, G. Longuet, « Les Algorithmes au service de l'action publique : Le cas du portail Admission Post-Bac », *Office parlementaire d'évaluation des choix scientifiques et technologiques*, Compte-rendu de réunion n° 5, 16 novembre 2017, p. 51-52.

mathématiquement démontrées : tout ceci contribue à en faire un objet algorithmiquement très bien connu, et donc un candidat naturel pour l'emploi dans une prise de décision sensible[1]. Cela ne résout bien entendu pas les problèmes d'opacité par incompétence, que la controverse politique autour de l'ouverture du code source, et sa nécessaire explication au grand public, a bien mis en évidence. Mais cela nous place aux antipodes des programmes opaques comme l'apprentissage profond ou les forêts aléatoires.

Les controverses politiques autour de Parcoursup sont aussi des cas d'école du biais technocentriste de la discussion des algorithmes d'aide à la décision, qui centre la discussion sur les modalités techniques alors que le fond du problème relève de choix politiques qui ne sont pas forcément affectés par l'automatisation. Ces algorithmes ont ainsi été pris dans les tourments de la discussion de la sélection à l'université, et d'autres choix de politique universitaire qui mériteraient une discussion séparée des enjeux de l'automatisation. Un exemple caricatural d'un tel biais de la discussion a été offert par le débat autour de l'usage du tirage au sort pour les filières non-sélectives sous tension dans l'algorithme APB. Puisqu'un tel tirage au sort est incompatible avec l'idéal scolaire méritocratique qui réside au cœur du système politique français, il a fait l'objet de controverses passionnées parfaitement attendues. Ceci permit de présenter l'algorithme Parcoursup comme une « solution » au problème du tirage au sort, sur le mode d'une fausse alternative « Parcoursup ou le tirage au sort ». Il s'agit là d'un exemple caricatural de construction d'une pseudo-alternative politique, dans la mesure où aucune contrainte technique ne forçait à réduire ainsi le champ des possibles. L'emploi de l'algorithme contribue ainsi à semer la confusion dans le débat politique, un effet très regrettable mais en soi parfaitement contingent de l'algorithmisation due à son instrumentalisation par la communication gouvernementale. Nous verrons que le débat autour de l'équité de l'emploi du tirage au sort, au-delà des controverses artificielles, permet de comprendre la différence entre deux conceptions différentes de l'équité. La première, implicite dans la majorité de la littérature, comprend l'équité comme absence de biais. La seconde comprend l'équité comme fondement en raison de la hiérarchie créée par la décision entre les individus[2].

L'examen de la question de la sélection nous permettra de mettre en lumière un aspect générique, mais souvent négligé des décisions bureaucratiques affectant l'accès à un bien social sous tension. Ces décisions

---

1. Voir « L'algorithme sous-jacent : Gale-Shapley, ou les mariages stables », p. 163.
2. Voir « La généralisation de la logique sélective et ses effets : deux conceptions de l'équité », p. 168.

reposent sur une hiérarchisation des candidats au bien social. Nous allons voir que ce n'est pas seulement l'équité des critères employés pour obtenir cette hiérarchie qui fait débat, mais la possibilité même de produire une telle hiérarchie sur la base des connaissances accessibles à l'institution bureaucratique. La prise en compte des limites épistémiques de la bureaucratie éclaire d'un jour nouveau les enjeux d'équité de la décision[1].

Pour revenir au cœur de notre sujet, à savoir les discriminations, la possibilité d'effets discriminants de Parcoursup a aussi été discutée au début de son déploiement, notamment en considérant le taux extrêmement bas d'étudiants admis dans le supérieur dans certaines régions géographiques comme la Seine Saint-Denis[2]. Mais si l'analyse de Parcoursup nous intéresse dans le cadre de chapitre sur l'équité, c'est pour d'autres raisons, qui lui sont plus spécifiques. La seconde est que l'analyse d'éventuelles discriminations doit prendre en compte le caractère mixte de la procédure, qui combine des éléments de décision humains, comme les décisions des jurys d'admission et les décisions d'acceptation des offres faites par les étudiants, à des éléments de décision algorithmique. Cet exemple nous rappelle donc un trait essentiel de l'automatisation des décisions, à savoir qu'elle est souvent partielle. Nombre de processus de décisions sont à présent des processus mixtes, mélangeant décisions humaines et décisions automatiques. Nous retrouverons le problème de cette mixité méthodologique de la décision, et de son encadrement juridique, lorsque nous examinerons notre exemple de ML. Mais l'exemple de Parcoursup a ceci d'intéressant que la présence d'éléments de décision humaine, en plus d'être un héritage institutionnel dans le cas des jurys, a été introduite au nom d'une forme d'humanisation du processus pour les décisions au fil de l'eau des étudiants. Cette question de l'humanité de la décision étant une interrogation aussi naturelle que récurrente face à l'automatisation, cet exemple est d'autant plus pertinent qu'il permet de faire plus que d'aborder cette question frontalement : il permet aussi, comme nous le verrons, de mettre en lumière certains effets pervers d'une quête d'humanité qui ignore les conditions concrètes d'exercice de la décision bureaucratique[3].

---

1. Voir « De la possibilité épistémique de la hiérarchisation », p. 175.

2. J. Gossa, « Parcoursup : Quelle place pour le lycée d'origine dans le tri des dossiers ? », *Docs en stock : dans les coulisses de la démocratie universitaire* (blog), 7 mars 2018, https://blog.educpros.fr/julien-gossa/2018/03/07/parcoursup-quelle-place-pour-le-lycee-dorigine-dans-le-tri-des-dossiers/. Il est cependant très contestable qu'il s'agisse là d'un problème d'équité algorithmique, puisque la prise en compte du lycée d'origine intervient au niveau des jurys de sélection, et non dans l'algorithme lui-même.

3. Voir « Sur les paradoxes de l'humain », p. 180

L'algorithme sous-jacent : Gale-Shapley, ou les mariages stables

Avant de nous consacrer à l'étude d'un exemple de ML, nous allons donc étudier un autre exemple des problèmes d'équité posés par l'algorithmisation d'une décision sensible, réalisée avec des outils nettement différents de ceux du ML, à savoir l'algorithmisation de l'attribution de places dans l'enseignement supérieur. Nous allons commencer par une présentation de l'algorithme sous-jacent aux deux plateformes employées successivement, APB et Parcoursup, à savoir l'algorithme d'appariement de Gale-Shapley, dit aussi « algorithme des mariages stables ».

Du point de vue algorithmique, l'attribution de places dans des formations à des candidats étudiants constitue un problème d'appariement. Étant donné deux ensembles, un ensemble d'étudiants et un ensemble de places dans des formations, il s'agit de former des couples (étudiant, place dans une formation), d'où l'analogie avec le mariage. La solution proposée par Gale-Shapley est remarquablement simple. Chaque membre potentiel d'un couple produit une liste strictement ordonnée exprimant ses préférences : une liste de vœux pour les étudiants, une liste des candidats pour les formations. On répartit alors les deux ensembles en un ensemble de proposants et un ensemble de disposants[1]. Le proposant envoie une demande à un membre des disposants en suivant l'ordre de ses préférences : s'il est refusé par un disposant, il passe à son vœu suivant. Le disposant, qui n'a pas le choix des individus qui se proposent à lui, a le pouvoir d'accepter ou de refuser une « demande en mariage ». L'acceptation prend plus la forme de fiançailles que d'un mariage en bonne et due forme, puisqu'elle est provisoire : le disposant a le droit de se dédire s'il reçoit plus tard une demande plus intéressante, c'est-à-dire faite par un candidat plus haut placé dans ses préférences. Quand les disposants cessent de recevoir des demandes, la procédure s'arrête.

Si l'algorithme de Gale-Shapley est remarquable, ce n'est pas tant par sa procédure, extrêmement simple, que par les propriétés théoriques de la solution. L'algorithme est en effet bien connu d'un point de vue mathématique, et il a été démontré que la solution auquel il parvient jouit de trois propriétés remarquables. La première est qu'il n'existe pas dans cette solution d'« envie justifiée ». Il existe une envie justifiée lorsque dans deux

---

1. Dans certaines présentations, les proposants sont appelés « les hommes » et les disposants « les femmes. » Outre qu'on peut protester contre le stéréotype de genre qui attribue à l'homme le rôle actif de se proposer, et à la femme le rôle passif de disposer, il faut bien rappeler que le mariage n'est ici qu'une métaphore pédagogique commode : les deux ensembles pourraient tout aussi bien être des meubles et des places dans des boxes de stockage.

couples (a, b) et (a', b'), a préférerait être en couple avec b', et b' préférerait être en couple avec a. Pour filer la métaphore maritale, une situation d'envie justifiée correspond à un désir d'adultère réciproque : il existe des membres de couple qui auraient été plus heureux ensemble que dans leurs couples respectifs. Dans le cas de la solution offerte par Gale-Shapley, il n'existe pas d'envie justifiée : les mariages sans envie justifiée sont qualifiés de « mariages stables », et c'est la raison pour laquelle on appelle aussi Gale-Shapley l'algorithme des mariages stables.

La deuxième propriété remarquable est que la solution de Gale-Shapley constitue un optimum de Pareto. Le terme « optimum de Pareto » est employé en économie pour désigner une configuration d'attribution d'une ressource où il est impossible d'améliorer la situation d'un individu sans dégrader la situation d'un autre. En d'autres termes, l'optimum de Pareto est la meilleure solution possible si l'on cherche à améliorer la situation de tous en même temps. Dans notre cas de figure, il serait donc impossible d'offrir à un étudiant une formation plus haute dans sa liste de vœux sans dégrader la situation d'un autre étudiant.

Enfin, la solution stable et Pareto-optimale a le mérite d'être unique : il n'existe pas deux appariements distincts satisfaisant ces deux propriétés à la fois. Ceci justifie l'idée que l'algorithme de Gale-Shapley atteint la solution optimale, au sens d'optimalité défini par la stabilité et la Pareto-optimalité. Une fois cette solution atteinte, il n'y a donc plus rien à faire si notre tâche constituait à atteindre une solution stable et Pareto-optimale. C'est la raison pour laquelle Gale-Shapley est devenu une forme de standard de l'algorithme d'appariement, qui a déjà été utilisé dans nombre de pays pour attribuer des places dans l'enseignement supérieur[1].

Une telle définition de la tâche d'appariement n'a bien sûr rien d'une évidence : elle constitue le résultat d'un effort de formalisation de nos intuitions sur ce qui constitue une solution juste, ce qui représente un choix conceptuel considérable. Comme le remarquait déjà Amartya Sen[2], une société où une toute petite minorité concentre l'immense majorité des richesses et laisse la masse de la population dans une misère atroce peut parfaitement constituer un optimum de Pareto, s'il n'est pas possible d'améliorer la situation du plus grand nombre sans diminuer la fortune des plus riches : le paradis de Pareto peut donc très bien être un enfer. En outre,

1. N. Lenoir *et al.*, « Rapport Au Parlement Du Comité Éthique et Scientifique de Parcoursup » (Ministère de l'Enseignement supérieur, de la Recherche et de l'Innovation ..., 2019), p. 15.
2. A. Sen, *On Ethics and Economics*, Hoboke, NJ, Blackwell Publishing, 2004, p. 31-32.

dans le cas de l'attribution des places dans les formations de l'enseignement supérieur, un étudiant pourrait très bien ne faire pratiquement pas de différence entre son premier et son second vœu, tandis que l'accès à cette place pourrait représenter une énorme différence pour un autre étudiant. Faire passer le premier à son second vœu pour libérer la place pour cet autre étudiant pourrait donc constituer une solution bien préférable, puisqu'elle serait bien plus satisfaisante pour un étudiant sans dégrader sensiblement la situation de l'autre. Mais de telles distinctions fines sont inaccessibles pour la procédure, qui doit considérer toutes les listes de vœux sur le même pied, et donc uniformiser des hiérarchies de vœux qui peuvent prendre des sens très différents selon les étudiants. On voit là un point essentiel que nous retrouverons dans notre discussion de la hiérarchisation des étudiants par les formations. Une telle procédure centralisée doit arbitrer le destin de centaines de milliers de personnes sur la base d'une information très limitée, et ne peut donc opérer qu'avec un modèle fort simplifié de son problème, qui en caricature certains facteurs et en ignore complètement d'autres. Par exemple, pour des étudiants que des contraintes maritales ou familiales attachent à un lieu particulier, le lieu de la formation peut être aussi important que la formation elle-même. Une étudiante pourrait ainsi souhaiter être dans la même ville que sa compagne ou son compagnon : la plateforme n'a pas accès à cette préférence, sinon de manière indirecte par la hiérarchisation des vœux. Si ces limitations sur l'information disponible sont, comme c'est bien souvent le cas dans la pratique, très difficiles à dépasser[1], cela signifie que la procédure doit implémenter une conception de la justice marquée par de fortes limitations épistémiques : la prise en compte de ces limitations est donc essentielle à une conception raisonnable de l'algorithmisation.

La formalisation proposée de l'équité de la solution, si elle est discutable, n'est cependant pas dénuée de pertinence. La propriété de stabilité des mariages semble digne de considération, et même l'optimum de Pareto n'est pas aberrant dans ce cas. On ne peut pas finir ici dans le cas décrit par Amartya Sen où la Pareto-optimalité serait synonyme de concentration dystopique des ressources entre les mains d'une petite caste de privilégiés : l'ensemble des étudiants peut espérer avoir une formation aussi haute que possible en respectant les désirs des autres étudiants. En prenant en compte

---

1. Ces limites pratiques peuvent d'ailleurs être juridiques aussi bien que techniques : une plateforme d'accès à l'enseignement supérieur n'a pas nécessairement le droit d'avoir accès à toutes les informations personnelles qui déterminent les préférences, comme la vie maritale des étudiantes et étudiants dans notre exemple.

l'information limitée dont dispose l'administration pour comprendre les préférences des étudiants, la solution de Gale-Shapley semble donc jouir de propriétés d'équité qui la rendent relativement désirable, et ceci explique en partie son statut de classique des algorithmes d'appariement.

L'un des avantages d'une procédure jouissant de propriétés théoriques d'optimalité est qu'elle incite les utilisateurs à faire une déclaration sincère de leurs préférences. Une procédure juste est une procédure dont les utilisateurs finaux peuvent espérer avoir la meilleure solution possible pour eux-mêmes s'ils déclarent sincèrement leurs préférences, au lieu de se livrer à des calculs tactiques. Pour garantir la sincérité, il vaut mieux que les formations n'aient pas accès à l'ordonnancement de leurs vœux par les étudiants : cet ordonnancement va naturellement être pris par la formation comme un indicateur du degré de motivation de l'étudiant, et peut donc jouer en sa faveur ou défaveur. Pire encore, l'étudiant peut craindre de vexer le jury d'admission en plaçant la formation bas dans sa liste de vœux. La simple conscience de ce fait peut mener l'étudiant à ajuster tactiquement sa liste. Tout ceci doit être évité parce que la sincérité dans la déclaration des préférences a de multiples propriétés politiques désirables. Tout d'abord, la capacité à mettre au point une stratégie institutionnelle gagnante, dans la mesure où elle dépend d'une connaissance détaillée du fonctionnement des institutions, est très inégalement distribuée dans la société : toute procédure favorisant les personnes douées d'une telle capacité stratégique favorise les couches sociales les plus privilégiées. En plus de cette propriété d'équité, la déclaration sincère des préférences fournit une information très intéressante aux institutions, qui peuvent se mettre à produire des statistiques sur l'écart entre les désirs des étudiants et la distribution finale des places dans les formations, et prendre en compte cette information dans leur réflexion future.

À l'heure actuelle, aucune des deux plateformes n'a satisfait ces deux propriétés. La plateforme APB donnait malheureusement accès à l'ordonnancement des vœux à certaines formations, et ouvrait ainsi la porte à certains ajustements tactiques. La plateforme Parcoursup, comme elle ne suppose pas une déclaration des préférences en amont pour privilégier leur expression au fil de l'eau, n'a pas ce défaut[1]. En revanche, cette plateforme a ainsi sacrifié la collecte d'une information extrêmement intéressante : tout ce que l'institution sait à la fin des courses est qu'un étudiant a été admis dans une formation, sans aucune notion de la place de cette formation dans l'ordre des vœux de l'étudiant. La plateforme Parcoursup

---

1. Pour plus de détails sur cette question, voir N. Lenoir *et al.*, « Rapport au Parlement du comité éthique et scientifique de Parcoursup. », art. cit., p. 18-19.

a donc renoncé à collecter l'une des informations les plus intéressantes pour la conception d'une politique d'accès à l'enseignement supérieur. L'un des avantages les plus cruciaux de l'automatisation et de la centralisation d'une telle procédure est précisément qu'elle permet la collecte à l'échelle nationale d'une telle information, et que la production de nombreuses statistiques est désormais grandement facilitée par l'existence d'outils logiciels dédiés[1]. Comme nous le verrons plus bas, ce renoncement à l'expression des vœux en amont a été justifié par une volonté de « rendre la main » à l'utilisateur, en lui donnant l'opportunité de décider ses préférences au fur et à mesure des offres reçues, au lieu de devoir les décider bien plus tôt dans l'année. Si une telle décision de conception a évidemment des mérites, il faut se demander si elle contrebalance bien la perte de certains avantages cruciaux de l'automatisation, surtout quand, comme nous verrons que c'est le cas, la perte d'information n'est pas le seul défaut de ce choix.

Ce qui frappe en examinant la dynamique du débat public sur les deux plateformes, c'est la justement la faiblesse, pour ne pas dire l'absence, de la discussion de ces propriétés théoriques de l'algorithme. Sans une discussion de ces propriétés, le débat ne portait pas sur ce qui, du point de vue informatique, fait l'essentiel des propriétés techniques de l'algorithme. On peut donc dire, en exagérant à peine, que l'algorithme derrière les deux plateformes n'a jamais été un objet du débat public. Ceci peut aisément s'expliquer par la technicité de ces considérations : des expressions telles que « Pareto-optimal » et « unicité de la solution » ne font que rarement leur apparition au journal télévisé. Ceci constitue cependant une leçon redoutable pour le débat public sur les algorithmes, et la question de l'opacité par l'incompétence. D'un point de vue algorithmique, Gale-Shapley constitue un cas d'école d'une procédure simple et bien connue d'un point de vue mathématique. Ses propriétés techniques sont d'une technicité limitée : on peut donner sans trop de difficultés une intuition de la stabilité des mariages et de l'optimalité de Pareto. Si un tel algorithme ne peut faire l'objet d'une discussion publique informée, il y a de quoi s'inquiéter pour l'avenir du débat public sur l'informatisation lorsqu'il concernera des procédures classiques d'une bien plus grande sophistication, ou des modèles de ML souffrant d'une opacité fondamentale.

Dans ce contexte de négligence des propriétés techniques de l'algorithme, une décision politique sensible a été prise à bas bruit dans la conception de la plateforme. Comme on vient de le voir, l'algorithme de Gale-Shapley suppose de définir des rôles de disposants et de proposants pour les deux

---

1. Il nous faut ici remercier notre étudiant Maxime Darrin, qui est celui qui nous a fait prendre conscience de l'importance de ce point.

populations à apparier. Ce choix est loin d'être innocent, dans la mesure où la garantie d'optimalité de la solution n'existe que pour les proposants. Dans APB comme dans Parcoursup, ce sont les formations qui jouent le rôle de proposants, et ce sont donc elles qui bénéficient de la garantie d'optimalité. Ceci n'implique pas que les étudiants se voient systématiquement attribuer une solution indésirable : l'absence de garantie théorique du meilleur n'est pas une garantie théorique du pire. Mais il y avait tout de même là un choix qui n'est pas anodin, celui de faire jouer les propriétés théoriques de l'algorithme en faveur d'un ensemble d'acteurs plutôt qu'un autre. Ce choix aurait pu être l'objet d'un débat politique qui n'a tout simplement pas eu lieu. On pourrait encore arguer de la technicité du problème, mais il aurait été possible de dire plus simplement que la solution adoptée devait favoriser soit les étudiants, soit les formations, en fonction d'une certaine conception de la meilleure solution, et que le choix a été fait de favoriser les formations. L'information n'aurait certes pas été d'une précision chirurgicale : elle aurait au moins eu le mérite d'exister, et de susciter des questions. Rien de tout cela n'a eu lieu, ce qui n'invite pas à l'optimisme quant aux capacités de notre sphère publique face à ces questions.

La généralisation de la logique sélective et ses effets : deux conceptions de l'équité

Mais pour comprendre le débat politique autour de Parcoursup et ses enjeux, il n'est guère possible de se limiter à une présentation de l'algorithme de Gale-Shapley et de ses propriétés. Non seulement ces propriétés n'ont guère été centrales dans le débat public, mais le terme « discussion de l'algorithme » est lui-même trompeur, dans la mesure où la discussion des propriétés qu'on qualifierait aisément de techniques ont été inextricablement mêlées à des considérations politiques bien plus larges, relevant notamment de la politique de l'enseignement supérieur français. Tout centrage sur l'objet technique est donc condamné à rater la nature du cas Parcoursup, qui est simultanément technique, politique et juridique.

À titre de préliminaires, il convient de distinguer entre plusieurs types de filière dans l'enseignement supérieur. Les filières sélectives sont les filières ayant le droit de trier leurs candidats sur des critères académiques, comme les classes préparatoires aux grandes écoles. Les filières n'ayant pas le droit d'employer de tels critères sont appelées « filières non-sélectives », même si elles sont parfois forcées de classer leurs candidats selon d'autres critères par défaut de places. Dans le système français d'avant la loi ORE, il s'agissait essentiellement des licences à l'université. Ceci nous mène directement à la seconde distinction, à savoir la distinction entre filières dites « sous tension », où le nombre de candidatures excède largement le nombre de places disponibles à un moment donné, et les filières qui ne le sont pas. Il est aussi décisif, comme on le verra plus bas, de distinguer entre filières de masse et filières à petits effectifs : cette distinction d'apparence purement pratique est en réalité de la plus haute importance conceptuelle. L'intégralité de la combinatoire des propriétés possibles est explorée par le système des filières français. Il existe ainsi des filières sélectives qui ne sont pas sous tension, tant et si bien qu'en réalité tout le monde y est admis[1], tout comme il existe des filières non-sélectives sous tension, comme par exemple Psychologie, STAPS, Droit, et quelques filières de médecine. Ces filières non-sélectives sous tension deviennent donc sélectives *de facto*. Selon le rapport de la Cour des comptes sur Parcoursup 2019[2], le phénomène n'a rien d'anecdotique, puisqu'il concerne près de 20 % des filières et près de 30 % des candidats admis.

La notion de « filière sous tension » est évidemment relative à de nombreux facteurs contextuels. Le nombre de places dans les filières n'est pas un don venu du Ciel, mais dépend des politiques de financement de l'enseignement supérieur ; et le nombre d'étudiants s'orientant vers une filière dépend de nombre de facteurs démographiques, économiques et culturels, ainsi que de l'information reçue sur leurs options d'orientation. Le nombre de demandes reçues dépend même du contexte technologique, puisque l'informatisation, en facilitant le processus de demande par rapport aux dossiers papier, a poussé les étudiants à présenter leur candidature dans plus de filières[3].

Ces préliminaires sur la disponibilité des places dans l'enseignement supérieur étant posés, il faut commencer la discussion des relations entre

---

1. Le rapport de la Cour des comptes recommande d'ailleurs la suppression de la notion de filière non-sélective.
2. « Un premier bilan de l'accès à l'enseignement supérieur dans le cadre de la loi Orientation et réussite des étudiants » (Cour des comptes, 2020).
3. Une technologie visant à économiser une ressource peut finir par faciliter l'augmentation de sa consommation globale, contre l'effet attendu. Ainsi, un dispositif permettant de diminuer la consommation d'énergie d'un appareil peut indirectement contribuer à l'augmentation globale de la consommation d'énergie par le parc de ces appareils, par exemple en démocratisant son accès : on parle alors d'« effet rebond ». Dans le cas des plateformes de candidatures aux filières du supérieur, qui ont en partie été créées pour faire face à la massification de certaines filières, l'introduction de cette technologie a pu créer une forme d'effet rebond en favorisant la multiplication des candidatures, bien moins lourdes à envoyer qu'au temps du dossier papier, et à augmenter ainsi la tension pour certaines filières. Mais cet effet rebond n'est cependant pas très grave tant que l'automatisation du traitement permet de toute façon de gérer les flux en un temps raisonnable, ce qui, on va le voir, n'a pas toujours été le cas pour la plateforme Parcoursup.

la logique sélective dans l'enseignement supérieur et l'emploi d'un algorithme d'appariement. La plateforme APB est née de la généralisation progressive au niveau national d'un système conçu au départ pour les Classes Prépara- toires aux Grandes Écoles (CPGE). Cette généralisation était à la fois le fruit d'un retour d'expérience plutôt positive sur l'emploi de ce système à des échelons locaux, et elle venait répondre à l'augmentation de la tension entre offre et demande dans certaines filières, confrontées qu'elles étaient à une augmentation du nombre de candidats consécutive au petit baby-boom des années 2000 et à l'augmentation du taux de réussite au baccalauréat. Ici comme ailleurs, l'automatisation est donc due à un problème de gestion des flux. La mise en place d'une plateforme nationale pour l'accès à l'enseignement supérieur constitue une généralisation à l'ensemble des filières d'une approche dédiée aux problèmes des filières sélectives sous tension qui, s'ils augmentaient en gravité et en portée, ne concernent pas l'intégralité des filières, loin s'en faut. Les plateformes APB et Parcoursup forcent ainsi des filières non-sélectives qui ne sont pas sous tension à produire une liste hiérarchisée de leurs candidats, quand bien même il est certain que tous seront acceptés : on produit donc un surcroît de travail bureaucratique pour les enseignants. S'il ne s'agit pas là d'une tragédie bureaucratique, ceci illustre bien l'uniformisation de traitement introduite par la centralisation de la procédure. Du point de vue de la structuration du débat public, la mise en place de ces procédures pousse également à penser l'accès à l'enseignement supérieur en termes de sélection des candi- dats. Cette focalisation du débat constituerait déjà une vue réductrice du problème pour les filières sélectives sous tension. Il est aussi important de parler du taux d'échec des étudiants, de l'information des étudiants sur leur choix d'orientation, des moyens des filières et de leur conception pédagogique, des possibilités de changement de parcours, du niveau acquis au secondaire, et de tout autre facteur contribuant au succès des études supérieures. De réductrice pour les filières sélectives sous tension, l'attention exclusive aux questions de sélection devient franchement aberrante pour les autres filières. La controverse autour de la plateforme Parcoursup a donc contribué à une focalisation du débat sur l'enseignement supérieur sur la question de la sélection, ce qui constitue en soi une déformation regrettable du débat.

Durant la généralisation de cette procédure conçue au départ pour des petites filières, un problème qui ne se posait pas ou peu pour ces formations a pris plus d'importance pour les concepteurs, à savoir le problème des candidats ex aequo. Plus le nombre de candidats augmente, plus il devient difficile d'obtenir un ordre strict sur les candidats avec un ensemble de critères définis en amont. Pour nombre de filières non-sélectives, les critères extra-académiques utilisés pour hiérarchiser les candidats n'étaient pas suffisamment fins pour prévenir l'apparition d'un nombre absolu assez considérable de candidats à égalité[1]. Confrontés à ce problème, les concepteurs et conceptrices de la plateforme APB ont opté pour une solution technique fréquente en informatique, à savoir le tirage au sort. L'introduction du tirage au sort n'avait donc rien d'une nécessité inhérente au dispositif : d'un point de vue informatique, il s'agit d'une simple rustine technique visant à résoudre un problème de structuration des données.

Comme le sait toute personne ayant suivi l'actualité de ce débat, c'est pourtant cette rustine qui va sonner le glas de la plateforme APB. Dans un pays où la méritocratie scolaire joue le rôle de mythe fondateur du système politique, l'introduction de l'aléatoire ne pouvait être vécue que comme un scandale, et c'est ce scandale qui a sonné le glas de la plateforme APB, et justifié l'introduction d'une nouvelle plateforme, Parcoursup. Le caractère scandaleux de l'aléatoire était d'autant plus prévisible qu'il fait plus que choquer le sens commun méritocratique de notre système scolaire. Il va jusqu'à heurter l'intuition fondamentale qu'une décision présentant des enjeux de justice se doit d'être fondée en raison et en particulier qu'une décision introduisant une hiérarchie entre des personnes physiques doit être fondée sur des raisons portant sur ces personnes physiques. Pour cette conception de la justice, l'aléatoire crée littéralement un ordre, et donc une hiérarchie, sans raison, dont la seule justification est, ou à tout le moins semble être, qu'« il fallait bien départager ». D'une manière fort paradoxale, la décision algorithmique, qui semblerait *a priori* un univers interdisant d'agir sans raison, devient le lieu d'introduction de cet arbitraire de l'aléatoire. Le scandale provoqué par le tirage au sort montre l'absence d'adhésion à une conception de l'équité qui soit pure indifférence aux caractéristiques individuelles des candidats.

1. Insistons bien sur le « nombre absolu » : en proportion, il s'agit d'une très petite part des candidats et candidates. La sociologue Corine Eyraud a ainsi pu calculer que le nombre de candidates se voyant refuser leur premier vœu par tirage au sort représentait 1.1 % des inscrites et inscrits sur APB Corine Eyraud, « Parcoursup : court essai d'analyse sociologique », n.d., 3. Il ne s'agit pas pour nous de suggérer que l'importance en droit d'une question politique se mesure strictement par son impact statistique. Il s'agirait là d'un critère grossier, surtout lorsqu'on parle de normes dont la modification peut avoir une portée symbolique très forte, même si elle ne se fait que peu sentir dans les statistiques au départ. Mais la focalisation du débat sur la sélection en général, et sur la modalité aléatoire de cette dernière en particulier, a de quoi laisser songeuse toute personne connaissant quelque peu les problèmes affligeant l'enseignement supérieur français.

Pourtant, l'introduction de l'aléatoire pouvait être justifiée autrement que comme une simple rustine technique. Lorsque les critères en place sont insuffisants pour départager deux candidats, l'introduction d'un nouveau critère peut être soit pratiquement impossible, par exemple pour des raisons juridiques ou organisationnelles, soit dépourvu de fondement épistémique, par exemple si les enseignants sont incapables de s'accorder sur un critère pédagogique supplémentaire permettant de départager les mérites des deux candidats. En l'absence de tels critères, l'emploi de l'aléatoire, parce qu'il jette un voile d'ignorance complet sur les candidats, a pour mérite de prévenir l'introduction subreptice de biais défavorable à l'égard de telle ou telle population. Rien n'est *a priori* moins chargé de préjugés que le tirage au sort, qui s'opère dans une complète ignorance de la nature des individus impliqués. C'est donc bien la conception de l'équité comme absence de biais discriminatoire que nous avons évoquée en introduction qui peut justifier l'emploi de l'aléatoire. Mais comme on vient de le voir brièvement, la conception de la justice à la source des résistances à l'emploi de l'aléatoire s'appuie sur une hypothèse concurrente sur la nature d'un départage équitable entre des personnes, à savoir qu'il doit être fondé en raison sur des différences entre ces personnes, et ne peut donc être fondé sur un voile d'ignorance. S'il ne s'agit pas d'utiliser des raisons discriminatoires, on ne peut néanmoins opérer un départage sans raison : être équitable, ce n'est pas seulement poser un voile d'ignorance sur certaines différences entre les personnes, c'est fonder en raison un départage entre des personnes sur une différence légitime entre ces personnes. Sans cette différence légitime, la hiérarchie ainsi établie ne peut qu'être injuste, parce qu'elle est littéralement sans raison. Un partage équitable n'est pas qu'un partage qui ignore ce qu'il doit ignorer, mais aussi un partage qui sait ce qu'il doit savoir.

Ce que cette brève discussion montre, c'est que la controverse autour de l'introduction de l'aléatoire dans APB ne relève ni d'une opposition entre des personnes attachées à un sens élémentaire de la justice face à une rustine bureaucratique aberrante, ni d'une opposition irrationnelle à une mesure parfaitement douée de sens au vu du contexte. Elle repose en dernier recours sur la confrontation entre deux conceptions de l'équité, l'une qui fait la part belle à l'ignorance de ce qui doit être ignoré, et l'autre qui fait la part belle à la connaissance de ce qui doit être connu. Comme on peut s'y attendre, la controverse publique n'a guère porté sur des discussions avancées des relations entre ces deux conceptions de la justice, que nous ne pouvons qu'appeler de nos vœux. En revanche, il n'est pas impossible que l'emploi de l'aléatoire ait suscité un sentiment de je-m'en-foutisme institutionnel qui a pu contribuer à l'indignation publique.

D'un point de vue politique, l'introduction de l'aléatoire dans une décision sensible comme l'accès à l'enseignement supérieur constituait à coup sûr une manœuvre dangereuse si elle venait à être exposée à la lumière du débat public. Le destin malheureux d'APB illustre ainsi les problèmes de délimitation du technique et du politique. Confrontés à un problème concret, les informaticiens concevant la plateforme ont employé un critère technique courant en informatique. Ce qui surprend *a posteriori*, c'est que ni les techniciens, ni les administrateurs en charge du développement n'ont perçu l'explosivité proprement politique d'un tel critère, alors que l'importance de la méritocratie scolaire dans le système politique français n'est un mystère pour personne. L'informatisation d'une décision n'a pas fait que produire un transfert de pouvoir vers des informaticiens ne brillant pas toujours pas leur conscience politique : il semble qu'elle est aussi produite une dépolitisation de la question des critères aux yeux des administrateurs mêmes. Il y a là une évolution frappante non seulement des personnels, mais des sensibilités, même si tout ceci mériterait à coup sûr d'être l'objet d'une enquête ethnographique. Ce qui a pu favoriser une telle imprudence, c'est que l'ordre des candidats ne joue un rôle important qu'à la proximité de ce que les informaticiens appellent la frontière de la décision, soit la frontière séparant les admis des recalés. En termes simples, elle ne joue un rôle décisif que pour l'attribution de la dernière place. Il s'agit par nature d'un nombre statistiquement faible d'individus, et il peut donc être naturel de subodorer qu'il s'agit donc d'une question de faible importance, si on oublie la distinction entre l'importance statistique et l'importance symbolique d'une question.

Le scandale autour de l'emploi de l'aléatoire dans APB est décisif pour comprendre la dynamique du débat public autour de Parcoursup. Alors que la conception d'APB pouvait se faire dans une relative innocence politique, celle de Parcoursup s'est faite dans un contexte politique tendu. Cela a contribué à une conception et une promotion de Parcoursup contre les limitations supposées d'APB. Pourtant, l'examen technique de la nouvelle plateforme montre que les deux moutures partagent l'essentiel de leurs caractéristiques de conception – elles sont toutes les deux des implémentations de Gale-Shapley – et même de leur code. Comme le souligne le rapport de la Cour des comptes, Parcoursup est mieux caractérisé comme une nouvelle marque pour une plateforme mise à jour que comme une plateforme nouvelle. Le changement le plus important entre Parcoursup et APB ne tient pas au contenu technique, mais au contexte juridico-politique. Le déploiement de Parcoursup est concomitant de l'application d'un nouveau cadre juridique pour l'accès à l'université, la loi ORE. Celle-ci légalise l'application de critères académiques dans l'accès aux filières universitaires, en bref la fameuse « sélection à l'université ». Dans un effet bien connu des controverses politiques, la concomitance de deux événements, la réforme juridique et la réforme technique, allait rendre leur perception et discussion inséparables. Lorsqu'on parle de « Parcoursup » dans le débat public, il n'est donc pas *a priori* clair si on parle de la plateforme ou de la loi ORE, ce qui démontre encore une fois la pertinence de généraliser le système informatique au système sociotechnique constitué par la plateforme et le cadre juridique. Cet élargissement du regard est d'autant plus important que rien dans le dispositif technique n'impose la sélection sur critères académiques. L'algorithme de Gale-Shapley a besoin qu'on lui donne en entrées des listes ordonnées : la manière dont est conçu cet ordre lui est complètement indifférente. L'introduction de la sélection académique est donc bien une décision politique, au sens où elle est complètement indépendante des contraintes introduites par le système technique.

Cette confusion a été savamment entretenue par un discours gouvernemental vantant Parcoursup comme une solution au scandale APB. Le débat sur la méritocratie, qui aurait pu *a priori* être complètement absent de l'histoire d'APB, a été lâché par l'introduction maladroite d'une rustine technique, le départage des cas d'égalité par un tirage au sort, dont la portée politique n'avait pas été mesurée. La balle a été saisie au bond par un gouvernement désireux de généraliser la sélection sur critères académiques à l'entrée de l'université. Pour mieux vendre cette sélection, il suffisait de la présenter comme une solution au scandale antiméritocratique du tirage au sort[1]. Le destin de l'algorithmisation se trouvait ainsi mêlé, de manière complètement contingente, à une question politique explosive. Rien n'autorisait à présenter Parcoursup, et donc la sélection académique concomitante, comme la seule alternative possible à la chienlit aléatoire[2].

---

1. H. Assekour, « Un an avant Parcoursup, Le "scandale" monté en épingle du tirage au sort », *Arrêt Sur Images*, 25 mai 2018, https://www.arretsurimages.net/articles/un-an-avant-parcoursup-le-scandale-monte-en-epingle-du-tirage-au-sort. La journaliste a le bon goût de rappeler que la sélection à l'université faisait déjà partie du programme du candidat Macron, et que le scandale suscité par l'aléatoire pouvait être une belle opportunité politique d'introduction de cette mesure.

2. Voir le bilan dressé par la Ministre Frédérique Vidal en janvier 2019, où l'élimination du tirage au sort est présentée comme un des mérites indiscutables du nouveau système : « Déclaration de Mme Frédérique Vidal, ministre de l'enseignement supérieur, de la recherche et de l'innovation, sur le bilan et l'évaluation de Parcoursup, Paris le 16

Il s'agit là d'un cas d'école de construction politique de la fausse alternative : « c'est moi ou le tirage au sort ». Mais on a là aussi un cas d'école d'une autre figure de style politique, à savoir celle du pompier pyromane. Le gouvernement a ainsi vendu Parcoursup comme solution nécessaire d'un problème qu'APB avait créé par mégarde, passant ainsi de la dépolitisation indue d'une décision technique – l'introduction de l'aléatoire – à la sur-technicisation d'une décision politique – la sélection académique. Dans aucun des deux cas de figure on ne trouvera une saine articulation de la technique et de la politique mais au moins dans le deuxième, le gouvernement gagnait quelque chose.

De la possibilité épistémique de la hiérarchisation

L'examen de la controverse autour de Parcoursup et APB montre qu'une des décisions les plus sensibles intervient non pas tant durant l'exécution de Gale-Shapley que durant la structuration de ses données. Le fonctionnement de l'algorithme suppose la donnée d'une liste strictement ordonnée[1], qui représente les préférences d'une des parties. Cette donnée peut être explicite comme dans le cas d'APB, ou implicite dans le cas de Parcoursup, où les préférences des étudiants sont révélées manuellement au fil de l'eau. Mais dans tous les cas de figure l'algorithme suppose la possibilité d'une hiérarchisation stricte des choix des uns et des autres. Comme nous venons de le voir avec l'histoire malheureuse du tirage au sort, une telle hiérarchie n'est en réalité pas évidente à obtenir : même s'il ne s'agit là que d'une très petite proportion du nombre total de candidats, le tirage au sort a tout de même concerné 60 000 étudiants en 2017[2]. Nous allons approfondir l'analyse de ce point, car il ne s'agit pas d'un problème particulier à l'algorithme de Gale-Shapley. Au contraire, il s'agit d'un problème fondamental de l'attribution bureaucratique des ressources lorsque celle-ci suppose l'établissement d'une hiérarchie stricte entre individus. Nous appellerons ce problème « la possibilité épistémique de la hiérarchisation ».

Le problème fondamental est que l'établissement d'une telle hiérarchie selon des critères explicites n'a rien d'évident en général, et pas seulement

janvier 2019. », Vie publique.fr, accessed January 2, 2022, https://www.vie-publique.fr/discours/269155-frederique-vidal-16012019-bilan-parcoursup.

1. Par liste strictement ordonnée, on entend un ensemble dont tous les éléments sont comparables, et où n'existe aucun cas d'égalité : pour tout couple d'éléments, un élément est strictement supérieur ou inférieur à l'autre. En logique, on dirait que la liste est « munie d'un ordre total strict ».

2. N. Lenoir *et al.*, « Rapport au Parlement du comité éthique et scientifique de Parcoursup », art. cit., p. 17.

dans les cas rencontrés par APB. APB a rencontré son destin malheureux parce que les critères extra-académiques employés – comme le taux de boursiers, de bacheliers du technologique, et de résidents de l'académie – ne permettaient pas de départager tous les candidats, en particulier lorsque l'ensemble des candidats devenait important. Il n'est pas évident de trouver un ensemble de critères extra-académiques et réglementaires permettant de départager tous les cas d'égalité. C'est ce qui a poussé les concepteurs à ajouter un critère qui s'est révélé politiquement insoutenable. On pourrait croire que l'introduction des critères académiques, quoi qu'on en pense par ailleurs, aurait au moins le mérite de résoudre ce problème. Il n'en est en réalité rien, et c'est sur ce problème que nous devons à présent nous pencher.

Lorsqu'on applique un critère académique simple comme une moyenne pondérée pour départager les candidats, il est aisé de se rendre compte que dans les cas des filières les plus demandées au niveau national, qui reçoivent plus de dix mille candidatures, il faudrait calculer la moyenne à au moins trois décimales après la virgule pour pouvoir au moins espérer éliminer tout cas d'égalité. Le grave souci conceptuel d'une telle approche est qu'il est douteux que le calcul des notes ait un sens à ce niveau de précision. Le grand médiéviste Marc Bloch se plaignait déjà, il y a bien des décennies, du système de notation français sur 20 points parce qu'il est d'une précision dépourvue de sens[1]. Si tout professeur pense pouvoir séparer une copie excellente d'une copie exécrable, il est douteux qu'il puisse toujours, en particulier dans les sciences sociales et les humanités, déceler un écart de qualité de l'ordre de 5 %, comme le permet la notation sur 20. Si les points de la notation sur 20 sont dénués de sens, que penser d'une note à trois décimales après la virgule[2] ? Un tel système fait ainsi dépendre le destin

---

1. M. Bloch, *L'étrange Défaite*, « Folio Histoire », Paris, Gallimard, 1990.
2. Le seuil exact où la précision d'une note cesse d'être douée de sens dépendra bien évidemment de la matière. En mathématiques, où un devoir peut plus facilement être composé de petites questions bien séparées, il est possible de mettre au point un barème sensé allant jusqu'au demi-point, tandis qu'une telle précision n'a guère de sens pour une dissertation de sciences humaines. Je prends le millième de point comme la première précision que toute discipline considérera assurément comme excessive. À ce titre, les cohortes de plus de dix mille étudiants sont particulièrement problématiques, dans la mesure où elles supposeraient d'atteindre ce degré de précision. Malgré la rude leçon d'APB, la plateforme Parcoursup, du moins dans sa première mouture, était incapable de faire face aux enjeux les plus élémentaires posés par la massification de certaines filières. Ce point est remarquablement illustré par Julien Gossa, à partir d'une étude sur les données de son DUT d'informatique. À partir du moment on en rentre dans le bas du classement, le nombre de candidats indistinguables explose, et la séparation de deux candidats avec des écarts inférieurs à la marge d'erreur relève d'une décision aussi aléatoire qu'un tirage au sort.

des étudiants d'un écart de notation dépourvu de sens aux yeux mêmes de nombre de leurs professeurs : d'un point de vue académique, il n'y a aucune différence sensée entre un étudiant noté 14.513 et un étudiant noté 14.517. L'obsession de nos sociétés pour la concurrence et les classements fait vite oublier que pour obtenir un ordre strict sur une vaste cohorte, il faut avoir à disposition des critères à la fois bien définis et mesurables à la précision nécessaire. Or, dans les faits, l'emploi de la moyenne pondérée des notes du secondaire est l'outil archi-dominant dans le processus de sélection des jurys, et il n'existe guère de candidat en lice à son remplacement. Dans le cas d'une cohorte de plus de dix mille étudiants, nous ne disposons tout simplement pas des instruments intellectuels permettant de produire un classement à la fois strict et doué de sens sur des critères académiques.

On pourrait croire qu'il existe une solution simple à ce problème dans l'ajout de critères extra-académiques pour départager les cas d'égalité. Il n'en est cependant rien. Les difficultés d'APB illustrent malheureusement un problème générique de la conception de critères permettant d'établir une hiérarchie stricte sur de vastes cohortes, à savoir qu'il est difficile de trouver des critères à la fois suffisamment fins tout en demeurant doués de sens. Ce problème s'applique tout aussi bien aux critères extra-académiques qu'aux critères académiques. Si on choisit un critère binaire comme « être titulaire d'une bourse » ou « être originaire de la région », on multiplie encore les possibilités de cas d'égalité. Dans la quête d'un critère plus fin, on pourrait départager deux étudiants ex aequo en choisissant celui dont les parents ont le plus petit revenu fiscal. La décision pourra alors être basée sur une différence de quelques euros, dont on est en droit de se demander si elle représente un écart significatif de fortune. Concevoir une combinaison de critères à la fois acceptés politiquement, suffisamment fins et doués de sens pour de vastes cohortes constitue donc un défi conceptuel considérable.

La massification est un phénomène majeur de l'évolution de l'enseignement supérieur dans le monde. Elle constitue plus qu'un défi pratique pour l'administration de l'enseignement supérieur : elle constitue un défi conceptuel et politique fondamental, dans la mesure où elle porte à son point d'épuisement l'application rigoureuse de l'idéal méritocratique. Il y a quelque chose de profondément ironique dans la légalisation de la sélection à l'entrée de l'université, dans la mesure où elle présente les

Julien Gossa, « Parcoursup : Tirage au sort, fin ou généralisation ? », Docs en stock : dans les coulisses de la démocratie universitaire, 2 mai 2018, http://blog.educpros.fr/julien-gossa/2018/05/02/parcoursup-tirage-au-sort-fin-ou-generalisation/.

critères académiques comme une solution au problème de la massification de certaines filières, alors qu'en réalité la massification pose problème à ces critères, qui se révèlent insuffisamment fins. La méritocratie scolaire est pratiquement inapplicable de façon stricte aux filières massifiées.

Une telle réalisation pousse à un changement radical de point de vue sur l'attribution des places dans l'enseignement supérieur. Puisque la hiérarchie produite par le mérite scolaire est au mieux une hiérarchie partielle à gros grains, déterminée qui plus est à un âge fort précoce, il faut placer cette limitation épistémique au cœur de la conception de l'accès à l'enseignement supérieur. La discussion de toutes les conséquences d'une telle philosophie irait bien au-delà du cadre de cet ouvrage. Pour n'en esquisser qu'une, puisque l'accès d'un cursus ne peut qu'être attribué sur une base épistémique limitée, il est naturel d'offrir la possibilité à toute étudiante d'essayer un parcours scolaire, d'en changer, de découvrir une aptitude sur le tard. Présenter une hiérarchie bureaucratique comme une forme de jugement dernier de la valeur des étudiants, outre que cela soit anxiogène et délétère, n'a pas de sens en termes méritocratiques : la méritocratie suppose de laisser à chacun le temps et la respiration nécessaire pour découvrir ces goûts et ces aptitudes. Cette liberté d'explorer permet à la fois de faire du temps des études un souvenir cher au cœur des adultes, mais elle est aussi douée de sens d'un point de vue méritocratique : elle permet d'affiner l'expression méritocratique du système scolaire en donnant un droit à l'erreur non seulement aux étudiants, mais aussi aux institutions elles-mêmes. La bureaucratie la plus sensée est une bureaucratie modeste, prenant pleinement en compte les limitations épistémiques pesant sur sa prise de décision. En renonçant à la prétention de sonder les reins et les cœurs, elle dissipe à la fois l'illusion du savoir complet et l'illusion du contrôle total : elle sait qu'elle doit laisser des espaces de liberté à ses administrés, parce que seule cette liberté peut engendrer un véritable efficace.

Enfin, ces considérations viennent renforcer nos premières remarques sur la formalisation de l'équité dans l'algorithme de Gale-Shapley : si les critères employés comme l'unicité de la solution Pareto-optimale et l'absence d'envie justifiée sont assurément doués de sens, ils sont sévèrement limités dans leur portée par les limitations de l'information disponible, comme par exemple le sens exact de la hiérarchisation des vœux par les étudiants. Même dans le cas d'une procédure mathématique jouissant de propriétés démontrées et désirables, les limitations de l'information disponible invitent à une vision réflexive et humble de la décision bureaucratique. Celle-ci doit renoncer à être l'incarnation formelle de la vertu – et à l'autorité technocratique allant avec cette prétention- pour mettre ses limitations épistémiques au cœur de la représentation donnée d'elle-même.

Ces réflexions sur Parcoursup sont d'autant plus importantes qu'elles se généralisent à de nombreux autres cas de prise de décision : la possibilité épistémique de la hiérarchisation est un problème générique. Nous avons déjà pu rencontrer à plusieurs reprises des recruteurs déclarant bien volontiers leur embarras face à l'incapacité à départager une poignée de candidats à un poste : la possibilité épistémique de la hiérarchisation se pose donc aussi pour une question aussi décisive que l'accès à l'emploi. Si la fréquence et les causes de cette incapacité à départager sont assurément un vaste objet pour le travail sociologique, il ne semble pas déraisonnable de conjecturer qu'il est fréquent, et que seule la passion idéologique pour la légitimation de la hiérarchie peut nous aveugler à sa présence. L'embarras évoqué chez les recruteurs peut en effet avoir une source plus profonde que la simple incapacité d'achever un travail. Il peut procéder d'une conception de l'équité analogue à celle que nous avons évoquée dans notre discussion de l'emploi de l'aléatoire, à savoir la nécessité d'une raison justifiant le départage entre des individus en concurrence pour l'accès à un bien social. Si l'on pense dans les termes de cette conception de l'équité, et que l'on constate une incapacité *de facto* à établir une hiérarchie épistémiquement bien fondée, alors la justification de la hiérarchie établie dans ses conditions devient problématique. Ce problème peut affecter aussi bien une prise de décision bureaucratisée qu'une prise de décision plus informelle, mais la décision bureaucratisée a pour avantage de fixer les critères de décision en avance, et de pouvoir donc s'interroger plus systématiquement sur leurs capacités à départager les candidats de manière épistémiquement bien fondée.

L'examen du cas Parcoursup permet donc de faire ressortir des problématiques génériques de la décision d'attribution d'un bien social sous tension, comme la conception de l'équité comme départage fondé en raison, ou la question de la possibilité épistémique de la hiérarchisation. Si ces questions ont joué un rôle avant tout symbolique dans le cas Parcoursup, dans la mesure où la proportion d'étudiants affectés était statistiquement marginale, il n'est pas certain que cela soit vrai dans d'autres cas d'étude, notamment l'accès à l'emploi sous tension. En tout état de cause, ces problèmes méritent d'être étudiés pour eux-mêmes, et pour la forme qu'ils pourront prendre dans le cas particulier du ML.

Sur les paradoxes de l'humain

La discussion de la hiérarchisation des candidats nous amène à une autre caractéristique essentielle de l'attribution des places dans l'enseignement supérieur, à savoir le caractère mixte de la procédure de décision. Si l'attribution des places est entièrement automatisée par le biais de Gale-Shapley, cette attribution est fondée sur une hiérarchisation des candidats produite par des jurys de l'enseignement supérieur. Ces commissions d'évaluation des vœux (CEV) constituaient une innovation de la loi ORE, dans la mesure où elle généralisait à l'ensemble des filières des jurys auparavant réservés aux filières sélectives. Il existe donc encore une composante humaine majeure dans cette procédure, et cette composante est d'autant plus importante qu'elle entraîne une nature mixte de la décision au plan juridique : alors que l'algorithme est soumis à un régime de transparence administrative qui impose sa communication au public, les délibérations des jurys ont été soumises au secret des délibérations, qui soustrait des regards cette partie de la décision. Cette mixité du régime juridique, et ses conséquences sur la transparence de la décision, est en soi un objet d'un grand intérêt.

Selon Julien Gossa, l'application du secret des délibérations a été essentiellement un moyen d'obtenir l'acceptation politique de la réforme Parcoursup par les institutions du supérieur, certaines pouvant être jalouses de leurs critères de sélection, ou craindre leur contestation publique [1]. Mais cette concession politique n'est pas évidente d'un point de vue juridique, dans la mesure où un jury doit être souverain dans la décision impliquée. Or, la commission d'évaluation des vœux n'est pas souveraine : son classement, même s'il est le plus souvent admis tel quel dans la pratique, doit en théorie être soumis pour approbation au chef d'établissement, avant d'être corrigé par le rectorat pour permettre le respect des quotas sociaux et géographiques. En l'absence de cette souveraineté du jury, l'avenir juridique du secret des délibérations dans Parcoursup est donc incertain.

Ce qui est certain, c'est que la controverse autour de l'automatisation de la décision, conjuguée à ce secret des délibérations, a contribué à l'ignorance de cet aspect pourtant essentiel de la décision d'admission dans le débat public. Ceci renforce un biais politique en faveur de l'existant : alors que la décision algorithmique est scrutée et soumise à la controverse, la décision des jurys, qui a le mérite d'exister depuis longtemps, est largement ignorée, alors que toute conception globale de l'admission dans l'enseignement

---

1. Julien Gossa, communication privée du 26 novembre 2021.

supérieur doit évidemment la prendre en compte et l'examiner. La publication
partielle du code source de la plateforme renforce ce biais de l'attention :
elle porte avant tout sur les éléments du code générant le classement effectif,
et non sur les éléments de code au contact des différentes commissions
avec lesquelles celles-ci composent leurs « algorithmes locaux »[1].

Pour corriger cette asymétrie du débat public, il faut arriver enfin à
penser une confrontation des aspects humains et automatisés de la décision
administrative, confrontation aussi souvent évoquée qu'elle est peu pensée
systématiquement. L'humanité de la décision est souvent pensée en termes
d'empathie, de prise en compte de l'individualité du cas, de temps de la
réflexion, d'attachement à une décision mûrie en fonction des exigences
du contexte plus qu'en fonction de critères rigides. Force est de constater
que la présence de décisionnaires humains n'est pas une garantie de cette
haute humanité-là. Il n'y a aucune raison de supposer que les membres de
jury, si bien choisis fussent-ils, soient comme par miracle protégés des
préjugés et des erreurs de jugement grossières qui accablent tous les humains,
et si un humain peut être capable de sagesse et d'empathie, il peut être
aussi capable d'étroitesse de vue, voire de cruauté. Mais la comparaison
de l'humain et de la machine mérite mieux que ces remarques psychologiques
simples. Il faut aussi rappeler que les délibérations des jurys ne sont pas
juste une réalisation théorique des capacités intellectuelles et émotionnelles
humaines, et qu'elles s'exercent aussi dans des contraintes pratiques de
travail. En prenant en compte ces contraintes, en particulier lorsqu'on
examine des filières sous tension submergées par des milliers de candidats,
on se rend bien vite compte qu'il est difficile d'envisager que les enseignants
des supérieurs méditent profondément chaque cas. Là encore, le facteur
pratique du temps est décisif, dans la mesure où la prise de décision ne
peut s'étaler sur des mois. Il y avait ainsi quelque chose d'un peu pathétique
à demander à des milliers d'étudiants d'écrire des lettres de motivation qui
ne pourraient dans le meilleur des cas qu'être lues en diagonale, si elles
ont été même lues tout court : d'après le rapport de la Cour des comptes,
cette lettre de motivation « semble n'être presque jamais prise en compte ».
Dans de telles circonstances, la lettre de motivation joue essentiellement
une fonction politique, qui est de fait croire aux étudiants à l'existence
d'une décision individualisée, où l'expression articulée de leurs vœux serait
prise en compte, alors que les conditions concrètes de la prise de décision
l'interdisent *de facto*.

1. Rapport de la Cour des comptes, p. 54.

D'après les quelques témoignages anonymes auxquels nous avons eu accès, tout comme d'après le rapport de la Cour des comptes, nombre de filières pratiquent simplement une rectification à la marge de la hiérarchie engendrée par une moyenne pondérée des résultats du secondaire, à tel point qu'on pourrait parler d'une décision quasi-automatisée, paramétrisée selon les critères locaux de la formation. Le rapport de la Cour des comptes souligne ainsi qu'après les discussions initiales sur la prise en main de l'outil, la discussion peut pratiquement entièrement disparaître, au point que le travail effectué ressemble plus à celui d'une commission administrative qu'à celui d'une commission des vœux. La même chose peut être dite au sujet de la phase complémentaire. Plusieurs des filières interrogées par la Cour des comptes ont ainsi reconnu avoir eu recours à un traitement automatique faute de responsables qualifiés : les candidats obtiennent mécaniquement les places restantes dans leur ordre d'arrivée pour remplir les formations. On est donc loin du retour de l'humain vanté par la Ministre Frédérique Vidal. C'est que les contraintes matérielles sont quelque peu têtues, et qu'on peut difficilement imaginer que les filières recevant des milliers de candidatures passeront une heure sur chaque dossier : il ne suffit pas de mettre en selle des juges humains pour obtenir une individualisation du jugement qui n'a tout simplement pas les conditions matérielles de son exercice. Là encore, la massification n'est pas un détail technique qu'on pourrait passer sous le boisseau : c'est la contrainte structurante de la pratique[1]. Cette contrainte structurante rend notamment très problématique l'application de l'article 22 du Règlement Général de Protection des Données (RGPD), qui garantit un droit à refuser le traitement automatisé pour un individu, pour toutes les prises de décision administratives massifiées.

Pour suivre encore la Cour des comptes, cette distinction entre le travail d'une commission administrative appliquant massivement des critères prédéfinis et un véritable jury n'est pas sans conséquence, puisqu'elle remet en question la légitimité d'appliquer le secret des délibérations à ces commissions. La Cour a donc recommandé que les paramétrages locaux de l'outil employés par ces commissions soient rendus publics. Une telle exigence de transparence n'est pas que le fruit d'une qualification juridique

---

1. « L'utilisation d'un outil informatique par les CEV n'est toutefois pas systématique : certaines peuvent réaliser des classements purement manuels, en particulier lorsqu'elles reçoivent un faible nombre de dossiers à traiter. La difficulté concerne surtout les formations attirant des milliers de candidatures, qui n'ont pas d'autre solution, dans un temps très restreint pouvant se limiter à quelques semaines, voire quelques jours, que de recourir à un traitement automatisé. L'intervention humaine ne se situe alors plus qu'à la marge. » Rapport de la Cour des comptes, 2020, p. 65.

du type de travail effectué. Les problèmes politiques de transparence si souvent discutés pour les algorithmes ne disparaissent pas par magie lorsqu'on aborde les jurys humains. Comme l'a remarqué la Cour, la comparaison entre les critères affichés publiquement par certaines filières et la distribution des résultats peut laisser songeur, au point qu'on peut se demander s'il n'existe pas des critères cachés dans certaines filières. La prise en compte du lycée d'origine du candidat par certaines formations, grand point de contentieux, a bien été confirmée par la Cour des comptes, qui propose par ailleurs de supprimer ce critère. Le secret des délibérations peut dissimuler des pratiques qui mériteraient discussion, notamment celles-là mêmes que l'automatisation était censée réprimer ou clarifier[1]. La discussion sera d'autant plus importante pour les considérations d'équité qu'il serait dommage de consacrer de vastes efforts pour définir et explorer les propriétés d'équité des algorithmes[2] tout en laissant dans l'obscurité la plus complète les décisions humaines, et ce surtout lorsque la procédure complète de décision est de nature mixte.

Face à ce constat, il serait plus honnête d'admettre l'automatisation entière de la décision pour les filières massifiées, puisque celles-ci ne peuvent de toute façon être gérées que par une procédure simplifiée, et de laisser la possibilité de jurys, aux critères clairement définis et déclarés, pour les filières de petite taille. On risquerait cependant de créer un système à double vitesse, l'algorithme pour les masses, l'humain pour les petits groupes, qui serait en soi très problématique. Ce qui n'est pas problématique, c'est que la proclamation d'humanité de la décision, en l'absence des conditions pratiques lui permettant de s'exercer, ne peut guère jouer de rôle pratique positif, et peut jouer le rôle négatif de permettre la dissimulation d'une décision tout aussi automatisée que le reste de la procédure.

Conclusion : une informatisation au goût amer

D'APB à Parcoursup, l'algorithmisation de l'accès à l'université a incontestablement laissé un goût amer. Du côté des étudiants, les années d'introduction de ces plateformes ont été marquées par les controverses, les mouvements de protestation, les bugs informatiques parfois grotesques

---

1. Tout ceci ne s'applique évidemment que lorsque ces critères ont bien été affichés, ce qui ne fut pas toujours le cas : beaucoup d'établissements ne se sont pas emparés de la possibilité de compléter les attendus nationaux de compléments d'informations sur leur formation, ou ne l'ont fait que de manière symbolique. Rapport de la Cour des comptes, 2020, p. 61.
2. Voir « La mathématisation de l'équité », p. 216.

et l'anxiété. En tant qu'enseignant à l'université, je ne peux guère m'empêcher de penser que les étudiants méritent mieux. Du côté informatique, toutes les conversations que j'ai pu avoir à ce sujet ont été marquées par un profond sentiment d'incompréhension, d'instrumentalisation politique et de gâchis. Que sommes-nous donc allés faire dans cette galère algorithmique?

Avec le recul, il semble presque surprenant que ces plateformes aient été un sujet de débat public, qui plus est enflammé. Si toute décision affectant l'attribution d'une ressource sensible pour des centaines de milliers de personnes est naturellement un sujet politique, nombre de décisions administratives et juridiques de cet acabit passent chaque année sous le radar du débat public, au point qu'on peut se demander si ces plateformes, parmi tant d'autres sujets possibles, méritaient une si grande part du temps de citoyenneté disponible. Les principes de base de ces plateformes, encodés dans l'algorithme de Gale-Shapley, n'ont rien qui puissent *a priori* déchaîner les passions. Il s'agit d'un algorithme extrêmement simple, rapide à l'exécution, et qui jouit de propriétés théoriques qui, si elles ne peuvent prétendre au titre d'incarnation mathématique de la Justice, n'en sont pas moins à la fois intuitives et relativement consensuelles, au sens élémentaire où elles ne sont pas manifestement aberrantes. C'est à ce titre que Gale-Shapley est devenu un classique des problèmes d'appariement, et qu'il a été employé dans de très nombreux pays sans faire souffler la tempête : il n'y avait donc rien d'étonnant à ce que les concepteurs français jettent leur dévolu sur lui.

Outre les difficultés techniques du déploiement de ces plateformes, qui ne furent que temporaires et ne sont pas notre objet, c'est vraisemblablement la mésalliance entre algorithmisation et querelle sur la sélection qui a mis le feu aux poudres. Lancée par l'introduction maladroite du tirage au sort dans APB, celle-ci a été poursuivie et envenimé par l'introduction simultanée d'une nouvelle version de la plateforme et de la sélection à l'université par la loi ORE.

Malgré le destin politique singulier de la plateforme Parcoursup, l'examen de cette décision algorithmique révèle nombre de problèmes de fond qui intéressent l'ensemble de l'algorithmisation, et de son équité. Dans le départage des candidats aux biens sociaux sous tension, la compréhension de l'équité comme voile d'ignorance posé sur des informations sensibles peut se voir opposer une conception de l'équité comme fondement en raison du départage. Si ces deux conceptions de l'équité ne sont pas nécessairement en opposition frontale dans tous les cas de figure, l'examen des fondements éthiques de l'emploi du tirage aléatoire montre qu'elles peuvent être incompatibles dans d'autres. À ce premier problème de principe s'ajoute la question de la possibilité épistémique de la hiérarchisation : rien ne garantit *a priori* que les critères définis, et la précision à laquelle on peut les mesurer, permettent toujours de départager deux candidats, et ce d'autant plus que se pose le problème de la massification. Tous ces problèmes se posent avant même l'exécution de l'algorithme, au niveau de la structuration des données par la hiérarchisation des vœux et des candidats. Mais même la discussion des propriétés éthiques de Gale-Shapley n'est pas séparable de questionnements sur les limites épistémiques de la décision bureaucratique, dans la mesure où par exemple le sens exact d'une hiérarchie de vœux peut ne pas figurer parmi les informations disponibles.

Toutes nos réflexions nous mènent donc à souligner l'importance énorme des contraintes typiquement bureaucratiques induites par la centralisation, la massification et les coûts pratiques comme le temps. Celles-ci constituent des contraintes profondes de long terme qui restreignent l'emploi de la décision délibérative, contradictoire et individualisée. Il s'agit là de contraintes qui sont là pour demeurer, et qu'aucune proclamation politique ou juridique sur le retour de l'humain ne pourra juguler. La discussion de l'équité de la décision bureaucratique, comme de son humanité, ne doit jamais être séparée de sa nature concrète comme réponse pratique à la massification de la décision.

L'ALGORITHMISATION DES DÉCISIONS SENSIBLES PAR LE ML : COMPAS, LE CAS D'UN ALGORITHME D'AIDE À LA DÉCISION JUDICIAIRE

Présentation de l'algorithme

L'un des exemples les plus dramatiques, et les plus controversés, de l'emploi du ML dans l'aide à la décision est l'algorithme COMPAS. Puisqu'une introduction se doit de présenter la littérature du domaine, et que la controverse sur cet algorithme est devenue un *locus classicus* de la discussion de l'équité des algorithmes, nous ne pouvons guère éviter de nous y confronter.

Même en omettant son importance dans la littérature, COMPAS constitue assurément un exemple important d'algorithme d'aide à la décision judiciaire, à la fois par la gravité des décisions concernées – des décisions d'incarcération – et par le nombre de personnes affectées, puisque le logiciel est employé par plusieurs États américains[1]. Il existe cependant nombre d'autres algorithmes d'aide à la décision, dont certains sont aussi employés aux États-Unis. Comme nous allons le voir, il est difficile de proclamer que l'algorithme COMPAS est représentatif des algorithmes d'aide à la décision judiciaire, tant il pose de problèmes singuliers. COMPAS n'est pas le seul algorithme à poser des problèmes éthiques et politiques, mais il est assurément celui qui a occupé le plus de place dans l'espace médiatique et académique. La singularité du cas fait en même temps une partie de son intérêt, tant elle montre comment de multiples enjeux viennent s'enlacer autour de l'usage d'un artefact technique. COMPAS est ainsi un cas privilégié de par sa contingence même, parce qu'il permet de montrer la complexité de la construction d'un système sociotechnique, dans un contexte marqué par de fortes contraintes techniques, politiques et légales.

COMPAS a d'abord été utilisé pour les mises en liberté provisoire en attente d'un procès, puis a vu son usage se généraliser à la mise en liberté des détenus condamnés, avant d'être utilisé pour la détermination des peines, puisqu'un juge américain a le droit de prendre en compte le risque de récidive pour estimer la menace qu'un individu représente pour la société et déterminer sa peine. L'un des objets de la discussion sera donc de savoir si COMPAS constitue bien un outil généraliste adapté à cette pluralité d'usages. Peut-on considérer que l'entraînement de l'algorithme a produit un résultat adaptable à toute forme de population, ou l'algorithme devrait-il être ré-entraîné à chaque fois qu'il est appliqué à une juridiction de sociologie différente, ou que la tâche est modifiée? Les entreprises peuvent avoir tendance à présenter leur outil comme un outil généraliste, mais cela doit être regardé avec un scepticisme de bon aloi : l'entreprise a intérêt à présenter ainsi son produit, car cela lui ouvre d'autres marchés sans lui infliger les coûts supplémentaires liés au recalibrage de l'algorithme ou à la production d'un nouvel outil. Les contraintes d'espace nous empêchent d'aborder ce sujet en détail, et nous considérerons donc COMPAS comme un outil généraliste de prédiction du risque de récidive. Dans cette première section, nous allons présenter les caractéristiques de base de l'algorithme. Nous examinerons ensuite les problèmes de transparence posés par son caractère propriétaire[2]. Nous passerons ensuite aux enjeux éthiques du traitement

1. J. Angwin *et al.*, « Machine Bias », ProPublica, 23 mai 2016, https://www.propublica.org/article/machine-bias-risk-assessments-in-criminal-sentencing? token=siiaBuUx_5-LH2f_432kxejIHJI-dlxM.

2. « Le problème de la transparence », p. 198. Cette compagnie, qui s'appelait Northpointe au moment de la commercialisation de COMPAS, s'appelle à présent Equivant.

séparé des hommes et des femmes[1], de l'emploi de facteurs de risques dont les individus ne sont pas responsables[2], avant de passer au plat de résistance, à savoir l'accusation de discrimination raciste lancée par l'association ProPublica[3].

L'algorithme COMPAS étudie la corrélation entre certains facteurs du profil d'un individu et le risque de récidive criminelle, et lui attribue un score de risque. L'emploi de cet outil pose un vaste ensemble de problèmes, mais il a soudainement été exposé à la controverse lorsqu'une étude menée par l'ONG ProPublica a affirmé que les prédictions de l'algorithme désavantageaient systématiquement les suspects afro-américains. Pour mieux comprendre cette controverse, il faut à présent expliquer ce que l'on sait du fonctionnement de l'algorithme. L'algorithme attribue à l'individu une note allant de 1 à 10. Le juge, en revanche, doit prendre une décision binaire, à savoir libérer ou ne pas libérer. L'algorithme offre donc une seconde caractérisation des individus en termes de « risque élevé » et de « risque faible » qui suppose de choisir un seuil. L'entreprise ayant conçu COMPAS a choisi de placer le seuil à la note 7 : tout individu s'étant vu attribuer une note strictement supérieure à 7 est considéré à haut risque. Ce seuil est simplement déterminé par un découpage de l'échelle décimale en trois parts allant de risque faible à risque élevé en passant par risque moyen. La qualification d'un prévenu comme à risque élevé ou faible produit pourtant un effet de seuil psychologique majeur : à un point près, le destin d'un prévenu risque d'être drastiquement modifié, tant il est aisé de passer d'une interprétation de l'expression « risque élevé » de « apparaît dans la partie supérieure de l'échelle » à « individu dangereux ne devant pas être libéré ».

Ceci illustre l'importance de la distinction entre facteur et paramètre. Un facteur est censé être une information pertinente sur le phénomène que nous essayons de modéliser, et sa valeur est déterminée par une opération de mesure. Un paramètre est une variable qui fait aussi partie de la description de l'algorithme, mais dont nous pouvons librement fixer la valeur en fonction des fins poursuivies. La détermination du seuil séparant les détenus à haut risque ou à bas risque n'a rien à voir avec la modélisation du phénomène de risque de récidive : aucun résultat scientifique ne va nous dire qu'il se situe à 6 plutôt qu'à 7. C'est à l'être humain de décider la valeur

---

1. « Sur le traitement différencié des hommes et des femmes, et la singularité des cas en ML », p. 202.
2. « La mise en évidence statistique des déterminations sociologiques : de l'aide à la répression », p. 206.
3. « La controverse ProPublica : un algorithme raciste ? », p. 209.

de ce seuil en fonction des fins poursuivies, ici minimiser le risque de récidive sans être discriminant à l'égard d'une population protégée. L'importance d'un tel effet de seuil sans fondement scientifique a pourtant peu été discutée dans la littérature, qui s'est centrée sur les disparités entre populations dénoncées par l'étude de ProPublica.

Pour éprouver les prédictions de l'algorithme, l'ONG a cherché donc à savoir si les individus à haut risque ont récidivé deux ans après leur libération, que cette libération ait été décidée par le juge employant COMPAS ou simplement le fruit d'une fin de peine sèche ou d'une libération conditionnelle ultérieure. ProPublica a affirmé que parmi les individus n'ayant pas récidivé, les Afro-Américains avaient deux fois plus de chances d'avoir été labellisés à tort « à haut risque » que les accusés blancs. COMPAS mènerait donc à une surreprésentation des faux positifs parmi les accusés Afro-Américains.

Avant de rentrer dans la controverse ProPublica, deux autres choses peuvent tout de suite être dites sur les performances de l'algorithme COMPAS. Tout d'abord, la précision de ces prédictions (*accuracy*) est de l'ordre de 65 %. Il ne s'agit pas de performances extraordinaires : on est loin des taux de prédiction supérieur à 95 % des cas d'usage les plus spectaculaires de l'apprentissage automatique. Il convient de souligner qu'en statistiques seuls les points de pourcentage au-dessus de 50 %, la limite de l'aléatoire, sont pris en considération. La raison en est simple : considérons un phénomène qui se produit dans 48 % d'une population. Si je décide de la présence du phénomène en lançant une pièce et en donnant une réponse au hasard en fonction du lancer de pièce, j'aurais raison dans à peu près la moitié des cas sans avoir effectué aucun travail. Il est donc demandé qu'un algorithme fasse mieux qu'un lancer de dé, et c'est la raison pour laquelle le chiffre de 50 % est la limite à partir de laquelle on commence à considérer qu'un algorithme a un véritable pouvoir prédictif. L'algorithme COMPAS fait donc mieux qu'un lancer de dé, mais reste néanmoins un algorithme aux performances prédictives faibles. D'après une étude réalisée en montrant les dossiers anonymisés des accusés à des Internautes et en leur demandant d'opérer intuitivement une classification des détenus en risque élevé et risque faible[1], on s'est rendu

---

1. J. Dressel and H. Farid, « The Accuracy, Fairness, and Limits of Predicting Recidivism », *Science Advances* 4, n° 1, 2018 : eaao5580, https://doi.org/10.1126/sciadv. aao5580. De manière très intéressante, 692 sur 1000 des prévisions des internautes sont identiques à celles de COMPAS, et les prévisions des internautes montrent également une tendance à la surprédiction relative de la récidive pour les individus noirs alors même

compte que l'algorithme fait en général de meilleures prédictions qu'un internaute quelconque, mais ne fait pas mieux qu'un vote à la majorité des internautes. Il semble donc que l'algorithme ne nous élève pas de beaucoup au-dessus des performances humaines individuelles, et ne dépasse pas les performances humaines collectives. Comme le remarque malicieusement un des auteurs de l'étude, Hany Farid, on ne mettrait pas spontanément sur le même plan les prédictions d'un algorithme d'apprentissage automatique basé sur les données massives et l'opinion de vingt anonymes d'Internet sur la dangerosité d'un individu. Pourtant, les deux procédures ont des performances globales similaires[1].

En outre, si nous ne connaissons pas l'algorithme employé par COMPAS, nous avons en revanche accès à la liste des facteurs employés, et nous pouvons comparer les performances de cet algorithme à celles d'autres modèles employés sur les mêmes facteurs ou même des facteurs différents pour la même tâche, et voir ce que cela nous révèle sur cet algorithme. L'étude ayant fait usage de la sagesse collective des internautes montre aussi qu'une régression linéaire, soit l'un des modèles les plus simples de l'analyse statistique, entraîné avec seulement deux des facteurs utilisés par COMPAS (âge, nombre de condamnations), arrive pratiquement au même niveau de performances. Il est donc difficile de croire qu'une découverte sensationnelle est dissimulée par la propriété intellectuelle de l'algorithme. Non seulement le modèle sous-jacent est probablement simple, mais l'apport prédictif de la longue liste des facteurs de COMPAS est probablement marginal : une raison de plus pour ne pas se laisser impressionner par la seule dimensionnalité du modèle.

De manière remarquable, l'emploi d'un modèle plus sophistiqué sur les mêmes facteurs, comme un SVM (*Support Vector Machine*) capable de capturer des phénomènes non-linéaires, ne produit pas d'augmentation de performances, ce qui tend à indiquer une grande difficulté à obtenir des performances plus importantes avec ces données. Cela pose un problème scientifique fondamental sur la puissance prédictive de l'apprentissage automatique face à un phénomène social comme le risque de récidive. Il

qu'ils n'ont pas accès à l'information de race, ni à aucune variable pouvant servir de proxy. L'inclusion explicite de cette information ne change d'ailleurs pratiquement rien aux résultats. Tout ceci tend à montrer que les biais prédictifs en défaveur des Afro-Américains dans la décision humaine ne trouvent pas toujours leur source dans l'activation de biais cognitifs racistes, mais plutôt dans le profil statistique de la population considérée, forgé par un profond héritage historique de discriminations.

1. E. Yong, « A Popular Algorithm Is No Better at Predicting Crimes Than Random People », *The Atlantic*, 17 janvier 2018, https://www.theatlantic.com/technology/archive/2018/01/equivant-compas-algorithm/550646/.

se peut que nous n'ayons pas encore trouvé le modèle sophistiqué nous permettant d'extraire la connaissance pertinente des facteurs examinés. Il se peut aussi que si l'on ne détecte rien, c'est qu'il n'y a pas de signal : il n'y a pas d'information statistique à extraire des facteurs considérés qui permettrait de dépasser ce taux de réussite d'environ 65 %. Il se pourrait aussi que même avec une autre liste de facteurs, on n'arrive pas non plus à obtenir de meilleurs résultats, et qu'il existe des limites fondamentales de la prévisibilité de tels phénomènes. En tout état de cause, il importe de s'interroger, avec les auteurs de cette étude, sur la pertinence qu'il y aurait à confier une décision aussi dramatique qu'une évaluation du risque de récidive à une foule d'internautes anonymes sans expertise judiciaire, alors qu'on confie cette décision a un modèle qui ne fait guère mieux.

Ceci nous amène à une deuxième question cruciale qui a été bien moins commentée durant la controverse suscitée par ProPublica. L'algorithme COMPAS emploie une liste de 137 facteurs, dont les valeurs sont mesurées par un questionnaire que l'individu doit remplir sous la supervision d'un agent administratif[1]. Certains sont très naturels, comme l'âge de l'accusé, l'existence d'un casier judiciaire, d'un délit de fuite ou d'un défaut de comparution devant une cour, la violence des crimes commis... D'autres facteurs sont bien plus troublants. On pose ainsi des questions sur l'entourage de l'accusé : on demande si certains de ses amis boivent, consomment de la drogue, ou sont membres d'un gang. On lui demande aussi si ses parents ont des antécédents judiciaires. On lui pose des questions précises sur sa situation sociale, comme la longueur de son séjour dans son logement actuel, s'il vit avec des amis ou des parents, etc. On va même jusqu'à juger de ses « attitudes criminelles » antisociales en lui demandant « pensez-vous qu'un homme affamé a le droit de voler pour manger ? » La liste des facteurs considérés par COMPAS pose donc à tout le moins deux problèmes. Le premier est la légitimité de l'emploi de facteurs dont l'individu n'est pas responsable, comme le casier judiciaire de ses parents ou la criminalité de son quartier de résidence. Le second est la légitimité scientifique de facteurs nébuleux comme « les attitudes criminelles ».

---

1. Le questionnaire à l'époque de l'enquête de ProPublica peut aisément être trouvé en ligne : « Sample-COMPAS-Risk-Assessment-COMPAS-"CORE"-DocumentCloud », accessed January 1, 2022, https://www.documentcloud.org/documents/2702103-Sample-Risk-Assessment-COMPAS-CORE. Une description synthétique des types de facteurs considérés peut être trouvée dans le chapitre IV du document officiel de présentation du logiciel : equivant, « Practitioner's Guide to COMPAS Core », equivant, 4 avril 2019, https://www.equivant.com/practitioners-guide-to-compas-core/.

Comme le remarque à juste titre la sociologue Angèle Christin, la prise en compte des facteurs dont l'individu n'est pas responsable s'inscrit dans une longue histoire de la sociologie et de la criminologie américaines, qui remonte aux années 1920[1]. Depuis cette période, certains sociologues, notamment ceux de l'école de Chicago connus pour leur emploi des méthodes quantitatives, ont travaillé à identifier des facteurs sociaux causant le crime et la récidive, parfois en collaborant avec l'institution carcérale. Ces travaux ont mené à prendre en compte l'insertion dans le tissu social de différents individus, et de prendre en compte sa situation d'emploi, la composition de son entourage, la stabilité de sa résidence, et nombre d'autres facteurs. De telles études ont pu ainsi être utilisées dans les années 1970 pour sélectionner les détenus prioritaires pour les programmes de réinsertion sociale. Ce qui frappe dans COMPAS, c'est que des critères indépendants de la responsabilité morale des individus, comme des propriétés de leur milieu d'enfance, sont passés du statut d'instrument de ciblage d'une aide à celui d'instrument du ciblage d'une mesure de restriction de liberté, soit d'un acte de répression. Ce retournement majeur de l'usage de la sociologie quantitative mériterait beaucoup plus d'attention qu'il n'en a reçu : nous y reviendrons dans la section « L'algorithmisation des décisions sensibles par le ML »[2].

La présence de facteurs à la légitimité scientifique douteuse est aussi importante pour l'évaluation de l'autorité à accorder à un algorithme d'apprentissage automatique, et ce à plusieurs titres. L'algorithme vient parer d'une aura de rigueur et d'autorité scientifique, et donc d'une présomption de prendre en compte des facteurs « durs », robustes et bien définis. Au lieu de cela, on se retrouve face à un questionnaire dont certaines questions ne dépareraient pas dans un QCM psychologique de magazine : l'écart entre les attentes et la réalité ne pourrait être plus grand. Ceci confirme les remarques que nous avons faites[3] : l'examen et la compréhension de la liste des facteurs employés sont déjà une étape majeure de la compréhension de l'algorithme, qui peut permettre même à l'utilisateur profane d'avoir un regard critique sur l'outil considéré.

Le questionnaire reflète un autre biais bien connu du système judiciaire, aux États-Unis comme ailleurs, à savoir que le crime est implicitement conçu comme le crime dit « de rue ». Les critères ne sont pas faits pour

---

1. *Ibid.*
2. Voir p. 185.
3. Voir « Opacité et explicabilité », p. 117 et « Les effets politiques de l'opacité », p. 125.

détecter les facteurs de risque de l'évasion fiscale, du blanchiment d'argent ou de l'infraction aux normes de sécurité industrielles ou environnementales. L'appareil de connaissance du crime est tout entier dédié à un certain type de crimes, et donc à un certain profil sociologique implicite. Il y a là un potentiel discriminatoire de l'appareil de connaissance, en ce qu'il tisse des mailles du filet bien lâches pour certains types de population : on voit mal comme un banquier multirécidiviste de blanchiment d'argent serait maintenu en détention sur les critères ici employés, alors même que sa fortune et ses relations en feraient un risque de fuite considérable.

Dans la pratique, toutes les catégories de note ont compris des récidivistes. Quel que soit le choix de seuil, il existe toujours un nombre non-négligeable de faux positifs (score élevé sans récidive) et de faux négatifs (faible score avec récidive). Mais doit-on considérer ces deux erreurs comme équivalentes, ou dire avec le juge du XVIIIe siècle anglais Blackstone que mieux vaut dix coupables en fuite qu'un innocent en prison ? On voit déjà émerger une problématique que nous reverrons plus loin, à savoir que l'entreprise se trouve en position d'effectuer une décision qui n'est pas une décision scientifique ou technique, mais bien un choix de critère de justice et de politique pénale. Pour citer un fonctionnaire français anonyme présent à une présentation orale de mes travaux, « dans l'administration, la spécification du programme est déjà de la politique ». S'il est attendu que l'apparition d'une nouvelle technologie provoque un transfert de pouvoirs vers ceux qui la maîtrisent, reste à savoir si ce transfert de pouvoir est bien légitime, et s'il est fait dans les conditions adéquates de transparence. Rien de cela n'est évident dans le cas de COMPAS, et c'est un problème aussi substantiel d'un point de vue politique que la nature exacte des décisions prises.

L'outil n'est censé qu'aider à la décision du juge, et non l'automatiser. Cependant, ignorer les recommandations de l'algorithme, surtout lorsque celui-ci est paré de toute l'autorité de la science, risque de mettre le juge dans une position délicate en cas d'erreur. Il risque ainsi d'émerger une tendance à suivre aveuglément les recommandations de l'algorithme pour minimiser la prise de risque du décisionnaire, ce qui pourrait aboutir à une automatisation dissimulée de la décision. Nous allons tout de suite voir que les travaux de terrain menés par la sociologue Angèle Christin montrent que ce n'est pas le cas dans la pratique pour COMPAS, mais ce problème affecte nombre des algorithmes d'aide à la décision, et nous devons le garder à l'esprit.

Il s'agit en effet d'un problème générique des organisations bureaucratiques, à savoir que les procédures d'aide à la décision ont tendance à externaliser la responsabilité de l'agent en charge de la décision. Plus une décision est procéduralisée, plus l'agent peut se dissimuler derrière l'argument « j'ai suivi la procédure » et diminuer ainsi sa responsabilité et son risque juridique. Ce problème est particulièrement sensible dans le cas des décisions de mise en liberté, qui peuvent dégénérer en scandale si l'individu libéré commet un crime grave. Cette diminution des responsabilités des agents d'une organisation bureaucratique fait l'objet d'une tradition critique enracinée dans l'analyse du personnage d'Eichmann par Hannah Arendt[1] : elle a donc souvent été pensée comme un facteur d'obéissance permettant la poursuite de politiques criminelles. À rebours de cette vaste tradition critique, la diminution du sens des responsabilités par l'emploi d'aide à la décision a pu être conçue comme un trait positif. Pour comprendre ce renversement de perspective, il faut rappeler le contexte politique propre à cette discussion aux États-Unis, à savoir la crispation politique autour de l'incarcération de masse. Toujours d'après la sociologue Angèle Christin, cette peur du risque politique associé à la remise en liberté explique les difficultés rencontrées à libérer des détenus, alors même qu'il existe depuis les années 2010 un accord bipartisan entre la plupart des Démocrates et des Républicains en faveur de la « réforme de la justice criminelle » (*criminal justice reform*). Ce terme désigne entre autres choses la critique de la politique d'incarcération de masse, dont les USA ont été des champions à partir des années 1980. Dans ce contexte politique particulier, l'emploi de l'algorithme peut servir à alléger la responsabilité de la remise en liberté, et à employer les ressources de la science pour identifier des individus à faible risque qu'il faudrait libérer[2]. L'externalisation de la responsabilité typique de la procéduralisation est un outil politique stratégique pour promouvoir un emploi plus mesuré de l'incarcération. La perte du sens des responsabilités des agents bureaucratiques peut donc avoir une valeur politique ambiguë qui ne peut être déterminée que par l'examen du contexte de discussion. Quelle que soit la conception de départ, il reste à voir sur le terrain les effets pratiques de cette algorithmisation.

Mais le choix de l'algorithmisation de la décision n'est pas seulement défendu sur la base d'un argument tactique. Pour comprendre la prégnance du solutionnisme technologique sur des questions à la fois graves et subtiles,

---

1. H. Arendt, *Eichmann in Jerusalem*, London, Penguin, 2006.

2. C'est notamment le cas de l'Arnold Foundation, une fondation en faveur de la réforme de la justice criminelle, qui propose son propre algorithme prédictif dont la vertu supposée serait d'identifier plus aisément les individus à faible risque ne nécessitant pas de détention provisoire « Public Safety Assessment : A Risk Tool That Promotes Safety, Equity, and Justice », Arnold Foundation, consulté le 26 novembre 2021, https://www.arnoldventures.org/stories/public-safety-assessment-risk-tool-promotes-safety-equity-justice/.

il faut revenir sur la forte conscience publique et institutionnelle des « biais implicites » (*implicit bias*) dans la culture politique américaine. Les travaux en sociologie et en psychologie américaine ont surabondamment montré la présence de biais implicites dans la prise de décision experte, en particulier en défaveur des Afro-Américains. Ceci signifie que même dans des décisions expertes effectuées par des agents compétents, qui ne se pensent pas hostiles à l'égard d'une population et n'emploient pas de raisonnement explicitement discriminatoire dans leur prise de décision, les statistiques montrent des désavantages statistiques nets pour les populations victimes de discriminations, en particulier la population afro-américaine. D'après la sociologue Angèle Christin, toutes ces études ont conforté l'idée que les êtres humains sont des machines à décider bien imparfaites, travaillées par des préjugés inconscients très puissants et très difficiles à supprimer. Face à ce rude constat d'imperfection de la décision humaine, l'idée de remplacer ou de seconder cette prise de décision par un outil qui ne serait pas travaillé, du moins en théorie, par les vices psychologiques humains, s'impose avec d'autant plus de facilité[1].

Pour permettre une véritable discussion éthique de cette algorithmisation, il est nécessaire de rompre avec une analyse des algorithmes centrés sur leurs caractéristiques techniques intrinsèques et le discours promotionnel et critique émis *a priori* à leur propos, pour analyser leurs usages concrets dans divers contextes institutionnels. L'emploi massif des algorithmes comme aide à la décision est relativement récent dans nombre de secteurs, et on ne bénéficie pas forcément d'une foule de travaux ethnographiques pour inspirer la réflexion philosophique. Les travaux ethnographiques d'Angèle Christin constituent une belle exception, d'autant plus pertinents pour ce chapitre qu'ils portent notamment sur le journalisme web et l'institution judiciaire. Nous allons nous permettre de présenter très brièvement les résultats de ces études de terrain pionnières avant de les commenter par une comparaison avec des nouvelles plus récentes, dont l'intérêt est de présenter une réalité très contrastée.

Les travaux de Christin montrent que l'emploi de ces algorithmes d'évaluation du risque de récidive a rencontré une forte résistance dans la pratique de la part des juges, qui va de l'indifférence *de facto* à la critique ouverte, en passant par des stratégies de contournement. Dans une large

1. Pour ne prendre qu'un exemple simple d'accès dans cette vaste littérature, voir cet exemple de mesure du « biais implicite » dans l'évaluation des employés Afro-Américains : D. R. Upton and C. E. Arrington, « Implicit Racial Prejudice against African-Americans in Balanced Scorecard Performance Evaluations », *Critical Perspectives on Accounting* 23, n° 4-5, 2012, p. 281-297.

part des auditions dont Angèle Christin a été le témoin, le score donné par l'algorithme n'est tout simplement pas utilisé du tout : il n'est souvent qu'une feuille placée à la fin d'un long dossier pouvant compter une centaine de pages, et n'est parfois même pas lu. Les entretiens réalisés par la sociologue montrent le maintien d'une croyance au caractère qualitatif et individuel de la justice, et ce malgré un discours managérial enthousiaste sur l'utilisation de l'outil *cutting-edge*. Les juges peuvent aussi critiquer leur manque d'information sur la nature des données, sur les conditions de leur collecte ou l'exacte nature des méthodes comme des raisons suffisantes pour refuser d'employer le score. Le caractère propriétaire de ces algorithmes, et leur origine dans des compagnies orientées vers le profit et inconnues des juges renforcent encore cette méfiance de principe.

Une telle attitude s'explique probablement par l'identité professionnelle forte des acteurs du système légal. Soumis à une longue formation et à des critères stricts d'entrée dans leur champ professionnel, les juges peuvent avoir une haute idée de leur fonction et de la tradition intellectuelle dans laquelle elle s'inscrit. Leur forte identité professionnelle et leur prestige social peuvent donc leur donner l'autorité nécessaire pour contester l'outil qui leur est proposé plutôt que de se soumettre aveuglément à l'autorité de la technique. Comme nous allons le voir, la décision *Loomis vs Wisconsin*[1] est venue renforcer cette autorité indépendante du juge, en soulignant fortement que le score produit par l'algorithme ne peut en aucun cas prétendre déterminer à lui seul la décision du juge. Un autre trait particulier à la tradition intellectuelle du droit vient encore renforcer cette capacité de résistance. Le système juridique impose une cohérence des nouvelles décisions avec la tradition juridique, et cette cohérence avec le passé pèse encore plus fort dans un système basé sur la jurisprudence comme le droit américain. La logique interne au champ justifie donc une forte résistance à l'adhésion aveugle à une logique extrinsèque comme celle apportée par le ML.

D'autres surprises de la pratique peuvent être moins réjouissantes, comme la découverte du considérable pouvoir discrétionnaire exercé par les assistants recueillant les réponses au questionnaire COMPAS. Ceux-ci peuvent justement ne pas se contenter de recueillir les réponses des détenus et prévenus. À force d'expérience, ils ont développé une intuition du

---

1. Ann Walsh Bradley, STATE of Wisconsin, Plaintiff–Respondent, v. Eric L. LOOMIS, Defendant–Appellant, No. 2015AP157-CR (Supreme Court of Wisconsin July 13, 2016). Consultable en ligne sur le site « FindLaw's Supreme Court of Wisconsin Case and Opinions. », Findlaw, consulté le 25 novembre 2021, https://caselaw.findlaw.com/wi-supreme-court/1742124.html.

comportement entrées-sortie de l'algorithme, qui leur permet d'anticiper grossièrement comment une modification de certaines entrées peut affecter la valeur du score en sortie. Certains se permettent donc de corriger le score, dans un sens comme dans l'autre, lorsque celui-ci ne correspond pas à leurs croyances personnelles sur la dangerosité du détenu. On voit là l'introduction subreptice d'un pouvoir discrétionnaire dans un environnement procédural censé l'exclure. La transparence n'y gagne guère, puisque ce pouvoir discrétionnaire s'exerce de manière opaque et est dépourvu de tout fondement légal ou méthodologique. Cette mésaventure illustre l'importance de l'étude de l'usage *in concreto* pour le développement logiciel. Un tel pouvoir discrétionnaire aurait aisément pu être éliminé si ces assistants n'avaient pu voir le score avant sa communication définitive au juge[1].

Comme le remarque à fort juste titre Angèle Christin, une telle mésaventure s'inscrit dans une longue histoire des déplacements du pouvoir discrétionnaire face aux évolutions procédurales censées le contenir voire l'éliminer. Avant l'arrivée des algorithmes dans le système judiciaire, les *Sentencing Guidelines* (instructions sur l'attribution des peines) avaient été conçues explicitement pour contenir le pouvoir discrétionnaire du juge dans la détermination de la peine. Elles devaient ainsi assurer, selon les différents objectifs des défenseurs des deux bords de cette bureaucratisation de la peine, une plus grande cohérence des peines limitant les effets discriminatoires, ou une plus grande sévérité de juges considérés trop cléments par les penseurs conservateurs. Dans les faits, les *Sentencing Guidelines* ont massivement augmenté le pouvoir discrétionnaire du procureur dans la mesure où la qualification des faits prédétermine massivement la peine. Dans un système judiciaire archi-dominé par la pratique du *plea bargain* (accord sur la peine en échange d'un plaider coupable), la bureaucratisation de l'attribution de la peine a ainsi contribué à la vague d'incarcération de masse. Le déplacement du pouvoir discrétionnaire, provoqué par une bureaucratisation censée l'éliminer, n'est

---

1. Ceci ignore encore les problèmes posés par... les fautes de frappe. Comme le signale Cynthia Rudin (C. Rudin, « Stop Explaining Black Box Machine Learning Models for High Stakes Decisions and Use Interpretable Models Instead », *Nature Machine Intelligence* 1, n° 5, 2019, p. 206-215.), différentes études ont montré que le taux d'erreur dans la saisie des données par des êtres humains atteint le 1 %, ce qui signifie qu'un vaste questionnaire comme celui de COMPAS a de très fortes chances de comprendre des erreurs, qui pourraient affecter les valeurs les plus influentes dans le calcul du score final. Ceci ouvre bien sûr la vaste question des procédures de contrôle de la qualité des données lorsque celles-ci peuvent entraîner une peine de prison, question qui s'étend bien au-delà des problèmes liés à la simple saisie manuelle.

donc pas sans effets sur le comportement global du système judiciaire, et peut contribuer à l'opacifier plutôt qu'à le rendre plus transparent. Cet effet de déplacement, en particulier dans ses aspects les plus néfastes, se retrouve donc même lorsque la procéduralisation prend la forme d'une algorithmisation. La question demeure ouverte de savoir si plus de procéduralisation constitue une réponse adéquate, ou une fuite en avant.

De telles études de terrain sont encore rares et précieuses, et n'ont pu porter que sur quelques juridictions. Il faut donc bien sûr être extrêmement prudent dans toute généralisation, puisque l'une des leçons les plus cruciales de ces études est l'importance de la réfraction de la logique algorithmique dans son contexte institutionnel d'emploi. En outre, cette photographie des usages à un moment donné ne présage pas des évolutions à venir, qui pourraient parfaitement voir une diminution des résistances intellectuelles à ces dispositifs. La réalité des résistances à l'algorithme par les juges étudiées par Angèle Christin nous éloigne cependant de la crainte dystopique d'une justice pleinement automatisée, et fondée sur l'idée de prévention du crime et de ciblage des individus dangereux.

Cela ne signifie pas que la réalité de l'usage de ces algorithmes soit rose et chantante. Si on examine certaines des nouvelles récentes provenant du journalisme scientifique, il semble que tous les champs professionnels ne fassent pas preuve de la même distance dans l'emploi des algorithmes que les juges américains. Comme le racontent certains avocats américains, il ne devient plus si surprenant pour eux de s'entendre dire « c'est l'algorithme qui l'a décidé » lorsqu'ils défendent des clients pauvres soudainement exclus sans raison apparente d'une aide sociale[1]. Si cette explication peut être irritante lorsqu'elle est produite par un employé assis derrière un comptoir, elle devient fortement inquiétante lorsqu'elle est produite par un témoin officiellement convoqué dans un tribunal. Face à la banalisation d'achats d'algorithmes en kit par des administrations n'ayant pas forcément de fortes compétences internes en informatique, on peut s'interroger sur la présence d'une compréhension institutionnelle des outils employés. Pire encore, l'agence versant l'assurance-chômage au Michigan a pu continuer à défendre un algorithme ayant entraîné des dizaines de milliers de radiations de soi-disant fraudeurs, même après qu'il eût été démontré que son taux d'erreur dépassait les 80 %[2]. Il est vrai que la massive augmentation du

1. K. Hao, « The Coming War on the Hidden Algorithms That Trap People in Poverty », art. cit.
2. R. N. Charette, « Michigan's MiDAS Unemployment System : Algorithm Alchemy Created Lead, Not Gold. How », *IEEE Spectrum*, 2018.

budget de la dite agence grâce aux amendes perçues a pu être pour quelque chose dans cet entêtement.

Dans l'attente d'études de terrain approfondies, il faut être très prudent dans toute généralisation hâtive et catastrophiste de ces mauvaises nouvelles : les bureaucraties n'ont pas attendu les algorithmes pour produire des absurdités et des abus de pouvoir. Mais il vaut la peine de se demander si la prudence constatée par Angèle Christin dans l'institution judiciaire est ou non une exception heureuse, et si l'emploi d'algorithmes qu'elles ne comprennent pas ne pourrait pas être, pour nombre de grandes organisations bureaucratiques, une massive incitation à l'opacité et à l'absence de responsabilité. La question se pose aussi en termes d'équité, puisque ce sont avant tout les citoyens les plus pauvres qui ont été massivement touchés par ce qui ressemble dangereusement à une vague d'algorithmisation irresponsable touchant à la fois l'accès à l'aide sociale et le *credit score*. Il est donc urgent de veiller à ce que le titre d'un ouvrage de Virginia Eubanks ne soit pas par trop prémonitoire, et que ce que ce ne soit pas l'inégalité qu'on automatise[1].

Le problème de la transparence

Le premier problème posé par l'emploi de l'algorithme COMPAS n'a rien à voir avec la nature du raisonnement et la qualité de ses résultats. Il est dû à un facteur bien plus contingent, à savoir le caractère propriétaire du programme. Le programme est la propriété intellectuelle de la société Northpointe Inc (aujourd'hui Equivant), et en tant que tel est protégé par le secret des affaires. Nous ne savons pas si l'opacité scientifique s'applique à l'algorithme de COMPAS, dont nous avons vu qu'il avait de fortes chances d'être une simple forme de régression logistique, mais nous faisons face à un cas certain d'opacité par déni d'accès. Le juge qui emploie COMPAS pour prendre des décisions n'a pas accès au détail du code source, et la défense de l'accusé non plus. Ceci pose des problèmes majeurs en termes de rationalité et de caractère bien informé de la prise de décision des juges, de transparence de l'institution judiciaire, et de maintien des droits de la défense.

Ces problèmes ont été aggravés dans le droit américain par la décision Loomis v. Wisconsin. Quelques éléments de contexte juridique nous semblent nécessaires pour éclairer cette décision. La cour suprême d'un État fédéré représente l'État fédéral auprès de cet État. Il n'est possible d'y

---

1. V. Eubanks, *Automating Inequality : How High-Tech Tools Profile, Police, and Punish the Poor*, New York, Saint Martin's Press, 2018.

recourir qu'après avoir épuisé ses recours dans le système judiciaire de cet État, et tout recours est soumis à une charge de la preuve extrêmement forte. La compétence de la cour est en effet limitée au respect de la Constitution par le système judiciaire de l'État : le plaignant doit montrer que ses droits constitutionnels ont été violés par les cours de l'État fédéré. La pression exercée sur la décision juridique est ainsi considérable, puisque le juge doit non seulement prendre position sur les décisions d'un certain nombre d'autres juges, mais aussi de prendre position sur l'application de la Constitution, soit le sommet de la hiérarchie des normes juridiques du pays. Cette charge de la preuve extrêmement élevée permet d'expliquer le caractère conservateur de bien des décisions, tant le plaignant est soumis à défi juridique considérable, et le juge mis sous pression par une décision de la plus haute portée.

Eric L. Loomis est un homme du Wisconsin condamné à six ans de prison. Le score de risque élevé donné par COMPAS a été utilisé comme argument contre lui. La défense a fait appel auprès de la Cour Suprême du Wisconsin en arguant que les droits de l'accusé avaient été violés par l'emploi d'un algorithme dont il ne pouvait connaître et contester le détail. En particulier, l'appel était fondé sur le droit à une peine individualisée et le droit à une peine fondée sur une information précise. La juge Ann Walsh Bradley de cette haute cour a rejeté l'appel, en arguant d'une part que l'accusé aurait pu écoper de la même peine sans l'emploi de cet algorithme vu son passé judiciaire chargé, et d'autre part que l'emploi de l'algorithme propriétaire dans une cour de justice devait être considéré comme légal. L'argument du juge est fondé de manière essentielle sur le caractère de simple aide à la décision de l'algorithme, et donc sur la possibilité pour le juger d'aller contre ses recommandations en employant une autre logique ou en prenant en compte d'autres informations. Elle précise comment ces outils doivent être présentés au juge et la mesure dans laquelle ils doivent être utilisés. Le juge doit pouvoir fonder la décision d'incarcération et la nature de la peine sur autre chose que la seule recommandation de l'algorithme, car celle-ci ne doit pas se voir donner le pouvoir de décider seule de ces questions. Elle ne légitime donc pas l'emploi aveugle d'une boîte noire, et insiste au contraire puissamment sur le pouvoir discrétionnaire du juge et l'importance d'un usage distancié de l'algorithme.

Une telle décision, malgré toutes ses subtilités, constitue un précédent juridique puissant, puisqu'elle autorise l'emploi d'un algorithme par l'institution judiciaire sans un accès aux détails de son fonctionnement ni pour le juge ni pour la défense. En outre, elle insiste sur le fait que l'accusé avait la capacité de vérifier que les entrées de l'algorithme étaient correctes, et s'était fait expliquer le principe global du fonctionnement de l'algorithme. Une telle décision est malheureusement fondée sur une confusion grave entre ce que la littérature sur l'interprétabilité a appelé l'explicabilité globale d'un algorithme (l'explicabilité du raisonnement dans son principe) et l'explicabilité locale (l'explicabilité d'une décision particulière). L'explicabilité globale et la correction des entrées ne suffisent pas à garantir ni la compréhension ni la correction d'une décision donnée. L'un des problèmes les plus cruciaux de la programmation est ce qu'on appelle la gestion des exceptions, c'est-à-dire la compréhension des cas particuliers qui doivent être soumis à un raisonnement différent de la majorité des cas. Penser que la correction des entrées et la compréhension du raisonnement global suffisent à discuter une décision particulière revient à faire comme si le problème des exceptions n'existait pas, une erreur grave dans la compréhension d'un programme. Ceci serait vrai pour un algorithme déterministe, et l'est encore plus pour un modèle statistique comme celui employé pour un tel score de risque. La décision Loomis v. Wisconsin constitue assurément une régression dans l'exercice des droits de la défense face à une prise de décision algorithmique, et les défenseurs de ces droits doivent espérer que cet exemple ne soit pas imité. Mais il constitue aussi un problème pour l'institution judiciaire elle-même, qui entérine la possibilité d'utiliser des outils logiciels qu'elle ne comprend manifestement pas pleinement. Cette décision, tout en entérinant l'usage institutionnel d'un logiciel comme COMPAS, soulève donc des problèmes évidents de domination intellectuelle de son outil par cette même institution. Pour qu'un système de décision mixte fonctionne, la compréhension du système technique par l'utilisateur n'est pas une option, et le manque de compréhension des problématiques informatiques par la décision de la juge Bradley montre que cette compréhension est loin d'être acquise. En plus d'entériner l'introduction de l'opacité par le déni d'accès dans une prise de décision judiciaire, la décision de la Cour Suprême du Wisconsin vient entériner une compréhension superficielle et fautive des algorithmes comme un standard suffisant à la protection des droits constitutionnels des prévenus. Aux problèmes déjà aigus posés par l'opacité par l'incompétence, une telle logique judiciaire vient rajouter une couche d'opacité institutionnelle, en proclamant suffisant pour la décision juridique une compréhension de l'algorithme qui ne l'est manifestement pas.

Le caractère contingent de cette opacité ne peut être suffisamment souligné. Comme nous l'avons déjà expliqué dans la précédente section, le modèle est probablement basé sur un modèle statistique simple, puisqu'une simple régression linéaire sur une partie des facteurs employés par COMPAS suffit à obtenir des performances similaires. Le détail du fonctionnement de COMPAS pourrait donc parfaitement être discuté publiquement, et il est possible qu'il ne soit pas d'une grande sophistication. Un exemple comparatif a été fourni par le système CORELS (*Certifiably Optimal Rule Lists*[1]), un système de règles de décisions généré automatiquement par un modèle de ML. En d'autres termes, le système apprend à partir d'un ensemble de données, mais au lieu d'engendrer en sortie d'entraînement un algorithme permettant d'engendrer des prédictions de manière opaque, il permet d'engendrer un ensemble de règles permettant d'aboutir à une prédiction, et qui peuvent donc être appliquées de manière transparente et interprétable à chaque cas. Il n'existe donc plus aucune opacité puisque la logique interne de l'algorithme est parfaitement explicitée, et qu'elle peut être suffisamment simple pour être comprise par tous. Le modèle a été appliqué aux données employées par l'étude ProPublica pour engendrer un modèle prédisant une arrestation dans les deux ans en fonction de la valeur de trois des facteurs employés par COMPAS. En ne prenant en compte que l'âge, le genre et le nombre de condamnations, le système a engendré le système de règles suivant :

– Sı âge entre 18-20 et sexe masculin ALORS prédire arrestation
– AUTREMENT SI âge entre 21-23 et 2-3 condamnations ALORS prédire arrestation
– AUTREMENT SI plus de trois condamnations ALORS prédire arrestation
– AUTREMENT ne pas prédire d'arrestation.

Un tel système obtient des performances prédictives comparables à celles de COMPAS. Les règles employées font cependant plus que frapper par leur simplicité : elles frappent par leur stupidité. En suivant de telles règles, on garderait en prison un jeune homme malade et incapable de partir en cavale parce qu'il a un passé judiciaire chargé, et on libérerait un homme soupçonné d'être un tueur en série comme Theodore Bundy, parce qu'il était suffisamment âgé et n'avait pas d'antécédents judiciaires au moment de sa première arrestation.

La publicité du raisonnement jette donc une lumière crue, et radicalement différente, sur la qualité des décisions employées. Elle révèle aussi qu'un algorithme de décision ne peut être jugé que par ses performances statistiques

---

1. Le lecteur pourra trouver une présentation plus détaillée de ce système sur sa page Web « CORELS : Learning Certifiably Optimal RulE ListS », accessed January 1, 2022, https://corels.eecs.harvard.edu/.

globales. On attend d'un juge prenant des décisions qu'il soit non seulement capable d'une certaine performance prédictive statistique, mais aussi qu'il puisse prendre avec une quasi-certitude certaines décisions simples mais cruciales, comme ne pas faire d'incarcérations manifestement inutiles, et ne pas libérer un potentiel tueur en série ou un chef maffieux capable d'intimider ou d'éliminer des témoins. Là encore, la gestion des exceptions se révèle d'une grande importance, et l'analyse des algorithmes ne devrait pas être restreinte à l'examen des statistiques globales, comme nous y contraint l'opacité contingente d'un modèle comme COMPAS. Autoriser l'emploi de tels algorithmes propriétaires dans l'institution judiciaire, c'est donc s'autoriser à être berné sur le véritable niveau de pertinence de ces outils en ne regardant que le niveau de performance prédictive globale. Celui-ci semble structurellement un indicateur trop faible pour juger de la pertinence de l'emploi d'un outil opaque aux performances prédictives moyennes, qui devrait être systématiquement comparé avec un outil interprétable. Comme le remarque Cynthia Rudin[1], ces leçons n'ont pas été assimilées par l'institution judiciaire américaine, et l'emploi de modèles algorithmiques opaques par restriction d'accès continue de s'étendre dans le système américain, un exemple que le reste du monde ferait bien de ne pas suivre.

En outre, cette comparaison avec un modèle transparent permet aussi de voir que la décision d'automatisation, totale ou partielle, dépend de la comparaison de la distribution des erreurs entre l'humain et la machine[2]. Si la machine commet les mêmes erreurs que l'être humain, l'automatisation peut éventuellement être justifiée par des critères typiques de performances bureaucratiques comme la vitesse, l'uniformité et la rationalisation des coûts. Si la distribution des erreurs est différente, une nouvelle conversation doit s'engager sur la nature des erreurs commises et leur tolérabilité. Cette conversation-là est profondément politique, et ne peut être réduite à la satisfaction d'une métrique de performance générique.

Sur le traitement différencié des hommes et des femmes, et la singularité des cas en ML

Un autre aspect de la décision Loomis v. Wisconsin a été peu discuté, bien qu'il soulève des enjeux intéressants. Le prévenu Loomis avait aussi défendu que l'algorithme COMPAS était discriminant à l'égard des hommes,

---

1. C. Rudin, « Stop Explaining Black Box Machine Learning Models for High Stakes Decisions and Use Interpretable Models Instead », art. cit.
2. Cette idée aussi essentielle que rarement évoquée a été parfaitement comprise par Z. C. Lipton, « The Mythos of Model Interpretability », art. cit., (voir section « Trust »).

puisque les femmes reçoivent en moyenne des scores moins élevés. Mais cet appel, comme l'autre que nous venons de discuter, avait également été rejeté. La justification de cette différence en termes d'apprentissage automatique est très simple : aux États-Unis comme dans bien d'autres pays, les femmes récidivent sensiblement moins, et commettent nettement moins de crimes violents. L'entreprise a répondu que les données des femmes et des hommes sont traitées séparément, même si cette affirmation est rendue invérifiable par l'opacité propriétaire de leur logiciel[1]. Ce comportement discriminant de l'algorithme a fait l'objet de très peu de discussions publiques, dans la mesure où, une fois n'est pas coutume, il est favorable aux femmes, et semble fondé dans une différence massive, et connue de tous, de la sociologie criminelle. Il n'est cependant pas évident d'un point de vue théorique, puisqu'il banalise le traitement différencié des prévenus en fonction d'un attribut qu'il n'est pas aisé de modifier, et qui relève de l'appartenance à une population et non de la singularité de leur cas. D'un point de vue de justice entre populations, cette séparation du traitement des hommes et des femmes semble cependant tout à fait naturelle : puisque les femmes sont *de facto* moins sujettes à la récidive et en particulier à la récidive violente, mélanger leurs données avec celles des hommes mènerait à sous-estimer la dangerosité de la population masculine et à surestimer celle de la population féminine. D'un point de vue statistique, il semble donc pertinent de traiter séparément deux sous-populations aux attributs agrégés radicalement différents. Il semble donc exister une certaine tension entre deux conceptions de la justice, l'une insistant sur l'importance de l'individualisation de la décision, et l'autre, statistique, insistant sur la justice entre populations.

La discussion du cas COMPAS fait aussi ressurgir deux conceptions différentes de l'individualisation de la décision. La première, présente dans la décision Loomis vs Wisconsin, consiste à augmenter le nombre de variables décrivant le cas : plus la décision prend en compte de paramètres, plus elle est à même de saisir la singularité d'un cas. Cette conception de la singularité vient justifier l'automatisation : il est aisé pour une machine de prendre en compte des dizaines ou des centaines de paramètres, alors que cette tâche devient vite écrasante pour un être humain. Dans cette optique, le ML peut devenir un facteur de plus grande individualisation de la décision. Une autre conception de la singularité du cas considère que le

---

1. Il serait parfaitement possible au logiciel d'exhiber le même comportement en boîte noire même si les données n'avaient pas été d'emblée séparées en fonction du genre, par exemple si le genre avait été déduit par l'algorithme en fonction d'autres données. Je me dois de remercier encore une fois Edwige Cyffers pour m'avoir fait remarquer ce point.

cas ne peut être conçu comme un point de données, même de haute dimension. Le cas est une histoire qui doit être saisie dans sa singularité qualitative, qu'aucun modèle formel ne peut concevoir à l'avance. Une telle conception de la singularité sert d'appui à une critique de l'automatisation, et même plus largement de toute procéduralisation : seul l'être humain est capable d'examiner et de comprendre une histoire dans sa singularité, ce qu'aucune procédure conçue *ex ante* n'a le pouvoir de faire. Ce qui vient justifier entre autres l'intervention de l'être humain, c'est que celui-ci est capable d'extraire librement ce qui est pertinent d'une histoire singulière, sans être obligé de se restreindre à une liste de facteurs prédéterminée, quelle que soit sa longueur. On remarquera que seule la deuxième conception de l'individualisation vient soutenir le pouvoir discrétionnaire du juge, tandis que la première conception joue en faveur de la procéduralisation de la décision. Nous parlerons donc de points de vue quantitatif et qualitatif sur la singularité pour bien opposer ces deux conceptions.

Du point de vue qualitatif, l'algorithme COMPAS, comme tout algorithme statistique, ne fait même pas des prédictions individuelles, mais des prédictions sur des populations d'individus partageant les mêmes caractéristiques. Dans cette perspective, il n'existe donc pas d'individualité fondamentale du cas : deux individus partageant les mêmes valeurs pour les variables pertinentes à ses yeux sont parfaitement identiques. Même si ce cas est rendu très peu probable, comme argumente la décision Loomis v. Wisconsin, par le grand nombre de facteurs pris en considération, une telle conception quantitative du cas échoue à offrir une conceptualisation authentique de la singularité. Fonder entièrement la décision de justice sur l'algorithme reviendrait donc à une rupture radicale de philosophie du droit, où la singularité du cas dans sa conception qualitative n'est tout simplement plus pertinente.

L'importance d'un tel tournant dans la conception du cas juridique ne saurait être sous-estimée. Le pouvoir discrétionnaire du juge est en effet fondé sur un argument épistémique fondamental, à savoir l'imprévisibilité des cas d'espèce qui vont être offerts à l'institution judiciaire. Dans cette perspective, nul législateur, nul planificateur, et donc nul informaticien ne peuvent concevoir à l'avance l'ensemble des problèmes et des raisons que le juge va devoir prendre en compte dans sa conception du cas. C'est cette imprévisibilité fondamentale qui vient justifier depuis des siècles le pouvoir discrétionnaire du juge, et son pouvoir d'interprétation de la loi : si sa décision est bien sûr fortement contrainte par le cadre législatif, elle ne saurait se réduire à une application mécanique de règles rédigées à l'avance, ou même à la prise en considération de facteurs définis à l'avance, parce qu'elle doit faire face à l'imprévu des situations réelles[1]. Cet argument conçu pour des lois écrites en langue naturelle et parfois volontairement laissées ouvertes à l'interprétation s'applique a fortiori à une règle formalisée dans un langage de programmation. Aucun bouleversement scientifique dans notre compréhension du monde social ne vient justifier qu'on considère aujourd'hui qu'un tel argument fait partie du passé : les fortes limites des performances des algorithmes de prédiction de la récidive viennent au contraire redémontrer les limites de nos capacités prédictives.

Ce point est d'autant plus important que le lien entre les données et la tâche à réaliser est l'un des points les plus critiques dans la conception du logiciel. L'un des risques de l'introduction de tels outils algorithmiques est un risque typique de la bureaucratisation de la prise de décision, à savoir la substitution d'une représentation quantitative simpliste à une réalité complexe. L'emploi d'espaces de données à haute dimension risque de renforcer encore cet effet délétère, parce que le nombre écrasant de facteurs contribue à renforcer l'autorité scientifique du logiciel. Le vecteur de données de COMPAS, avec ses 137 paramètres, peut ainsi être indûment pris comme une description complète de la réalité à considérer, et y être substitué dans l'esprit du décisionnaire. Il convient au contraire que le juge qui utiliserait de tels algorithmes ait conscience de son pouvoir de capture de la singularité du cas, et ne prenne pas l'habitude de le décrire à travers les yeux de l'algorithme. La décision Loomis vs Wisconsin, en entérinant l'idée que le grand nombre de facteurs suffit à individualiser la décision, ouvre la porte à une telle conception réductrice, alors que sa fonction aurait dû être d'y résister.

Même s'il est réduit à un rôle d'aide à la décision, l'emploi d'un algorithme peut être l'occasion d'une régression intellectuelle s'il est mal compris par le juge. S'il contribue à faire croire à la possibilité générique de planifier tous les facteurs devant être pris en considération dans la compréhension d'un cas individuel, et s'il contribue à faire croire qu'une représentation spécifique est individualisée parce qu'elle est de haute dimension, l'algorithme peut ainsi contribuer à une bureaucratisation rampante et réductrice d'une des décisions les plus sensibles qui soit. Si elle insiste à juste titre sur l'autonomie du juge, la décision Loomis vs Wisconsin ne présente pas tous les garde-fous intellectuels nécessaires : elle contribue au contraire à normaliser la confusion entre décision individualisée et décision prenant en compte un grand nombre de paramètres.

---

1. On trouve déjà une telle théorie du juge dans la pensée d'Aristote, notamment dans sa *Rhétorique*, qui distingue nettement l'acte de jugement d'une simple application formaliste de règles à des cas particuliers. Voir P. Pellegrin, *Œuvres Complètes*, Paris, Flammarion, 2014, p. 1375 (pagination Bekker).

La mise en évidence statistique des déterminations sociologiques :
de l'aide à la répression

Un autre problème de l'algorithme COMPAS que nous avons évoqué dans notre introduction générale aux enjeux d'équité du ML est celui de la liste des facteurs pris en considération, en particulier les facteurs ne relevant pas de la responsabilité individuelle. Ce problème majeur a été fortement négligé, tant la conversation a été dominée par l'accusation de racisme lancée par l'étude ProPublica[1]. Il s'agit pourtant d'un problème qui, s'il se recoupe largement avec celui du racisme dans le contexte américain comme dans d'autres, est cependant plus général en droit, puisqu'il serait pertinent même dans une société ethniquement homogène. Avant de nous pencher sur cette étude, il est donc nécessaire de développer les enjeux cruciaux de ce choix de facteurs.

Comme nous l'avons évoqué au début de notre analyse de COMPAS, l'ensemble des variables employées par Equivant s'inspire des travaux statistiques de la sociologie quantitative américaine sur les facteurs de la récidive. Le but de cette sociologie étant de comprendre les causes de la récidive, et éventuellement de cibler des programmes d'aide à la réinsertion, il n'y avait rien de problématique à ce que soient employés des facteurs dont les individus ne peuvent être tenus responsables. On peut ainsi voir que l'existence d'un casier judiciaire des parents ou des amis, ou un divorce durant l'enfance du prévenu, sont positivement corrélés à la récidive. D'autres facteurs encore sont typiques des situations de grande précarité économique, comme l'absence d'emploi ou de logement stable. En bref, les sociologues s'intéressaient aux déterminations sociologiques à l'œuvre derrière la récidive, et ces déterminations n'étaient instrumentalisées par les politiques publiques que pour venir en aide à ceux qui en étaient victimes.

Avec COMPAS, on a affaire à un retournement spectaculaire de l'emploi de ces déterminations sociologiques, puisque les facteurs déterminant la probabilité de récidive sont utilisés pour justifier le maintien en détention d'un individu, qu'il soit ou non responsable de ces facteurs. On a là bien pire qu'une boucle d'autoconfirmation perverse : un véritable retournement du sens de l'incarcération. Dans le système judiciaire américain comme dans tant d'autres, le risque de récidive est un facteur parfaitement admis

---

1. Le caractère problématique de l'emploi de variables dues à la seule malchance de l'individu a cependant bien été remarqué par R. Binns, « Fairness in Machine Learning : Lessons from Political Philosophy », in *Conference on Fairness, Accountability and Transparency*, 2018, p. 149-159, http://proceedings.mlr.press/v81/binns18a/binns18a.pdf. Section 3.2 « Luck and desert ».

dans la détermination de l'incarcération, mais un algorithme comme COMPAS fait subrepticement passer d'un sens du risque à un autre, et ce faisant présente un danger majeur de glissement dans la philosophie de la peine. Lorsqu'on dit qu'un chef maffieux risque de menacer des témoins s'il est laissé en liberté, qu'un homme possédant de multiples passeports et des biens à l'étranger présente un grand risque de fuite, ou qu'un multi-récidiviste ayant déjà commis des cavales risque de ne pas honorer une convocation au tribunal, on emploie une conception du risque parfaitement compatible avec la responsabilité individuelle. On affirme que ces individus ont les moyens matériels, les compétences, les motivations et les dispositions de caractère leur permettant de commettre aisément une récidive ou une fuite, ce qui augmente le risque qu'ils commettent de tels actes. Lorsqu'on affirme en revanche qu'un jeune homme ayant grandi dans une famille de criminels et dans un quartier ravagé par la délinquance présente un plus grand risque de récidive, on emploie les déterminations sociologiques génériques du crime pour estimer un tel risque, sans que la responsabilité individuelle de la personne puisse aucunement être mise en cause. Employer une telle compréhension du risque de crime, c'est enfermer dès la naissance des hommes et des femmes dans une prison statistique dont ils ne pourront jamais sortir, puisque rien de ce qu'ils ou elles pourront faire dans leur vie ne changera rien à la suspicion *a priori* qui pèsera sur eux. On a là un retournement aussi subtil que pervers dans l'usage des déterminations sociologiques, dont on ne peut s'espérer qu'il ne fera pas date.

On pourrait objecter que ces facteurs ne constituent qu'une petite partie des 137 facteurs employés par Equivant, et que le score de risque de récidive est cantonné par le système judiciaire américain au simple rôle d'aide, bien souvent ignoré dans la pratique comme nous l'avons vu. Tout cela est juste, et limite certainement à l'heure actuelle les effets pratiques de ce glissement conceptuel. Mais s'arrêter à ces objections manquerait le fond de notre argument, à savoir que ce glissement conceptuel constitue une rupture de principe, d'autant plus redoutable qu'elle est introduite de manière subreptice et discrète dans ses premiers effets. L'emploi d'outils comme COMPAS légitime et banalise l'emploi d'une des mesures les plus graves de tout système judiciaire, à savoir l'incarcération, sans aucune notion de respon-sabilité individuelle, et sur la base de la simple appartenance à une catégorie statistique. L'histoire des institutions montre de nombreux exemples de tels glissements opérés tout d'abord à bas bruit dans des contextes restreints, avant de se généraliser progressivement pour devenir une propriété majeure d'un système politique. C'est bien la raison pour laquelle il est pertinent de signaler de tels glissements lorsqu'ils en sont encore au stade d'un emploi restreint, et avant qu'ils ne deviennent des traits massifs, et malheureux, d'un système politique tout entier. Il convient donc de rappeler qu'il est inadmissible d'enfermer un être humain dans une cage parce qu'on a déjà enfermé ses parents dans une cage, et peu importe que cette justification ne compte que pour 1 % de la décision finale : elle ne devrait pas compter du tout. À l'heure où nous écrivons ces lignes, l'emploi de COMPAS et d'outils similaires perdure dans le système judiciaire américain et dans d'autres pays[1] : il est temps de mettre un terme à cet emploi des déterminations sociologiques comme justification de la répression.

Dans une société profondément marquée par le racisme, ce genre de déterminations sociologiques est fortement corrélé avec l'appartenance ethnique. La critique des effets discriminants peut donc mener à une critique indirecte de l'emploi de ces facteurs, puisque ceux-ci peuvent passer pour des variables proxies. Cette critique, parfaitement légitime, ne doit pas masquer le problème propre à ces facteurs découplés de toute responsabilité individuelle, qui les rendraient toujours problématiques, même en l'absence de discriminations racistes à l'égard d'une population.

Ceci vient illustrer l'idée que nous avons évoqué en introduction, à savoir que le ML pourrait mener à l'apparition de discriminations à l'égard de nouvelles populations, délimitées par le raisonnement statistique, et non uniquement à l'égard des populations prédéterminées qui sont déjà l'objet de discriminations. Dans ce cas particulier, c'est l'ensemble des individus soumis à des déterminations sociologiques de la récidive dont ils ne sont pas responsables qui deviendrait une population discriminée. Dans le cas des discriminations usuelles à l'égard de certaines populations, les discriminations proviennent de la prise en compte de l'appartenance à cette population dans la décision finale même lorsque cette appartenance ne figure pas explicitement dans les variables de l'algorithme. Dans le cas de cette nouvelle discrimination, c'est la prise en compte indue de certaines variables qui est problématique. La communauté de l'éthique algorithmique en général, et de la conception équitable (*fairness by design*) en particulier, doit se livrer à une réflexion plus générale sur la légitimité de la présence de certaines déterminations sociologiques parmi les facteurs de l'algorithme[2].

---

1. M. Burgess, « UK Police Are Using AI to Inform Custodial Decisions – but It Could Be Discriminating against the Poor », *Wired UK*, 1er mars 2018, https://www.wired.co.uk/article/police-ai-uk-durham-hart-checkpoint-algorithm-edit.

2. De nombreuses associations dont l'ACLU ou le NCAAP ont pu ainsi appeler à une réforme de l'usage des modèles de risque, qui inclut un appel à la transparence sur le fonctionnement des outils, une validation indépendante et une lutte systématique contre les biais discriminatoires. Cet appel à la réforme des outils en place n'est d'ailleurs pas

La controverse ProPublica : un algorithme raciste ?

Comme nous venons de le voir, l'algorithme COMPAS pose une multitude de problèmes, dont certains sont très génériques. Mais nous n'avons encore mentionné la plus importante des controverses autour de cet algorithme, à savoir la controverse ProPublica. Il est temps de rentrer dans les détails de cette affaire qui a joué un rôle immense dans la réflexion sur l'équité algorithmique.

L'une des raisons ayant projeté COMPAS sur le devant de la scène politique est la publication d'un rapport critique sur cet outil par une association de défense des droits, ProPublica. Cette étude est basée sur l'examen des facteurs et des performances globales de l'algorithme depuis son déploiement, combiné avec la comparaison avec un autre modèle bâti par l'association. Le résultat le plus célèbre de cette critique est l'accusation de discrimination raciste à l'égard des Afro-Américains : le modèle aurait tendance à attribuer plus fréquemment un score de haut risque à des détenus Afro-Américains ne commettant aucune récidive, et à attribuer des scores de faible risque à des détenus blancs qui commettent des récidives deux ans après leur libération (la portée de la collecte des données par ProPublica). En termes synthétiques, l'algorithme aurait un taux de faux positifs et de faux négatifs qui favoriserait systématiquement les détenus blancs par rapport aux détenus Afro-Américains. Dans la terminologie du ML, la proportion de vrais négatifs et de vrais positifs sur l'ensemble des prédictions constitue ce qu'on appelle la précision (*accuracy*) du modèle. La critique du modèle par ProPublica montre donc que le modèle souffre de problèmes de précision qui défavorisent systématiquement les Afro-Américains[1].

La controverse a provoqué une réponse de la part de l'entreprise propriétaire de l'algorithme. Celle-ci a affirmé que son algorithme n'était pas biaisé, parce qu'il optimise le critère statistique suivant : pour toutes les notes de 1 à 10, la proportion d'Afro-Américains et de Blancs était identique. L'algorithme serait donc équitable parce que les Afro-Américains ne seraient pas surreprésentés dans les notes les plus défavorables. Il s'agit assurément d'un critère de justice important, puisqu'il garantit que les notes

exclusif d'une critique de l'usage même, et de la banalisation de la détention préventive au nom du risque de récidive. « Civil Rights Groups Call for Reforms on Use of Algorithms to Determine Bail Risk », GovTech, consulté le 28 novembre 2021, https://www.govtech.com/public-safety/Civil-Rights-Groups-Call-for-Reforms-on-Use-of-Algorithms-to-Determine-Bail-Risk.html.

1. J. Larson *et al.*, « How We Analyzed the COMPAS Recidivism Algorithm », *Propublica*, 2016, https://www.propublica.org/article/how-we-analyzed-the-compas-recidivism-algorithm.

aient le même sens pour toutes les populations : il n'est pas plus facile d'obtenir une note plus élevée parce qu'on est Afro-Américain.

Qui a donc raison entre l'entreprise et l'ONG ? Le problème soulevé par cette controverse est que la réponse à cette question est « les deux ». L'argument d'Equivant est juste, mais il est fondé sur un changement de sujet. L'étude de ProPublica ne critique pas COMPAS sur la base de la proportion d'Afro-Américains dans telle ou telle note, mais sur la proportion d'erreurs dans l'attribution d'un score de haut risque, et c'est une question différente. Le sens des différentes notes et la répartition des différentes erreurs entre les populations sont deux critères d'équité distincts, qui peuvent être satisfaits séparément. Pire encore, il existe des résultats statistiques démontrant que ces deux objectifs d'équité ne sont pas compatibles. Nous allons revenir sur ce point crucial dans notre section sur la mathématisation de l'équité, mais nous allons pour le moment en présenter intuitivement la teneur. Pour résumer l'argument statistique, il affirme que lorsqu'on entraine un modèle sur des données où les Afro-Américains sont surreprésentés, comme c'est le cas dans les données de l'institution judicaire américaine, il existe un *trade-off* entre maximiser la précision de manière équitable et assurer une distribution équitable des populations à travers la notation. Pour que la précision de l'algorithme ne défavorise pas les Afro-Américains, il faudrait donc que les notes n'aient pas le même sens pour les différentes populations.

En choisissant sa métrique, la société a donc effectué un choix majeur dans l'orientation de la politique pénale américaine des États qui l'utilisent, puisqu'ils ont priorisité, de manière pleinement consciente ou non, la distribution des populations à travers les différentes notes sur la répartition des erreurs à travers les populations. Il est en soi problématique qu'un tel choix entre des métriques incompatibles soient effectué par les développeurs d'une entreprise privée, alors qu'il s'agit d'un choix politique majeur qui devrait faire l'objet d'une discussion approfondie au sein de l'institution judiciaire et dans l'espace public. On voit là un effet politique majeur de l'introduction d'une nouvelle technologie, qui est qu'elle peut transférer du pouvoir aux nouveaux acteurs qui la comprennent et la produisent. Un tel transfert est problématique lorsqu'il vient empiéter sur le droit d'autres acteurs légitimes à participer à un tel pouvoir, et retire de l'espace public des questions qui ne sont en rien des questions techniques, mais des questions politiques majeures. Le solutionnisme technologique n'apporte pas nécessairement les solutions voulues, mais il contribue une redistribution du pouvoir qui ne va pas toujours dans le sens d'une plus grande transparence et d'une plus profonde démocratisation. Indépendamment des modalités politiques de la détermination de cette métrique, nous allons maintenant nous intéresser à la légitimité du choix d'une métrique en lui-même.

L'argument d'incompatibilité des deux métriques est fondé sur la surreprésentation des Afro-Américains dans les données du système pénal américain. C'est parce qu'il y a plus d'Afro-Américains parmi les détenus, et en particulier parmi les détenus récidivistes que ce problème d'incompatibilité de métriques apparaît : il convient donc de revenir sur ces biais de données. Les biais de données considérés ont ici des racines sociales profondes. Prenons le problème de la mesure de la récidive. Les données produites par l'institution judiciaire ne mesurent pas directement la récidive : elles mesurent le taux d'arrestation et le taux de condamnation, ce qui est bien différent. Une personne injustement condamnée comme récidiviste, tout comme un criminel habile ou chanceux réussissant à échapper à l'arrestation ou à la condamnation, glissent des imperfections dans la mesure de la récidive. Une autre source de ces imperfections dans la mesure de la récidive est largement due aux habitudes de l'institution policière, qui cible certains types de crimes et certaines populations en priorité, augmentant largement la probabilité que ce soit ces crimes et ces populations qui fassent l'objet d'arrestations et de ré-arrestations. Aux USA, le ciblage des populations afro-américaines a une longue histoire, et a été l'objet de critiques depuis de nombreuses années. Une étude citée par un article du *MIT Technology Review* sur lequel nous allons revenir montre que le taux de réarrestation est bien supérieur chez les Afro-Américains que chez les Blancs dans le comté concerné par l'étude de Propublica, le *Broward County* de Floride (52 contre 39 %). Enfin, les crimes commis dépendent de manière évidente du profil sociologique des populations : un banquier peut être impliqué dans une affaire de blanchiment d'argent, mais il a peu de chances de vendre du crack au bas d'un immeuble. De par la ségrégation systématique dont ils ont été victimes, les Afro-Américains sont surreprésentés dans les populations urbaines pauvres, qui sont en général le terreau du crime de rue : il est donc normal qu'ils soient plus impliqués dans ce type de crimes que d'autres populations plus favorisées. Or, comme nous l'avons vu dans notre première présentation de l'algorithme, celui-ci souffre du biais de bien des institutions judiciaires, le centrage sur le crime de rue. Il n'a donc rien d'étonnant à ce qu'une population dont le profil sociologique est associé au crime de rue soit plus représentée dans les données de l'institution judiciaire, et ceci avant même qu'on prenne en compte le ciblage raciste particulier dont les Afro-Américains ont fait l'objet de la part des institutions policière et judiciaire.

Pour toutes ces raisons, les données institutionnelles ne peuvent prétendre être une mesure parfaite de la récidive. Pour assurer une plus grande égalité de traitement, il serait préférable de changer les habitudes de l'institution policière plutôt que de jouer avec les paramètres de notre algorithme. Un centrage excessif sur l'algorithme, ou sur la prise de décision en général, risque de nous faire oublier l'importance des données, et des processus sociaux et institutionnels qui les produisent et les déforment. Quel que soit l'algorithme utilisé, si une population est arrêtée plus fréquemment qu'une autre, ses membres seront plus probablement considérés à haut risque, de manière à la fois correcte – on a plus de chances d'arrêter les vrais criminels par un effort policier intense- et incorrecte – on va surestimer la dangerosité des membres de cette population parce qu'on les arrête plus souvent. Un certain nombre de travaux montrent que le risque d'être arrêté pour possession et usage de stupéfiants est supérieur pour un jeune homme Afro-Américain que pour un jeune homme blanc, et que cette différence ne peut être expliquée par la seule prévalence de l'usage de la drogue ou la domiciliation dans un quartier à forte présence policière [1]. Aucune procédure et aucune méthode d'entraînement ne permettent d'échapper miraculeusement aux limites et aux biais inscrits dans les données elles-mêmes.

L'un des problèmes centraux du ML, comme de toute approche basée sur l'analyse statistique est que l'absence d'utilisation d'une variable (*disparate treatment*) n'implique pas l'absence d'impact différentiel en fonction de cette variable (*disparate impact*). Les études des individus affectés par les recommandations de COMPAS montrent bien une différence de destin très net, qu'il s'agisse de faux positifs ou de faux négatifs, entre détenus blancs et détenus Afro-Américains, alors que la race n'a bien sûr pas été utilisée comme donnée par ce modèle, puisque c'est sévèrement interdit par la Constitution américaine. Ce problème tire son origine de la forte corrélation entre les différents attributs sociaux : certaines variables, comme le lieu de résidence, peuvent être si fortement corrélées à la race qu'elles peuvent être utilisées comme proxies. Un modèle de ML qui ne sait même pas ce qu'est la race peut donc parfaitement avoir un impact différentiel sur certaines populations racisées parce qu'il emploie de telles variables proxies, comme c'est le cas de plusieurs variables employées par COMPAS. Les biais inscrits dans la collecte des données peuvent ainsi entraîner une différence de traitement en fonction de la race, même si celle-ci n'est jamais explicitement prise en compte par l'algorithme.

---

1. O. Mitchell and M. S. Caudy, « Examining Racial Disparities in Drug Arrests », *Justice Quarterly* 32, n° 2, 2015, p. 288–313.

Ce phénomène n'a rien de nouveau dans l'histoire des États-Unis, comme dans celles de bien d'autres pays. L'histoire politique américaine contient de nombreux (et tristes) exemples de mesure conçue pour cibler les Afro-Américains (ou d'autres populations) en employant de telles variables proxies. Le phénomène du *redlining* est ainsi un exemple connu de telles pratiques. La pratique tire son nom de la ligne rouge servant à distinguer différents quartiers sur une carte afin de cibler leurs habitants pour des pratiques discriminatoires. Le terme désignait à l'origine les pratiques discriminatoires de certaines banques et assurances, qui refusaient d'octroyer prêts et assurances aux habitants de certains quartiers, en particulier les quartiers afro-américains, ou leur appliquaient une tarification discriminatoire[1]. Le terme est devenu synonyme de nombre de pratiques discriminatoires à l'égard des Afro-Américains, comme le charcutage des districts électoraux pour mettre en minorité la population noire[2], ou l'instauration de contrôle d'identité plus sévère à l'entrée des bureaux de vote, employé parce qu'il est connu que la population afro-américaine possède moins souvent des papiers d'identité en règle que la population blanche[3].

Le contournement de l'égalité constitutionnelle de traitement par l'emploi de variables proxies est donc une vieille question politique. Le ML a ceci de particulier qu'il augmente la facilité avec laquelle de telles variables proxies peuvent être employées, de manière consciente et inconsciente, tout comme il augmente la facilité à détecter de telles variables proxies : la simple analyse du comportement entrées-sortie d'un modèle permet de détecter la présence de biais statistiques en fonction d'une variable, même si l'on n'a pas accès au fonctionnement interne du modèle. La question politique et juridique est de savoir comment lutter contre l'effet répandu des variables proxies pour garantir un traitement équitable.

1. Une enquête en quatre parties sur ce phénomène de discrimination bancaire a valu le prix Pulitzer à Bill Dedman, « The Color Of Money », *The Atlanta Journal*, 1er mai 1988, https://web.archive.org/web/20210703153220/http://powerreporting.com/color/color_of_money.pdf. La création du terme est souvent attribuée informellement au sociologue John McKnight, même s'il m'a été impossible de trouver une référence précise.

2. Cette pratique était et malheureusement est toujours particulièrement fréquente dans certains districts conservateurs qui cherchent ainsi à affaiblir le poids du vote afro-américain ou latino parce qu'il est en majorité démocrate, *cf.* J. Palandrani et D. Watson, « Racial Gerrymandering, the for the People Act, and Brnovich : Systemic Racism and Voting Rights in 2021 Comment », *Fordham Law Review Online* 89, 2021, p. 124-139.

3. Quelques références introductives sur ce serpent de mer de la vie politique américaine peuvent être trouvées sur le site du *Brennan Center for Justice* « Voter ID | Brennan Center for Justice », accessed November 26, 2021, https://www.brennancenter.org/issues/ensure-every-american-can-vote/vote-suppression/voter-id.

L'existence de variables proxies peut être conçue comme la trace statistique de la discrimination. La discrimination en fonction d'une variable d'appartenance à une population a ceci de particulier qu'elle crée une forte corrélation entre les divers attributs sociaux et l'appartenance à la population discriminée. Pour être plus précis, elle augmente la corrélation entre l'appartenance à la population et la possession d'attributs sociaux négatifs, comme de bas revenus, des problèmes de logement, de chômage, une plus grande chance d'être arrêté ou condamné, et augmente l'anti-corrélation entre l'appartenance à la population discriminée et la possession d'attributs sociaux positifs, comme l'accès à l'éducation, aux postes de responsabilité ou une plus longue espérance de vie. Plus la discrimination est forte, plus ces corrélations et anti-corrélations sont fortes. Lorsqu'on a affaire à une population victime d'une discrimination historique profonde et durable comme les Afro-Américains, il est donc très probable que de nombreuses variables pourront servir de proxies à l'appartenance à cette population. Ce fait statistique fondamental a des conséquences politiques majeures, puisqu'il signifie qu'il ne suffit pas d'exclure l'appartenance à la population discriminée du traitement statistique pour exclure tout traitement discriminatoire : il ne suffit pas à l'institution d'être aveugle pour être juste. Certaines approches iront même jusqu'à défendre qu'il ne faut pas que l'institution soit aveugle, et qu'il est nécessaire de prendre en compte l'appartenance à la population discriminée pour garantir un traitement équitable. Il nous faut maintenant discuter ce point essentiel, tant il fait l'objet de controverses politiques passionnées.

Une étude menée par le *MIT Technology Review* montre une approche intéressante de ce problème essentiel : si l'on désirait avoir un même score de faux négatifs pour les Blancs et les Afro-Américains, il faudrait que le seuil de haut risque soit différent en fonction de l'appartenance ethnique[1]. Pour être équitable en termes de répartitions des erreurs entre les populations, il faudrait donc revenir sur l'idéal fondamental que la justice doit être aveugle, et ne pas prendre en compte certaines caractéristiques dans la prise de décision. L'appartenance à la population discriminée devient au contraire un élément décisif dans l'application d'une certaine métrique de l'équité.

Une telle approche constituerait un changement de philosophie légale radical dans le système judiciaire américain, comme dans tant d'autres. La

---

1. K. Hao and J. Stray, « Can You Make AI Fairer than a Judge ? Play Our Courtroom Algorithm Game », *MIT Technology Review*, 2019, https://www.technologyreview.com/2019/10/17/75285/ai-fairer-than-judge-criminal-risk-assessment-algorithm/.

race est une variable protégée en droit américain, ce qui signifie que
l'appartenance ethnique d'un individu ne doit pas être prise en compte
dans la décision. Ce principe est d'une grande importance dans la hiérarchie
des normes juridiques américaines, puisque les variables protégées
– l'équivalent américain des données sensibles du droit européen – sont
appuyées par le 14e amendement de la Constitution, explicitement conçu
pour protéger les droits des esclaves émancipés, et qui affirme l'égalité de
traitement dans sa section I. La discussion sur les biais dans le ML vient
éclairer d'un jour nouveau un très profond débat juridique et politique, qui
vise à savoir s'il est vraiment pertinent d'être aveugle pour être juste, ou
si la seule manière de se prémunir contre les discriminations est au contraire
de prendre en compte explicitement la variable d'appartenance à la population
discriminée. Qu'on songe par exemple au débat autour de la discrimination
positive, qui tourne en partie sur les mêmes questions. Les critiques de
cette approche soulignent souvent la réification des appartenances com-
munautaires produite par cette prise en compte explicite, et le danger de
monter les communautés les unes contre les autres, y compris entre
populations discriminées, en faisant de l'appartenance communautaire une
condition de l'accès au pouvoir. Il n'est pas possible de prendre position
sur un débat si profond et si difficile dans le cadre de ce modeste ouvrage :
nous allons tâcher d'articuler ce que l'intervention d'algorithmes de ML
ajoute à ce très vaste débat.

Dans le cas particulier de COMPAS, on se retrouve donc avec un conflit
entre deux principes d'équité : l'un qui affirme « deux individus avec le
même score doivent être traités de manière identique » et l'autre qui affirme
« les taux d'erreur doivent être identiques à travers les diverses populations ».
Ces deux principes, tous deux parfaitement respectables à première vue,
soutiennent une équité de traitement en amont, dans la manière dont est
prise la décision, pour le premier, et en aval, dans les effets statistiques sur
les populations concernées, pour le second. La solution technique proposée
par l'article, qui affirme la nécessité de déplacer le seuil de score élevé en
faveur des Afro-Américains, constitue à la fois un arbitrage entre ces deux
métriques en défaveur du premier, et rompt avec le principe de la suppression
des variables protégées de la décision comme moyen de l'égalité de
traitement.

Comme le souligne à juste titre l'article du *MIT Technology Review* en
question, on a là affaire à un problème extrêmement générique de la prise
de décision, qu'elle soit algorithmisée ou non : à chaque fois qu'une prise
de décision affecte de manière divergente différentes sous-populations, on
se retrouve face à de tels problèmes de définition de la justice. Ces problèmes

de définition de la justice en termes statistiques sont actuellement objets de débats dans une approche de la programmation nommée « équité dès la conception » ou « conception équitable » (*fairness by design*), qui cherche à développer des moyens rigoureux pour concevoir et vérifier des propriétés d'équité désirables pour un algorithme, et notamment pour un modèle de ML. On se trouve là face à un problème à la fois épistémique et éthique redoutable, qui consiste à traduire les normes éthiques et juridiques, exprimées notamment dans le langage du droit, dans des termes implémentables et vérifiables par des algorithmes, et prendre en compte les effets mis en évidence par l'étude statistique dans la conception du droit et des politiques publiques. Comme le laisse préjuger l'exemple de COMPAS, il existe déjà plusieurs tentatives de définition de l'équité en termes statistiques applicables au ML, dont les formulations peuvent être différentes et incompatibles. Ces questions sont d'une portée bien plus vaste que le seul cas COMPAS, et il est légitime de leur consacrer une section entière.

LA MATHÉMATISATION DE L'ÉQUITÉ

En large partie lancée par la discussion du cas COMPAS, le débat sur les métriques de l'équité (*fairness metrics*) est maintenu devenu un sujet de recherche en soi. Afin de pouvoir guider la conception des logiciels, et estimer leurs potentiels effets discriminatoires, les informaticiens ont besoin d'une définition statistique de ce qu'ils recherchent, et donc de critères mathématiques de l'équité. C'est l'application du concept d'équité ou de non-discrimination à des algorithmes qui a provoqué une incitation forte à formaliser ces concepts. Si la formalisation des concepts fait partie dans un sens plus faible de la pratique du droit, de la bureaucratie et de la philosophie politique, elle reçoit ici un coup d'accélérateur prodigieux par la mathématisation impulsée par l'entrée de ces concepts dans le monde des algorithmes.

Cette mathématisation de la discussion de la justice comme équité, et de ses effets variés, peut susciter à la fois espoirs et craintes. La mathématisation des questions a l'avantage de produire des définitions précises des notions, d'ouvrir la possibilité de simuler les effets d'un changement dans les modalités de la prise de décision, et de découvrir plus facilement la présence de biais et arbitrages (*trade-offs*). Ceci permet notamment de guider l'évaluation d'impact (*impact assessment*) qui est présente dans le RGPD et a été proposé aux U.S.A. dans le *Algorithmic Accountability Act* de

2019[1]. De telles définitions ne sont donc pas qu'un objet théorique : elles représentent un enjeu pratique majeur pour les institutions productrices de modèles de ML comme pour les autorités de contrôle, et les utilisateurs sensibles aux impacts de l'emploi d'algorithmes en termes de justice.

Pour certains, cette mathématisation peut donc être une source bienvenue de clarification conceptuelle et d'opérationnalisation de certains problèmes. Pour d'autres, cette mathématisation pourrait représenter une forme de cauchemar positiviste et bureaucratique, réduisant la finesse des discussions éthiques à une caractérisation sèche et réductrice. Si cela était correct, la mathématisation de l'équité représenterait une forme extrême d'un des vices si souvent critiqués de la bureaucratie et du management modernes, à savoir la tendance à réduire des réalités sociales contextuelles et complexes à des indicateurs quantitatifs simplistes, puis de réduire la discussion et l'action politique sur ces réalités sociales à une question d'optimisation de ces indicateurs[2]. Nous allons voir que la réalité est heureusement beaucoup plus nuancée, même si le risque d'hyperbureaucratisation des questions d'équité est bien réel. Il importe notamment de s'interroger sur l'éventuelle

---

1. Voir les Considérants 84 & 89-94 et la Section 3 du RGPD. Quant au *Algorithmic Accountability Act*, il est d'emblée présenté comme un outil au service de la *Federal Trade Commission* pour faire mener des études d'impact pour tous les systèmes de décision automatiques utilisant des données personnelles et affectant les consommateurs. *Cf.* Y. D. Clarke, « Text - H.R. 2231 – 116th Congress (2019-2020) : Algorithmic Accountability Act of 2019 », legislation, 4 novembre 2019, 2019-2020, https://www.congress.gov/bill/116th-congress/house-bill/2231/text. L'extension de la lutte contre les discriminations au domaine des algorithmes, et en particulier des IAs, fait partie des objectifs déclarés des auteurs du texte. « Wyden, Booker, Clarke Introduce Bill Requiring Companies To Target Bias In Corporate Algorithms | U.S. Senator Ron Wyden of Oregon », consulté le 15 novembre 2021, https://www.wyden.senate.gov/news/press-releases/wyden-booker-clarke-introduce-bill-requiring-companies-to-target-bias-in-corporate-algorithms-. La proposition de loi ne fut jamais votée, mais le plus récent *Algorithmic Justice and Online Platform Transparency Act*, introduit au Sénat le 5 mai 2021, poursuit des objectifs similaires. *Cf.* E. J. Markey, « Text - S. 1896 - 117th Congress (2021-2022) : Algorithmic Justice and Online Platform Transparency Act », legislation, 27 mai 2021, 2021-2022, https://www.congress.gov/bill/117th-congress/senate-bill/1896/text.

2. Il est difficile de présenter même brièvement cet immense sujet qu'est la sociologie critique du management et de la quantification. Pour ne mentionner que quelques références francophones qui me sont chères, le lecteur pourra lire avec le plus grand intérêt Th. Le Texier, *Le maniement des hommes : Essai sur la rationalité managériale*, Paris, La Découverte, 2016 ; A. Supiot, *La gouvernance par les nombres. Cours au Collège de France (2012-2014)*, Paris, Fayard, 2015. Ensuite, aucune histoire critique de la quantification ne peut manquer de faire référence aux travaux classiques d'A. Desrosières, *Pour une sociologie historique de la quantification. L'argument statistique* I, Paris, Presses des Mines, 2008, et *Gouverner par les nombres : L'argument statistique* II, Paris, Presses des Mines, 2013.

réduction de la conception de l'équité à des effets statistiques du traitement algorithmique sur les populations.

Les discussions sur les définitions mathématiques de l'équité deviennent naturellement très techniques, et il s'agit là en soi d'un phénomène important. Si ces définitions étaient employées à grande échelle, on assisterait à une nouvelle forme de division du travail intellectuel, où l'application de la notion d'équité à des politiques publiques, qui se présente normalement comme un débat de philosophie politique accessible à tous, pourrait devenir un débat hautement technique accessible uniquement à une classe d'experts. On aurait là une nouvelle forme de bureaucratisation *qua* transfert de questions politiques à une classe d'experts. Une telle évolution n'est pas entièrement nouvelle, tant l'analyse statistique des politiques publiques, pour ne prendre qu'un exemple, relève déjà de discussions sophistiquées dont la percolation dans le débat public n'a rien d'une évidence. Mais le débat sur la mathématisation de l'équité a ceci de particulier qu'il touche à la compréhension même de la notion d'équité, qui se voit à présent analysée en termes statistiques. Là encore, il ne s'agit peut-être pas d'une situation entièrement nouvelle, dans la mesure où nous avons vu dans notre analyse de Parcoursup que la littérature économique a déjà produit des tentatives de définitions d'indicateurs mathématiques pour des notions politiques fondamentales, comme l'optimum de Pareto ou le coefficient de Gini pour la mesure des inégalités. La littérature sur l'éthique algorithmique a cependant produit des résultats originaux, et ces résultats sont appliqués à ce nouvel objet du débat public qu'est le système de décision automatique. Elle ouvre une nouvelle page dans l'histoire de l'usage des mathématiques pour la discussion de concepts politiques.

Cette littérature est déjà devenue trop vaste pour même être résumée ici. Sans entrer dans les détails techniques, nous allons cependant en donner la saveur en présentant les principales définitions de l'équité de groupe proposées dans cette littérature, les arguments en leur faveur et quelques résultats mathématiques structurants du champ, avant de discuter leur pertinence pour notre épistémologie historique de la bureaucratie.

Les définitions

Comme nous l'avons mentionné en introduction, la première distinction fondamentale de cette littérature est la distinction entre équité de groupe et équité individuelle. Tandis que l'équité individuelle s'interroge sur l'égalité de traitement entre deux individus quelconques, l'équité de groupe s'interroge sur l'équité de traitement entre différentes populations, notamment entre une population qu'on ne juge pas victime de discriminations, que nous appellerons la population favorisée, et une ou des populations discriminées. Comme la discussion historique sur les discriminations porte avant tout sur les pratiques affectant des populations entières, nous allons d'abord nous concentrer, comme le fait la littérature, sur l'équité de groupe. L'un des problèmes décisifs est naturellement de déterminer ce que l'on compare entre les différentes populations.

Pour définir une métrique de l'équité de groupe, il faut répondre à une question politique décisive : quelle est la quantité statistique que l'on se donne comme cible lorsqu'on cherche à obtenir une égalité de traitement entre populations ? Un critère statistique ancien d'équité, bien antérieure aux discussions actuelles sur le ML, offre un exemple simple de compréhension de cette quantité. Selon la parité statistique (*statistical parity*), aussi nommée « parité démographique » (*demographic parity*), cette quantité est la probabilité d'obtenir une décision : cette probabilité doit être similaire à travers les populations[1]. En d'autres termes, si un homme a 30 % de chances de se voir attribuer un prêt immobilier, alors une femme doit avoir environ 30 % de chances d'avoir elle aussi une réponse favorable.

Cette doctrine de l'équité de groupe a l'avantage d'être simple et intuitive, et elle plonge ses racines dans la tradition juridique américaine du *disparate impact*. Cette tradition de réflexion juridique sur l'égalité de traitement a pu ainsi proposer une règle connue en droit américain sous le nom de « règle des quatre cinquièmes » (*four fifths rule*), d'après laquelle une population discriminée, ou « protégée » dans la terminologie juridique américaine, devrait se voir accorder une proportion d'au moins quatre cinquièmes du taux des embauches du groupe le plus favorisé dans la société considérée[2]. Ce critère suppose donc un respect approximatif de la parité statistique, ce qui montre que la réflexion sur les métriques statistiques de l'équité a déjà exercé une influence sur le droit positif.

---

1. En termes plus mathématiques, on dira que la différence entre la probabilité d'avoir un prêt lorsqu'on est un homme et cette même probabilité lorsqu'on est une femme devra être inférieure à une borne ε. Pour contourner la lourdeur de l'expression mathématique, comme pour éviter un effet indu d'intimidation intellectuelle, nous parlerons simplement de « similarité » pour désigner cette notion.

2. La règle des quatre cinquièmes n'est pas une règle juridique établissant à elle seule l'existence de discriminations. Elle est un indicateur, défini par le *Equal Employment Opportunity Coordinating Council* (EEOC) dans ses *Uniform Guidelines on Employee Selection Procedures* à destination des agences fédérales américaines, qui peut être employé comme indice (*evidence*) de la présence d'effets discriminants (*disparate impact* ou *adverse impact*). *Cf.* I. Greenberg, « An Analysis of the EEOCC "Four-Fifths" Rule », *Management Science* 25, n° 8, 1979, p. 762–69.

On entend parfois que la parité statistique permet de garantir que la proportion de membres d'une population donnée obtenant un bien social sera similaire à sa proportion dans la population totale. Ainsi, si la parité statistique était appliquée, la moitié des postes de responsabilités serait occupée par des femmes, et, pour reprendre l'exemple américain, environ 10 % par des Afro-Américains. Mais il s'agit là d'un raccourci intellectuel. La parité statistique ne peut à elle seule rectifier les problèmes de sous-représentation des populations discriminées dans tous les secteurs de la société. Elle est avant tout un critère procédural, qui ne peut rectifier les inégalités présentes dans les données de la procédure. S'il y a seulement 3 femmes qui candidatent pour 60 hommes à des postes d'ouvrier du bâtiment, il y aura au final 20 hommes engagés pour une seule femme, même si les deux populations ont une chance similaire d'embauche à 33 %. L'entreprise du bâtiment ne peut corriger toutes les inégalités d'accès genrées à certaines professions qui se sont exercées bien en amont de sa décision d'embauche : elle peut seulement faire sa part en n'ajoutant pas d'injustice dans la décision qui lui revient. En d'autres termes, l'application de la parité statistique préserve les proportions des populations présentes dans les données : dans notre exemple, il y avait une femme pour 20 hommes parmi les candidats, et il y aura une femme pour vingt hommes parmi les embauches. Pour que l'application de la parité statistique permette d'avoir une proportion de détenteurs d'un bien social similaire aux proportions dans la population globale, il faudra déjà que les proportions dans les données soient similaires à celles de la population globale. Or, comme on le voit bien dans l'exemple de femmes candidates à un poste dans le bâtiment, les forces sociales contribuant à une répartition genrée d'un bien social s'exercent bien en amont de la candidature à l'accès à ce bien : ici, elles conduisent à réduire drastiquement le nombre de femmes qui se porteront candidates, voire envisageront même un tel choix de profession. Ces effets d'orientation et d'autocensure en amont contribuent à limiter le pouvoir de l'application d'un critère statistique à une décision d'attribution d'un bien donné qui, loin d'être capable de redresser tous les torts de la société, n'est que le maillon final d'une longue chaîne. Cette vérité fondamentale du *unfairness in, unfairness out* va nous accompagner dans toute notre réflexion sur les métriques de l'équité. Elle montre d'emblée les limites d'une pensée de l'équité qui ne concentre que sur le moment de la prise de décision, et ignore le contexte en amont.

En outre, confondre la parité statistique comme égalisation de la probabilité d'une décision à travers les populations et égalisation des proportions de populations en sortie avec les proportions de la population globale peut avoir des effets pervers redoutables. Dans son ouvrage *Automating Inequality*[1], Virginia Eubanks raconte que les programmes d'aide aux chômeurs du *Civilian Conservation Corps* avaient une borne de 10 % pour les Noirs au nom de cette interprétation faussée de la parité statistique, alors que ceux-ci pouvaient représenter 80 % des chômeurs dans certaines villes du Nord. L'interprétation erronée de la parité statistique peut donc mener dans certains contextes à une véritable discrimination à l'égard d'une population donnée, dont les besoins spécifiques seront ignorés par ce critère. Dans d'autres cas de figure, il peut arriver qu'une population victime de discriminations tout à fait avérées puisse être représentée dans la possession d'un bien social donné à une proportion supérieure à sa part dans la population globale : on dira alors qu'elle est « statistiquement surreprésentée » dans la possession de ce bien. Cette surreprésentation statistique dans la possession d'un bien social ne signifie en aucun cas l'absence de discriminations, ou encore une preuve d'une injustice en la faveur de la population discriminée : elle peut même constituer un effet secondaire de la discrimination. Il n'étonnera personne que plus de la moitié des sages-femmes sont des femmes. Les femmes sont donc statistiquement surreprésentées parmi les sages-femmes, ce qui est parfaitement cohérent avec leur enfermement dans la fonction reproductive et maternelle. Il n'en reste pas moins que la profession de sage-femme n'a rien de déshonorant, et que même dans un monde où règnerait l'égalité de genre la plus parfaite, nombre de femmes choisiraient de l'exercer. Mais à l'heure actuelle elles peuvent occuper plus de la moitié des postes de sages-femmes sans que cela soit le signe d'une discrimination qu'il faille corriger, parce qu'elles constituent une population discriminée notamment dans l'accès à d'autres emplois.

Une telle métrique a aussi été critiquée parce qu'elle ignore la possibilité de traitement différentiel justifié entre populations. Si l'on se rappelle le cas COMPAS, c'est bien ce qu'avait pratiqué Equivant en traitant séparément hommes et femmes. L'argument était que si les femmes ont un plus faible taux de récidive que les hommes, pourquoi le pourcentage de libération conditionnelle ne serait-il pas plus élevé pour les femmes ? En imposant une similarité de traitement entre populations discriminées et reste de la population, la parité statistique noie les particularités de la population discriminée dans la masse de la population, et lui ferme ainsi la porte à un

---

1. V. Eubanks, *Automating Inequality : How High-Tech Tools Profile, Police, and Punish the Poor, op. cit.*

traitement différencié qui pourrait être à la fois justifié et favorable à cette population discriminée. Là encore, de telles critiques s'inscrivent dans une profonde tradition juridique, puisqu'elles invoquent des arguments typiques de la querelle entre partisans de la discrimination positive et partisans de l'égalité de traitement par un voile d'ignorance sur les caractéristiques sensibles des populations, qui sont en incompatibilité philosophique et méthodologique profonde. Il s'agit là aussi d'un débat politique qui accompagne toute la réflexion sur les métriques de l'équité.

Pour répondre à ces critiques, il sera possible d'envisager une forme souple de la parité statistique : au lieu de forcer une probabilité d'accès à un bien social similaire entre toutes les populations, on pourrait envisager que certaines populations discriminées aient droit *a minima* à une proportion similaire, et éventuellement à une proportion supérieure dans certaines circonstances. On trouve là aussi une idée essentielle du débat sur les métriques de l'équité, à savoir qu'une conception donnée d'une telle métrique ne doit pas être conçue comme une définition mathématique absolue de l'équité, mais comme un instrument statistique dont la pertinence devrait être évaluée en fonction du contexte d'usage. Dans le cas des critiques de la parité statistique au sens strict que nous venons d'examiner, on a vu qu'il fallait prendre en compte des informations telles que la surreprésentation statistique dans la possession d'un bien social donné – comme dans le cas des sages-femmes –, la sous-représentation statistique dans la possession d'un bien social donné – comme dans le cas des Afro-Américains plus fréquemment sans emploi – et enfin, et surtout, si la population considérée doit être considérée comme victime de discriminations systématiques ou non. Elle dépend aussi d'autres éléments spécifiques de contexte propres aux populations considérées : si vous montrez une publicité pour le Viagra à 90 % des hommes visitant un site Web, l'équité n'impose pas forcément que vous la montriez à la même proportion de femmes. L'équité n'impose pas plus que l'on montre autant les publicités pour les matchs de football aux femmes qu'aux hommes : elle impose plutôt qu'on les montre autant aux femmes intéressées par le football qu'aux hommes intéressés par le football, deux populations bien plus difficiles à isoler. L'équité ne peut donc être atteinte en appliquant de manière rigide un critère numérique à travers les populations délimitées par diverses informations sensibles : elle nécessite une prise en compte du contexte d'usage et une réflexion sur la population ciblée. Une telle conception contextuelle de l'emploi d'une métrique mène naturellement à un certain pluralisme : l'objet du débat n'est pas de trouver la définition juste de la métrique de l'équité, mais de concevoir une série d'outils statistiques permettant d'évaluer les effets d'une décision donnée comme l'emploi d'un algorithme. Nous allons voir que cette question du pluralisme des métriques est essentielle aux débats en cours.

Mais nous n'allons pas nous attarder plus avant sur les débats entourant la parité statistique, dans la mesure où celle-ci constitue moins le centre du débat actuel que d'autres métriques plus adaptées aux modèles prédictifs du ML. Une des caractéristiques les plus fondamentales du débat sur les métriques d'équité en ML est précisément qu'elles doivent porter sur des modèles statistiques prédictifs. Il ne s'agit plus seulement d'évaluer les effets d'une procédure ou d'une politique publique par des indicateurs statistiques *a posteriori*, mais de comparer la prédiction faite *a priori* avec les résultats *a posteriori*. Un tel tournant ne réduit plus la réflexion aux probabilités d'accès à un bien social, mais prend aussi en compte les probabilités d'erreur du modèle lui-même. La question des relations entre performances prédictives et équité mène à s'intéresser par conséquent à des quantités différentes de la parité statistique.

L'un des premiers objets d'intérêt est la précision (*accuracy*) de l'algorithme, soit le taux de prédictions données par l'algorithme couronnées de succès. Au lieu de s'interroger directement sur la chance qu'a un individu d'obtenir un bien social, on s'interroge d'abord sur les chances de succès de l'algorithme prédictif, et l'on examine ensuite comment ces chances de succès, si elles varient en fonction de l'appartenance à une population, ont des chances d'affecter l'accès au bien social.

L'équité de la précision (*accuracy equity*) affirme que la précision du modèle devrait être la même pour toutes les populations : si mon modèle a une précision de 75 % pour une population donnée, il doit avoir la même précision pour toutes les autres populations. Comme on l'a vu dans le cas COMPAS, l'équité de la précision, même si elle est assurément une métrique intéressante, peut être considérée comme insuffisante. Rappelons que cette métrique donnait des résultats similaires pour les Afro-Américains et pour les Blancs, mais que cette précision globale cachait une disparité dans les taux d'erreurs, les Afro-Américains subissant beaucoup plus de taux d'erreurs défavorables. L'équité de la précision est donc une métrique insuffisante au sens où elle ne permet donc pas de rendre compte de cette asymétrie morale entre les erreurs favorables et défavorables. La notion de décision favorable n'est pas elle-même une notion mathématique : elle dépend de la relation de désir que les individus ont envers certains biens sociaux. Mais ceci entraîne qu'on ne peut mettre toutes les erreurs de l'algorithme sur le même plan.

Un problème bien souligné par H. Heidari et ses co-auteurs[1] est donc que la discussion de la répartition des erreurs implique la prise en compte par la procédure de ses propres limitations épistémiques. En d'autres termes, plutôt que de raisonner sur une procédure parfaite, qui n'existe pas, mieux vaut inclure la présence des erreurs dans la réflexion sur l'équité. Ceci signifie qu'un individu peut recevoir un avantage ou un désavantage par erreur, et que ces avantages et désavantages erronés doivent aussi être répartis équitablement. L'équité ne signifie donc pas seulement que chacune aura une chance égale de recevoir ce qu'elle mérite, mais aussi que chacune a une chance égale de recevoir ce qu'elle ne mérite pas. Une telle perspective a pour intérêt particulier de recouper nos propos sur la prise en compte de ses limitations épistémiques par le bureaucrate modeste. Mais l'humilité du bureaucrate ne se borne pas ici à réduire la portée de son action, elle va aussi jusqu'à admettre le caractère inéluctable de l'erreur.

La prise en compte simultanée de l'inéluctabilité des erreurs, ainsi que de l'asymétrie morale entre erreurs favorables et erreurs défavorables, impose donc une reconceptualisation des métriques, qui ne s'arrête pas à l'équité de la précision. D'autres métriques ont donc tâché de mettre au cœur de leur conception cette asymétrie entre erreur favorable et erreur défavorable : l'égalité des opportunités et l'égalité des chances.

L'égalité des opportunités (*equality of opportunity, equalized opportunity*) affirme que tous les individus qualifiant pour un résultat devraient avoir une chance égale de se voir attribuer ce résultat. Cette thèse est à la base d'un mouvement de chercheurs défendant un usage restreint des outils prédictifs à l'identification des personnes ayant droit à une décision favorable[2].

L'égalité des chances (*equalized odds*) généralise cette approche aux personnes recevant un résultat défavorable[3]. Cela entraîne l'égalisation des taux d'erreurs favorables et défavorables à travers les populations.

1. H. Heidari *et al.*, « A Moral Framework for Understanding Fair ML Through Economic Models of Equality of Opportunity », in *Proceedings of the Conference on Fairness, Accountability, and Transparency*, FAT* '19, New York, NY, ACM, 2019, p. 181-90, https://doi.org/10.1145/3287560.3287584.

2. D. Abu-Elyounes, « Contextual Fairness : A Legal and Policy Analysis of Algorithmic Fairness », *University of Illinois Journal of Law, Technology & Policy* 2020, n° 1, 2020, p. 1-54.

3. Dans le cas particulier d'une décision binaire, ce sont donc à la fois les faux positifs et les faux négatifs qui sont égalisés à travers les populations. Dans le cas d'une sortie représentée par un nombre réel, J. Kleinberg *et al.* parlent d'équilibre pour les classes positive et négative (*balance for the positive and negative classes*). C'est la raison pour laquelle on peut considérer que la métrique d'égalité des chances est en réalité la conjonction de deux métriques.

L'égalité des chances permet donc un traitement complet de la répartition des erreurs favorables et défavorables parmi les populations, et apporterait donc une solution au problème vu dans le cas COMPAS. En revanche, elle ne résout pas la question décisive du coût des erreurs, qui n'est pas forcément symétrique entre le favorable et le défavorable, et pas de la même façon selon le contexte. Comme il est bien connu dans la réflexion sur les tests médicaux, les tests pour des maladies graves nécessitant une détection et un traitement rapide sont conçus avant tout pour éviter les faux négatifs. Il est bien sûr très dommageable de faire croire à tort à une personne qu'elle est atteinte d'une maladie grave, mais il est encore plus dommageable de ne pas détecter une maladie nécessitant une intervention rapide. La réflexion initiée par le cas COMPAS a donc mené à une prise en compte de l'asymétrie entre erreurs favorables et erreurs défavorables, mais la prise en compte des asymétries de coût entre les erreurs par une métrique d'équité serait bien plus complexe.

La dernière des métriques parmi les plus discutées en IA est la calibration. La calibration d'un modèle générant une probabilité garantit que cette probabilité prédite se traduise de la même manière en termes de statistiques réelles à travers les populations. En termes simples, si mon modèle prédit qu'une propriété est présente dans 30 % d'une population, il se peut que dans les statistiques réelles elle ne soit présente que dans 27 % des cas, mais il faut que cet écart entre prédiction probabiliste et réalité statistique soit le même pour toutes les populations. La situation qu'on souhaite éviter serait qu'une probabilité de 30 % se traduise en 40 % pour les statistiques d'une population et en 20 % pour une autre, car de tels écarts fluctuants entre prédiction et réalité selon la population pourraient être une source d'erreurs dommageables. Pour reprendre l'exemple des algorithmes calculant un risque de récidive, si les détenus blancs se voyant attribuer un risque de 30 % récidivent dans les faits dans 40 % des cas, et que les Afro-Américains se voyant attribuer la même probabilité ne récidivent que dans 20 % des cas, il est évident que le modèle sous-estime le risque de récidive des Blancs et surestime celui des Afro-Américains, ce qui mènera à un traitement défavorable de ces derniers. La calibration est particulièrement importante pour les nombreux modèles de ML attribuant une note de risque (*risk score*) qui traduit une certaine fourchette de probabilité : elle garantit alors que la note signifie la même chose à travers toutes les populations [1].

---

1. D'autres auteurs comme Hedden préfèrent abandonner la référence à la sémantique et parler de « valeur probante » (*evidential import*) de la note, mais ce type de nuances ne nous concernent pas au niveau intuitif et introductif de cette présentation.

L'indépassable arbitrage : les résultats d'incompatibilité entre métriques de l'équité

L'un des résultats fondateurs de la littérature en métriques de l'équité est la démonstration qu'il est en règle générale impossible d'optimiser en même temps toutes les métriques de l'équité. Pour énoncer le résultat avec plus de rigueur, il faut introduire le concept de « taux de base » (*base rate*) pour une population : celui-ci désigne les valeurs des différentes variables prises en donnée pour cette population. Si le modèle tâche de prédire le taux de récidive dans une population, une variable d'intérêt sera évidemment le taux de récidive passé de cette population, tout comme un modèle prédisant le taux de contamination à un virus pourrait s'intéresser au taux de contamination passé dans une population. Dans ces deux cas, les taux de base désigneront donc respectivement le taux passé de récidive et le taux passé de contamination. Le théorème d'incompatibilité des métriques affirme que si le modèle prédictif est imparfait, et les taux de base diffèrent entre deux populations, alors il est impossible d'optimiser simultanément égalité des chances et calibration pour ces deux populations[1].

Les seules exceptions à ce résultat seraient donc la possession d'un modèle parfait ou l'égalité entre les taux de base des deux populations considérées. Dans le cas d'un modèle parfait, le problème d'égalisation des taux d'erreurs ne se poserait pas, puisqu'il n'y aurait pas d'erreur : malheureusement, les modèles parfaits n'existent guère à l'échelle industrielle. L'égalité des taux de base entre deux populations signifierait que ces deux populations seraient impossibles à distinguer pour le modèle, ce qui garantirait bien sûr que les prédictions seraient parfaitement identiques pour ces deux populations. Si un tel cas de figure est bien entendu possible d'un point de vue théorique, il ne saurait être la règle. Lorsqu'on s'intéresse par exemple à la comparaison entre une population majoritaire et une minorité discriminée, le problème fondamental est précisément que les taux de base des variables d'intérêt sont souvent différents puisque les populations sont sociologiquement différentes, et qu'en outre ces différences peuvent faire partie de l'héritage historique de la discrimination. Et plus

1. J. Kleinberg, S. Mullainathan, et M. Raghavan, « Inherent Trade-Offs in the Fair Determination of Risk Scores », in *8th Innovations in Theoretical Computer Science Conference (ITCS 2017)*, ed. Chr. H. Papadimitriou, vol. 67, Leibniz International Proceedings in Informatics (LIPIcs), Dagstuhl, Schloss Dagstuhl–Leibniz-Zentrum fuer Informatik, 2017, https://doi.org/10.4230/LIPIcs.ITCS.2017.43. Le résultat avait déjà été prouvé dans le cas binaire par A. Chouldechova, « Fair Prediction with Disparate Impact : A Study of Bias in Recidivism Prediction Instruments », *ArXiv : 1610.07524 [Cs, Stat]*, octobre 2016, http://arxiv.org/abs/1610.07524.

la discrimination est forte et systématique, plus elle affectera de variables et plus elle les affectera fortement. La discrimination rend donc plus difficile l'application des métriques d'équité que l'on souhaiterait pourtant employer pour lutter contre elle. Dans l'immense majorité des cas pratiques, on se retrouvera donc face à la situation de COMPAS, où un arbitrage est nécessaire entre les plus importantes métriques de l'équité.

Ce résultat mathématique est d'autant plus significatif qu'il vaut pour tout modèle statistique prédictif et qu'il porte sur trois métriques de l'équité simples et naturelles. Il semble naturel de désirer à la fois que les notes aient le même sens pour tout le monde et que les erreurs favorables et défavorables soient réparties de manière équitable. Néanmoins, dans les cas pratiques normaux où on a affaire à des populations ayant des propriétés statistiques différentes et des modèles imparfaits, cet objectif d'optimisation simultanée est impossible à atteindre [1].

Ces métriques de l'équité sont donc bien divergentes dans un sens profond et dur : il est nécessaire de choisir entre elles. L'analyse statistique montre ici une immédiate pertinence politique, dans la mesure où elle structure la conception des normes : sans elle, il est fort possible que certains législateurs auraient pu essayer d'appliquer deux critères incompatibles à la fois, pour ne découvrir l'impossibilité d'une telle entreprise qu'*a posteriori*, une fois la loi appliquée à de vastes populations avec les difficultés qu'on imagine. Il est rare qu'un résultat mathématique ait une pertinence sociopolitique aussi profonde et aussi immédiate.

Ces résultats, qui font maintenant partie de la connaissance commune de la sous-communauté travaillant sur ces questions, nous éloignent d'une définition mathématique simpliste de l'équité. Non seulement la communauté travaillant sur l'équité algorithmique ne prétend pas donner la définition scientifique de l'équité, mais elle souligne au contraire la pluralité irréductible de différentes conceptions naturelles de l'équité. Sur la base de ces résultats, il devient ainsi possible de défendre explicitement qu'il n'existe pas une notion juste de l'équité algorithmique, mais différentes notions s'appliquant à différents contextes, chaque notion étant fondée sur un ensemble particulier d'hypothèses morales sur les sujets de la décision [2]. Ce pluralisme est très important en termes de politique publique, puisqu'il implique qu'une mesure de l'équité qui n'a rien de problématique en soi

---

1. J. Kleinberg, S. Mullainathan, et M. Raghavan, « Inherent Trade-Offs in the Fair Determination of Risk Scores », art. cit.
    2. H. Heidari *et al.*, « A Moral Framework for Understanding Fair ML Through Economic Models of Equality of Opportunity », art. cit.

peut avoir des conséquences désastreuses si elle est appliquée dans le mauvais contexte.

Ce pluralisme ne fait cependant pas l'unanimité. Dans un article récent[1], B. Hedden a défendu la thèse que seule la calibration doit compter comme une condition statistique nécessaire de l'équité. Son argumentation est basée sur la construction d'un exemple sophistiqué d'un modèle menant manifestement à un résultat équitable, mais ne satisfaisant que le critère de calibration. Mieux encore, l'algorithme violerait les autres critères même dans le cas idéalisé où les taux de base des populations sont identiques, ce qui montrerait la vanité de ces critères même dans les cas marginaux où ils sont censés être compatibles avec la calibration. Toujours selon cet argument, l'impossibilité de satisfaire simultanément les métriques de calibration et d'égalité des chances ne constitue donc pas un véritable problème d'équité, puisque cette dernière ne constitue pas une véritable métrique de l'équité. En outre, puisque l'algorithme est optimal, il n'est pas même possible de dire que le viol d'un des critères contribuerait dans une certaine mesure à rendre l'algorithme moins équitable[2]. Cet argument doit cependant affronter deux problèmes. Le premier est la pertinence de son contre-exemple, qui est si fortement idéalisé que sa reconnaissance comme exemple pose question. Le deuxième est l'inférence faite par l'auteur de l'existence d'un contre-exemple à toutes les métriques sauf la calibration à la conclusion que la calibration est « la bonne métrique[3] ». La discussion de ces problèmes nous entraînerait cependant dans des considérations techniques qui ne sont pas dans la portée de cet ouvrage[4], mais nous allons tâcher de faire comprendre comment le deuxième problème se pose du point de vue d'une autre position sur les métriques de l'équité, qu'on peut appeler le contextualisme.

---

1. B. Hedden, « On Statistical Criteria of Algorithmic Fairness », *Philosophy and Public Affairs* 49, n° 2, 2021.

2. *Ibid.*, note 36.

3. Je tiens à remercier Michele Loi de m'avoir fait réaliser ce point crucial.

4. Néanmoins, l'auteur de ce travail admet que ces métriques de l'équité, même si elles ne sauraient être qualifiées de critères statistiques de l'équité, peuvent prétendre être des indicateurs d'un possible traitement inéquitable dans un algorithme : leur violation pourrait être vue comme un indice fort d'une telle éventualité, par exemple de l'emploi d'une variable proxy de l'appartenance de groupe par l'algorithme. Ces métriques seraient donc toujours pertinentes dans l'exploration statistique de l'équité sans pouvoir prétendre au titre de conditions nécessaires de l'équité. On pourrait ajouter au propos de Hedden qu'on pourrait même toujours les appeler « métriques de l'équité » si on distingue bien « métrique de l'équité » de « critère de l'équité ».

Même si l'on admet le pluralisme des métriques de l'équité, son sens exact dépend profondément du sens attribué à ces métriques. Si on suppose que la satisfaction conjointe de ces métriques constitue une condition nécessaire de l'équité, alors le théorème d'incompatibilité des métriques montre l'impossibilité pratique d'une procédure prédictive équitable : on peut alors parler d'« impossibilité de l'équité[1] ». Il s'agit là d'un résultat d'une force presque terrible, dans la mesure où il impose des arbitrages lourds à toute politique publique basée sur un modèle prédictif et visant à une distribution équitable de ses résultats. Dans une telle perspective, l'emploi contextuel d'une métrique plutôt que d'une autre ne constituerait donc qu'un pis-aller politique face à l'impossibilité d'obtenir l'équité désirée, même si ce pis-aller pourrait évidemment être guidé par des considérations de principe.

Cette interprétation pessimiste d'impossibilité de l'équité repose cependant tout entière sur l'hypothèse que seule une conjonction des métriques considérées par le résultat d'incompatibilité pourrait constituer une condition nécessaire de l'équité. Un contextualisme plus fort considérerait au contraire que la pertinence d'une métrique dépend elle-même du contexte. Comme on l'a vu dans notre examen de la parité statistique stricte, une métrique qui pourrait être pertinente dans certains contextes pourrait devenir contre-productive dans d'autres : on ne saurait donc considérer qu'il s'agirait là d'une condition nécessaire de l'équité qui devrait s'appliquer dans tous les cas de figure. De telles réflexions ne portent pas que sur la parité statistique, dont on a vu qu'elle n'était pas au centre des débats actuels. Comme on l'a vu, un défenseur de la discrimination positive pourrait ainsi arguer qu'il est équitable de violer le critère de calibration pour garantir l'égalité des chances entre Afro-Américains et Blancs. Sans forcément nier toute pertinence au critère de calibration, qui pourrait tout à fait être accepté dans d'autres cas de figure, il devra donc nier *contra* Hedden que la calibration est une condition nécessaire de l'équité dans un cas de figure où l'égalité des chances est posée comme métrique cardinale. Pour un tel contextualisme fort, les résultats d'incompatibilité ne montrent pas que l'équité est impossible, puisqu'il existe des cas où l'on peut abandonner une des métriques sans renoncer à l'équité et sombrer dans un pis-aller politique. Le travail d'H. Heidari *et al.* va plus loin, jusqu'à attribuer un sens moral

---

1. Pour une autre discussion critique de cette idée fondée sur un idéal d'égalité substantielle, voir B. Green, « Impossibility of What ? Formal and Substantive Equality in Algorithmic Fairness », *Formal and Substantive Equality in Algorithmic Fairness* (*July 9, 2021*), 2021.

à l'incompatibilité des conceptions de l'équite de groupe, en voyant cette incompatibilité comme la conséquence d'hypothèses morales bien distinctes, et qui n'ont aucune raison d'être toujours satisfaites simultanément[1]. L'interprétation des résultats d'incompatibilité n'est donc pas purement une affaire de mathématiques, et exige le travail délicat de ramener à la surface un ensemble d'hypothèses philosophiques implicites.

Mais le spectre positiviste d'une mathématisation de la définition de l'équité n'est pas seulement éloigné par la réflexion sur le sens des métriques statistiques de l'équité. Comme nous l'avons vu dans notre analyse des variables employées par COMPAS, le problème de la délimitation des attributs dont on peut être tenu pour responsable, et la pertinence d'employer ceux qu'ils ne le sont pas dans une décision sensible, sont deux problèmes centraux de l'algorithmisation, et non seulement des problèmes pour l'égalité des opportunités. Là encore, aucune définition mathématique ne viendra remplacer le débat moral sur ces deux questions, et la littérature en éthique algorithmique le reconnaît pleinement, puisque cette distinction est aussi reconnue par H. Heidari *et al.*

Ce qui est vrai pour les variables dont nous sommes moralement responsables est encore plus vrai pour le choix des populations discriminées ou des attributs sensibles. Comme le remarque fort justement I. Zliobaite[2], le rôle de l'analyse des données n'est pas de dire quelle forme de distinctions entre populations est juste ou injuste, mais de prendre comme entrées les caractéristiques considérées comme sensibles par la philosophie politique, les sciences sociales, les décideurs politiques et l'ensemble du débat politique agitant la société dans son ensemble. L'équité algorithmique ne peut donc que prendre en entrée les résultats d'une philosophie politique affrontant les problèmes les plus centraux de la discrimination, comme la délimitation des populations discriminées, la nature des dimensions de la discrimination et le type de mesure à adopter dans les politiques publiques. Là encore, le problème de la délimitation de la liste des variables prises en données, et

---

1. Nous n'avons guère l'espace nécessaire pour présenter les finesses techniques et philosophiques de cet article, qui tâche de concevoir un cadre unifié de conceptualisation des métriques fondées sur la distinction entre les traits dont les individus peuvent être tenus responsables et ceux qui ne sont que le fruit des circonstances. De leur point de vue, il est normal que l'argument d'Hedden ne constitue pas une preuve que la calibration est la vraie métrique de l'équité. Toute métrique peut être pertinente dans un contexte où les autres ne le sont pas, donc l'articulation d'un contre-exemple à toutes les métriques sauf une ne prouve pas que celle-ci est la métrique juste en un quelconque sens absolu.

2. I. Žliobaitė, « Measuring Discrimination in Algorithmic Decision Making », *Data Mining and Knowledge Discovery* 31, n° 4, 2017, p. 1060-1089.

du sens qu'on leur confère, est décisif pour l'intelligibilité de l'algorithme, y compris dans le sens le plus politique[1].

Outre qu'elle est modeste dans ses prétentions politiques, et éloignée de toute simplification positiviste de la réflexion politique sur l'équité, la littérature sur l'équité algorithmique a aussi pour mérite de proposer à l'étude des notions simples et naturelles. Toutes les métriques de l'équité de groupe que nous venons de présenter sont une traduction statistique très directe d'intuitions courantes sur la manière dont l'équité devrait se manifester dans les proportions de populations affectées par une décision fondée sur une prédiction. Si les indicateurs statistiques sont souvent critiqués au nom de leur caractère réducteur, voire franchement aberrant, il semble difficile d'affirmer qu'une quelconque des métriques de l'équité de groupe que nous venons de discuter soit aberrante. C'est aussi le signe que ces définitions mathématiques héritent certaines conceptions intuitives de l'équité, et peuvent donc contribuer à leur discussion.

La majorité de la littérature en équité algorithmique montre la diversité profonde des tentatives de traductions statistiques de l'équité, la nécessité indépassable d'un arbitrage politique entre elles, et d'une réflexion contextuelle toujours renouvelée sur les cas d'usage et les populations affectées. Mais l'absence de positivisme borné dans la littérature scientifique n'est bien sûr pas une garantie contre un possible mésusage bureaucratique de ces métriques. Il est fort tentant pour les institutions d'éviter le redoutable écueil des discussions sur l'égalité de traitement en invoquant l'autorité de la science sur l'air de « nous sommes équitables car nous satisfaisons une métrique d'équité ». Après tout, ce fut bien la stratégie adoptée par Equivant, en soulignant que son système satisfaisait les métriques d'équité de la précision et de calibration, pour mieux ignorer un problème visible au nom d'une autre métrique. Une grande vigilance s'impose contre ces mésusages pour éviter que les métriques de l'équité ne connaissent le sort malheureux de bien des statistiques, passées d'outil de la connaissance du social à celui d'outil de sa dénégation et de sa manipulation politique.

---

1. Malheureusement, cette admission de la dépendance de l'équité algorithmique à un donné philosophique signifie également qu'appliquer des critères algorithmiques à des catégories politiques dénuées de sens ne fera guère avancer l'équité, mais contribuera à promouvoir et légitimer un non-sens. Lorsqu'on connait la souvent triste histoire de la classification des populations par les institutions étatiques, il convient de rappeler que les données prises par un algorithme risquent de poser des problèmes d'équité qu'aucun traitement algorithmique ne pourra à lui seul réparer.

CONCLUSION

Il est probablement encore bien tôt pour parler des effets à long terme de l'automatisation algorithmique de la prise de décision sur les enjeux d'équité. Le recul temporel et les études de terrain nécessaires ne sont pas encore toutes là, et une telle question dépasse de beaucoup l'ambition de cet ouvrage. Nous allons cependant essayer de tirer quelques conclusions des études préliminaires menées ici.

L'interrogation sur l'équité des décisions prises ou secondées par un algorithme pose un problème fondamental : comment un algorithme peut-il être discriminatoire ? Les algorithmes sont dépourvus des états mentaux typiquement associés à la discrimination commise par les humains. Ce constat élémentaire, joint à l'anthropologie de la faillibilité que nous avons déjà présentée, produit une présomption d'impartialité à l'égard des algorithmes, qui vient soutenir leur promotion comme vecteur d'équité dans la prise de décision. L'ancienne critique de cette position, qui affirme que la discrimination peut être l'effet de l'application des critères mêmes de la décision bureaucratique, si impersonnelle fût-elle, peut donc être réactivée pour la décision algorithmique.

L'emploi du ML, et de sa relation particulière avec les données, vient apporter des questionnements nouveaux à cet ancien débat. Certes, les questionnements sur les biais des données sont loin d'être nouveaux : la conception, la collecte et l'interprétation des données font toutes l'objet d'interrogations anciennes sur leurs rôles dans les discriminations. Là où le ML vient bouleverser les pratiques établies, c'est par sa capacité à générer automatiquement un instrument de décision par apprentissage sur les données, et par sa prétention à un pouvoir prédictif. La première propriété entraîne un risque d'approche naïvement inductive de la prise de décision, qui contient un fort risque de confirmation des rapports de pouvoir existants. La deuxième introduit des problématiques typiques de la modélisation au sein des débats sur la prise de décision. Comme l'a bien souligné Cathy O'Neil, l'un des problèmes les plus fondamentaux est alors la possibilité de boucles d'autoconfirmation, où les modèles contribuent à façonner et à légitimer une réalité sociale tout en excluant la possibilité d'être infirmé par les données. Prises ensemble, ces deux propriétés créent la possibilité dystopique d'un emploi massif de modèles issus du ML pour légitimer, confirmer et renforcer les rapports de pouvoir existants. On risquerait alors de voir des populations entières enfermées dans une prison algorithmique aux murs aussi épais qu'invisibles.

Ce risque, s'il est bien réel, n'est pas une fatalité attachée au ML comme son essence. La réactivation de l'héritage critique sur les données, les critères de décision et les modèles, ainsi que l'emploi d'une méthodologie scientifique rigoureuse, peut contribuer à mettre à distance ce danger. Le ML n'est pas plus discriminatoire par essence que l'analyse de données et la modélisation statistique, dont il est un prolongement informatique moderne. Mais son prestige même risque de réhabiliter l'emploi de modèles statistiques simplistes, et de prises de décision bureaucratiques auto-confirmatrices, en sorte que paradoxalement, un progrès scientifique et technique pourrait alimenter une régression intellectuelle et politique. Seuls un travail scientifique rigoureux, et une vigilance critique de tous les instants, peuvent permettre d'écarter ce danger.

Fidèle à notre approche comparatiste, nous avons tenu à évoquer Parcoursup pour rappeler que l'automatisation de la décision, et les problèmes d'équité qu'elles soulèvent, ne se réduisent pas au ML. Le cas Parcoursup est malheureusement un cas d'école de la confusion du débat public, puisqu'il est difficile de savoir si l'on parle de l'algorithme de Gale-Shapley, des plateformes APB puis Parcoursup, ou de la réforme ORE introduisant la sélection sur critères académiques dans les filières non-sélectives. Outre ces grandes difficultés de structuration du débat public, la controverse sur le tirage à sort a fait ressortir un problème essentiel d'équité de la décision administrative. La difficulté qui a suscité l'emploi du tirage au sort est un problème essentiel des décisions bureaucratiques, en particulier lorsqu'elles doivent arbitrer l'accès à un bien social sous tension : avec une information limitée et un ensemble limité de critères déterminés à l'avance, il n'est pas toujours possible de départager tous les candidats. Pour départager les cas d'égalité, la solution du tirage au sort avait l'avantage d'être parfaitement aveugle, et de ne présenter aucun biais discriminatoire statistique envers une quelconque population. Mais pour nombre de nos contemporains, l'équité ne se résume pas à ne pas prendre en compte ce qu'on ne doit pas prendre en compte, mais aussi à prendre en compte ce qu'on doit prendre en compte, et à donner ainsi un sens à la hiérarchie créée par la décision. Il est donc crucial de ne rejeter ni les partisans du tirage au sort ni ses opposants dans l'irrationalité, mais de reconnaître au contraire que la controverse est fondée sur une divergence sur les conceptions de l'équité appliquées à la justification d'une hiérarchie. Une première conception, plus proche des notions discutées en conception équitable des algorithmes, assimile l'équité à l'absence de biais statistique discriminatoire. Une autre conception, qui n'est pas nécessairement en contradiction systématique avec la première, suppose qu'une hiérarchie entre candidats à un bien social doit être fondée en raison par une différence épistémiquement fondée et moralement légitime entre les candidats. Une telle position n'a rien d'irrationnel, mais elle doit faire face à la difficulté pratique qu'il y a à posséder suffisamment de ressources informationnelles licites et de critères admissibles définis à l'avance pour départager les candidats. L'algorithmisation met ici en valeur un problème essentiel de l'équité dans la décision bureaucratique de masse, qui mérite une discussion approfondie encore absente de la littérature. La question de l'équité ne peut se réduire à l'absence de biais discriminatoires, mais porte plus largement sur l'espace des raisons légitimes de la décision, et leur capacité, à la fois principielle et pratique – comme l'a montré notre discussion sur les limitations épistémiques de la méritocratie – à aboutir à une justification authentique des différences créées par la décision.

La controverse Parcoursup a pour mérite d'illustrer encore d'autres problèmes essentiels d'équité dans la décision bureaucratique. Suite à la première controverse autour du tirage au sort, le gouvernement a pris la décision, exceptionnelle par rapport à nombre d'autres pays utilisateurs de tels algorithmes d'appariement, de réintroduire de l'humain, en permettant l'acceptation des places au fil de l'eau par les étudiants, mais aussi en protégeant, même si le cadre juridique est discutable, le secret des délibérations des jurys. Outre les problèmes de temporalité posés par l'acceptation au fil de l'eau, qui sont probablement voués à disparaître, la réintroduction de l'humain pose de graves problèmes de transparence et d'équité lorsqu'elle se fait dans le déni des conditions concrètes de la prise de décision. L'automatisation de la décision, comme la bureaucratisation traditionnelle, est une réponse à la massification de la prise de décision, et aucune discussion honnête ne peut être fondée sur l'ignorance des contraintes propres à la massification. Toute institution faisant face à une tâche massifiée dans des délais très courts, comme c'est le cas pour des filières universitaires classant des milliers de candidats en quelques semaines, ne peut que recourir à une décision automatisée ou quasi-automatisée. Sans une réflexion sur ces moyens et sur ces contraintes temporelles, on assiste à ce qu'on peut appeler une tartufferie de l'humanisation. En l'état, l'emploi de la décision humaine n'introduit pas systématiquement plus de délibération et d'individualisation, mais elle introduit systématiquement plus d'opacité. Cette opacité, outre qu'elle pose toujours en elle-même des questions d'équité dans l'accès à l'information, empêche le débat public nécessaire sur l'équité des critères employés. Là encore, le débat sur l'équité ne doit pas se laisser enfermer dans une définition étroitement technique de son objet, et doit embrasser la composante humaine comme la composante algorithmique des décisions mixtes.

Lorsqu'on passe ensuite au ML en lui-même, le cas COMPAS est devenu un *locus classicus* de la littérature en équité algorithmique, et nous nous devions de l'étudier. En sus de l'accusation de biais raciste sur laquelle le débat s'est focalisé, ce logiciel concentre une foule de problèmes divers liés à l'aide algorithmique à la décision sensible : l'opacité par restriction d'accès dû à son caractère propriétaire, son acceptation juridique fondée sur une confusion entre explicabilité locale et explicabilité globale, la faiblesse scientifique due à l'emploi de variables de faible valeur, l'absence de collecte des données post-déploiement. Enfin et surtout, l'emploi de variables dont l'individu ne peut être considéré comme responsable constitue une subversion particulièrement perverse de l'analyse statistique des facteurs de la récidive, qui passe d'outil de compréhension sociologique ou d'aide sociale à celui d'outil de la répression. En justifiant l'incarcération sur la seule base du risque sans plus égard pour la responsabilité des facteurs employés, le système pervertit ainsi le sens de la peine, et constitue un précédent juridique extrêmement dangereux. Au-delà des questions liées aux discriminations, il s'agit bien là d'un cas nouveau de discrimination fondée sur le ML que nous évoquions en introduction. Même si l'étude de l'attitude des juges, qu'il s'agisse de la décision de la Cour Suprême du Wisconsin ou de l'enquête de terrain d'Angèle Christin, montre une vraie distance critique à l'égard des outils d'aide à la décision, et une volonté nette de ne pas réduire la décision d'incarcération à un simple tamponnage de la recommandation algorithmique, il s'agit néanmoins d'un précédent grave. L'optimisation du pouvoir prédictif du ML ne doit pas servir d'instrument pour pervertir le sens de l'action institutionnelle, surtout lorsque celle-ci doit être fondée sur la valeur d'équité.

Mais si COMPAS est devenu le cas le plus connu de toute la littérature en l'équité algorithmique, c'est avant tout par l'accusation de discrimination raciste lancée par l'étude de ProPublica, et la discussion qu'elle a lancée sur la définition des métriques de l'équité et leurs relations. Ce nouveau champ de recherche a déjà produit des résultats du plus grand intérêt philosophique et politique. Le terme même de « métrique de l'équité » avait de quoi faire craindre un cauchemar positiviste et hyperbureaucratique, réduisant la subtile discussion philosophique de l'équité à l'optimisation de quelques indicateurs statistiques simplistes. Si la possibilité d'une instrumentation dans ce sens n'est pas à exclure, cela ne correspond pas à l'état de l'art de ce nouveau champ de recherche. Celui-ci a contribué à mettre en valeur une pluralité de définitions possibles des métriques de l'équité, qui toutes viennent formaliser en termes statistiques des intuitions simples et naturelles sur l'équité d'une décision appuyée sur un modèle prédictif. Mais les résultats d'incompatibilité entre égalité des chances et calibration ont montré l'impossibilité de satisfaire toutes ces métriques simultanément sous des hypothèses réalistes. Si l'importance de ces résultats ne fait guère question, leur interprétation dépend largement de l'interprétation du sens des métriques proposées. Si certains travaux défendent encore qu'il existe une bonne définition d'un critère de l'équité, comprise à tout le moins comme condition nécessaire de l'équité, une bonne partie de la littérature a adopté une forme de pluralisme et de contextualisme dans la compréhension de ces métriques. Selon cette position, il existe donc un ensemble de bonnes notions de métriques de l'équité, qui doivent être appliquées avec discernement selon le contexte. D'un point de vue philosophique, il convient de distinguer entre une première conception de ce contextualisme, qui le considère comme un pis-aller en l'impossibilité pratique d'une optimisation conjointe des métriques, et une deuxième conception, qui considère que ce contextualisme est naturel et désirable. Quoi qu'il en soit, la recherche sur les métriques de l'équité constitue un champ de recherche digne de la plus grande attention, tant il mélange de manière tout à fait exceptionnelle considérations mathématiques, pertinence concrète pour les politiques publiques et questionnement philosophique sur le sens de l'équité, et notre capacité à l'estimer. Si le risque d'hyperbureaucratisation n'est toujours pas à exclure politiquement, il existe un dialogue à construire entre philosophie et ML qui pourrait enrichir notre discussion de l'équité des procédures de décision au lieu de la réduire à un indicateur simpliste.

Pour conclure, nous souhaitons insister à nouveau sur le caractère essentiel, pour toute discussion éclairée de l'équité, des contraintes concrètes d'exécution de la décision bureaucratique, et des limites épistémiques qu'elles imposent. La prise de décision bureaucratique, qu'elle soit ou non algorithmisée, fait face au défi immense de la massification de la décision sous des contraintes temporelles, budgétaires, organisationnelles et juridiques très puissantes. L'emploi d'outils algorithmiques, si puissants fussent-ils, n'entraîne pas une totale disparition de ces contraintes. Toutes ces contraintes limitent ce que la décision bureaucratisée peut savoir et faire, et pèsent ainsi fortement sur la manière dont on peut concevoir l'équité de son action. Toute analyse critique de l'équité des algorithmiques qui souhaitera éviter le double écueil de l'autoritarisme technocratique et de la protestation impuissante se devra de partir de ses limites, non seulement pour savoir comment les repousser, mais aussi pour comprendre ce qui est, et ce qui n'est pas possible en leur sein.

CHAPITRE IV

SURVEILLANCE, VIE PRIVÉE ET LIBERTÉS

LA NAISSANCE DE LA SURVEILLANCE NUMÉRIQUE

Dans l'explosion de la collecte et du traitement des données durant ces deux dernières décennies que nous avons déjà mentionnée à de nombreuses reprises, un usage particulier est devenu sans surprises un sujet majeur de la discussion politique, à savoir la collecte de données sur les personnes physiques et leur traitement massif à des fins de surveillance et d'influence des comportements.

Le premier volet de cette évolution majeure est associé aux évolutions des moyens et pratiques des services de renseignement à travers ce qu'on a appelé la surveillance de masse. Le grand public a pris conscience de l'ampleur du phénomène grâce aux révélations d'un ancien agent des services de renseignement américain, Edward Snowden. Le phénomène décrit par Snowden est d'une ampleur gigantesque, tant par la masse des données collectées, la dimension internationale des opérations, la qualité des cibles attaquées, qui peuvent parfaitement être des chefs d'États alliés des USA, que par le caractère profondément invasif des mesures prises, qui comprennent l'espionnage des messageries, des conversations privées sur les réseaux sociaux, les données téléphoniques et l'activation des caméras d'ordinateur pour espionner leurs utilisateurs. On peut parler sans trop craindre de se tromper de plus grande campagne de surveillance de masse jamais menée dans l'histoire de l'humanité.

L'existence même de cet appareil de surveillance a quelque chose d'un paradoxe, pour un philosophe politique qui s'intéresserait aux relations entre technologie et pouvoir. Les discours glorifiant l'Internet balbutiant y voyaient un vaste forum anonyme, dénué de tout contrôle centralisé, sur lequel chacun, éventuellement dépouillé des oripeaux de son identité analogique par l'anonymat, pouvait s'exprimer en toute liberté et dialoguer avec des personnes du monde entier. L'autobiographie d'Edward Snowden montre justement un jeune homme ayant passé une partie de son adolescence sur l'Internet des débuts, et profondément marqué par la liberté et la richesse des échanges dont il a pu faire l'expérience. Parmi les motivations essentielles de son geste, Snowden cite l'amertume profonde de voir cette utopie technologique broyée par un appareil de surveillance ubiquitaire se souciant comme d'une guigne des droits humains, y compris les droits constitutionnels de ses propres concitoyens. Il est donc tout à fait juste de décrire Internet, à la manière de l'historien Félix Tréguer[1], comme une « utopie déchue ». La chute n'est pas seulement rude : elle vient éclairer et complexifier encore une fois les relations entre technologie et politique. L'Internet n'a pas toujours été le temple de la surveillance étatique et capitalistique qu'il est devenu aujourd'hui : à bien des égards, il s'agit là d'un renversement brusque et radical non seulement par rapport aux idéaux fondateurs d'Internet, mais aussi par rapport aux pratiques des premiers utilisateurs. Il a fallu un long travail de construction politique pour en arriver là. L'accident, sous la forme de la « guerre contre le terrorisme », n'a pas joué un rôle mineur, mais nous allons voir que des tendances technologiques et économiques plus profondes sont également à l'œuvre.

Dans la perspective de temps long que nous avons adoptée dans cet ouvrage, ce renversement doit être interprété à la lumière des exemples historiques d'emploi des techniques cognitives comme instruments de contrôle social. Contrairement à l'écriture et au calcul, Internet n'a pas été créé à des fins de contrôle social : on a donc bien affaire à un détournement de l'usage original d'une technologie par l'appareil économique et étatique, qui vient à nouveau montrer, même si cette fois-ci sur une note plus triste, que l'usage initial d'une technologie, et le complexe sociotechnique dans lequel cet usage s'inscrit, ne détermine en aucun cas son avenir.

En plus de cet usage régalien classique de la surveillance, une autre modalité de la surveillance est apparue dans les faits, et est vite devenue un autre sujet du débat public, à savoir son usage économique. L'accumulation de données sur les usagers de sites Web ou de plateformes a permis l'émergence d'un nouveau modèle économique, souvent basé sur l'offre d'un service gratuit afin d'appâter des usagers dont les traces numériques sont devenues la matière première de ce nouveau modèle. Ces données

---

1. F. Tréguer, *L'utopie déchue*, Paris, Fayard, 2019.

sont ensuite traitées et analysées, et c'est cette connaissance, ainsi que la présence des usagers sur les sites Web, qui sont ensuite vendues à différents acteurs, essentiellement à des fins publicitaires. Pour faire court, cette nouvelle industrie prend en intrant le comportement en ligne des utilisateurs, et produit en sortie du ciblage publicitaire. Le phénomène a pris tant d'ampleur qu'il mérite un nom, et nous reprendrons l'expression de Shoshana Zuboff, le « capitalisme de surveillance[1] ».

L'intégralité de l'industrie numérique ne peut se résumer au capitalisme de surveillance : il est nombre de traitements algorithmiques qui ne voient jamais la couleur d'un utilisateur. Mais le phénomène est loin d'être marginal, lorsqu'on voit qu'un certain nombre des plus grandes entreprises mondiales, comme Google et Facebook, ont fait du capitalisme de surveillance le cœur de leur activité, et que rien n'indique que le développement de cette nouvelle forme du capitalisme soit terminé.

Les deux phénomènes de la surveillance étatique de masse et du capitalisme de surveillance ne sont pas séparables. Comme bien décrit par Edward Snowden, le développement de la surveillance de masse s'est fait non seulement simultanément, mais en collaboration étroite avec le développement du capitalisme de surveillance, avec un échange constant d'idées, de moyens, d'infrastructures et de personnel. Pour ne prendre qu'un exemple, la société Palentir, un des acteurs majeurs de la cybersécurité, a été lancée avec un soutien financier initial venu de la CIA et des premiers contrats passés avec les agences de renseignement américaines[2]. Mais la circulation des idées et des personnes va bien au-delà du domaine de la sécurité, puisqu'en plus de placer certains de ses agents en poste dans des entreprises du numérique pour leur fournir une couverture, et d'interagir régulièrement avec les acteurs comme les fournisseurs d'accès Web et les opérateurs téléphoniques, les services américains voient un certain nombre de leurs dirigeants pantoufler dans le privé[3]. Enfin, et nous aurons amplement l'occasion d'y revenir, une partie des nouvelles techniques de traitement des données offertes par les évolutions technologiques les plus récentes, y compris le ML, peuvent tout aussi bien être mises au service d'une campagne

1. S. Zuboff, *The Age of Surveillance Capitalism : The Fight for a Human Future at the New Frontier of Power : Barack Obama's Books of 2019*, London, Profile Books, 2019.

2. « Palantir : The Next Billion-Dollar Company Raises \$90 Million », *TechCrunch* (blog), consulté le 1er novembre 2021, https://social.techcrunch.com/2010/06/25/palantir-the-next-billion-dollar-company-raises-90-million/; « À (Pretty) Complete History of Palantir - Maus Strategic Consulting », 16 mai 2014, https://web.archive.org/web/20140516035733/http://www.mausstrategicconsulting.com/1/post/2014/04/a-pretty-complete-history-of-palantir.html.

3. E. Snowden, *Permanent Record*, London, Pan Macmillan, 2019.

politique que d'une campagne publicitaire, d'un service de renseignement que d'un *databroker* travaillant pour le secteur financier. On retrouve là un trait structurel des techniques cognitives sur le temps long, à savoir qu'elles ont un effet extrêmement transversal, et qu'elles peuvent donc constituer d'authentiques techniques de pouvoir. Leur étude invite donc naturellement à dépasser les frontières aussi habituelles qu'artificielles entre public et privé, contrôle politique et intérêt mercantile, pour penser ces évolutions sociotechniques en termes plus généraux.

Mais les relations entre capitalisme de surveillance et surveillance étatique de masse ne doivent cependant pas être conçues comme des relations symétriques. Comme le remarque à très juste titre le spécialiste de cybersécurité Bruce Schneier[1], la surveillance étatique de masse s'est en large partie bâtie sur le dos des infrastructures et technologies privées. Les services de renseignement américains n'ont pas eu à bâtir un appareil de surveillance *ex nihilo*, puisque bien souvent il leur suffisait d'obtenir une copie des données déjà collectées par les acteurs privés. Les fournisseurs d'accès Internet, les opérateurs téléphoniques – en particulier les opérateurs de téléphonie mobile, et leur collecte permanente de la géolocalisation du téléphone – les messageries électroniques, les réseaux sociaux, les logiciels de visioconférence : toutes ces technologies, développées par le secteur privé, offraient clés en main les informations dont les services avaient grand appétit. L'appareil de surveillance étatique, si titanesque et si puissant soit-il, doit donc être conçu comme une excroissance du capitalisme de surveillance. Les capacités des services auraient été bien différentes, si, avant que de devenir un outil entre leurs mains, la collecte ubiquitaire des données des utilisateurs de services numériques n'était devenu plus qu'une possibilité technologique, mais une partie essentielle du modèle économique de nombreux et puissants acteurs.

Pour reprendre encore une fois une expression de Bruce Schneier, la compréhension de l'« âge d'or de la surveillance » dans lequel nous nous trouvons suppose donc de donner la priorité à la compréhension du caractère mercantile de cette surveillance. Il s'agit là d'un retournement majeur pour la philosophie politique et pour la réflexion juridique, dans la mesure où celles-ci, pour des raisons historiques évidentes, ont tendance à associer étroitement pensée critique de la surveillance et poing d'acier de l'État. Sans exclure de notre réflexion la possibilité d'un retour en force des régimes ou des pratiques autoritaires, que les services du renseignement américains ont rappelé à notre bon souvenir, il nous semble important de

---

1. B. Schneier, *Data and Goliath : The Hidden Battles to Collect Your Data and Control Your World*, New York, W. W. Norton & Company, 2015.

ne pas tomber dans un piège bien connu des stratèges militaires, à savoir celui consistant à se préparer à la guerre du passé -que l'on a l'avantage de déjà connaître- plutôt qu'à celle du futur. Le capitalisme de surveillance introduit un ensemble de pratiques qui, sans être nécessairement moins dangereuses que celles de la surveillance étatique, représentent des défis nouveaux. Pour cette nouvelle modalité du capitalisme, il ne s'agit pas tant de « surveiller et punir » que de « surveiller et vendre ». L'objet de cette nouvelle surveillance n'est pas tant de traquer et éliminer les opposants politiques, ou de manipuler l'opinion publique – même si ces pratiques demeurent bien présentes – mais d'exploiter les données collectées sur les utilisateurs afin de modeler leurs comportements en faveur d'objectifs mercantiles, notamment à travers la publicité ciblée. Cette publicité doit donc être vue comme une modalité majeure de l'expression du pouvoir permis par les évolutions technologiques numériques, et mérite donc d'être étudiée en elle-même, et non comme une note de bas de page de la surveillance étatique. C'est donc à une modification profonde de nos schèmes de conception de la surveillance qu'invitent les évolutions récentes des techno-logies cognitives numériques. Si l'étude des pratiques récentes des services de renseignement constitue assurément un bel objet pour la philosophie politique, nous allons donner la priorité, dans ce bref chapitre, aux pratiques mercantiles du secteur privé en tant qu'elles sont plus fondamentales pour comprendre les évolutions de long terme.

Même ainsi réduit par cette priorisation, l'objet demeure encore trop immense pour être traité décemment en un chapitre. Fidèle à notre approche globale, nous allons focaliser la réflexion sur le traitement algorithmique des données, et en particulier le traitement par l'IA, et voir comment ce traitement invite à modifier la profonde tradition de conception des rapports entre accumulation d'informations et pouvoir, centrée sur le concept de vie privée. Une telle focalisation pousse à la marge bien d'autres interrogations essentielles, qu'elles concernent la collecte, le stockage, les infrastructures, les modèles économiques, les institutions, les évolutions des usages, et bien d'autres choses encore. Là encore, toute tentative de conciliation de l'exhaustivité et de la profondeur de réflexion aurait été vouée à l'échec.

Nous allons revenir tout d'abord sur quelques notions essentielles à la compréhension de la vie privée, de l'autonomie, des données personnelles et de leurs relations. Il ne s'agira bien sûr pas d'une véritable introduction à cet immense champ de réflexion, mais bien plutôt une sélection de quelques linéaments nécessaires à notre analyse[1]. Celle-ci se penchera ensuite sur les nouvelles modalités de surveillance en ligne et hors ligne produite par

1. « Prolégomènes : vie privée, autonomie, identité et données », p. 242.

les données massives et l'IA, en tâchant, dans notre perspective comparatiste, d'isoler la contribution propre au ML par rapport à d'autres techniques plus anciennes. De nombreux fils de notre réflexion nous mèneront à souligner que l'un des impacts les plus profonds des évolutions technologiques est l'évolution des pratiques d'identification et de constitution d'identité des individus par les institutions, que ce soit en ligne ou dans l'espace public[1]. Nous conclurons donc notre étude du capitalisme de surveillance par une présentation d'une de ces techniques les plus stratégiques à cet égard, à savoir la pratique du profilage, et son rôle décisif dans la personnalisation de l'information qui est au cœur du capitalisme de surveillance[2].

PROLÉGOMÈNES : VIE PRIVÉE, AUTONOMIE, IDENTITÉ ET DONNÉES

Individual autonomy depends on a mixture of concealment and exposure of the self. The mixture is made because a differentiation between ourself and others depends on limits to the knowledge that people have of us. If everyone knew everything about us, we would be unable to act freely – an independent existence and a democratically ordered State would be impossible.

Paul Schwartz, « The Computer in German
and American Constitutional Law », 1989

Inconsistent with the right of informational self-determination would be a societal order and assisting legal order in which the citizen no longer knew the who, what, when and how of knowledge about him.

Cour Constitutionnelle de la République Fédérale d'Allemagne
(*Bundesverfassungsgericht*), 1987

Surveillance has thereby lost its exceptional character and has become a more and more routine practice. Finally, personal information is increasingly used to enforce standards of behavior. Information processing is developing, therefore, into an essential element of long-term strategies of manipulation intended to mold and adjust individual conducts.

Spiros Simitis, « Reviewing Privacy in an Information Society »,
University of Pennsylvania Law Review 135, n° 3, 1987

---

1. « La surveillance ubiquitaire en ligne et hors ligne », p. 270.
2. « Connaissance des individus et profilage », p. 283.

> *German law shows that the regulation of personal information in computers*
> *cannot depend on the legal idea of privacy. Attempts to define a basis for*
> *a privacy right based on the borders of the « private » domain or the*
> *« secrecy » of personal information will not succeed. Rather, attention must*
> *be paid to the likely effect of information processing on human autonomy.*
>
> Paul Schwartz, 1989

Encore une fois, il ne s'agit pas ici d'une introduction philosophique aux enjeux de la vie privée, concept dont nous verrons bien vite les ramifications extrêmement vastes et complexes. La vie privée est parfois conçue comme un bien en soi, et parfois comme un bien instrumental, servant à protéger des valeurs plus fondamentales comme l'autonomie, la dignité, l'équité, l'intimité, l'intégrité corporelle ou l'épanouissement personnel (*self-development*)[1]. Elle peut se voir attribuer des extensions très différentes, d'une compréhension étroite qui l'enracine dans l'intimité psychique des individus à des visions plus larges qui peuvent embrasser une large partie de l'identité d'un individu, y compris sa perception par les institutions et sa vie publique. Enfin, le respect de la vie privée se voit attribuer un rôle stratégique dans nombre de questions politiques, dont la moindre n'est sans doute pas la nature même des régimes politiques. Sans chercher à prendre position dans tous ces débats philosophiques, nous allons poser les différents jalons nécessaires à la compréhension de l'impact de l'algorithmisation en général et du ML en particulier. Nous examinerons tout d'abord la conception de la vie privée comme « droit d'être laissé en paix » nécessaire à la formation d'individus autonomes, comme espace de liberté face à la puissance du Qu'en-dira-t-on, comme élément déterminant de la nature des régimes politiques, de la présentation de soi et de l'identité, avant de conclure sur le caractère polymorphique du concept.

« Le droit d'être laissé en paix »

La vie privée est une notion bien étrange. Elle évoque spontanément l'intimité la plus profonde d'un individu. La privation de toute vie privée semble représenter une pression psychologique insupportable même pour les personnes les plus robustes, le genre de traitement qu'on infligerait à une personne pour la traumatiser et la briser sans employer de violence physique. Dans cette perspective, l'existence d'une vie privée est une condition de possibilité du développement psychologique harmonieux des personnes. C'est sans aucun doute l'une des raisons qui poussent à faire du droit à la vie privée un droit fondamental : une existence dépourvue de

---

1. K. Vold et J. Whittlestone, « Privacy, Autonomy, and Personalised Targeting : Rethinking How Personal Data Is Used », 2019, https://doi.org/10.17863/CAM.43129.

toute vie privée serait une vie misérable, voire insupportable, et aucune société juste ne saurait tolérer une telle éventualité.

Dans un article classique de la littérature américaine sur le sujet de Warren et Brandeis[1], on trouve nombre d'expressions imagées de cette pertinence psychologique du droit à la vie privée. On y parle ainsi du « principe de personnalité inviolée » (*principle of inviolate personality*), « liberté de l'attention non-désirée » et « dévoilement non-désiré de faits, pensées et émotions privées » (*freedom from unwanted attention, unwanted disclosure of private facts, thoughts and emotions*). Dans un passage demeuré célèbre parmi les juristes américains, Warren et Brandeis formulent le droit à la vie privée comme un « droit à être laissé en paix » (*right to be left alone*). Comme la formule le suggère, la jouissance de la solitude, et la paix de l'esprit qu'elle procure, fait ainsi explicitement partie du droit à la vie privée. L'espace privé est fondamentalement un espace de retranchement, où le sujet peut se soustraire à l'examen, l'interruption et la critique[2]. Plus généralement, ces formulations défendent l'importance d'un espace libéré du regard, du jugement et de l'intrusion de l'Autre pour le sain développement de la personnalité et le maintien de l'équilibre psychique des personnes[3]. Si cet espace a largement été conçu pour protéger les individus contre les empiétements du gouvernement, il pouvait être mobilisé contre d'autres formes d'intrusion, Brandeis ayant lui-même en ligne de mire les pratiques de la presse sensationnaliste de son temps. Quelle que soit la source de l'empiétement sur l'espace privé, il existe donc ce que les juristes appellent une attente raisonnable de vie privée chez tous les individus, dans la mesure où cette vie privée est un besoin si profond que son respect doit aller de soi[4].

---

1. L. Brandeis et S. Warren, « The Right to Privacy », art. cit.

2. K. Vold et J. Whittlestone, « Privacy, Autonomy, and Personalised Targeting : Rethinking How Personal Data Is Used », *op. cit.*

3. La Cour européenne des Droits de l'Homme tient une ligne similaire, puisqu'elle a défendu que la communication d'« une information personnelle dont les individus peuvent légitimement attendre qu'elles ne soient pas publiées sans leur consentement » (*personal information which individuals can legitimately expect should not be published without their consent*) peut causer tort à leur honneur, à leur intégrité psychologique et morale. Axel Springer AG v. Germany (App No. 39954 / 08) ECHR [GC] 7 février 012, [83] ; Voir aussi A v. Norway (App No. 280 / 06) ECHR 9 April 2009).

4. La délimitation du domaine de validité de cette attente raisonnable est évidemment une question redoutable. La législation américaine ne reconnaît pas ainsi d'attente raisonnable dans les métadonnées. Comme le remarque à juste titre Matthew L. Jones, cela signifie que des données encodant avec qui nous sommes en contact, comme les métadonnées d'appel téléphoniques, ne bénéficient pas des protections offertes par le 4e amendement de la Constitution américaine, ce qui a facilité la collecte de masse de ces données par la NSA. *Databite 110 : Matthew L. Jones*, 2018, https://www.youtube.com/ watch ? v=dNd4HymvqmU.

Mais en même temps qu'elle évoque l'intimité psychologique la plus profonde, la vie privée est aussi discutée sans cesse parmi les conditions d'exercice des libertés politiques les plus fondamentales, et son existence est conçue comme une condition de possibilité d'une société démocratique : un gouvernement niant tout droit à la vie privée à ses citoyens perd par cela seul toute chance d'être qualifié de démocratique. La vie privée semble donc jouer un rôle essentiel tant au niveau individuel qu'au niveau macro-politique : son existence détermine l'équilibre psychique des individus et la nature des régimes politiques. Peu de notions peuvent se vanter d'être décisive au plus profond des psychés comme au sommet des institutions.

Là encore, nous retrouvons le thème, déjà évoqué au chapitre précédent, de la volonté de savoir des institutions et de son encadrement politique. Au niveau institutionnel, le droit à la vie privée vient contraindre la préten-tion des institutions à accumuler des connaissances sur les individus, en particulier la prétention à connaître le moindre de leurs faits et gestes, et à comprendre l'intimité de leur psyché. Lorsqu'elle est pratiquée par les institutions, une telle volonté de savoir transpire bien plus que le simple voyeurisme. Un gouvernement qui ne supporte pas de ne pas tout savoir sur ces administrés est un gouvernement intrinsèquement malsain, consumé par des fantasmes de contrôle ubiquitaire. Le gouvernement sain est donc le gouvernement qui accepte qu'il n'a pas à tout savoir, et qu'il existe des raisons parfaitement légitimes de ne pas partager des informations avec lui.

À la prétention de tout savoir des institutions, le droit à la vie privée oppose un droit à ne pas être connu, à ne pas être découvert ou reconnu, à ne pas révéler d'informations sur soi-même, voire même un droit à l'isolement[1]. Le droit à la vie privée a donc ceci de particulier qu'il crée un contrôle, mais un contrôle ne portant ni sur des objets matériels ni sur des sommes d'argent, mais sur certaines informations concernant les personnes elles-mêmes[2]. Comme le droit de propriété portant sur les

---

1. A. Omotubora and S. Basu, « Next Generation Privacy », *Information & Communications Technology Law* 29, n°. 2, 2020, p. 151-173.

2. L'une des difficultés conceptuelles majeures de la vie privée est justement de théoriser la forme que doit prendre ce contrôle : doit-il être conçu comme un droit de propriété analogue à la propriété privée des biens ? Ou doit-il au contraire en être rigoureusement distinct, parce que le sens où l'on dit que notre histoire nous appartient ne serait pas le même que celui où l'on dit que notre voiture nous appartient ? Comme notre corps, notre histoire nous appartient en un sens particulièrement puissant, parce qu'elle est constitutive de notre individualité. Il n'est donc pas évident que les trois phrases « c'est mon argent », « c'est mon corps » et « c'est mon histoire » emploient des notions du propre qui soient équivalentes, et qui devraient s'exprimer par un même cadre juridique. Nous éviterons de rentrer dans ce débat fondamental dans le cadre de cet ouvrage. *Cf.* J. Rochfeld, « Contre l'hypothèse de la qualification des données en tant que biens », dans *Les Biens Numériques*, Paris, Puf, 2015, p. 214-228.

possessions matérielles, ce droit n'interdit pas l'échange, mais il impose le consentement du propriétaire préalablement à tout échange. Le droit à la vie privée n'exclut donc pas la diffusion de quelque information que ce soit : libre à chacun de raconter en public les détails les plus intimes de son histoire personnelle. Mais cette diffusion ne peut en aucun cas se faire sans le consentement de la personne : celle-ci reste donc décisionnaire lorsqu'il s'agit de définir le « droit d'en connaître », selon la belle expression en cours dans les services de renseignement français. Le droit à la vie privée ne se réduit donc pas à la libération du regard d'autrui qu'offre la solitude. Il inclut un droit plus général encore de la personne à contrôler l'accès à certaines informations la concernant. La particularité de ce droit de contrôle est que l'atteinte qui lui est faite est souvent conçue non comme une atteinte à une propriété distincte de la personne, mais une atteinte à la personne elle-même. La maîtrise sur la diffusion de certaines informations semble donc constitutive de l'intégrité de la personne en elle-même, ce qui explique l'emploi fréquent de vocables typiques de la violence sexuelle lorsqu'on parle de violation de la vie privée.

La vie privée comme élément de l'équilibre psychologique des individus n'est en outre pas séparable de la vie privée comme condition de la liberté politique. Le repos de la pression du regard d'autrui que nous offre le droit d'être laissé en paix est souvent aussi considéré comme nécessaire à l'autonomie de la pensée et à la prise de décision autonome qui sont des capacités essentielles du sujet politique[1]. Celui-ci doit avoir l'opportunité de se soustraire à la pression psychologique provoquée par le regard d'autrui, que cet autrui soit les institutions, la famille, le groupe d'appartenance ou l'opinion publique, pour accéder à l'autonomie. Un tel argument s'appuie sur une conception d'une démocratie qui ne se limite pas à l'octroi de libertés formelles aux citoyens, mais doit inclure un souci constant de leurs possibilités d'exercice effectif, et des conditions favorisant leur épanouissement. Dans la mesure où la participation démocratique à la vie politique suppose l'existence d'individus autonomes capables de former leur propre jugement, la vie privée peut être conçue comme une condition de possibilité psychologique d'une telle autonomie, et donc de l'exercice effectif de la démocratie. Le respect de la vie privée fait donc bien plus que limiter les asymétries d'information entre institutions et citoyens : il est une condition de possibilité psychologique de l'existence de sujets libres. La réflexion

---

1. *Cf.* K. Vold et J. Whittlestone, « Privacy, Autonomy, and Personalised Targeting : Rethinking How Personal Data Is Used », art. cit.; S. Simitis, « Reviewing Privacy in an Information Society », *University of Pennsylvania Law Review* 135, n° 3, 1987, p. 707-746.

sur la vie privée, lorsqu'elle s'accompagne d'un examen des conditions d'exercice effectif de la liberté politique, mêle inextricablement les considérations individuelles et institutionnelles : les conditions d'épanouissement de l'individu autonome sont aussi des conditions d'épanouissement du sujet politique.

La vie privée comme bien collectif et espace d'expérimentations sociales

La conception de la vie privée comme droit à la solitude a aussi le désavantage d'exclure toute pertinence du concept pour la vie en groupe. Le droit à la vie privée peut et doit aussi s'exercer en groupe, qu'il s'agisse de membres de la famille, d'amants ou d'amis, et il ne consiste pas tant à se soustraire absolument au regard d'autrui qu'à pouvoir choisir à quel regard on est soumis. Loin d'être fondée sur la rupture de tout lien social, la vie privée peut aussi être conçue comme une liberté de façonner ou de vivre des liens sociaux restreints et choisis. La vie privée ne s'applique donc pas qu'à des situations de solitude : une conversation entre amis ou en famille n'est pas d'emblée conçue pour être jetée sur la place publique, et il existe donc là aussi une attente raisonnable de vie privée. On peut donc parler sans contradiction de « vie privée collective ».

La dimension collective de la vie privée est aussi essentielle à la réflexion sur l'épanouissement du sujet autonome. L'autonomie ne fleurit pas que dans la solitude, et on apprend à juger avec les autres. Là encore, la prise en compte des conditions d'exercice effectif de la démocratie vient montrer l'importance de la vie privée en groupe : ce serait une bien étrange démocratie que celle qui offrirait pour tout espace de réflexion soit le for intérieur soit la place publique.

Mais la réflexion sur la vie privée en groupe vient aussi montrer que l'épanouissement de l'individu autonome n'est pas qu'une liberté politique comprise en un sens étroit, comme liberté de participation aux affaires publiques. L'épanouissement de l'individu autonome ne suppose pas qu'une libération du regard institutionnel, mais aussi de la toute-puissance du Qu'en-dira-t-on, qui s'exerce bien au-delà des seules affaires publiques. L'autonomie porte non seulement sur l'expression de toute forme d'opinion, mais aussi sur pratiquement toutes les dimensions du comportement individuel, le ton, le vocabulaire, l'apparence physique et vestimentaire, la gestuelle, le maintien corporel, les fréquentations, le comportement alimentaire, etc. puisque toutes ces dimensions de notre existence peuvent être soumises au contrôle tatillon de l'opinion majoritaire. La vie privée collective est donc aussi un espace d'expérimentations de comportements et de relations sociales différents de ceux autorisés sur la place publique, et une condition de possibilité de la formation d'un sujet qui ne soit pas limité à l'intériorisation du regard majoritaire. La vie privée collective permet ainsi la rupture des normes sociales majoritaires, l'allusion, l'ironie, l'insolence, le lâcher prise face à un regard compréhensif et ami, que la pression du regard de tous contribue à réprimer, parfois impitoyablement. Indépendamment de toute participation aux affaires publiques, la vie privée est aussi une condition de liberté dans un sens particulièrement général et profond, la liberté d'expérimenter des formes de vie sociale et des opinions libérées des normes de l'opinion majoritaire. Une société démocratique est aussi une société qui offre ce genre de liberté. Une telle intuition n'est d'ailleurs pas sans reconnaissance institutionnelle, puisque la Cour Suprême américaine reconnaît depuis 1958 et sa décision *NCAAP vs Alabama* qu'une association n'a pas à partager la liste de ses membres, car une telle liste pourrait décourager l'expression d'opinions minoritaires et réprimer l'exercice de la liberté d'expression. La cour conclut que « l'anonymat est le bouclier qui nous protège de la tyrannie de la majorité » (*anonymity is the shield against the tyranny of the majority*[1]).

Il est indiscutable que cet espace de liberté comporte sa part d'ombre : la libération du regard majoritaire peut conduire à des comportements aberrants, voire profondément pervers. Mais réduire la liberté de parole et de conduite offerte par la vie privée collective à sa part d'ombre, c'est adopter le regard profondément conservateur et répressif selon lequel tout retranchement hors d'atteinte du Qu'en-dira-t-on ne peut être que le fruit du Vice, tandis que l'opinion publique incarnerait la rectitude de la Vertu. C'est faire beau jeu des pulsions hypocrites, conformistes et puissamment répressives qui animent souvent l'opinion majoritaire, qui aime s'outrager de propos et de conduites que chacun sait bien avoir tenu lui-même, et monter en épingle la moindre apparence de déviation comme le plus grand des crimes. Entre les quatre murs de la vie privée et la place publique, aucun espace n'a le droit de s'arroger le privilège de la rationalité ou de la vertu.

Nombre de personnalités publiques ont parlé de la pression psychologique parfois insupportable qu'inflige la crainte que chacun de leurs gestes et de leurs propos soit sorti de son contexte et livré en pâture à la censure de l'opinion publique. Vivre sa vie comme un spectacle livré à l'opinion de tous, c'est s'exposer à une pression menant vers les formes d'expression

---

1. Stevens, Joseph Mcintyre, Executor of Estate of Margaret Mcintyre, Deceased, Petitioner v. Ohio Elections Commission, U.S. (U.S. Supreme Court 1995).

et de comportement les plus conformistes, celles qui offriront le moins de prise à la vindicte du Qu'en-dira-t-on. Si la vie privée comme espace d'expérimentation comporte assurément des risques, ces risques doivent être conçus comme un prix à payer pour permettre la constitution d'un sujet autonome : aucune autonomie ne peut s'épanouir dans un espace social où il n'existerait aucun droit à l'essai ou à l'erreur, et où la moindre déviation de l'opinion majoritaire serait immédiatement conçue comme une déviance.

La prise en compte de la vie privée collective implique aussi que ce droit fondamental peut et doit se penser et s'exercer collectivement, dans la mesure où la violation de la vie privée d'une personne peut immédiatement affecter les autres individus avec lesquels elle partage une histoire commune. Il en va de certaines informations comme du linge sale : on ne souhaite pas nécessairement s'en occuper tout seul, mais on préfère que cela reste en famille. Là encore, le droit à la vie privée s'exerce par la restriction de la diffusion de l'information, qui ne peut circuler librement qu'au sein d'un groupe restreint donné. L'introduction d'une vie privée de groupe suscite donc des questions difficiles sur la maîtrise de cette « propriété » collective. Certaines informations privées affectent par nature un groupe défini de personnes : toute révélation sur la vie sexuelle d'une personne affecte nécessairement la vie privée de ces partenaires, le partage du patrimoine génétique d'une personne révèle quelque chose du patrimoine génétique de ses parents. Doit-on donner aux individus le pouvoir de faire des révélations qui n'affectent pas qu'eux-mêmes ? Le droit européen contemporain conçoit cependant le droit à la vie privée ainsi que, comme nous le verrons plus loin, la protection des données personnelles, comme un droit individuel. Mais d'autres conceptions de la vie privée en font un droit d'un groupe, voire même d'une institution[1].

Vie privée, surveillance subreptice de masse et nature des régimes politiques

Toute formulation du droit à la vie privée comme un droit à la solitude, à être laissé en paix, ou à être libéré du regard d'autrui, comporte aussi le risque de passer sous silence un aspect essentiel de ce droit, implicite dans la formulation plus ample d'un contrôle sur le droit d'en connaître. Le droit à la vie privée protège également contre certaines formes d'accumulation subreptice de connaissance sur une personne physique. Ces formes de

1. A. F. Westin, « Privacy and Freedom », *Washington and Lee Law Review* 25, n° 1, 1968, p. 166.

surveillance n'exercent pas de pression psychologique directe sur les individus, dans la mesure où elles s'exercent sans qu'ils en aient conscience. Elles ne prennent pas nécessairement la forme d'une surveillance physique, et peuvent s'exercer dans le silence des archives et des bases de données. Elles n'en constituent pas moins une menace fondamentale pour les personnes.

Il est d'autant plus crucial de prendre conscience du caractère subreptice de certaines formes de surveillance, que celle-ci est devenue le caractère dominant de la surveillance numérique. Il n'est pas trop audacieux de penser que le destin politique de cette surveillance aurait été radicalement différent, si elle ne jouissait pas de l'avantage de la discrétion. Elle s'exerce dans les applications collectant la géolocalisation ou les contacts de votre téléphone, dans les cookies traquant votre comportement sur les sites Web, dans les bases de données accumulées et échangées par les sites commerciaux. S'il n'est pas évident de se rendre compte que l'on est observé, il l'est encore bien plus de prendre conscience de l'omniprésence des moyens de surveillance des individus offerts par le transfert en ligne d'une large partie de la vie sociale. La discrétion de cette surveillance ne la rend donc pas moins, mais plus problématique, parce qu'elle a permis l'apparition de nouvelles formes d'asymétries d'information. La surveillance numérique, qui est largement une surveillance effectuée par des programmes, ne se distingue donc pas uniquement de la surveillance physique par son caractère ubiquitaire, le volume et la nature des données collectées, la fiabilité, le faible coût et la précision autorisée par l'automatisation, mais elle se distingue aussi par son caractère profondément subreptice. Pour ne prendre qu'un exemple, juste qu'à ce que la législation européenne impose de signaler la présence des cookies sur un site et d'offrir une possibilité de customisation, il était fort aisé pour des millions de personnes sans connaissance avancée de l'informatique d'ignorer qu'une très large partie de leur comportement en ligne est systématiquement enregistrée et analysée. Sans mentionner même le coût prohibitif d'une telle opération, et pour nous livrer à une simple expérience de pensée, il aurait été très difficile de les faire suivre par des agents de police et d'atteindre ce même degré de discrétion, sans compter qu'on n'aurait pas toujours appris plus de choses par de tels moyens. Les programmes informatiques ne font guère de bruit, et l'on ne sent pas leur regard peser sur nous lorsqu'ils enregistrent le moindre de nos faits et gestes, cachés dans les entrailles des ordinateurs, des serveurs et des téléphones portables. L'automatisation de la collecte des données par des programmes permet donc de réaliser un tour de force politique, qui est d'augmenter radicalement l'échelle et la portée de la surveillance tout en maintenant son caractère subreptice. L'innovation la plus radicale apportée par l'algorithmisation de la surveillance n'est donc pas tant d'augmenter la puissance de la surveillance de masse, mais de permettre une surveillance de masse subreptice, assurément une grande première dans l'histoire de l'humanité. Au moins jusqu'aux révélations Snowden, mais aussi dans une large mesure après elles, la NSA a pu ainsi mettre en place un appareil de surveillance de masse sans provoquer les réactions d'ajustement habituelles dans les États autoritaires, où la population surveillée développe l'habitude de la méfiance de l'État, de l'autocensure des paroles et comportements et de l'emploi d'expressions codées. Ce furent sans nul doute des années exceptionnellement productives dans l'histoire de la surveillance d'État, où pour la première fois furent combinées la surveillance ubiquitaire d'un État autoritaire et la liberté d'expression d'un pays démocratique. Même s'il nous faudra attendre l'ouverture lointaine des archives de la NSA et de la CIA pour voir ce qu'il en est, on peut faire l'hypothèse que jamais un gouvernement n'a pu autant envahir la vie privée de dizaine de millions de citoyens, et accumuler autant de connaissance sur l'intimité de leurs pensées et actions. Si l'on revient encore une fois à la question du savoir accumulé par les institutions sur les individus, on peut dire que la surveillance numérique de masse constitue un phénomène singulier dans l'histoire de la connaissance du social.

Même les révélations Snowden n'ont pas réussi à mettre un terme à cet état de grâce de la surveillance de masse subreptice. Si des formes d'autocensure et des stratégies d'évitement ont pu bien sûr faire leur apparition, il n'est pas douteux que l'immense majorité des individus n'ont pas massivement altéré leur comportement. Ceci est dû à une propriété politique très particulière de cette surveillance de masse dans les pays démocratiques, à savoir qu'elle a été découplée de la pratique massive de la censure et de la répression politique qui l'accompagnent systématiquement dans les régimes autoritaires. Si des pratiques répressives ciblées ont bien sûr pu se produire, la surveillance de masse a pu se déployer sans sa compagne institutionnelle habituelle qu'est la terreur de masse. On a donc affaire au cas historiquement singulier de populations qui ont une conscience grandissante d'être surveillées mais qui altèrent très peu leurs comportements, par impuissance mais aussi parce que leurs comportements ne sont pas soumis à la pression de la répression politique. Il s'agit là d'une configuration historique tout à fait singulière, et qui nécessite un nouvel effort de théorisation des rapports entre respect de la vie privée et nature démocratique des régimes politiques. Si l'on devait résumer le problème de manière provocante, il ne s'agit pas de se demander pourquoi des régimes démocratiques munis d'un tel appareil de surveillance ont pu se livrer ici et là à des pratiques illégales et autoritaires – ce qui après tout n'est pas si rare dans l'histoire des pays démocratiques – mais de se demander pourquoi ces régimes ne s'y sont pas beaucoup plus livrés, et pourquoi ne s'est déjà pas produit un changement de nature de ces régimes. La possibilité d'une lente érosion institutionnelle sous l'effet de la banalisation de la surveillance, tout comme celle d'une évolution autoritaire plus soudaine, ne sont évidemment pas à exclure : l'auteur de ces lignes est loin d'être hostile à l'idée que nos institutions et notre classe politique montrent déjà des signes plus qu'inquiétants d'une telle dérive[1]. Mais il n'en reste pas moins remarquable que des pays démocratiques ont pu mettre en place un appareil de surveillance qui aurait fait pâlir de jalousie le NKVD sans basculer à court terme dans une configuration autoritaire marquée par la terreur de masse. Notre configuration historique est donc marquée à la fois par un changement des modalités techniques, de la portée et de la discrétion de la surveillance de masse, mais aussi par un changement de l'usage institutionnel de cette surveillance de masse dans les pays démocratiques. La compréhension de cette configuration singulière nécessitera un travail d'enquête extrêmement difficile, et un travail de théorisation des rapports entre respect de la vie privée et nature des institutions qui ne sera pas plus aisé. Un tel travail dépasse de très loin la portée de cet ouvrage, et nous ne pourrons donc que livrer ces questions à la méditation de nos lecteurs et lectrices.

Vie privée et présentation de soi

L'élargissement de la liberté du domaine des affaires publiques à l'ensemble de la vie sociale soumise au Qu'en-dira-t-on permet aussi de voir que la vie privée implique une faculté de contrôle de l'individu sur la connaissance que les autres en général, et non seulement l'Autrui institutionnel de l'État, ont de lui, en laissant à sa discrétion la délimitation des personnes ayant le droit de connaître sa vie personnelle. Elle est donc une restriction de l'information sur soi-même accessible par les autres. Le droit à la vie

---

1. Lorsqu'on voit le secrétaire d'État au numérique Cédric O justifier benoîtement l'expérimentation de la reconnaissance faciale dans l'espace public par la nécessaire compétitivité des entreprises françaises du secteur, on en vient à se demander quel étrange mélange de solutionnisme technologique, d'économisme et de perte de toute culture juridique et historique est nécessaire à la profération de tels propos. *Cf.* F. Tréguer, « Surveillance Numérique », Paris, Éditions Amsterdam, 2021.

privée est donc aussi un droit à la maîtrise de la présentation de soi[1] (*self-presentation*).

Cette dimension de la vie privée est d'autant plus importante que la perception que les autres, qu'ils soient des individus ou des institutions, ont de nous joue un rôle stratégique dans tous les aspects de notre vie sociale, bien au-delà de la seule participation aux affaires publiques. Le droit à la vie privée comprend donc une capacité à limiter les informations auxquelles autrui a accès lorsqu'il se forme une image de nous, et donc à exclure certaines informations de cette image et des décisions basées sur elle. Le droit à la vie privée est donc un droit contraignant institutions et particuliers à ne pas prendre en compte certains aspects de notre existence lorsqu'ils prennent des décisions nous affectant. Mon employeur n'a pas à connaître ma vie sexuelle pour prendre la décision de me recruter, et les services de ma mairie n'ont pas à connaître mes antécédents psychiatriques pour me délivrer un document officiel.

Cette maîtrise sur la représentation que les autres ont de nous pose évidemment un problème redoutable de délimitation. Même pour le citoyen ordinaire, le désir légitime de maîtriser la diffusion de certaines informations ne peut aller jusqu'à la prétention à totalement maîtriser la perception que les autres ont de nous : une telle prétention deviendrait un droit de berner autrui, et de se soustraire totalement à la critique. Nombre de traits de notre existence sont livrés d'emblée au regard et au jugement des autres, et nous ne pouvons prétendre avoir un droit de regard sur toutes les informations nous concernant[2]. La réflexion juridique sur ce problème de délimitation a notamment donné naissance, dans nombre de pays, à la formation d'une catégorie d'informations sensibles, auxquelles les institutions n'ont pas à avoir accès. La liste de ces informations dépend fortement du système juridique, et inclut typiquement l'appartenance ethnique et confessionnelle,

1. S. Wachter et B. Mittelstadt, « A Right to Reasonable Inferences: Re-Thinking Data Protection Law in the Age of Big Data and AI », *Columbia Business Law Review* 2, 2019.

2. « Cette intuition est nourrie par la présomption que nous avons le droit de ne pas être identifiés. Cependant, comme Thomson a pu le défendre il y a bien des années, nous n'avons ni le droit de ne pas être regardé ni un droit empêchant les autres de connaître de l'information sur nous simplement parce que nous avons un droit à la vie privée. Comme elle l'affirme, nul d'entre nous n'a le droit sur un fait quelconque interdisant aux autres de connaître ce fait. Et bien qu'il soit possible de violer la vie privée d'un homme en le regardant ou en l'écoutant, il n'y a nulle violation de la vie privée d'un homme par la simple connaissance de quelque chose sur lui. Ce en quoi nos droits dans ce domaine consistent est que nous avons le droit que certaines actions ne soient pas entreprises pour découvrir certains faits, et nous avons un droit que certains usages ne soient pas faits de certains faits. », J. Jarvis Thomson, « The Right to Privacy », *Philosophy & Public Affairs*, 1975, p. 295-314 (nous traduisons).

l'origine nationale, l'orientation sexuelle, la situation de handicap physique ou mental, les antécédents médicaux, les informations génétiques, l'appartenance à une organisation politique ou syndicale. Si elle comprend assurément des informations relevant de l'intimité physique ou psychique, cette liste comprend aussi nombre d'informations qui ne relèvent pas de l'intimité, et sont par nature publiques. L'appartenance à un syndicat ou à un parti politique implique bien souvent la participation à des évènements publics ou des prises de position publique. Notre genre, notre appartenance ethnique ou confessionnelle, notre origine ou notre handicap physique peuvent bien souvent être aisément connus.

Pour ces informations, le droit à la vie privée implique non seulement que rien ne soit fait pour acquérir des informations qui sont pourtant aisément accessibles, mais aussi que ces informations ne soient pas utilisées dans certaines décisions nous affectant quand bien même elles sont parfaitement connues. L'inclusion de ces informations dans la discussion de la vie privée change donc profondément sa portée. Non seulement les informations considérées ne relèvent pas de l'intimité, mais le droit à la vie privée ne porte plus seulement sur la maîtrise de l'information que les autres ont sur nous, mais aussi sur l'usage qui est fait de cette information, y compris lorsque cette information est par nature publique. Le respect de la vie privée ne se limite plus à ne pas savoir, et à ne pas chercher à savoir : il implique aussi de faire comme si l'on ne savait pas, y compris dans les cas, que l'informatisation de la vie sociale a contribué à multiplier, où le savoir en question est immédiatement disponible. Ceci augmente considérablement la portée du droit à la vie privée, tout en rendant son application d'une difficulté redoutable, dans la mesure où il est fort difficile de s'assurer que des individus ne font pas usage d'une information qu'ils connaissent parfaitement.

Le droit à la maîtrise de la présentation de soi défendu peut aller encore plus loin, chez certains auteurs que nous commenterons plus avant, jusqu'à un droit de comprendre la manière dont nous sommes perçus. Il s'agit là d'un saut conceptuel significatif, dans la mesure où la maîtrise de l'individu ne se limite plus ni à la propagation des informations ni à la possibilité de leur usage, mais va jusqu'à comprendre la manière dont elles sont utilisées par autrui pour se forger une représentation de lui. C'est ici que la réflexion sur la vie privée croise les réflexions sur la transparence, notamment la transparence institutionnelle. Pour naviguer librement dans un espace social, un individu a besoin de comprendre les représentations qu'autrui, notamment l'autrui institutionnel, forge à son propos. C'est précisément ce droit à comprendre les représentations qui sont forgées de nous qui risque d'être compromis non seulement par l'opacité par restriction d'accès, mais aussi par l'opacité scientifique. L'emploi de modèles de ML opaques dans la production de connaissance sur les individus, sur lequel nous aurons amplement l'occasion de revenir[1], nuit à cette intelligibilité des représentations qu'autrui forme sur nous, qui selon cette conception ample, que Wachter et Mittelstadt qualifient d'holistique, fait partie du droit à la vie privée. Le droit à la vie privée rencontre ici le droit à l'explication accordé par le RGPD, qui soutient qu'un individu a le droit de comprendre la logique d'un traitement algorithmique qui l'affecte. Pour reprendre une expression de Frank Pasquale[2], le droit à une société intelligible rencontre la conception holistique de la vie privée, lorsque celle-ci fait de l'intelligibilité de la représentation qu'a de nous l'autrui institutionnel une partie de la maîtrise de la présentation de soi. Ceci n'est pas seulement dû au fait, que nous avons déjà eu l'occasion de mentionner au chapitre II[3], que les inférences faites à notre sujet peuvent être aussi dommageables que les informations collectées sur nous. Si le droit à la vie privée doit peser sur les asymétries d'information entre institutions et individus en faveur de ces derniers, alors il est crucial que les individus puissent comprendre ce que les institutions peuvent inférer sur eux, et à partir de quoi. Dans ce sens, la conception holistique de la vie privée, même si elle élargit considérablement le périmètre d'action du droit à la vie privée, reste fidèle à une intuition très fondamentale sur ce droit : celui-ci ne vise pas qu'à préserver de toute violation une certaine sphère de l'intimité, mais à empêcher la prolifération d'asymétries d'information entre institutions et individus.

L'impact des représentations d'un individu peut être encore accru par leur manque de fluidité. Les informations accumulées sur nous ne sont pas forcément en constant renouvellement, et ne constituent pas un ensemble dépourvu de structure. Elles peuvent se cristalliser en une identité, que celle-ci existe informellement dans l'opinion publique ou qu'elle soit formalisée dans un portrait institutionnel, qui va jouer un rôle énorme dans notre perception par autrui et donc dans notre destin social.

Il importe de bien distinguer ici les enjeux d'identité des enjeux de personnalité. On parle ici d'identité dans le sens de l'état civil, non dans un sens touchant nécessairement aux profondeurs du soi, même si l'on va

---

1. Voir sections III. 1, III. 4 et IV. 1.
2. L'un des chapitres d'un des ouvrages de cet auteur, *Black Box Society*, s'intitule en effet « Vers une société intelligible. »
3. Voir « Les effets politiques de l'opacité », p. 125.

voir que cela n'est pas à exclure. L'identité évoquée ici existe tout entière dans la perception d'autrui, et n'est pas nécessairement déterminée par la personnalité réelle de l'individu, ou ses propres sentiments d'appartenance à un groupe : elle est l'étiquette qui lui est attribuée par autrui. L'identité, qu'elle soit formelle ou informelle, peut très bien être fondée sur des informations fausses, périmées, ou tout entière imprégnées des préjugés les plus grossiers. Elle n'en constituera pas moins un élément décisif de l'existence des individus sur le long terme. Il faut ici penser l'identité dans un sens très large : les systèmes de *credit score*, comme celui employé aux États-Unis, constituent à ce titre une identité financière, qui pèse lourd sur le destin économique des individus. L'identité dont on parle ici n'est pas unique, et de multiples acteurs peuvent forger des portraits radicalement différents d'un même individu, en fonction des informations qu'ils possèdent, des raisonnements qu'ils forment à leur sujet, de leurs préjugés, valeurs et intérêts. À l'inverse d'une information, une identité est difficile à modifier, parce qu'elle constitue une catégorisation robuste, qui peut résister à toute tentative de modification de l'individu[1] : il est plus facile de rentrer dans une case que d'en sortir.

Vie privée et identité : l'amour ne tient pas registre des offenses vs Permanent Record

La rigidification des identités peut induire une rigidification du destin social des individus, et est donc en ce sens un enjeu de liberté. Il n'est donc pas surprenant que la discussion de la vie privée mène souvent à la discussion d'un droit à la rectification des informations, ainsi qu'à un droit à l'effacement des informations, souvent nommé « droit à l'oubli »[2] : ces droits font maintenant partie de la législation européenne. La capacité à maîtriser les informations disponibles sur soi peut ainsi aller jusqu'à la volonté d'effacer une identité, et à prendre un nouveau départ. Cette liberté si essentielle dépend non seulement du bon vouloir des autres individus et des institutions, qui doivent limiter leur désir de connaître notre passé, mais aussi de la capacité légale et technique à modifier ou effacer des informations. Sans ces capacités, l'individu est privé de la capacité de créer une rupture avec

1. Le lecteur pourra songer au système politique libanais, où l'accès à certains postes de responsabilité est conditionné à l'appartenance confessionnelle : le Premier Ministre doit être sunnite, le président chrétien, le président de l'Assemblée chiite. Cette inscription institutionnelle dans une identité confessionnelle ne tient aucun compte des sentiments et des pratiques réels des individus : il n'y a pas de place dans un tel système pour l'agnostique ou l'incroyant, et l'individu ne peut refuser son assignation identitaire.
2. Voir aussi « Droit des données et vies privée », p. 268.

son passé, passé qui peut être rendu douloureux par des traumatismes, des erreurs, des évènements perçus comme honteux ou infamants. S'il est constamment renvoyé à son passé, l'individu est donc privé de toute chance de se réinventer, et de prendre un nouveau départ. La maîtrise de la présentation de soi est donc nécessaire à l'exercice d'une liberté fondamentale, à savoir celle de créer un nouveau soi.

Cette liberté suppose de lutter contre ce qu'on peut appeler une pulsion archivistique. Dès sa conceptualisation wébérienne, la bureaucratie est caractérisée par sa propension à l'archivage systématique : l'activité bureaucratique produit et conserve sans cesse des traces écrites. Cette propension à l'archivage est rendue nécessaire non seulement pour des raisons évidentes liées aux limites de la mémoire humaine, et pour des raisons d'organisation et d'efficacité, mais aussi pour des raisons de contrôle : conserver des traces écrites permet de complexifier la dissimulation, de faciliter l'attribution des responsabilités et la distribution des sanctions. Il n'est donc guère étonnant que les institutions dédiées au contrôle social se plaisent à tout enregistrer par défaut. Cette pulsion archivistique est grandement facilitée par l'informatisation, qui a permis de décupler les capacités de collecte, d'enregistrement, d'analyse et de recherche des données. La datafication de nos existences sociales conduit donc à une bureaucratisation de nos existences non seulement par leur soumission à des traitements algorithmiques, mais par l'archivage de traces multiples de nos interactions avec l'institution considérée, qu'elle soit publique et privée. Comme nous le verrons, le ML lui-même joue un rôle dans le développement de cette collecte ubiquitaire, en ce qu'il offre de nouvelles capacités de valorisation de ces archives numériques. Par le biais du profilage et des modèles prédictifs du comportement des utilisateurs, le ML offre aussi une nouvelle identité institutionnelle des individus. La puissance prédictive supposée de cette nouvelle identité la rend particulièrement désirable pour nombre d'institutions, et accroît encore le risque que cette identité devienne durable, et suive l'individu tout le long de son existence[1].

Cette durabilité est en elle-même problématique. Les représentations de nous-mêmes deviennent non seulement plus opaques mais aussi plus pérennes, ce qui diminue les chances des individus à échapper à une image forgée d'eux-mêmes à une époque si lointaine qu'on a coutume de dire qu'elle correspond une « autre vie » de l'individu. La pérennité de ces dossiers est vouée à s'accroître encore si entreprises et administrations se vendent, s'échangent et agrègent les dossiers, contribuant à augmenter

1. Voir « Connaissance des individus et profilage », p. 283.

encore l'impact de ces représentations par leur diffusion, agrégation et centralisation. Et même si le droit peut mettre et a déjà mis des limites à la circulation des données[1], la simple homogénéisation des données et des pratiques de modélisation utilisées par les institutions pourraient contribuer à enfermer les individus dans une identité institutionnelle à laquelle ils ne peuvent plus échapper[2].

Ce que l'archivage numérique menace ici, c'est donc la capacité même des individus à avoir une « autre vie ». Qu'il s'agisse de rupture dans les relations sociales, de difficultés psychologiques, de sorties de prison ou d'échapper à des souvenirs traumatiques, la capacité des individus à avoir « une autre vie » dépend, tout autant parfois que d'un changement de lieu, d'habitudes et de relations, d'une rupture avec le passé. Cette rupture avec le passé donne à l'individu une chance de « mettre son passé derrière lui ». L'expression est en elle-même révélatrice, en ce qu'elle montre la différence profonde entre temps physique et temps mémoriel. Le temps physique passe de lui-même, mais le temps mémoriel peut nous hanter, jusqu'à faire du passé traumatique ou honteux un présent perpétuel, auquel le sujet ne peut non seulement échapper dans le regard d'autrui, mais ne peut s'empêcher lui-même de penser. Lorsqu'on parle du droit à l'oubli, il faut donc se rappeler qu'il ne s'agit pas que d'un droit à être oublié par les autres : il s'agit aussi, et peut-être avant tout, d'un droit accordé au sujet lui-même. Le sujet qui ne peut oublier son passé ne peut se réinventer, et c'est alors une chance essentielle de rédemption qui est retirée aux individus. Le droit à l'oubli, comme nombre d'autres aspects du droit à la vie privée, est basé sur une prise en compte décisive des conditions psychologiques de liberté des individus. La rupture avec le passé est rendue impossible si l'individu se voit sans cesse renvoyé aux éléments de son passé qu'il cherche à fuir par les traces numériques que son passé à laissées, que celles-ci soient institutionnelles ou disponibles pour le grand public comme les traces laissées sur les sites web ou les réseaux sociaux, souvent aisément détectables par un moteur de recherche.

À cet égard, l'autobiographie d'Edward Snowden contient nombre de réflexions du plus haut intérêt. L'un des traits les plus surprenants de l'ouvrage est assurément son titre original. Alors qu'un livre sur la surveillance

---

1. Voir par exemple le Considérant 101 et l'Article 44 du RGPD visant à empêcher que les transferts à l'international n'affaiblissent les protections des données personnelles, ou le Considérant 111 rappelant l'importance du consentement explicite au transfert de données et sur l'interdiction de transmettre inconditionnellement l'intégralité d'un registre.

2. B. Davidow, « Welcome to Algorithmic Prison-the Use of Big Data to Profile Citizens Is Subtly, Silently Constraining Freedom », *The Atlantic* 20, 2014.

de masse laissait prévoir un titre portant sur la pulsion scopique, le titre anglais est en réalité *permanent record* (« archive » ou « trace permanente »). Une explication au moins partielle de ce choix surprenant peut être trouvée dans les souvenirs de jeunesse de l'auteur, notamment dans son expérience de l'anonymat sur Internet. Le jeune Snowden aimait à s'engager dans des discussions sur les premiers forums avec des experts seniors sur maints sujets, notamment techniques, et il lui arrivait naturellement de réaliser que sa candeur lui avait fait dire des sottises. L'anonymat offrait une solution particulièrement libératrice à l'embarras provoqué par ces réalisations : il lui suffisait de changer de pseudonyme et de revenir dans le fil de discussion sous une nouvelle identité, enrichi de ses nouvelles connaissances et allégé du poids de son passé ignorant. L'anonymat offrait ainsi une extraordinaire liquidité de l'identité, qui n'était pas condamnée à être chargée du poids du passé et enfermée dans la défense des erreurs d'hier. Une telle pratique de l'anonymat illustre en taille réduite l'effet libérateur sur la constitution de l'identité que peut avoir le délestage du passé. Comme le dit de manière si frappante Edward Snowden, l'une des évolutions les plus délétères de l'Internet sous contrôle gouvernemental et entrepreneurial a été de confondre identité numérique et identité physique, et de transformer l'Internet d'un lieu où l'on peut réinventer un nouveau soi à un lieu où on accumule des informations sur vous[1]. Par un retournement tragique dont l'histoire des technologies et des utopies politiques ont le secret, la vie sur Internet

---

1. Le passage mérite d'être cité *in extenso* : « Dans les années 1990, Internet n'avait pas encore été victime de la plus grande injustice de l'histoire numérique, lorsque les gouvernements et les entreprises ont décidé de confondre celui que vous êtes sur Internet et celui que vous êtes dans la vie de tous les jours. Autrefois, les gamins pouvaient se connecter et raconter des inepties sans être obligés de s'en justifier le lendemain. Vous estimerez peut-être que ce n'est pas vraiment le milieu le plus sain pour se développer, mais c'est pourtant le seul dans lequel vous avez la possibilité d'évoluer. Je veux dire par là que dans les premiers temps d'Internet, les occasions de se dissocier nous ont encouragés, ceux de ma génération et moi, à remettre en question les convictions les plus solidement ancrées en nous au lieu de camper sur nos positions et de les défendre *mordicus* quand elles étaient contestées. Cette faculté que nous avions de nous réinventer signifiait que nous n'avons jamais été obligés de prendre parti, ou encore de serrer les rangs par peur de faire quelque chose qui nuirait à notre réputation. Les erreurs vite punies mais vite corrigées permettaient au "coupable" et à la communauté d'avancer. Pour moi comme pour bien d'autres, c'était la liberté. Imaginez, si vous voulez, que tous les matins à votre réveil vous puissiez choisir un nouveau nom et un nouveau visage. Imaginez aussi que vous puissiez choisir une nouvelle voie et un nouveau vocabulaire, comme si la "touche Internet" était en réalité un bouton de réinitialisation. Au XXIe siècle, Internet et sa technologie allaient viser d'autres objectifs : défendre la fidélité à la mémoire, la logique identitaire et du coup le conformisme idéologique. Mais, à l'époque, du moins pendant un certain temps, Internet nous protégeait en oubliant nos transgressions et en pardonnant nos écarts ».

a pu ainsi passer d'un espace où l'on peut se créer une nouvelle identité à un espace où votre identité demeure congelée sous des couches glacées de traces numériques.

Il ne s'agit pas ici de donner une vision idéalisée des pratiques de l'anonymat en ligne : n'importe quel lecteur d'un fil de commentaires sait que pour nombre d'individus l'anonymat, ou même la simple distance provoquée par la communication en ligne, ne semble qu'une invitation à la libération des pulsions sado-anales. Mais la lecture de Snowden révèle là encore une évolution paradoxale à méditer. Lorsqu'on lit ses souvenirs, on est frappé par la domination d'une expérience d'échanges bienveillants et généreux. À l'heure où il est devenu normal de considérer qu'« Internet est méchant », un tel souvenir a de quoi étonner, voire laisser sceptique, et il est en outre extrêmement difficile d'objectiver la tendance à l'agressivité dans les échanges sociaux, et son évolution dans le temps. Mais s'il n'y avait là ne serait-ce là qu'une once de vérité, il y aurait un paradoxe à méditer : alors qu'un Internet dominé par la culture de l'anonymat a laissé un souvenir chaleureux à un garçon de douze ans traînant dans des forums de discussion d'adultes, un Internet dominé par le culte de l'archivage du moindre fait et geste et la publicisation de la vie privée laisse à nombre d'utilisateurs et d'utilisatrices un goût amer. On aurait là une évolution en sens diamétralement opposé à ce qu'auraient pu attendre ceux qui ne voient dans l'anonymat qu'un prétexte pour le déchaînement impuni du vice.

La tendance à l'inscription identitaire au travers de la pulsion d'archivage numérique ne travaille pas seulement les institutions, mais aussi les modes de sociabilité des utilisateurs. Le sujet numérique peut aujourd'hui se retrouver au quotidien dans une situation qui était autrefois le propre des individus suspectés ou inculpés par l'institution judiciaire, à savoir que chacun de leurs propos et chacune de leurs actions peuvent être retenus contre eux, et resurgir comme pièce d'accusation à un stade ultérieur. Parmi les individus conscients de cette situation, une telle évolution ne peut mener qu'à la banalisation d'attitudes qui étaient propres aux individus dans le proverbial collimateur de la justice, à savoir l'autocensure, le souci constant de l'image projetée, le conformisme qui l'accompagne bien souvent, et la défense forcenée de la moindre de ses paroles et actions.

Le risque de congélation des identités que nous venons d'évoquer ne se limite donc pas aux identités institutionnelles : il peut aussi s'exprimer au niveau des identités informelles des individus, si l'habitude de renvoyer les individus à leur passé se banalise dans les pratiques numériques. Une personne sans cesse renvoyée à son passé, de préférence sous le mode de l'accusation, ne peut pas s'en libérer : elle est condamnée à le défendre.

Si, pour reprendre la belle expression de la Bible[1], l'amour ne tient pas registre des offenses, il semble bien que le monde numérique travaillé par la pulsion d'archivage soit un monde dépourvu d'amour. Les premiers chrétiens semblaient avoir conscience que la pulsion d'archivage peut être tout aussi malsaine que la pulsion scopique, et qu'une vie sociale harmonieuse repose tout autant sur une capacité à l'oubli que sur une capacité à archiver. À bien des égards, la banalisation de la pulsion bureaucratique d'archivage peut donc constituer une régression morale autant que politique. L'informatisation de la vie sociale, et la banalisation de la collecte des données sur les individus qu'elle a favorisée, a pu ainsi mener non seulement à la surveillance de masse par l'État et à l'émergence du capitalisme de surveillance, mais aussi à la banalisation des conduites répressives, où chacun peut se changer en petit agent fouillant dans le passé de son prochain, et rassemblant des données incriminantes. Nous pourrions donc faire face à une intériorisation par les individus des nouvelles habitudes institutionnelles, menant à la formation d'une véritable société de la surveillance.

L'intériorisation des pratiques institutionnelles par les individus n'est évidemment pas une surprise pour toute personne possédant un peu de culture historique. Mais il convient de remarquer que l'hyperbureaucratisation des pratiques provoquées par les évolutions numériques ne concerne pas que les institutions. Elle peut aussi concerner les pratiques individuelles, qui peuvent reproduire les pulsions scopique et archivistique caractéristiques des institutions dédiées au contrôle social[2].

La maîtrise de la connaissance sur soi que suppose le droit à la vie privée ne se limite pas à empêcher la diffusion d'informations en dehors du cercle de l'intimité : elle peut aller jusqu'à la destruction d'informations déjà rendues publiques, que celles-ci figurent dans des archives publiques ou des pages Web. D'un point de vue éthique, elle suppose de redonner une vision positive de la perte d'information et de l'oubli, que la pulsion archivistique tend à peindre en noir : l'oubli est un instrument nécessaire au pardon et à la rédemption, qu'ils soient accordés aux autres ou à nous-mêmes.

1. 1 Corinthiens, 13:5.
2. Pour une discussion théorique récente des effets de la surveillance, voir O. Aïm, *Les théories de la surveillance - Du panoptique aux Surveillance Studies*, Paris, Armand Colin, 2021.

Vie privée et protection des données personnelles

Les multiples acceptions de la vie privée diffèrent profondément tant en intension qu'en extension, et il peut naturellement exister des désaccords sur la pertinence de telle ou telle acception, voire un véritable risque de dissolution du concept. Le droit à la vie privée peut porter sur la diffusion d'informations sur les individus, sur leur usage ou sur les représentations des individus forgées à partir de ces informations. Les informations considérées peuvent être comprises dans un sens strict et réduites à la sphère de l'intime, ou être comprises dans un sens large et inclure toute information à fort potentiel discriminatoire, voire toute information susceptible d'affecter significativement le destin d'un individu, même lorsque ces informations sont par nature publiques. Le droit à la vie privée porte toujours sur les informations qu'Autrui peut acquérir sur nous, mais cet Autrui peut être l'État, d'autres institutions comme les entreprises, d'autres individus ou l'opinion publique.

Il serait ainsi possible de défendre que les acceptions larges de la vie privée doivent être conceptualisées, en reprenant la belle expression de la Cour constitutionnelle allemande (*Bundesverfassungsgericht*), comme un droit à l'autodétermination informationnelle[1] (*informationelle Selbstbestimmung*). C'est le sens de la citation de Paul Schwartz en exergue, qui affirmait, il y a déjà plus de trois décennies, que la protection des droits des personnes physiques face aux nouvelles capacités numériques ne pouvait passer par la délimitation d'une sphère privée, mais par l'examen de l'impact de l'information sur l'autonomie humaine. Il ne nous appartient pas de trancher ici ces querelles, ni même de déterminer si elles sont substantielles ou terminologiques. Nous continuerons donc à employer le terme générique de vie privée, en précisant l'acception à l'œuvre lorsque cela sera nécessaire. Ce qui nous intéresse ici, c'est de montrer que l'algorithmisation en général, et le ML en particulier, ont un effet transverse sur tous ces aspects de la vie privée, et que tous ces aspects sont aussi affectés par un autre droit, celui des données personnelles.

La notion de « donnée personnelle » est un *addendum* récent à cette longue conversation sur la vie privée, la volonté de savoir des institutions, et la liberté que nous avons esquissée dans notre première section. Elle a été créée explicitement pour protéger les individus de la pulsion gnostique des institutions dans le nouveau contexte technologique créé par les

---

1. P. Schwartz, « The Computer in German and American Constitutional Law : Towards an American Right of Informational Self-Determination », *The American Journal of Comparative Law* 37, n° 4, 1989, p. 675-701.

technologies de l'information. La réaction face à ce danger politique était plongée dans la réflexion des décennies d'après-guerre sur les dangers du totalitarisme et la notion de dignité humaine[1]. Il est significatif à cet égard que ce soit l'État de Hesse qui ait promulgué la première loi de protection des données en 1970, suivi du *Federal Data Protection Act* américain en 1977, de la loi *Informatique et libertés* en France, et des décisions fondamentales de la Cour constitutionnelle allemande en 1983 sur l'auto-détermination informationnelle. Ces premières réactions législatives étaient d'ailleurs survenues bien des années après les premiers cris d'alarme soulevés face aux capacités de collecte et de traitement offertes par les premiers outils d'informatique, qui datent *a minima* des années 1960[2]. La vie privée, les libertés individuelles et les données personnelles sont ainsi profondément mêlées d'emblée.

Au vu de cette histoire, l'un des paradoxes apparents de la notion contemporaine de « donnée personnelle » est pourtant qu'elle n'a aucun lien définitionnel avec celle de vie privée. Dans l'état actuel de l'art, sur lequel nous reviendrons plus en détail[3], compte comme donnée personnelle toute donnée concernant une personne physique. Une minute de réflexion montre aisément qu'une telle définition inclut nombre de données que nul ne songerait à qualifier de « personnelle » au sens usuel du terme, encore moins de « privée » ou « sensible ». La phrase « M. André Duclos a été employé d'une compagnie d'assurances » compte comme donnée person-nelle, puisqu'elle fait référence à une personne physique. Pire encore, la définition inclut des données manifestement vouées à être publiques, et dont le maintien par-devers soi serait au mieux incongru, au pire malsain. La phrase « Mme Fatou Diomandé a été élue maire de sa commune » est une donnée personnelle, même si la qualité d'élue est par nature publique dans un système démocratique, et qu'on n'imagine mal Mme Diomandé

---

1. « Le droit à protection des données fut originellement conçu dans les années 1970 et 1980 comme une façon de compenser le potentiel d'érosion de la vie privée et de la dignité par le traitement à grande échelle des données », A. Omotubora and S. Basu, « Next Generation Privacy. », art. cit., p. 165-166 (nous traduisons).

2. Pour ne prendre qu'un exemple simple et accessible, on ne peut qu'être impressionné par la clarté du propos de l'économiste Oskar Morgenstern dans une entrevue de 1972 (*Oskar Morgenstern sur les dangers de l'informatique - 1972*, consulté le 16 décembre 2021, https://fr-fr.facebook.com/Ina.fr/videos/663351650870534/.) qui pointe déjà du doigt le danger que représente l'informatique pour la vie privée, l'impact de ce danger sur la vie politique comme économique, et la nécessité d'un nouveau cadre légal, notamment sur l'emploi des bases de données.

3. Voir « Droit et protection des données personnelles : une prévoyance impuissante ? », p. 268 *sq.*

prétendre que cette information fait partie de sa vie privée. En outre, le droit est extrêmement généreux dans les conditions énoncées sur les données concernées. Peu importe la nature, le contenu, le format, le medium, la véracité ou l'objectivité des données, qui peuvent parfaitement contenir de simples opinions : la seule condition pesant sur la donnée personnelle est une condition sémantique, celle de faire référence à une personne physique[1]. La notion est donc si ample qu'elle peut donner le tournis, mais cette amplitude est parfaitement volontaire et assumée par la législation européenne.

Ce flou du rapport entre donnée personnelle et vie privée renvoie à nouveau au problème redoutable de la délimitation des frontières du sanctuaire de la vie privée. Comme nous venons de le voir, il est évident qu'il existe des données personnelles au sens juridique, c'est-à-dire des données portant sur des personnes physiques, qui non seulement ne peuvent pas mais ne doivent pas être privées dans une société démocratique. L'exercice de la démocratie suppose l'exercice d'un contrôle des gouvernés sur les gouvernants qui ne peut faire l'économie d'informations sur leur passé, leurs opinions, leurs fréquentations, leur famille, leurs faits et gestes ou leur patrimoine. Cette volonté de transparence, souvent présentée comme un pôle opposé de la vie privée, est en réalité sa face complémentaire : la transparence comme la vie privée visent entre autres à réduire l'asymétrie d'informations entre le pouvoir et ses administrés, en limitant la prétention légitime au savoir du premier, et en augmentant celle des seconds. Dans une société démocratique, bien des données personnelles sont donc vouées à être des données publiques.

C'est assurément voulu[2]. Si l'on voulait en résumer l'esprit, le droit des données personnelles européen a été conçu pour encadrer la collecte et l'usage de ces données, et donner aux personnes physiques un droit de regard sur la vie des données les concernant. La définition des données personnelles a donc été volontairement taillée très large, afin de permettre de capturer l'ensemble des impacts que la collecte et la diffusion des données

---

1. Comme le commente bien L. Dalla Corte, « Scoping Personal Data : Towards a Nuanced Interpretation of the Material Scope of EU Data Protection Law », *European Journal of Law and Technology* 10, n° 1, mai 2019, http://ejlt.org/index.php/ejlt/article/view/672 : « tout type d'information, quelle que soit sa nature, son contenu, format ou le médium dans lequel elle est contenue, peut être qualifiée de personnelle. Elle n'a pas besoin d'être véridique ou objective, ni secrète ou privée, ni d'être enregistrée dans un format ou médium particulier. Toute sorte de donnée peut être personnelle, si elle concerne une personne physique identifiable » (nous traduisons).

2. Article 29 Data Protection Working Party, « Opinion 4/2007 on the Concept of Personal Data », 20 juin 2007.

par les nouveaux moyens numériques pourraient avoir sur les individus. Ceci devait leur permettre de défendre leurs droits, sans se limiter au droit à la vie privée. Comme le remarquent à juste titre Omatubora et Basu[1], dans la Charte Européenne des Droits Fondamentaux, l'article 7 consacre le droit à la vie privée et familiale, et l'article 8 le droit à la protection des « données à caractère personnel[2] » : la protection des données personnelles constitue donc un droit fondamental *sui generis*, bien distinct du droit à la vie privée.

On pourrait penser que cette absence de lien conceptuel est fondée sur la conception large des enjeux juridiques des données personnelles que nous venons d'évoquer au paragraphe précédent. Puisque les données portant sur les personnes posent de multiples enjeux éthiques et politiques bien au-delà du simple respect de la vie privée, il semble naturel de leur dédier un outil juridique séparé. Mais l'examen de la jurisprudence européenne montre une histoire différente. Omatubora et Basu défendent ainsi que la Cour européenne des droits de l'homme agit dans un cadre de pensée surdéterminée par le droit à la vie privée, et pense fondamentalement le droit à la protection des données sur le modèle de ce droit[3]. Il n'est pas clair à l'heure actuelle si la seule justification à considérer contre la surveillance par le traitement de données est le respect de la vie privée. Bien que formellement distincts, le droit à la vie privée et la protection des données personnelles ont une lourde tendance à être évoqués de front, que ce soit dans le débat public ou les avis des juges les mieux informés[4]. On peut donc dire avec ces auteurs qu'il n'y a pas eu de distinction conceptuelle réussie entre la protection des données personnelles et la protection de la vie privée. Pour être plus précis, il existe certes une distinction formelle – de par la distinction des articles de droit- et une distinction définitionnelle

---

1. *Ibid.*
2. Charte des Droits Fondamentaux de l'Union Européenne, 18 décembre 2000, *Journal Officiel des Communautés Européennes*, C 364/1 https://www.europarl.europa.eu/charter/pdf/text_fr.pdf
3. G. González Fuster et R. Gellert, « The Fundamental Right of Data Protection in the European Union : In Search of an Uncharted Right », *International Review of Law, Computers & Technology* 26, n° 1, 2012, p. 73-82.
4. A. Omotubora et S. Basu citent à cet effet une décision de la Haute Cour d'Irlande : « une législation permettant aux autorités publiques d'avoir accès sur une base généralisée au contenu des communications électroniques doit être considérée comme compromettant l'essence du droit fondamental à la vie privée » (nous traduisons), dans « Next Generation Privacy », art. cit, p. 151-173, Case C-362/14 Maximilian Schrems v. Data Protection Commissioner. 6 octobre 2015 (n.d.). L'essence du respect de la vie privée est donc enracinée dans la lutte contre la surveillance gouvernementale dans le droit européen, mais la relation à la protection des données personnelles demeure floue.

négative – de par l'absence de la mention d'un concept dans la définition de l'autre- mais pas une distinction positive pleinement articulée. Ceci est d'autant plus dommageable que l'informatisation des activités sociales, et les différents événements médiatiques de ces dernières années, ont tendance à renverser le sens du glissement conceptuel, et à poser la question de la vie privée en termes de données personnelles, contribuant à brouiller encore la distinction entre vie privée et données personnelles.

Un rapide coup d'œil au RGPD montre sa cohérence avec cette philosophie large de la protection des données. Le RGPD comprend en effet les droits suivants :

– Droit à connaître l'existence d'une banque de données et d'un traitement
– Droit à connaître la transmission de ces données personnelles à un tiers
– Droit à la portabilité des données personnelles (art. 20)
– Droit à comprendre le sens du traitement (« droit à l'explication »)
– Droit de corriger les erreurs (droit de rectification, art. 16)
– Limitations sur les données collectées, leur temps de conservation, possibilité de recoupement et de transmission
– Restriction de la collecte et de l'usage à des finalités légales stipulées, et restriction de la collecte à ce qui est strictement nécessaire pour la fin spécifiée (minimisation des données et restriction de la finalité)
– Droit à demander l'effacement d'une base de données (« droit à l'oubli », art. 17)

En droit plus encore qu'ailleurs, le diable se cache dans les détails, et la nature et la portée exacte de chacun de ces droits fait l'objet de discussions intenses parmi les juristes. Par exemple, la réalité du droit à l'explication a pu être contestée par Wachter, Mittelstadt et Floridi[1]. Mais cet ouvrage n'est pas une introduction à l'état de l'art juridique. Il nous intéresse seulement de commenter les principes sous-jacents à une telle liste de droits par rapport aux enjeux de vie privée et de liberté que nous avons articulés. Elle vise à garantir la conscience de l'existence d'une collecte et d'une transmission d'informations, la compréhension du traitement, la vérification de la fiabilité des données, et une capacité de retrait. Elle vise aussi manifestement à réprimer ou encadrer certaines pratiques de

---

1. S. Wachter, B. Mittelstadt, and L. Floridi, « Why a Right to Explanation of Automated Decision-Making Does Not Exist in the General Data Protection Regulation », *SSRN Scholarly Paper*, Rochester, NY, Social Science Research Network, 2016, https://papers.ssrn.com/abstract=2903469.

l'industrie ou des administrations, comme la surcollecte, la transmission et le recoupement incontrôlés des données personnelles. Sur le principe, le droit européen accorde aux personnes physiques un droit de regard sur l'ensemble de la vie de leurs données, et une capacité à rectifier le traitement auquel ils sont soumis, ou à s'en soustraire. Dans l'état de l'art juridique européen, la protection des données personnelles balaye donc, au moins en principe, l'ensemble des questions évoquées lors de notre discussion des relations entre vie privée et libertés. Elle consacre donc l'idée que les individus doivent se voir accorder un ensemble d'informations et de pouvoirs sur leurs données personnelles pour garantir l'exercice de leurs droits.

Un droit fondamental ?

Précisément à cause de son rôle décisif dans la préservation de nombreux droits fondamentaux des personnes physiques[1], le statut de droit fondamental de la protection des données personnelles est parfois contesté dans la littérature récente. Cette critique part de l'argument suivant : puisque le droit des données sert essentiellement à protéger les droits des personnes, il est un droit procédural, c'est-à-dire un droit qui ne représente en lui-même aucune valeur et aucun intérêt, mais sert de moyens pour protéger les valeurs et intérêts définis par d'autres droits. Là encore, tout dépend de la portée de la conception de la vie privée. Selon la conception holistique, l'ensemble des valeurs et intérêts défendus par le droit des données personnelles relève de la vie privée, et le droit des données est un droit fondamental. Mais une telle position pose immédiatement l'existence séparée du droit des données personnelles comme un problème : si ce droit est ultimement fondé sur le respect de la vie privée, pourquoi lui accorder un statut séparé de droit fondamental ? Si on part d'une conception restreinte de la vie privée, le statut séparé du droit des données personnelles n'est plus un problème, mais c'est son statut fondamental qui le devient. L'absence de clarté sur la relation entre données personnelles et vie privée se traduit

---

1. « Le droit à la protection des données, en tant que tel, ne représente directement aucune valeur ou intérêt par lui-même, il prescrit les procédures et méthodes pour rechercher le respect des valeurs incarnées dans d'autres droits'- tels que le droit à la vie privée, l'identité, la liberté d'information, la sécurité, la liberté de culte, etc. » (nous traduisons). Voir N. Nuno Gomes de Andrade, « Oblivion : The Right to Be Different... from Oneself : Re-Proposing the Right to Be Forgotten », *IDP* 13, 2012, p. 125.

donc par une hésitation sur le statut et le sens du droit des données personnelles[1].

D'un point de vue théorique, il manque au droit des données personnelles une réponse positive et articulée à une question fondamentale : que cherche-t-on à protéger, lorsque l'on protège les données personnelles ? La protection de ces données embrasse-t-elle un ensemble informe de droits et d'intérêts vaguement reliés entre eux par la manière dont les technologies de l'information pourraient les affecter, ou peut-on donner une caractérisation forte et positive de ce droit ? L'interrogation sur les effets politiques des nouvelles technologies nous aurait-elle menés à conceptualiser un nouveau droit fondamental, ou ne fait-on que prendre pour un droit fondamental un droit procédural nécessaire au respect de la vie privée, des libertés publiques et autres droits des personnes physiques dans un nouveau contexte technologique ? La question peut sembler fort théorique, et on pourrait presque espérer qu'elle le soit. L'absence d'une claire définition des finalités politiques poursuivies par ce droit pourrait se payer chèrement, si elle nous empêche d'articuler un droit à la hauteur des enjeux gigantesques posés par les évolutions récentes.

Droit et protection des données personnelles : une prévoyance impuissante ?

Ce que ces quelques éléments d'histoire et de philosophie des données personnelles montrent aisément, c'est que l'interrogation morale et juridique sur l'impact des technologies de l'information est très ancienne. Elle est apparue très peu de temps après la constitution des premières bases de données massives et des premiers outils de recherche, pour des moyens techniques qui sembleraient dérisoires face aux outils actuels[2]. On a là un

---

1. B. Van der Sloot, « Legal Fundamentalism : Is Data Protection Really a Fundamental Right ? », in *Data Protection and Privacy : (In) Visibilities and Infrastructures*, New York, Springer, 2017, p. 3-30 ; L. Dalla Corte, « A Right to a Rule : On the Substance and Essence of the Fundamental Right to Personal Data Protection », *Data Protection and Privacy*, 2020, p. 27-58 ; G. G. Fuster et R. Gellert, « The Fundamental Right of Data Protection in the European Union », art. cit.

2. À la lecture de la citation suivante de Paul Schwartz, on a presque du mal à croire qu'elle fut écrite en 1989, probablement pour des capacités de stockage et de traitement qui seraient aujourd'hui écrasées par le premier smartphone venu. Elle pose en effet clairement la relation entre accumulation des données et autonomie humaine que l'on retrouve dans la littérature la plus récente, comme l'article cité de Wachter et Mittelstadt de 2019 : « L'énorme quantité de données aujourd'hui disponible dans les ordinateurs rend obsolète une large part des protections légales préexistantes. Le danger que l'ordinateur touche à l'autonomie humaine. Plus il est connu sur une personne, plus aisé il est de la contrôler. Assurer une liberté qui nourrisse la démocratie requiert une structuration de l'usage sociétal de l'information, et même la permission d'une certaine dissimulation » (nous traduisons).

contre-exemple criant du cliché qui veut que le droit soit toujours en retard face à l'évolution technologique. À bien des égards, on pourrait renverser la table et dire sans trop d'exagération que l'état de l'art juridique et les réflexions politiques ont été largement en avance sur le développement technologique. Cela fait maintenant plus d'un demi-siècle que des penseurs et des législateurs nous avertissent des dangers que les technologies numériques peuvent représenter pour la vie privée et la liberté. Ces avertissements, si prescients fussent-ils, n'ont pas empêché l'irrésistible marche en avant d'un développement technologique profondément intrusif, au point que ce soit même cet état de fait qui doit maintenant nous interroger : pourquoi la claire conscience des dangers politiques n'a pas empêché le développement de la surveillance numérique ?

Le droit des données personnelles est indiscutablement né comme un prolongement de la réflexion sur la protection de la vie privée et de la liberté à l'ère de l'informatique. Dans l'état de l'art du droit et de l'éthique, ce prolongement est formellement distinct de ses origines, mais sans que cette distinction fasse l'objet d'une compréhension systématique. Après un bon demi-siècle d'existence juridique, cette absence de théorisation a de quoi étonner. Mais il y a surtout à craindre que le problème ne soit pas que théorique : l'absence d'une théorisation globale du sens politique des données personnelles signifie aussi un flou des objectifs politiques de ses défenseurs. Un tel flou peut représenter un désavantage tactique important, qui pourrait revenir nous hanter.

Les évolutions de la technologie ont donc introduit une profonde liquidité de la notion de « donnée personnelle ». La notion est basée sur la capacité d'identifier une personne à partir de la donnée considérée, et c'est précisément cette capacité à identifier qui a été profondément affectée par les évolutions techniques récentes, y compris, et surtout, les techniques venues de l'IA. Cette liquidité induit non seulement une considérable incertitude sur le futur du statut d'une donnée quelconque, mais aussi une incertitude sur la pertinence même du concept de donnée personnelle. Nous y reviendrons dans la section dédiée[1], mais nous devons d'abord développer plus avant les évolutions de la surveillance.

---

1. Voir « Connaissance des individus et profilage », p. 283.

LA SURVEILLANCE UBIQUITAIRE EN LIGNE ET HORS LIGNE

Après avoir posé ces quelques jalons conceptuels sur les relations entre vie privée, liberté et données personnelles, il nous faut à présenter brièvement l'évolution du paysage technologique provoquée par l'essor de l'IA et des données massives durant ces deux dernières décennies. Il ne peut s'agir ici pour nous d'écrire une histoire de ce domaine immense, mais seulement d'identifier, à l'aide de quelques exemples, les grandes tendances essentielles à la discussion conceptuelle qui doit suivre.

Le concept de « données massives » n'a pas de définition rigoureuse[1]. Comme nous l'avons déjà remarqué à plusieurs reprises, les deux dernières décennies ont été marquées par une explosion de la collecte de données[2], souvent caractérisée par les « 3 V » : Vitesse, Volume, Variété[3]. L'expression sert de moyen mnémotechnique pour identifier les trois caractéristiques de cette évolution de la collecte, qui affecte non seulement le volume des données collectées, mais aussi leur diversité et la rapidité de la collection. Ce sont ces trois propriétés qui ont permis le développement et la diffusion de nouveaux usages des données.

---

1. Le terme peut déjà être trouvé en 1997 dans l'article suivant : M. Cox et D. Ellsworth, « Application-Controlled Demand Paging for out-of-Core Visualization », in *Proceedings. Visualization'97 (Cat. No. 97CB36155)*, IEEE, 1997, p. 235-244. Le « problème des données massives » désigne alors le dépassement des capacités de mémoire par le flux d'information. Sous la plume de J. R. Mashey, *chief scientist* de Silicon Graphics (J. R. Mashey, « Big Data and the next Wave of Infrastress Problems, Solutions, Opportunities », in *1999 USENIX Annual Technical Conference* (*USENIX ATC 99*), 1999). l'expression apparaît moins comme un terme scientifique que comme un terme de l'informatique d'entreprise : Mashey cherchait notamment à prévenir des effets de stress sur les infrastructures informatiques des entreprises causés par la croissance des flux de données.

2. La tâche d'estimer la quantité de données présente dans le monde n'a évidemment rien d'une évidence. On peut trouver dès 2007 une étude de l'*International Data Corporation* affirmant que la quantité d'information numérisée dans le monde était alors de 161 exabytes. L'organisation a continué à publier de telles estimations, et son résultat pour 2020 atteignait 59 zettabytes (« IDC's Global DataSphere Forecast Shows Continued Steady Growth in the Creation and Consumption of Data », IDC : The premier global market intelligence company, accessed November 8, 2021, https://www.idc.com/getdoc. jsp? containerId=prUS46286020.). Puisqu'un zettabyte correspond à 1024 exabytes, la quantité de données numériques produite par an aurait donc cru par deux ordres de grandeur en moins de deux décennies.

3. L'expression des 3 V apparaît dès le début des années 2000 dans un rapport de Doug Laney, un analyste du Meta Group. Doug Laney, « 3-D Data Management : Controlling Data Volume, Velocity and Variety (META Group, 2001) », *Research Note*, n.d.

Les nouvelles capacités d'identification en ligne et dans les bases de données

Les données sont en effet inertes : c'est leur traitement qui va avoir des effets politiques. Parmi les nouvelles capacités technologiques permises par l'avènement de l'IA et des données massives, l'une des plus cruciales d'un point de vue éthique et politique est l'accroissement de la capacité à identifier un individu dans une base de données.

Cette capacité d'identification, ou de ré-identification, peut prendre la forme de recoupement d'informations, ou des formes plus sophistiquées d'inférence statistique, notamment développées par l'apprentissage automatique. Dans la droite ligne de notre méthodologie comparatiste, il est donc fondamental de bien contraster les effets respectifs de ces anciennes et nouvelles techniques sur la tâche d'identification d'une personne. Le recoupement d'informations identifiantes sera donc notre classe de contraste algorithmique pour cette partie. Prenons quelques exemples de ces recoupements d'informations et inférences statistiques afin d'en comprendre toute la portée :

– En 2000, le recoupement de la date de naissance, du code postal et du genre permettait d'identifier 87 % de la population américaine [1].
– Dans le cadre d'une compétition de hackers, la compagnie Netflix avait mis à disposition de tous les participants une vaste base de données pseudonymisée comprenant les données d'usage de films de centaines de milliers d'utilisateurs. En 2006, il a été démontré que ces données d'usage permettaient la ré-identification de 500 000 utilisateurs [2].
– En 2013, les routes utilisées par des célébrités américaines, comprenant leur adresse de destination et même le pourboire laissé aux conducteurs de taxis, ont été retrouvées à partir de la base de données anonymisée des taxis de New York et d'images de paparazzi [3].
– En 2015, 4 points de localisation d'un titulaire de carte de crédit permettent de ré-identifier 3 mois de transactions pour 90 % de 1.1 millions de personnes dans 10 000 magasins, à partir des montants dépensés et type

1. L. Sweeney, « Simple Demographics Often Identify People Uniquely », *Health (San Francisco)* 671, n° 2000, 2000, p. 1-34.
2. A. Narayanan et V. Shmatikov, « How to Break Anonymity of the Netflix Prize Dataset », *ArXiv Preprint Cs/0610105*, 2006.
3. J. K. Trotter, « Public NYC Taxicab Database Lets You See How Celebrities Tip », *Gawker*, October 23, 2014.

de magasins. L'ajout de l'information des montants dépensés sur ces 4 points permet la ré-identification quasi-totale des titulaires [1].

Dans le premier cas, l'identification d'un individu à partir de son code postal, de son genre et de sa date de naissance est relativement intuitive : on devine aisément qu'il s'agit là d'une combinaison d'informations relativement spécifique. On reste là dans le recoupement d'informations classique, même si la puissance exacte de la méthode à grande échelle peut être surprenante. Dans le cas de l'identification des titulaires de cartes de crédit, on a là encore affaire à l'usage d'informations classiques pour identifier un individu, à savoir des informations financières. Mais la puissance de l'inférence croit encore pour permettre l'identification de plus d'un million de personnes et de 3 mois de transactions.

Dans le cas des utilisateurs Netflix, on a affaire à l'emploi de données moins familières, et plus typiques des évolutions récentes du capitalisme de surveillance. On n'a plus affaire ni aux variables typiques de l'identification bureaucratique (âge, genre, domicile, date de naissance, ...) ni aux données typiques de l'enquête policière ou du contrôle fiscal comme les transactions financières, mais à des données typiques des nouvelles pratiques numériques, à savoir les traces laissées par le comportement de navigation, l'activité sur les réseaux sociaux ou une plateforme numérique. Ce dernier exemple devenu célèbre dans la littérature sur le ML montre le potentiel identificateur de données en apparence anonymes comme l'usage de films. Il montre aussi les grands défis que ces pratiques de ré-identification posent à l'anonymisation ou à la pseudonymisation des bases de données : il ne suffit plus de remplacer le nom d'une personne physique par un code pour assurer la préservation de l'anonymat, même pour une base de données contenant des informations ne concernant ni des attributs sensibles ni des données typiques de l'identification bureaucratique. Les exemples de telles ré-identications de bases pseudonymisées abondent aujourd'hui [2], et sont devenus un sujet classique de la littérature sur le ML et la sécurité. Ils montrent que les problèmes auxquels la préservation de la vie privée fait aujourd'hui face ne proviennent pas que de la disponibilité croissante de données bien connues pour leur capacité d'identification et de localisation, mais aussi du fait que les traitements algorithmiques permettent d'accroître sans cesse les types de données permettant de telles ré-identifications.

1. J. Bohannon, « Credit Card Study Blows Holes in Anonymity », *American Association for the Advancement of Science*, 2015.

2. Une simple recherche du terme « re-identification » sur Google Scholar vous donnera ainsi la bagatelle de 57 900 réponses le 6 novembre 2021.

Les nouvelles capacités d'identification dans l'espace public : la reconnaissance faciale

Ce n'est pas qu'en ligne que l'anonymat est menacé de mort : une autre technique promet une généralisation de la capacité d'identification ubiquitaire à l'espace public, et ainsi une relégation de l'anonymat aux marges de nos sociétés. Il s'agit bien sûr d'une des technologies les plus vivement débattues parmi les nouvelles venues du ML, à savoir la reconnaissance faciale.

La reconnaissance faciale est plus qu'un simple cas d'usage majeur de l'IA moderne. D'un point de vue symbolique, elle est l'incarnation la plus frappante des nouveaux pouvoirs de surveillance offerts par le ML moderne, et des potentialités dystopiques que cette technologie peut contenir : la référence constante au *1984* de George Orwell qu'elle ne manque jamais de produire en est le symptôme. La reconnaissance faciale permet en effet d'étendre le paradigme de surveillance ubiquitaire du monde virtuel à l'intégralité de l'espace public de notre monde analogique, et elle promet donc une mort de l'anonymat et de la vie privée dans cet espace. Il faut insister que la mort de l'anonymat n'est pas la seule menace portée par la reconnaissance faciale : cette technologie peut aussi être utilisée pour étudier le comportement des individus, notamment dans les magasins, et par exemple analyser leurs émotions à partir de leurs expressions faciales[1]. Elle peut donc être employée pour des finalités bien plus étendues que les finalités classiques de police, et permettre d'étendre sur les individus un pouvoir de surveillance qui aille bien au-delà de la capacité de les identifier dans l'espace public, et pourrait aller jusqu'à pénétrer leur intimité psychique. En outre, elle est aussi un cas d'école des relations entre techniques de contrôle social et institutions, et de la possibilité de contredire la prétendue inéluctabilité du progrès technique par un bannissement de certaines technologies, voire de la recherche sur ces technologies.

La perpétuelle référence à 1984 fait en outre oublier un point important. La reconnaissance faciale n'est pas la réalisation de la surveillance vidéo ubiquitaire imaginée par Orwell : elle représente une situation bien pire. Le pouvoir de la surveillance vidéo dans l'ouvrage est limité par la nécessité de faire regarder les images à un être humain, et l'impossibilité d'avoir un policier par habitant : c'est bien ce qui permet au héros du roman de s'abriter dans un angle mort d'une caméra pour écrire sans que ce comportement

---

1. M. Soleymani *et al.*, « A Survey of Multimodal Sentiment Analysis », *Image and Vision Computing, Multimodal Sentiment Analysis and Mining in the Wild Image and Vision Computing* 65, 2017, p. 3-14, https://doi.org/10.1016/j.imavis. 2017.08.003.

soit immédiatement signalé comme suspect. L'automatisation de la reconnaissance faciale permet de résoudre ce problème de la limitation du pouvoir de surveillance par le manque de main-d'œuvre, et d'établir une véritable surveillance et identification continue de masse, une première dans l'histoire de l'humanité. Ce tournant historique affecterait également la relation entre institutions et personnes physiques, puisqu'il généraliserait à tout citoyen des modalités de contrôle autrefois réservées aux suspects et aux criminels, comme la collecte et l'archivage sans consentement de données biométriques, et l'exigence d'identification et de localisation.

Quand bien même on en viendrait à s'opposer à toutes ces formes, il convient de distinguer différentes modalités de la reconnaissance faciale. La première peut consister à vérifier ou découvrir l'identité d'une personne, notamment une personne en état d'arrestation, en comparant sa photographie avec celles présentes dans une base de données. Il s'agit d'un usage ciblé et explicite, qui ne modifie pas profondément les pratiques policières : les policiers ont le droit d'obtenir l'identité d'une personne appréhendée, et de vérifier l'identité déclarée par cette personne si elle semble suspecte. La technologie offre juste une alternative à l'identification par d'autres marqueurs biométriques comme les empreintes ou une simple identification visuelle par un agent. On peut par exemple se demander si cette technologie diminue les risques d'erreurs ou les biais raciaux, mais elle ne constitue pas en soi un bouleversement historique des capacités de surveillance. Cependant, elle nécessite la constitution de nouvelles bases de données biométriques, un enjeu sur lequel nous aurons l'opportunité de revenir. Une seconde modalité consisterait à tâcher d'identifier une personne inconnue en comparant son image, capturée par exemple par une caméra de vidéo-surveillance, avec une base d'images. Cette seconde modalité peut être généralisée à la reconnaissance en direct de toute personne passant devant une caméra de vidéo-surveillance placée dans l'espace public (*live facial recognition technology*). Ces deux dernières modalités sont généralisées et invisibles, et la dernière constitue la remise en cause pure et simple de l'anonymat dans l'espace public que nous venons d'évoquer[1]. En outre, la reconnaissance faciale fonctionne en mesurant les proportions entre différentes parties du visage : elle constitue donc une collecte de données biométriques. En comparant les images de suspects à des bases d'images comme les photographies de permis de conduire, voire les photographies collectées sur le Web, on ouvre la possibilité de faire entrer dans des bases des données biométriques des citoyens ordinaires, alors qu'un tel traitement

1. C. Garvie, A. Bedoya, et J. Frankle, « The Perpetual Line-Up. Unregulated Police Face Recognition in America », *Georgetown Law. Center on Privacy & Technology*, 2016, https://www.perpetuallineup.org/.

était auparavant réservé aux criminels, ou à tout le moins aux personnes ayant fait l'objet d'une arrestation. Nous allons essentiellement nous intéresser à cette deuxième modalité, même si nous allons voir que la première n'est pas sans poser problèmes.

La reconnaissance faciale en direct est une tâche technique complexe, d'un degré de difficulté bien supérieure à la tâche déjà difficile de la reconnaissance de photographies réalisées sous des conditions contrôlées. Durant ces dernières années, plusieurs tentatives de déploiement à grande échelle aux résultats proprement désastreux ont montré toute la difficulté d'exploitation d'images de vidéo-surveillance, qui sont fréquemment de faibles résolutions, prises sous des angles peu favorables, avec des conditions d'éclairage sous-optimales. Entre 2016 et 2018, les huit essais conduits sur les passants par la *Metropolitan Police* de Londres se sont conclus avec un taux d'identification réussie de 4 %[1]. En 2018, un essai d'identification des conducteurs de véhicules réalisé pour la *Metropolitan Transport Authority* de la ville de New York avait ainsi donné un taux d'identification réussie de… 0 %[2]. La recherche en éthique de l'IA a aussi montré que les modèles de reconnaissance faciale pouvaient subir d'écarts de performances significatifs entre hommes et femmes et entre des populations de différentes couleurs[3]. Ces écarts de performance pourraient donc mener à plus de contrôles et d'arrestations illégitimes affectant ces populations, dont certaines sont déjà victimes des aléas du contrôle dit « au faciès ». Le simple port de maquillage peut aussi faire échouer cette technique[4]. On retrouve là le biais de suroptimisation déjà évoqué plus haut[5]. Comme les êtres humains ont plus de difficulté à reconnaître le visage d'une personne d'une couleur différente de la leur[6], les modèles entraînés sur des bases où sont surreprésentés, par exemple, des Américains blancs et asiatiques auront tendance à se tromper plus souvent sur les personnes d'origine africaine ou latino.

1. L. Dearden, « Facial Recognition Wrongly Identifies Public as Potential Criminals 96 % of Time, Figures Reveal », *The Independant*, 7 mai 2019.

2. P. Berger, « MTA's Foray Into Facial Recognition at High Speed Is a Bust », *The Wall Street Journal*, 7 avril 2019.

3. J. Buolamwini et T. Gebru, « Gender Shades : Intersectional Accuracy Disparities in Commercial Gender Classification », in *Conference on Fairness, Accountability and Transparency*, 2018, p. 77-91, http://proceedings.mlr.press/v81/buolamwini18a.html.

4. M. de Assis Angeloni et H. Pedrini, « Improving Makeup Face Verification by Exploring Part-Based Representations », *ArXiv Preprint ArXiv : 2101.07338*, 2021.

5. Voir « Les biais du ML », p. 149.

6. S. G. Young *et al.*, « Perception and Motivation in Face Recognition : A Critical Review of Theories of the Cross-Race Effect », *Personality and Social Psychology Review* 16, n° 2, 2012, p. 116-142, https://doi.org/10.1177/1088868311418987.

La reconnaissance faciale pose donc des problèmes d'efficacité comparée et de biais similaires à ceux rencontrés dans le chapitre précédent. Rien ne prouve cependant que ces problèmes ne peuvent être résolus par la création de bases de données plus représentatives de la population et le perfectionnement des modèles. La raison pour laquelle nous traitons de la reconnaissance faciale dans ce chapitre sur la vie privée est qu'on a ici affaire à un cas où le progrès de la technique peut approfondir le problème politique au lieu de le résoudre, au point qu'on peut se demander si on désire véritablement perfectionner ces techniques. Pas plus qu'on ne résout les problèmes de brutalité policière raciste en créant une société où tout le monde a un droit équitable à son passage à tabac, la création d'un système de surveillance ubiquitaire n'est pas justifiée par son efficacité et son absence de racisme. Il convient donc de déplacer le centre de gravité de la question des performances et de leurs biais à celle de la vie privée.

L'un des problèmes politiques les plus décisifs de la reconnaissance faciale en direct est que son perfectionnement suppose la création de larges bases d'images capturées dans l'espace public. L'histoire de cette technologie a en effet déjà montré que les modèles de ML généralisent très mal de bases de données d'images réalisées dans des conditions très contrôlées, comme les portraits de dossiers judiciaires, aux images prises dans des conditions sauvages. Pour obtenir des modèles de ML efficaces, il faut donc une collecte massive et subreptice des images d'individus dans la rue, puisque seul ce type de collecte garantit des images naturelles. Mais ces modèles analysent ensuite ces images pour en extraire des données biométriques comme les distances et angles entre certaines parties du visage : le progrès du ML supposerait donc de légaliser la collecte massive et subreptice de données biométriques. Une telle collecte pose déjà problème au droit européen, où la collecte de telles données est restreinte par le consentement explicite et le traitement des données biométriques à des fins d'identification est normalement prohibé[1]. En outre, ces données devraient ensuite être archivées dans des bases massives, probablement au moins à l'échelle d'une population ou d'une large fraction de cette population. Le perfectionnement des modèles de ML suppose donc l'établissement de larges bases de données biométriques de citoyens respectueux de la loi sans leur consentement. À ces inquiétudes de principe viennent s'ajouter

---

1. Voir le Règlement Général de Protection des Données, Article 4(11) pour la définition du consentement, Article 6-1(a) pour la nécessité du consentement au traitement, Article 9, Paragraphe 9 et Considérant 51, pour l'interdiction générique du traitement de données biométriques à des fins d'identification.

les inquiétudes venues de l'examen des pratiques. Une récente étude d'un grand intérêt suit l'histoire de la constitution des bases de données pour la reconnaissance faciale[1]. Elle montre une perte progressive mais massive du respect du consentement dans la constitution même des bases de données. La recherche d'images « sauvages » a bel et bien conduit à une érosion des précautions éthiques et juridiques, mais aussi à des pratiques d'archivage et d'annotation des images de qualité bien inférieures. Enfin, la circulation et l'usage de ces données semblent largement échapper au contrôle légal. Des bases de données constituées dans des pays démocratiques peuvent ainsi finir dans des pays aussi respectueux des droits fondamentaux que la Chine, ou être soumises à un traitement commercial pour lequel aucun consentement n'a été collecté. Le simple développement de cette technologie, sans même parler de son déploiement, est donc marqué par des pratiques de collecte et d'archivage invasives et anarchiques dont la légitimité eu égard au respect de la vie privée pose au moins question.

Sans verser dans l'hyperbole, il me semble justifié de dire que les cadres législatifs de protection des données personnelles ont été souvent créés avec pour ambition d'empêcher la création de bases comme une base de données biométriques à échelle nationale employée à des fins de surveillance. Mieux encore, ils ont été créés avec pour ambition d'empêcher la création de base de données bien plus réduites. Après tout, les premières lois américaines sur les données personnelles avaient été largement justifiées par la crainte suscitée par certaines bases de données fédérales, et la CNIL a bien été créée suite à des débats sur des croisements de bases de données par la police qui pâlissent en comparaison avec la création d'une base de données biométriques à l'échelle d'une population entière. Si on suit l'esprit fondateur de la tradition de protection des données personnelles, les bases de données biométriques nécessaires au fonctionnement de la reconnaissance faciale dans l'espace public sont des monstruosités qui méritent à peine discussion. Il ne s'agit bien sûr pas pour nous de formuler un argument d'autorité selon lequel l'esprit fondateur de la protection des données personnelles serait nécessairement le bon. Mais de deux choses, l'une : soit l'esprit fondateur de cette législation était une sur-réaction d'une génération traumatisée par les expériences totalitaires du vingtième siècle, et il convient d'assumer une réforme de l'interprétation de ce droit dans

---

1. I. D. Raji et G. Fried, « About Face : A Survey of Facial Recognition Evaluation », n.d., arXiv:2102.00813, p. 11. Le lecteur pourra trouver une présentation journalistique de cette étude dans « This Is How We Lost Control of Our Faces », *MIT Technology Review*, consulté le 11 février 2021, https://www.technologyreview.com/2021/02/05/1017388/ai-deep-learning-facial-recognition-data-history/.

ce sens. Soit la proposition même d'un emploi de la reconnaissance faciale dans l'espace public, et les bases de données biométriques gigantesques qui l'accompagnent, sont un symptôme d'une désensibilisation profonde à la surveillance généralisée et à la constitution de bases de données institutionnelles invasives, et une trahison complète de l'esprit de notre droit. Le maintien de notre tradition juridique de contrôle sur les bases de données peut remettre en cause non seulement le déploiement de la reconnaissance faciale en direct, mais même son développement : nous allons y revenir en conclusion. Il convient avant tout d'avoir un débat explicite sur l'esprit de notre droit qui interdise toute réforme majeure à bas bruit par l'autorisation de la reconnaissance faciale en direct dans l'espace public, qui figure malheureusement dans la proposition récente de loi européenne sur l'IA[1].

Outre les problèmes posés par la constitution des bases de données nécessaires au développement de la technologie, il nous importe aussi de discuter le contexte institutionnel du déploiement de la reconnaissance faciale en direct : il ne s'agit pas seulement de savoir quel pouvoir représente la technologie, mais ce qui va être fait de ce pouvoir. La reconnaissance faciale en direct peut en théorie conférer un immense pouvoir de surveillance à des institutions de contrôle social dont l'histoire n'a pas toujours démontré un parfait respect de la vie privée et des autres droits constitutionnels de leurs concitoyens. Il ne s'agit pas ici de la police ou des services de renseignement de pays comme la Chine, dont l'intérêt pour la surveillance n'est un mystère pour personne, mais de ces mêmes services dans des pays démocratiques. Au lecteur peu familier de l'histoire des services, il faut rappeler que l'agence disposant probablement

---

1. . Dans ses motivations, le projet de loi européen sur l'IA (« EUR-Lex - 52021PC0206 - EN - EUR-Lex », consulté le 6 novembre 2021, https://eur-lex.europa.eu/legal-content/FR/ TXT/PDF/? uri=CELEX%3A52021PC0206.) prétend défendre l'interdiction de l'emploi de telles technologies à des fins répressives (Considérants 18 et 19). Mais le détail du texte autorise ensuite son emploi pour la recherche de suspects non seulement de terrorisme ou d'enlèvement, ou de menace immédiate sur la sécurité des personnes physiques, mais pour l'intégralité des crimes et délits couverts par le mandat d'arrêt européen, soit en réalité l'ensemble des crimes et délits majeurs (Décision du Conseil 2002/584/JAI du 13 juin 2002, « EUR-Lex - 32002F0584 - FR », text/html ; charset=UNICODE-1-1-UTF-8, Journal officiel n° L 190 du 18/07/2002 P. 0001 - 0020 ; (OPOCE), consulté le 6 novembre 2021, https:// eur-lex.europa.eu/legal-content/FR/TXT/HTML/? uri=CELEX : 32002F0584&from=FR., Article 2, Paragraphe 2) La lecture des détails du texte révèle donc que cette prohibition de l'identification biométrique dans l'espace public à des fins répressives ressemble beaucoup à une autorisation de l'identification biométrique dans l'espace public à des fins répressives, et on se retrouve forcé de questionner l'honnêteté des auteurs d'un texte si sinueux et si trompeur quant à ses effets réels.

aujourd'hui du plus puissant système de reconnaissance faciale dans un pays démocratique, à savoir le FBI, n'a pas une histoire sans tache lorsqu'il s'agit de respecter les droits constitutionnels. Sous l'administration Hoover, le FBI s'était ainsi engagé dans une vaste campagne de répression de tout mouvement contestataire ayant l'heur de déplaire à son président à travers le tristement célèbre programme COINTELPRO[1]. Les agents du FBI ont ainsi couramment pratiqué les écoutes et filatures illégales, la fouille d'appartements sans mandat, le chantage – dans un épisode célèbre, le FBI tenta de pousser Martin Luther King au suicide en menaçant de révéler les enregistrements illégaux de ses liaisons extra-conjugales[2] – la diffamation, l'espionnage des avocats de la défense – notamment durant le procès Oppenheimer[3] – et dans le cas célèbre de Fred Hampton, l'assassinat pur et simple[4]. Les victimes de ces violations étaient diverses, mais étaient essentiellement choisies selon les préférences politiques d'Edgar Hoover, et comprenaient ainsi les mouvements des droits civiques, tout mouvement de tendance anarchiste ou marxiste, les groupes féministes, écologiques ou pacifistes, ou toute personne s'étant opposée personnellement au FBI ou à son président. Une police fédérale d'un état démocratique a pu ainsi se livrer à des pratiques de police politique pendant des décennies dans une impunité quasi-totale. C'est cet héritage qu'il faut garder à l'esprit lorsqu'on discute du déploiement institutionnel de la reconnaissance faciale, car il montre les difficultés profondes du contrôle d'institutions comme la police et les services de renseignement.

On a bien sûr le droit d'espérer que ce genre de pratiques appartiennent au passé. Le moins qu'on puisse dire est que les premières expériences de reconnaissance faciale dans des pays démocratiques, notamment les USA et la Grande-Bretagne, sont loin d'être encourageantes. Selon un vaste rapport publié en 2016[5], les premiers usages de ces outils ont pu être complètement anarchiques, sans besoin d'une autorisation d'un juge, sans

---

1. U. S. Congress, « The Select Committee to Study Governmental Operations with Respect to Intelligence Activities, Foreign and Military Intelligence (the Church Committee) » (report n° 94-755, 94th Congress., Second Session, 1976).

2. B. Gage, « What an Uncensored Letter to M.L.K. Reveals », *The New York Times*, 11 novembre 2014, sec. Magazine, https://www.nytimes.com/2014/11/16/magazine/what-an-uncensored-letter-to-mlk-reveals.html.

3. K. Bird et M. J. Sherwin, *American Prometheus : The Triumph and Tragedy of J. Robert Oppenheimer*, New York, Knopf, 2005.

4. W. Churchill et J. Vander Wall, *Agents of Repression : The FBI's Secret Wars against the Black Panther Party and the American Indian Movement*, vol. 7, Cambridge (Mass.), South End Press, 2002.

5. . Voir *The Perpetual Line-Up* ci-dessus.

limitation à des crimes d'une grande gravité, ou sans même un enregistrement de qui accède à l'outil et pour quoi. Nombre d'agences n'ont même
pas de règlement interne encadrant l'usage de ces outils ou exigeant des
audits internes, ce qui montre que le monde de la surveillance généralisée
pourrait bien s'accommoder d'un travail policier dans l'opacité la plus
complète. L'absence de test pour des possibles biais raciaux de certains
algorithmes de grandes compagnies est aussi préoccupante. Même l'absence
totale de contrôle de la précision affichée par le fournisseur du logiciel peut
être aussi la norme, à tel point qu'on peut douter que les services en question
aient les compétences en interne pour juger de la qualité de ce qu'ils
achètent.

Ce sont les plus grandes agences et celles utilisant les systèmes les plus
avancés qui sont les moins transparentes, certaines ayant caché leur usage
de cette technologie pendant des années, et refusant de donner des informations sur le système une fois cette existence admise. Le FBI a ainsi
démontré son profond attachement à la vie privée, et son assimilation des
erreurs du passé, en demandant en 2016 que son système d'identification
soit exempté des obligations de publicité des archives publiques identifiant
des personnes physiques selon le *Privacy Act*, et ce l'année même où un
rapport officiel l'épinglait pour violations du respect de la vie privée et
absence d'audits de son outil de reconnaissance faciale. Dans un autre
épisode illustrant le pouvoir d'interprétation juridique créatif des forces
de l'ordre, un officier de police a pu ainsi interpréter la possession d'un
permis de conduire comme un privilège pour permettre de transférer ces
images dans une base de données pour la reconnaissance faciale criminelle.
Comme il est bien souligné dans *The Perpetual Line-up*, un principe
fondateur du droit américain à la vie privée est que les bases de données
du gouvernement doivent notifier aux citoyens l'usage qui est fait de leurs
données personnelles, et que cet usage ne doit pas être extérieur aux fins
poursuivies par le gouvernement telles qu'elles sont raisonnablement
comprises par l'individu, à moins qu'un consentement bien informé n'ait
été explicitement obtenu. En d'autres termes, le droit américain à la vie
privée contient déjà des linéaments du droit à vivre dans une société
intelligible, qui passe par une vision claire de l'usage qui est fait de nos
données. En utilisant maintenant des millions d'images de permis de
conduire à des fins policières, les agences du maintien de l'ordre violent
donc ce principe fondamental du droit à la vie privée, et se permettent
indûment d'avancer masquées.

Les agences utilisant la reconnaissance faciale banalisent ainsi la
possession d'images de citoyens innocents, et ne font guère d'effort pour

supprimer les images de personnes arrêtées mais non condamnées. Cette pratique s'est normalisée à un tel point que le rapport concluait que dès 2016 plus de 110 millions d'Américains figuraient dans une base de reconnaissance faciale, constituant la première base de données biométriques d'innocents dans l'histoire du droit américain. Après seulement quelques années d'usage, la reconnaissance faciale produit déjà une remise en cause de la pratique de certains principes juridiques fondamentaux, comme celui que l'exigence d'identification ne peut être universelle, et doit être conditionnée au minimum à une suspicion raisonnable de conduite criminelle, et que les personnes innocentes et innocentées n'ont pas à être présentes dans les fichiers de l'institution policière. Si la Cour Suprême n'a jamais reconnu un droit à la vie privée dans l'espace public, on peut aussi considérer qu'il y a bien là un tournant.

Si on ajoute à cela l'existence de mésusages caractérisés, comme la surveillance de manifestations récentes contre les violences policières[1], on peut dire que tout ce qui pouvait mal se passer se passe mal. Il n'a pas fallu attendre des années de lente dérive institutionnelle pour en arriver là : dès ses tout débuts, le déploiement de la reconnaissance faciale dans les pays démocratiques est marqué par un usage anarchique, une opacité aussi profonde qu'opiniâtre des agences de police, un désintérêt flagrant pour le contrôle qualité des logiciels et la possibilité de biais racistes, et une volonté manifeste de généraliser ces systèmes aussi loin que possible et de constituer des bases biométriques à l'échelle d'une population entière. Rappelons ensuite que la reconnaissance faciale en direct n'est pas la fin du développement scientifique : certains travaux mêlant ML et neurosciences cherchent aussi à détecter les émotions exprimées par les visages, afin de conférer aux possesseurs de la technologie non seulement le pouvoir d'identifier et de suivre les individus en direct, mais aussi de savoir ce qu'ils ressentent, qu'il s'agisse de l'exploiter à des fins policières, politiques, commerciales ou de gestion des ressources humaines[2]. Le pouvoir de surveillance ainsi offert pourrait aller bien au-delà de la capacité d'identifier et de localiser pour se muer en surveillance émotionnelle généralisée. Il ne s'agit donc

1. T. Ryan-Mosley, « Why 2020 Was a Pivotal, Contradictory Year for Facial Recognition », *MIT Technology Review*, 2020, https://www.technologyreview.com/ 2020/12/29/1015563/why-2020-was-a-pivotal-contradictory-year-for-facial-recognition/.

2. M. Soleymani *et al.*, « A Survey of Multimodal Sentiment Analysis », art. cit. Le récent accord du 2 février 2024 sur l'AI Act comprend l'exclusivité de la détention de l'émotion dans l'espace public. Voir « Proposal for a regulation laying down harmonised rules on Artificial Intelligence (Artificial Intelligence Act) and amending certain Union legislative acts », 2021/0106 (COD).

pas de se demander ce qu'il pourrait advenir si un tel pouvoir tombait entre de mauvaises mains : il s'agit de constater que manifestement nos mains ne sont pas assez bonnes, et de se demander s'il existe des mains qualifiées pour tenir un tel pouvoir.

La reconnaissance faciale montre peut-être mieux que toute technique la vanité du technocentrisme, et la nécessité de penser en termes sociotechniques. Son histoire ne porte pas sur des capacités technologiques, mais sur nous-mêmes, sur nos institutions, sur la confiance qu'on peut leur accorder pour leur confier de nouveaux pouvoirs. Elle est avant tout une histoire sur l'incapacité de nos institutions à maîtriser un tel pouvoir de maîtrise. Il n'y a pas de reconnaissance faciale dans l'espace public raisonnable pour les mêmes raisons qu'il n'y a pas de dictateur raisonnable : parce qu'une telle asymétrie de pouvoir est d'emblée malsaine.

De nombreuses voix s'élèvent donc à présent pour demander l'interdiction pure et simple de la reconnaissance faciale en direct dans l'espace public. Certaines de ses voix sont prêtes à accorder des exemptions ciblées et limitées dans le temps et dans l'espace, avec l'autorisation d'un juge, par exemple pour retrouver un enfant kidnappé ou un fugitif recherché pour les crimes les plus graves. Le problème posé par un tel régime d'exception est double. Le premier est évidemment de savoir si, même avec l'écriture de conditions juridiques très strictes, les institutions seront capables de se restreindre à ces usages encadrés, alors que l'histoire abonde d'exemples de la généralisation des pouvoirs d'exception, en particulier dans le cas des institutions policières. La seconde est, comme on l'a vu plus haut, que le simple développement de ces technologies suppose la collecte massive et subreptice de données biométriques pour des citoyens innocents : il implique donc de généraliser un traitement réservé aux criminels à l'ensemble de la population. Dans un tel contexte, ce sont les idées même d'un droit de regard sur nos informations biométriques, et de la mise à l'écart de toute base de données policière à l'échelle d'une population qui sont mises au rebut. Ce n'est donc pas seulement le déploiement de la reconnaissance faciale en direct dans l'espace public qui doit être interdite, c'est le développement même de ces outils.

Contre la mythologie qui veut qu'on « n'arrête pas le progrès », même quand ce progrès marche sur des cadavres, les évolutions politiques récentes nous montrent la capacité de nos sociétés à dire non à une technologie, et aux pulsions qui habitent son développement.

CONNAISSANCE DES INDIVIDUS ET PROFILAGE

La portée des informations mises à disposition par les nouveaux moyens de collecte et de traitement ne se réduit en aucun cas à la capacité d'identifier ou de ré-identifier. Elle inclut également une capacité à apprendre des informations extrêmement variées et pointues sur les individus. Comme le lecteur peut aisément le deviner, la finalité du traitement administratif ou commercial des données n'est en effet pas en soi d'identifier des individus. Si l'IA et les données massives sont devenues une industrie gigantesque, et toujours en expansion, c'est que les données peuvent être utilisées pour amasser et inférer une connaissance parfois très fine sur les individus, et d'exploiter cette connaissance à des fins mercantiles, administratives ou politiques.

L'IA et les données massives constituent ainsi un nouveau régime de connaissance du social, caractérisé à la fois par l'emploi de nouvelles sources et de nouvelles méthodes. Une partie de ce régime se place en continuité de pratiques anciennes des sciences sociales, du recoupement d'informations le plus simple à l'emploi de certaines méthodes statistiques. Mais une large part constitue bien un nouveau paradigme de la connaissance du social, basé essentiellement sur la capacité du ML à trouver dans de vastes bases de données des corrélations échappant au regard humain. Ces corrélations sont d'autant plus significatives d'un point de vue éthique qu'elles relient des types de données très différents, et permettent notamment d'inférer des données personnelles fines, en particulier des attributs sensibles, à partir de données anonymes, faciles d'accès ou dépourvues de protection légale particulière.

Là encore, il convient de prendre quelques exemples pour mieux faire réaliser toute la puissance de ces nouvelles capacités d'inférence.
– En 2007, les traces de navigation (*web browsing logs*) permettent d'inférer avec une précision relativement haute l'âge et le genre de l'utilisateur [1].
– L'activité sur Facebook peut être utilisée pour prédire l'orientation sexuelle [2], les croyances religieuses, l'appartenance ethnique de l'utilisateur,

1. J. Hu *et al.*, « Demographic Prediction Based on User's Browsing Behavior », in *Proceedings of the 16th International Conference on World Wide Web*, 2007, p. 151-160.
2. C. Jernigan et B. F. T. Mistree, « Gaydar : Facebook Friendships Expose Sexual Orientation », *First Monday* 14, n° 10, 2009, https://firstmonday.org/article/view/2611/2302.

l'état psychologique de l'utilisateur [1] ainsi que de prédire des variables de personnalité (*personality variables*) avec une fiabilité raisonnable [2].
– L'usage de Twitter peut être employé pour le diagnostic de la dépression [3].
– La maladie de Parkinson peut être diagnostiquée à partir des interactions avec un moteur de recherche, notamment à partir des mouvements de curseur de souris [4].

Il s'agit encore de cas importants pour la préservation de la vie privée, puisque ce sont des informations sensibles qui sont ici inférées. Il est facile à comprendre que ce que nous déclarons aimer, ce que nous cherchons sur Internet, ou qui nous fréquentons, est révélateur sur nous, nos croyances et nos appartenances identitaires. Mais la puissance prédictive des inférences faites à partir de ces données nous fait prendre conscience de ce que nous révélons de nous dans nos activités sur les réseaux sociaux, et que ces informations sont constamment collectées et exploitées pour maximiser la connaissance accumulée sur nous. Dans le cas de l'exploitation des traces de navigation, on a affaire à une pratique encore plus typique, et encore plus problématique, du capitalisme de surveillance. Des données en apparence anonymes permettent d'inférer statistiquement des variables protégées comme l'âge et le genre, ce qui montre le pouvoir révélateur de données en appartenance beaucoup moins spécifiques d'un individu que l'activité sur les réseaux sociaux.

On voit là que des données que l'utilisateur pourrait croire anonymes sont au contraire révélatrices, du moins jusqu'à un certain point, d'informations cruciales sur les personnes physiques. Ces capacités d'inférence accroissent donc non seulement une asymétrie de premier ordre entre ceux qui maîtrisent le traitement, et ceux qui en font l'objet, mais augmentent aussi l'asymétrie de deuxième ordre dans la conscience de cette connaissance

1. M. Reilly, « Is Facebook Targeting Advertising at Depressed Teens », *MIT Technology Review*, 2017.
2. Y. Bachrach *et al.*, « Personality and Patterns of Facebook Usage », in *Proceedings of the 4th Annual ACM Web Science Conference*, 2012, p. 24-32 ; W. Youyou, M. Kosinski et D. Stillwell, « Computer-Based Personality Judgments Are More Accurate than Those Made by Humans », *Proceedings of the National Academy of Sciences* 112, n° 4, 2015, p. 1036-1040, https://doi.org/10.1073/pnas. 1418680112 ; A. Newitz, « Facebook's Ad Platform Now Guesses at Your Race Based on Your Behavior », *Ars Technica* 18, 2016.
3. S. Tsugawa *et al.*, « Recognizing Depression from Twitter Activity », in *Proceedings of the 33rd Annual ACM Conference on Human Factors in Computing Systems*, 2015, p. 3187-3196.
4. L. Allerhand *et al.*, « Detecting Parkinson's Disease from Interactions with a Search Engine : Is Expert Knowledge Sufficient? », in *Proceedings of the 27th ACM International Conference on Information and Knowledge Management*, Torino, ACM, 2018, p. 1539-1542, https://doi.org/10.1145/3269206.3269250.

stratégique. Les individus perdent ainsi de plus en plus la capacité à prévoir la connaissance qu'ils révèlent sur eux par leurs traces numériques, non seulement parce que la collecte est ubiquitaire et subreptice, mais parce que le traitement des données permet des inférences qu'ils sont incapables d'anticiper. Comme le montre notre exemple d'études de personnalité basé sur des traces numériques, les métadonnées, lorsqu'elles sont agrégées et analysées, peuvent révéler des informations qui ne sont pas moins précises et sensibles que le contenu des communications elles-mêmes. L'analyse des données massives va avec une considérable extension des types d'information pris en considération pour prédire un trait donné : en bref, des données n'ayant apparemment « rien à voir » avec le sujet considéré peuvent en fait y être corrélés très fortement, plus fortement même que les réponses les plus évidentes, celles qui ont « le plus à voir » avec la question.

On assiste donc là à une perte de maîtrise de la présentation de soi qui représente un enjeu politique majeur. Comme nous l'avons vu dans notre présentation de la conception holistique de la vie privée de Wachter et Mittelstadt, comprendre le monde social dans lequel nous vivons implique de comprendre la représentation que les institutions ont de nous. C'est cette capacité qui diminue drastiquement dans un monde social où les données sont collectées de manière ubiquitaire et subreptice, et où les informations en apparence les plus anodines permettent de déduire une connaissance fine des informations les plus problématiques. L'essor de la connaissance du social fondée sur l'IA et les données massives a donc entraîné une croissance massive et rapide des asymétries d'information de premier ordre et de second ordre entre institutions et individus. Non seulement la sophistication et l'échelle du traitement des données offrent un avantage épistémique aux institutions, mais le caractère subreptice de la collecte numérique vient redoubler ces asymétries de premier ordre par des asymétries de second ordre, à savoir l'ignorance de l'existence même d'une collecte et d'un traitement. Un changement abrupt du rapport de force présente toujours un risque de déstabilisation pour un système politique. Nos sociétés doivent encore trouver un moyen de faire vivre leur démocratie dans ce nouveau contexte sociotechnique, et de veiller à ce que les sujets politiques ne deviennent pas de simples points de données scrutés par des institutions au regard aussi indiscret qu'ubiquitaire.

La connaissance accumulée sur les individus à travers leurs traces numériques n'est pas seulement problématique lorsqu'elle est exacte : elle l'est aussi, et parfois d'autant plus, lorsqu'elle est fausse. Le caractère statistique de la connaissance produite par le ML signifie qu'il existe toujours une proportion d'erreurs, si minime fût-elle. À ceci s'ajoutent les problèmes posés par la qualité des données et des modèles utilisés, qui sont loin de toujours représenter le summum de l'état de l'art. Le lecteur peu familier de cet état de fait n'a qu'à regarder les publicités s'affichant dans son navigateur, et se rappeler qu'elles sont censées être ciblées pour convenir à ses préférences personnelles. Il trouvera certainement des recommandations simples et naturelles, comme celles de produits similaires à ceux qu'elle a déjà achetés, et d'autres suggestions plus pointues encore. Mais il est possible, et même probable, qu'elle trouve des suggestions bien plus farfelues. Nous avons déjà croisé une informaticienne recevant des publicités la prenant manifestement pour un homme chauffeur routier. J'ai moi-même reçu des publicités destinées à préparer mon installation en Israël, sans que je n'aie jamais pu comprendre comment un système a pu supposer qu'un *goï* comme l'auteur de ces lignes irait faire son *aliya* dans la terre de Canaan.

Ces exemples prêtent bien sûr à sourire, tant une erreur parmi les milliers de publicités dont nous sommes chaque jour bombardés a à peine une chance de capter notre attention. En revanche, l'emploi de modèles similaires pour prendre des décisions significatives prête beaucoup moins à l'hilarité. Comme nous l'avons déjà évoqué au chapitre précédent[1], nous n'attendons pas seulement de nos décisions qu'elles affichent de bonnes performances macroscopiques : nous avons aussi besoin qu'elles prennent des décisions sensées dans des cas sensibles. Si l'emploi d'algorithmes affichant simplement de bonnes performances macroscopiques peut avoir du sens pour les institutions, et en particulier pour les entreprises, parce qu'il permet de gérer les flux et d'engranger du profit, la prise en compte du caractère sensible des décisions impose des exigences plus fortes.

Cette nouvelle connaissance accumulée sur les individus se traduit par une nouvelle forme d'identité institutionnelle, que l'on appelle « profilage ». Le terme désigne l'ensemble des pratiques numériques visant à créer un profil d'utilisateur à partir de ses traces numériques. Le profilage est d'une immense importance éthique et politique. La première raison évidente est qu'il constitue une connaissance sur les individus forgée à partir de données personnelles à des fins d'influence sur ces mêmes individus. La seconde est qu'il est devenu une pratique massive de l'industrie durant ces dernières années. Le capitalisme de surveillance est largement nourri par les pratiques de profilage, et le profilage est un des lieux où la surveillance se transforme en influence, avec la promesse d'une influence personnalisée. Le succès du profilage s'explique ainsi en partie par la promesse faite aux institutions

---

1. Voir « Le problème de la transparence », p. 198.

de leur offrir une influence à la fois plus massive et plus fine, ciblée sinon à l'échelon individuel à proprement parler, du moins à l'échelon de populations plus richement et plus étroitement caractérisées. La troisième est que les techniques d'IA sont très utilisées dans le profilage, et que le développement industriel de l'IA est aussi attaché à cette promesse de connaissance et d'influence. À ce titre, l'IA s'inscrit pleinement dans cette histoire longue de l'usage des techniques cognitives à des fins de contrôle social que nous avons évoquée dans notre premier chapitre. Identifier les individus, acquérir des informations sur eux, leur attribuer ou leur soutirer des propriétés matérielles, des droits, des actions et des responsabilités, et concevoir un discours modelé pour être accepté par de larges populations tout en préservant les intérêts des institutions, fait partie des plus anciennes fonctions des techniques cognitives. Le profilage constitue une nouvelle modalité de ce processus d'identification institutionnelle, caractérisé par le volume, la diversité et la nouveauté des sources, le caractère subreptice de la collecte et l'emploi de cette nouvelle modalité de la modélisation statistique qu'est le ML.

Le premier usage de cette nouvelle identité institutionnelle est mercantile : le profil créé par les traces numériques est avant tout un outil pour la publicité ciblée. Les entreprises du numérique ont ainsi pu vendre leur activité auprès du marketing publicitaire comme une nouvelle source de connaissance, plus riche et plus individualisée, sur les cibles individuelles de la publicité. Le capitalisme de surveillance est donc en bonne part un capitalisme du marketing : l'offre de services gratuits, qu'il s'agisse d'un moteur de recherche comme Google ou d'un réseau social comme Facebook, sert avant toute chose à transformer les utilisateurs en matière première numérique de la publicité ciblée. Cependant, comme l'a bien montré le scandale Cambridge Analytica[1], les mêmes techniques peuvent être employées à des fins politiques. Il s'agit donc bien, comme nous l'avons déjà mentionné en introduction, de nouvelles techniques de pouvoir.

Ce que ces techniques prétendent offrir, c'est en effet une influence sur des individus, et non sur « les masses » dont on faisait jadis l'objet de la propagande. L'accroissement concomitant des données et de leur exploitation permet une segmentation plus fine des populations ciblées. Couplée au faible coût de la customisation et production des messages numériques, ceci permet une modulation plus raffinée du message destiné à ces cibles : il est plus facile de customiser un message publicitaire en ligne, ou l'apparence

---

1. N. Confessore, « Cambridge Analytica and Facebook : The Scandal and the Fallout So Far », *The New York Times*, 4 avril 2018, sec. U.S., https://www.nytimes.com/2018/04/04/us/politics/cambridge-analytica-scandal-fallout.html.

d'une page Web, qu'il ne le serait de produire vingt versions d'un même panneau publicitaire ou d'un même journal. Les facilités de modification des supports numériques, et la collecte ubiquitaire des données des utilisateurs de sites Web, permettent en outre d'estimer les effets des modulations de messages sur leurs destinataires. Une entreprise souhaitant tester l'effet d'une modification de la conception de son site sur le comportement de ses utilisateurs peut ainsi procéder à un test statistique, nommé test A / B. Une moitié des utilisateurs arrivant sur le site sera renvoyée sur l'ancienne version, tandis qu'une autre sera dirigée vers la nouvelle version. Les statistiques décrivant les comportements des utilisateurs seront ensuite étudiées pour établir si la modification a produit l'effet désiré. Ce type de pratiques, qui aurait été très difficile à mettre en œuvre avec les anciens messages publicitaires, est devenu monnaie courante dans la conception de sites et la publicité ciblée. Elle permet en outre d'apporter une preuve statistique de l'effet des campagnes pour mieux convaincre les annonceurs. C'est en effet cette facilité de customisation dynamique de l'environnement de l'utilisateur qui permet de tester l'effet statistique de chaque modification sur le comportement de l'utilisateur, et d'améliorer constamment l'extraction du comportement désiré par le retour sur expérience ainsi acquis. Enfin, et surtout, le ML permet de transformer le profilage des utilisateurs en des modèles prédictifs de leur comportement, qui servent de base à l'influence. L'assimilation de la connaissance sur les utilisateurs est facilitée par le caractère dynamique de l'apprentissage automatique, qui permet non seulement de produire des modèles à partir des données, mais de mettre à jour ces modèles de manière dynamique face à l'évolution constante du comportement des utilisateurs. Le ML constitue donc un outil d'une grande efficacité pour la production à moindre coût et en un temps de réactivité optimal de modèles pertinents face à des phénomènes sociohistoriques en évolution constante. Cette alliance de la prédiction et du retour statistique sur expérience a bien sûr l'heur de séduire les annonceurs, qui voit l'efficacité de leur action fondée sur une base scientifique solide. C'est donc la triple alliance entre la collecte massive de données sur les individus, la connaissance statistique et la facilité de customisation de l'environnement numérique qui fonde l'immense marché du marketing digital, et sa promesse d'influence personnalisée. Cette dernière peut être encore raffinée par l'ajout d'un quatrième pilier, à savoir l'emploi d'études issues de la psychologie empirique pour maximiser l'impact de la conception des plateformes comme des messages publicitaires : nous allons y revenir ci-dessous.

Le raffinement de l'influence a bien sûr ces limites. Comme nous l'avons vu au chapitre précédent, il est discutable que la description d'un individu

comme point dans un espace de données capture bien l'individu en tant
que tel : deux individus dont le profil est identique ne seront pas distin-
guables aux yeux du profilage, quand bien même il est certain que des
aspects de leur histoire individuelle permettraient de les distinguer. Mais
il permet de le placer dans une population plus restreinte, et plus richement
décrite : la richesse des modèles contemporains relègue dans l'archaïsme
les catégorisations grossières du temps jadis comme « la ménagère de
moins de cinquante ans ». Le profilage constitue donc un véritable tournant
dans l'histoire des identités institutionnelles que nous avons évoquée plus
haut[1]. La description n'est plus fondée sur les variables bien connues de
la sociologie comme du marketing (sexe, genre, âge, revenu, appartenance
communautaire, …) mais sur une connaissance bien plus fine des activités,
des habitudes et des centres d'intérêt, notamment forgée à partir des historiques de navigation et de consommation. Lorsqu'on dit que les entreprises
du numérique collectent plus de données sur nous, il faut donc entendre
cette majoration non seulement en termes de quantité mais de diversité
interne : les nouveaux algorithmes de profilage utilisent beaucoup plus de
variables que les simples anciennes catégories administratives ou des
instituts de sondage. On retrouve ce problème de la haute dimensionnalité
évoquée dans notre présentation du ML : le traitement statistique automatique
permet d'exploiter un grand nombre de variables indépendantes, qui
produisent un profil beaucoup plus fin de l'individu. Pour l'anecdote, un
avocat défendant un client en conflit avec un service social américain a
déclaré qu'avant même de comprendre l'origine algorithmique du problème,
la première chose qu'il avait remarqué était que le questionnaire donné à
son client était passé de 20 à 283 questions[2]. On a là une explosion de la
diversité des données typique des évolutions récentes, mais il ne s'agit là
que la partie immergée du proverbial iceberg. Là encore, le caractère
subreptice de la collecte joue un rôle décisif : alors qu'il aurait été difficile
à des annonceurs ou des propriétaires de sites commerciaux de demander
à leurs clients de répondre à des questionnaires comprenant des centaines
d'entrées, la collecte automatique des données numériques, ou leur simple
achat auprès de courtiers de données, permettent d'établir ces profils sans
effort de la part du client, et sans que la contemplation des données collectées
ne le mène à poser des questions désagréables sur la justesse du portrait
qui est fait d'elle, ou sur l'emploi qu'il en sera fait.

---

1. Voir « Vie privée et identité », p. 256.
2. K. Hao, « The Coming War on the Hidden Algorithms That Trap People in Poverty »,
art. cit.

Parmi ses nouvelles données sur les individus figurent la localisation, le système d'exploitation de l'ordinateur employé, l'historique de shopping sur des sites commerciaux, la visite de certains sites, les réseaux d'amis sur les réseaux sociaux, le contenu de certains messages, l'heure d'arrivée sur un site, le temps passé sur une page, le nombre de liens cliqués, le temps passer à regarder une vidéo, … En bref, les entreprises du numérique peuvent maintenant faire bien plus que vous placer dans les grandes catégories des formulaires administratifs et des sondages : elles peuvent prétendre connaître où vous êtes, ce que vous faites, qui vous fréquentez, et quels sont vos goûts. La pertinence de ces informations pour les annonceurs publicitaires comme pour les équipes de campagne a créé un gigantesque appétit pour cette manne informationnelle, et donc un marché colossal où certains géants du numérique se taillent une part du lion : en 2020 ; Google a réalisé à elle seule plus de \$146 milliards de CA par la seule publicité en ligne [1].

L'étude du profilage pose de grands problèmes méthodologiques à cause de l'opacité par déni d'accès entourant nombre des plus grandes opérations de profilage : les grandes entreprises pratiquant le profilage ne tiennent guère à révéler au grand jour leurs algorithmes, qui sont leur propriété intellectuelle. Cela réduit bien souvent la recherche sur la nature de ce profilage à réaliser des études en boîte noire, en créant des faux profils d'utilisateurs et en analysant comment les publicités et autres informations reçues varient en fonction de l'activité en ligne de l'utilisateur fictif. Une étude nommée Adfisher a ainsi pu détecter des effets étranges, et en contradiction avec les politiques affichées de Google, comme la plus grande probabilité de recevoir des publicités pour des métiers de cadre bien rémunérés si l'on est un homme, ou la réception de publicités pour des cures de désintoxication pour les personnes consultant des pages sur les addictions [2]. Ceci jette un doute sur la potentielle loyauté de l'outil Ad Settings de Google, censé permettre à l'utilisateur d'ajuster les « centres d'intérêt » créés par Google pour vous cibler, puisqu'il ne comprend pas d'informations confidentielles comme des problèmes médicaux.

Les résultats de telles études doivent être analysés avec prudence. Il est difficile de réaliser un échantillon représentatif des activités d'une compagnie géante comme Google, et les publicités proposées ne dépendent pas que de l'activité de l'utilisateur mais aussi des préférences et données

1. « Résultats Google : chiffre d'affaires, bénéfices, employés, cash… », WebRankInfo, 26 août 2021, https://www.webrankinfo.com/dossiers/google/resultats-financiers.
2. T. Simonite, « Probing the Dark Side of Google's Ad-Targeting System », *MIT Technology Review*, 6 juillet 2015.

employées par les clients annonceurs, qui sont difficilement accessibles. Le souci est que les grandes entreprises du numérique ne facilitent pas toujours l'exécution d'études qui permettraient de lever les doutes créés par ces coups de sonde partiels, quand elles ne luttent pas activement contre elles. Facebook a ainsi bloqué les travaux de chercheurs américains cherchant à tester à grande échelle la diffusion des campagnes politiques et des informations sur le Covid-19 sur sa plateforme[1]. Le leader mondial des réseaux sociaux pouvait utiliser ses Conditions Générales d'Utilisation, qui interdisent la création en masse de faux profils ou le *webscraping* nécessaire à de telles études, détournant ainsi la législation sur la protection de la vie privée à son profit pour empêcher toute recherche indépendante sur ses activités de ciblage. Ceci crée une situation juridique et politique potentiellement redoutable, où les grandes entreprises du numérique non seulement n'ont aucune obligation de transparence sur leurs produits protégés par le secret des affaires, mais où même les études en boîte noire permettant de jeter une lumière indépendante sur leur fonctionnement pourraient se voir opposer un mur d'avocats en colère. L'asymétrie d'information est devenue si essentielle et si habituelle au capitalisme de surveillance qu'il cherche donc à arrêter la recherche académique qui le menace. Dans de telles conditions, un bien social essentiel comme la diffusion de l'information en ligne, y compris des informations sensibles comme la diffusion des campagnes politiques, pourrait se voir administrer sans aucune transparence par des institutions n'ayant aucune obligation de servir le bien commun. Les menaces juridiques de Facebook à l'endroit des chercheurs incarnent bien une tentative d'établissement d'un nouvel ordre politique, où des informations cruciales sur le fonctionnement de notre espace médiatique, et donc de nos communautés politiques, sont *de facto* privatisées et retirées du regard public par le capitalisme de surveillance. Il s'agit là d'une menace majeure pour le respect de la vie privée comme pour la transparence de nos démocraties, qui montre encore une fois à quel point ces deux questions sont liées.

Après une campagne électorale américaine de 2020 marquée par une critique de la position dominante des géants du numérique, le vent politique pourrait être en train de tourner. Le 15 décembre 2020, la *Federal Trade Commission* a ordonné à plusieurs grands acteurs du numérique, comprenant TikTok, Amazon, Facebook, Reddit, Twitter, WhatsApp et Youtube de lui

1. S. Bond, « NYU Researchers Were Studying Disinformation On Facebook. The Company Cut Them Off », *NPR*, 4 août 2021, sec. Technology, https://www.npr.org/2021/08/04/1024791053/facebook-boots-nyu-disinformation-researchers-off-its-platform-and-critics-cry-f.

communiquer les détails de leur collecte et exploitation de données, afin de « comprendre comment les business models influencent ce que les Américains entendent et voient, avec qui ils parlent, et quelle information ils partagent. »[1]. Combiné avec le procès intenté pour monopole à Facebook, et celui intenté à Amazon pour violation de la concurrence par le *US Justice Department*, cette offensive juridique semble annoncer le début d'une reprise en main des grands acteurs du capitalisme de surveillance que beaucoup appelaient de leurs vœux depuis des années. Le résultat de la grande bataille juridique et politique qui s'annonce n'est pas écrit, mais on peut anticiper que nous allons apprendre de nouvelles choses sur ces compagnies qui en savent tant sur nous. Un tel tournant juridique est assurément de la plus haute importance, puisqu'il porte sur le cœur de ces asymétries d'information massives qui ont proliféré durant ces dernières décennies avec le transfert des activités, et du pouvoir économique, dans le monde numérique. Outre que cela constitue un énième rappel de la dépendance de la connaissance du social à un ensemble de conditions politiques qu'il ne faut jamais tenir pour acquises, cela représente aussi des raisons de combattre et d'espérer.

Comme le disent à très juste titre Vold et Whittlestone[2], l'alignement avec les intérêts de l'individu est un facteur critique pour l'éthique du profilage. Profiler pour vendre du tabac et de l'alcool à des minorités – ce qui est à la fois manipulateur et discriminant n'est pas la même chose que profiler pour connaître des vulnérabilités, et pour apporter de l'aide. On retrouve ici une idée analogue à celle que nous avions entrevue durant notre analyse de COMPAS : l'usage des facteurs statistiques de la récidive n'avait pas le même sens lorsqu'ils étaient employés pour prioriser des aides à la réinsertion ou pour maintenir les individus en prison. L'accumulation de connaissance sur les comportements, et des facteurs permettant de les influencer, peut tout aussi bien poursuivre une fin émancipatrice qu'une fin manipulatrice[3].

1. J. Diaz, « Amazon, TikTok, Facebook, Others Ordered To Explain What They Do With User Data », *NPR. Org*, 2020, https://www.npr.org/2020/12/15/946583479/amazon-tiktok-facebook-others-ordered-to-explain-what-they-do-with-user-data.
2. K. Vold et J. Whittlestone, « Privacy, Autonomy, and Personalised Targeting », art. cit.
3. Le problème de l'alignement avec les intérêts de l'utilisateur est bien identifié comme un enjeu central des systèmes intelligents dans Christopher Burr, Nello Cristianini, and James Ladyman, « An Analysis of the Interaction between Intelligent Software Agents and Human Users », *Minds and Machines* 28, n° 4, 2018, p. 735-774. Les systèmes intelligents peuvent exploiter et renforcer les faiblesses humaines dans la mesure où leurs métriques de

La transparence du profilage est à cet égard une question décisive, non seulement parce qu'elle peut être considérée comme une valeur politique en soi, mais aussi parce qu'elle permet de discriminer entre fins émancipatrices et fins manipulatrices du profilage. La manipulation suppose le plus souvent le maintien d'une asymétrie d'information entre manipulateur et manipulé, alors que les fins émancipatrices supposent souvent à l'inverse une conscientisation des facteurs déterminant le comportement. Un très bel exemple de ce type d'asymétrie, et du meilleur journalisme scientifique, peut être trouvé dans l'enquête de Charles Duhigg sur le marketing ciblé à l'égard des femmes enceintes pour le compte des supermarchés[1], dont la qualité est telle que nous ne résisterons pas à la tentation de la résumer en quelques lignes. Incidemment, cette étude jette une lumière crue sur ce qu'on peut appeler le quatrième pilier de la publicité ciblée, à savoir l'exploitation de la connaissance psychologique à des fins mercantiles. L'étude du comportement des consommatrices et consommateurs a montré que le choix du magasin où faire ces courses alimentaires est une habitude profondément ancrée et largement inconsciente, que les campagnes publicitaires ont le plus grand mal à modifier. Ces mêmes études ont aussi montré que les grands évènements de l'existence – déménagement, décès, divorce, naissance d'un enfant – sont le moment privilégié pour la difficile modification de ces habitudes. Pour les femmes, cibles préférées des magasins d'alimentation, aucun évènement ne semble aussi propice à la modification des habitudes de consommation qu'une grossesse. La psychologie empirique livre donc immédiatement une connaissance pratique décisive pour la stratégie des chaînes de magasins : nulle population ne doit faire l'objet de plus d'attention ciblée que les femmes enceintes. Ces efforts auraient pu se limiter à un travail sur les prix, la qualité, la variété des produits, ou l'exposition dans le magasin des produits destinés aux femmes enceintes, la qualité du service en magasin. Ils auraient aussi pu consister en une campagne publicitaire ciblée publique et explicite, déclarant tout l'amour porté par ces chaînes à leurs clientes enceintes. Toutes ces pratiques commerciales n'ont rien de nouveau, et nombre d'entre elles ne posent aucun problème éthique, politique ou économique : après tout, améliorer l'offre à ses clientes, et en particulier aux clientes stratégiquement les plus importantes pour elle, est ce qu'on attend d'une entreprise

performance ne sont pas alignées avec les intérêts de l'utilisatrice et que, dans le cas des systèmes d'apprentissage par renforcement, leur système de récompense est fondé sur leur influence sur le comportement de l'utilisateur.
    1. Ch. Duhigg, « How Companies Learn Your Secrets », *The New York Times*, 16 février 2012.

commerciale. On peut bien sûr objecter contre l'exploitation d'une connaissance psychologique qui peut devenir l'exploitation d'une vulnérabilité, mais la production d'une offre commerciale à l'endroit des femmes enceintes ne suppose en elle-même ni invasion de la vie privée, ni dissimulation, ni manipulation. Mais le marketing moderne, exemplifié dans l'enquête de Duhigg par la chaîne américaine TARGET, va plus loin que cela : il cherche à identifier les femmes enceintes et à leur adresser des publicités ciblées d'une autre manière. Les publicités ciblées sont en effet dissimulées : des femmes soupçonnées d'être enceintes d'après leur historique d'achats enregistré par leur carte de fidélité reçoivent des catalogues d'offres similaires en apparence à celui de toutes les autres clientes, mais où les produits à elles destinés sont en réalité surreprésentés et mis en avant. On retrouve là l'une des signatures du capitalisme de surveillance : non seulement celui-ci exploite une masse d'informations privées pour personnaliser son offre publicitaire, mais il les exploite de manière subreptice, les clientes n'ayant ici aucune conscience d'être ciblées parce qu'elles sont enceintes.

La campagne marketing de TARGET est malheureusement aussi paradigmatique de l'opacité par restriction d'accès qui entoure certaines pratiques du profilage et du marketing ciblé. Comme l'avait bien remarqué Vold et Whittlestone, l'opacité crée l'illusion d'un accès représentatif à l'information là où on a un contenu personnalisé. L'entreprise tient à maintenir son asymétrie d'informations avec le consommateur et la consommatrice, parce que c'est ce qui lui permet d'éviter les accusations de pratiques intrusives, et parce qu'il peut espérer un surcroît d'efficacité de son action subreptice. Une partie de l'économie de la publicité ciblée est ainsi plus qu'une économie intrusive : une véritable économie de la manipulation.

C'est ici qu'il convient de rappeler encore une fois les limites de la métaphore scopique évoquée par la surveillance numérique. Il ne s'agit pas seulement de surveiller, mais d'exploiter les asymétries d'information créées par la surveillance pour extraire un comportement voulu, quelle que soit sa nature. Ce qui est problématique dans le monde de la surveillance numérique, ce n'est pas uniquement la collecte massive de nos données, mais aussi le caractère subreptice de cette collecte, de son exploitation et de ses finalités. Ce n'est pas que la collecte de données qui est subreptice, c'est l'influence obtenue sur le comportement. Non seulement les individus n'ont aucune conscience de la foule de données collectées sur eux, mais ils n'ont pas non plus conscience d'un grand nombre de traitements algorithmiques dont ils font l'objet, et ils n'ont pas toujours conscience que l'information qui leur est présentée a été personnalisée, et selon quels critères. Certains avocats américains défendant des clients ayant été exclu de la perception de certaines aides sociales ont ainsi mis bien longtemps à comprendre que leurs clients avaient été victimes d'erreurs algorithmiques. Sans en avoir le plus souvent la moindre conscience, les individus les plus pauvres sont souvent affectés par plusieurs traitements algorithmiques simultanés, que ce soit par l'accès à l'État-Providence ou le système du *credit score*, un système américain provenant du secteur bancaire et déterminant si un client est un payeur fiable[1]. Dans cette ignorance totale d'à quelle sauce algorithmique ils sont mangés, il devient très pénible pour ces individus de défendre leurs droits[2]. Tout ceci fait du monde numérique un monde où prospèrent les asymétries d'information entre institutions et individus, asymétries qui deviennent des leviers de pouvoir de ces institutions sur ces mêmes individus.

Nous souhaiterions pouvoir dire au lecteur que les pratiques douteuses de TARGET représentent un cas extrême : il n'en est malheureusement rien. Au contraire, nombre de grands acteurs du capitalisme de surveillance, et en particulier les réseaux sociaux comme Facebook, font une utilisation intensive de la psychologie pour extraire du comportement désiré. Cette connaissance psychologique est ensuite injectée dans des modèles prédictifs du ML, dont le but est de maximiser l'extraction de ce comportement désiré. Celui-ci porte le nom d'*engagement*, et désigne intuitivement le temps passé sur le site et le niveau d'activité comme le temps passé à regarder des vidéos, à discuter avec des amis ou à suivre des liens. Pour reprendre la célèbre formule de l'ancien directeur de TF1 Patrick Le Lay, l'*engagement* représente le temps de cerveau disponible que la plateforme peut ensuite monétiser auprès des annonceurs. Pour reprendre une autre

---

1. Le système de *credit score*, et l'opacité soigneusement entretenue autour de lui par les institutions qui l'utilisent, est un serpent de mer de la politique américaine depuis de nombreuses années, et le tournant de l'informatisation ne semble pas avoir allégé ses problèmes. Contrairement à la croyance commune selon laquelle un système de *social scoring* serait le privilège dystopique d'une dictature comme la Chine, le système américain de *credit score* pèse lourdement sur la vie des Américains, en déterminant dans une large opacité non seulement dans l'accès au crédit, mais aussi à l'assurance, à l'emploi ou au logement, et en s'appuyant non seulement sur des informations financières, mais sur des informations aussi variées que l'usage des réseaux sociaux, des applications téléphoniques et du Web (pour la comparaison avec la Chine, voir K. L. X. Wong and A. Shields Dobson, « We're Just Data : Exploring China's Social Credit System in Relation to Digital Platform Ratings Cultures in Westernised Democracies », *Global Media and China* 4, n° 2, 1er juin 2019, p. 220-232, https://doi.org/10.1177/2059436419856090.).
2. K. Hao, « The Coming War on the Hidden Algorithms That Trap People in Poverty », art. cit.

formule employée dans le documentaire *The Social Dilemma*, l'utilisateur des réseaux sociaux est un rat de laboratoire, dont une IA manipule l'environnement pour en extraire un comportement désiré. Le capitalisme de surveillance est structurellement un capitalisme de la dissimulation et de la manipulation, où l'exploitation des vulnérabilités psychologiques à des fins mercantiles est devenue une norme. Pour reprendre la belle formule de Tristan Harris, ancien employé de Facebook devenu critique, l'IA n'a peut-être pas dépassé les forces de l'être humain, mais elle a déjà dépassé ses faiblesses[1].

Il n'y a rien là de bien surprenant du point de vue de la théorie politique : l'auteur de ces lignes avoue sa difficulté à trouver un exemple historique où les institutions envahiraient la vie privée des individus et travailleraient à accroître l'asymétrie d'informations en leur faveur afin de mieux servir le bien commun. L'asymétrie d'information sert un objectif de pouvoir qui est l'extraction du comportement aligné avec les intérêts de l'institution. Ce sont les moyens employés qui sont ici nouveaux, et ne se réduisent nullement à l'ampleur et aux modalités de la collecte. Ceux-ci confèrent une puissance scientifique nouvelle à cette entreprise d'extraction du comportement désiré, et lui offrent, de par la facilité de customisation de l'environnement numérique, une capacité inédite à façonner l'environnement dans lequel évolue l'utilisateur. L'utilisateur d'Internet n'évolue donc pas seulement dans un monde de surveillance ubiquitaire, mais aussi un monde largement façonné pour les intérêts des annonceurs. La personnalisation offerte par l'économie numérique a donc quelque chose de profondément trompeur, en ce qu'elle vise à faire croire à l'utilisateur qu'il évolue dans un monde fait pour lui, alors qu'il évolue dans un monde fait pour les annonceurs. Les deux choses ne pourraient aller main dans la main que si l'on fait l'hypothèse que les intérêts des annonceurs sont spontanément alignés avec ceux des utilisatrices et utilisateurs, une hypothèse sans doute un peu trop charitable.

Mais même si nous avons tenu à souligner l'importance de traits structuraux traversant les frontières convenues entre public et privé,

---

1. *The Social Dilemma*, Documentary, 2020, https://www.thesocialdilemma.com/. Voir aussi T. Harris, « How a Handful of Tech Companies Control Billions of Minds Today » (Ted, 18 juillet 2017), https://www.youtube.com/watch? v=C74amJRp730. T. Harris, *How Technology Is Hijacking Your Mind – from a Former Insider, Thrive Global*, 2016, https://journal.thriveglobal.com/how-technology-hijacks-peoples-minds-from-a-magician-and-google-s-design-ethicist-56d62ef5edf3. « Tristan Harris Testimony : Technological Deception in the Social Media Age » (US Congress, January 24, 2020), https://www.youtube.com/watch? v=LUNErhONqCY.

économique et politique, l'importance des fins mercantiles dans le profilage et le ciblage des contenus ne doit pas être ignorée. Tout d'abord, comme nous venons de le voir, parce qu'elle constitue une force dominante, qui fait plus qu'agir dans le monde numérique, mais qui le façonne : il s'agit d'une nouvelle extension du pouvoir de la logique publicitaire. Mais également parce qu'une telle finalité amène à une reconceptualisation de la fonction politique de la surveillance. Il ne s'agit pas tant de « surveiller et punir, » mais surtout de « surveiller et manipuler » et enfin, de « surveiller et vendre ». La réflexion politique sur les effets de la surveillance et des asymétries d'information se doit de prendre acte de cette réorientation des pratiques. Comme nous l'avions déjà mentionné en introduction, l'essentiel de notre patrimoine intellectuel et institutionnel sur le respect de la vie privée et sur la protection des données personnelles a été conçu pour protéger les citoyens du poing d'acier de l'État[1]. Si les pratiques numériques des services de renseignement viennent nous rappeler que ce patrimoine n'a rien perdu de sa valeur, la prééminence des fins mercantiles dans le monde de la surveillance numérique nous invite à penser l'adaptation de cet héritage aux réalités du jour. Il s'agit notamment de penser comment un monde où l'environnement numérique tout comme le comportement des individus qui y évoluent sont façonnés pour servir les intérêts du capitalisme de surveillance, et donc essentiellement du marketing numérique personnalisé, affecte l'expression d'autres valeurs et d'autres intérêts, d'autres sphères de la vie sociale.

Avant même de s'interroger sur cette prééminence de la logique mercantile, il est intéressant de remarquer que le capitalisme de surveillance pose aussi des problèmes fondamentaux d'orientation économique. Une économie de la manipulation n'est pas une économie de la production. Le succès du profilage peut faire craindre une orientation des efforts industriels vers l'extraction de valeur du consommateur plutôt que sur l'amélioration de la production, une orientation dont le potentiel délétère peut difficilement être surestimé. Particulièrement inquiétante à cet égard est le développement de la tarification volatile, un sujet industriel majeur mais néanmoins presque totalement négligé par la littérature en éthique des algorithmes[2]. Il ne s'agit

---

1. Là encore, cette idée est ancienne, puisque Paul Schwartz remarquait déjà que « la Constitution américaine ne crée aucun droit pour les individus lorsque leurs informations personnelles sont traitées par des compagnies privées », P. Schwartz, « The Computer in German and American Constitutional Law. », *The American Journal of Comparative Law* 37, n° 4, 1989.
2. A. Hannak *et al.*, « Measuring Price Discrimination and Steering on E-Commerce Web Sites », in *Proceedings of the 2014 Conference on Internet Measurement Conference – IMC*

plus seulement de moduler les interfaces utilisateurs ou les messages publicitaires, mais de moduler l'affichage des biens et leur prix en fonction du profil utilisateur. En plus de contrôler l'accès au marché pour les producteurs, et le marché publicitaire pour les annonceurs, les grandes plateformes commerciales vont pouvoir contrôler le prix pour les consommateurs. Mais une telle orientation de l'économie n'est pas inquiétante que par l'énorme concentration de pouvoir qu'elle permettrait. Elle ouvre la porte à une économie où la valeur d'un bien est largement déterminée par la connaissance que le vendeur a de l'acheteur, faisant descendre l'asymétrie de pouvoir créé par l'économie numérique jusque dans le prix des objets. Il s'agit là d'un immense sujet qui n'a jusqu'à présent fait que l'objet que de quelques études techniques, et d'encore moins de travaux politiques. Il est regrettable que la littérature en éthique des algorithmes considère implicitement ce sujet comme hors de son domaine : pour paraphraser Clemenceau, le prix est une affaire trop sérieuse pour être laissée aux seuls économistes. Quoi qu'il en soit, à l'heure où la lutte contre la pandémie du Covid-19 et la transition écologique remettent à l'ordre du jour des questions de logistique et de production industrielle de grande échelle, il y a de quoi s'inquiéter que les investisseurs de la Silicon Valley en IA investissent plus d'argent dans la publicité ciblée que dans la construction des usines du futur[1]. Le développement de cette économie de la manipulation pourrait donc gêner le développement de l'économie dont nous avons réellement besoin pour faire face aux défis de l'avenir.

Si l'on s'interroge à présent sur les effets de cette expansion de la logique mercantile dans le monde numérique, on se rendra aisément compte que le sujet est d'une dimension énorme, qui dépasse de loin le cadre de cet ouvrage. Une énorme littérature a déjà vu le jour sur les multiples effets qu'a fait subir à notre sphère publique, et donc à notre vie intellectuelle, culturelle et médiatique, les traitements algorithmiques au service du capitalisme de surveillance. Pour ne prendre que quelques exemples, une vaste littérature traite des « bulles de filtrage » créés par les systèmes de recommandation menant vers des contenus similaires, ou la dérive vers le sensationnalisme, la polarisation et les contenus violents provoqués par la maximisation de l'*engagement*, ou les difficultés de la modération automatisée

---

'14, Vancouver, ACM Press, 2014, p. 305-318, https://doi.org/10.1145/2663716.2663744.

1. E. MacBride, « Why Venture Capital Doesn't Build the Things We Really Need », *MIT Technology Review*, 17 juin 2020, https://www.technologyreview.com/2020/06/17/1003318/why-venture-capital-doesnt-build-the-things-we-really-need/.

des contenus[1]. Il ne nous appartient pas de contribuer ici à cette littérature très riche, qui ne peut que faire l'objet d'un traitement dédié. Nous devrons nous contenter de regarder ce vaste enjeu de l'hégémonie de la logique mercantile par le petit bout de notre déjà considérable lorgnette, à savoir celle de la vie privée.

Commençons par quelques remarques sur les relations complexes entre l'objectivation des utilisateurs par le capitalisme de la surveillance et le respect de la subjectivité qui est au cœur du droit à la vie privée. Une économie de la surveillance et de la manipulation est une économie qui risque fort de cesser de se demander ce qu'elle peut faire *pour* ses utilisateurs – soit sa fonction sociale réelle – pour se demander ce qu'elle peut faire *de* ses utilisateurs. Là encore, nous retrouvons l'importance de limiter les prétentions à la connaissance des individus de la part des institutions. Toutes les entreprises du numérique ne cessent de prétendre qu'elles collectent des informations sur leurs utilisatrices et utilisateurs pour améliorer le service qui leur est offert. Outre que l'alignement des intérêts entre les institutions et les individus ne doit jamais être pris pour une évidence, l'évolution du capitalisme de surveillance semble montrer que l'accroissement de la connaissance sur les individus favorise un glissement vers l'objectification et la marchandisation des personnes elles-mêmes, qui est l'opposé d'un service à leur rendre. Il faut donc prendre au sérieux le slogan bien connu qui dit que lorsque le service est gratuit, c'est l'utilisateur qui est le produit. Il faut en particulier insister sur le substantif « produit » : l'utilisateur n'est pas qu'une matière brute livrée en pâture aux annonceurs publicitaires. Les plateformes visent à livrer à leurs annonceurs des utilisateurs transformés afin que leur comportement soit aligné avec les intérêts des clients de ces plateformes. En prétendant servir les préférences de leurs utilisateurs, les plateformes du capitalisme de surveillance dissimulent non seulement leurs véritables clients, mais aussi leur véritable travail, qui est de modifier leurs utilisateurs. L'invasion de la vie privée transforme donc les individus en pâte à pétrir, plutôt qu'en personnes à servir. Le respect de la vie privée est nécessaire pour que les personnes soient traitées comme

---

1. Pour ne prendre que quelques exemples : E. Pariser, *The Filter Bubble : How the New Personalized Web Is Changing What We Read and How We Think*, London, Penguin, 2011 ; D. Cardon, *A quoi rêvent les algorithmes : Nos vies à l'heure des big data*, Paris, Seuil, 2015 ; R. Badouard, *Les nouvelles lois du web. Modération et censure*, Paris, Seuil, 2020 ; T. Gillespie, *Custodians of the Internet*, New Haven, CT, Yale University Press, 2018 ; K. Hao, « How Facebook Got Addicted to Spreading Misinformation », *MIT Technology Review*, 2021 ; S. Frenkel et C. Kang, *An Ugly Truth : Inside Facebook's Battle for Domination*, New York, Harper Collins, 2021, https://www.goodreads.com/work/best_book/88096436-an-ugly-truth-inside-facebook-s-battle-for-domination.

telles, y compris d'un pur point de vue économique. Cette idée est loin d'être nouvelle, puisque la pensée critique du capitalisme, et en particulier du marketing, a depuis longtemps taillé en pièces le mythe que nos économies servent des individus aux préférences fixes, alors que le marketing vise largement à façonner les préférences et les comportements. Mais l'invasion de la vie privée, la puissance des modèles prédictifs et le contrôle total de l'environnement numérique produisent une accélération considérable de ces tendances obscures du capitalisme moderne. On pourrait conjecturer que cette accélération est aussi une rupture. Le capitalisme de surveillance ne se contente plus de façonner les subjectivités, mais en est arrivé au déni des subjectivités, dans la mesure où une subjectivité ne peut survivre à la prétention à la transparence totale des individus portée par cette nouvelle forme du capitalisme. Le respect de la vie privée serait donc non seulement une condition psychologique de formation d'une subjectivité saine pour les individus, mais serait aussi une condition de reconnaissance de cette subjectivité par les institutions : seule une institution qui accepte de reconnaître aux individus une part d'obscur est une institution qui accepte de traiter ces individus comme des personnes à servir, et non comme un matériau à façonner selon ses intérêts. Il existe là un vaste champ de travail sur les nouveaux rapports entre savoir, pouvoir et formation de la subjectivité, dont nous ne pouvons que souhaiter l'exploration.

CONCLUSION

Notre hypothèse de long terme stipulait que toute modification profonde des techniques cognitives doit avoir un impact profond sur les pratiques bureaucratiques. Si l'on évalue les phénomènes affectant la vie privée que nous venons d'examiner à l'aune de cette hypothèse, ce sont donc les pratiques d'identification et de construction d'une identité institutionnelle qui ont été les plus affectées par l'algorithmisation de la décision en général, et par l'emploi du ML en particulier. Identifier les individus et s'en forger une image est une pratique essentielle pour les institutions bureaucratiques : elle est nécessaire pour retirer ou attribuer des biens matériels, des droits, des responsabilités, des récompenses, des châtiments, des offres commerciales ou des appels à la conscription, bref pour une large part des actions massives que prétendent effectuer les institutions. Il était donc raisonnable de supposer que les évolutions technologiques récentes, en affectant massivement ces pratiques d'identification et de construction d'une identité institutionnelle, allaient profondément affecter les pratiques des institutions et leur rapport à la vie privée, et c'est bien ce qu'a montré ce chapitre.

Les nouvelles modalités de représentation des individus se traduisent par de nouveaux pouvoirs, qui augmentent parfois dramatiquement l'asymétrie d'informations entre individus et institutions. Le plus évident est l'accroissement massif des capacités d'identification des individus en ligne et hors ligne, qui a été si dramatique qu'il mène à s'interroger sur la possible mort de cette composante cruciale de la vie privée qu'est l'anonymat. Mais là encore il ne faut pas réduire l'effet de ces pratiques à la capacité d'identification. L'identité institutionnelle comprend l'intégralité de la connaissance amassée sur un individu, que celle-ci prenne la forme de données collectées sur cet individu ou d'inférences réalisées sur cet individu, souvent à l'aide de traitements algorithmiques sophistiqués. Le profilage, cette pratique essentielle du capitalisme de surveillance secondé par le ML, a mené à la formation d'un nouveau pouvoir prédictif basé sur cette nouvelle identité institutionnelle. Si l'idée de prédire le comportement des individus à l'aide de données collectées sur eux n'a rien de nouveau, le ML et son emploi dans l'industrie du profilage constituent un véritable saut qualitatif dans cette pratique, non seulement dans le volume et la variété des données collectées, mais dans la portée, la précision et la rigueur du retour sur expérience de ces prédictions. Ce nouveau pouvoir prédictif vient soutenir la promesse d'une influence accrue par son exercice non plus sur les masses, mais sur les individus.

Si l'État de droit moderne est en partie fondé sur un renoncement de l'État à exercer certains pouvoirs sur les individus, ce renoncement doit aussi prendre la forme d'un renoncement à une connaissance sans limites des individus. Si cette hypothèse est exacte, cela signifierait que les deux dernières décennies représentent un tournant historique des relations entre individus et État, mais aussi d'autres institutions comme les grandes entreprises du capitalisme de surveillance et leurs clients, à savoir que ces institutions fondent leur cœur d'activité sur la prétention à connaître et à influencer les individus. Il s'agit là d'un accroissement dramatique des asymétries de savoir et donc de pouvoir entre individus et institutions. Cette asymétrie est d'autant plus sensible qu'elle est soutenue par un accroissement de l'opacité dans ses trois dimensions : non seulement le capitalisme défend l'asymétrie de savoir en sa faveur par la restriction d'accès, mais l'emploi du traitement algorithmique en général, et du ML opaque en particulier, augmente l'opacité par incompétence et introduit la nouvelle opacité scientifique des modèles. Les institutions s'opacifient au fur et à mesure qu'elles prétendent rendre les individus de plus en plus transparents.

Si ces asymétries de pouvoir entre institutions et individus sont particulièrement importantes et inquiétantes, l'impact des nouveaux traitements algorithmiques sur la vie privée affecte aussi les rapports entre les individus, ou les individus et l'opinion publique. Comme nous l'avons vu, les nouvelles facilités de collecte, d'enregistrement et de recherche de l'information peuvent banaliser la propension à l'archivage et la fouille du passé des individus qui sont typiques des institutions de contrôle social. Le risque de congélation des identités qui s'ensuit, et la remise en cause concomitante de l'exercice du droit à l'oubli, n'affectent donc pas que les institutions : il existe un vrai risque de banalisation et d'intériorisation des pratiques de surveillance au niveau des comportements individuels.

Comme nous l'avons dit en introduction, ce modeste chapitre n'a pas vocation à trancher les querelles philosophiques portant sur la compréhension de la vie privée. Néanmoins, les résultats de ce travail montrent que la discussion sur la vie privée dans notre monde algorithmisé doit être à tout le moins incluse dans une conversation sur la maîtrise de la représentation de soi, dont on a vu qu'elle était à la fois une ressource et une cible des pratiques de surveillance numérique. Les individus ont bien sûr le droit à une représentation d'eux-mêmes qui soit véridique, et non inexacte, basée sur des confusions entre le certain et le probable, ou carrément diffamantes. Ils ont aussi le droit de mettre des limites sur les connaissances amassées sur eux-mêmes, que ces limites proviennent de restriction sur la collecte ou l'enregistrement, du droit à l'effacement ou de restriction mises sur les possibles inférences faites à leur sujet. Enfin, ils ont le droit de comprendre les représentations qui sont forgées d'eux-mêmes, non seulement parce que celles-ci nourrissent les décisions qui affectent leur destin social individuel, mais parce qu'elles sont une composante essentielle du débat démocratique. Pour s'exercer, ce droit suppose bien sûr que soient rendues public les connaissances dont l'accès est aujourd'hui restreint. Mais il suppose que soit réalisée une réflexion considérable pour que le droit à l'explication puisse s'exercer de manière significative face à des représentations d'une sophistication croissante, et dont la compréhension par les scientifiques eux-mêmes pose problème. Comme nous l'avons vu dans notre chapitre sur l'opacité, cette diffusion de la connaissance est évidemment une problématique transverse de l'algorithmisation, mais elle se pose avec une acuité toute particulière pour la maîtrise de la représentation de soi, dans la mesure où celle-ci porte sur la connaissance que les autres ont de nous.

Considérant le cadre de ce chapitre, et nos modestes capacités, il ne nous appartient pas de décider comment un tel idéal philosophique devrait être traduit dans le droit positif. Cependant, dans la mesure où la tradition juridique a été pour nous une grande source d'inspiration pour ce travail sur la vie privée, et que cette tradition fait en même temps partie des phénomènes historiques que nous devions examiner, il nous a semblé nécessaire d'exprimer certaines conséquences conceptuelles fondamentales de l'algorithmisation sur notre ordre juridique parmi nos conclusions de philosophie politique, laissant aux juristes le soin de leur articulation en droit positif.

Depuis maintenant plus de cinq décennies, certains penseurs ont alerté sur les dangers politiques que représentait la nouvelle puissance de collecte et d'analyse des données offerte par l'informatisation. Cette prise de conscience a mené à la création d'un droit dédié, le droit des données personnelles, dont le but explicite est de préserver les droits des personnes physiques, en particulier le droit à la vie privée, face à la nouvelle puissance de l'hyperbureaucratie numérique. Las, cette prise de conscience et cette réaction institutionnelle, si pertinentes fussent-elles, n'ont pas empêché le développement du capitalisme de surveillance et de l'appareil de surveillance numérique de la NSA et d'autres services. Il y a là un échec fondamental de la prescience juridique des réflexions sur les dangers de l'informatisation, qui s'est révélé incapable d'arrêter le train en marche.

Si une refondation du droit des données serait assurément riche d'effets politiques désirables, cette remarque sur l'impuissance de la prescience juridique face aux dangers de l'hyperbureaucratie numérique incite bien sûr à la plus grande prudence sur la portée d'une approche purement juridique de la défense de la vie privée. Il nous faut comprendre avec plus de finesse le nexus de facteurs politiques, économiques et techniques qui ont permis l'émergence d'une société de surveillance numérique en contradiction si flagrante avec l'esprit de notre droit. Si une telle ambition dépasse franchement non seulement le cadre de ce chapitre, mais celui de cet ouvrage tout entier, nous nous permettrons d'inviter à une réflexion plus approfondie sur les fonctions de la surveillance, et en particulier sur sa fonction économique au sein du capitalisme de surveillance.

Comme nous l'avons décrit, le capitalisme de surveillance est un titre en partie inadéquat. Cette nouvelle forme du capitalisme ne vise pas tant à surveiller ses utilisateurs qu'à façonner leur comportement au service de ses clients, principalement les annonceurs. Le danger que cette nouvelle forme du capitalisme représente pour notre espace médiatique et notre vie démocratique a été souligné à bien des reprises. Le capitalisme de surveillance mène à un asservissement généralisé de notre espace médiatique aux intérêts des annonceurs, et à une exacerbation des tendances au sensationnalisme, à la polarisation, à la violence et à la désinformation pure et simple qui étaient déjà la face obscure de notre sphère publique. Nous avons tenu à ajouter qu'il représente un danger pour l'économie elle-même, dans la mesure où une économie de la manipulation cesse de fournir des services et produits aux personnes, pour changer ces personnes elles-mêmes en produits. Le respect des valeurs, intérêts et préférences des personnes qui est nécessaire pour se mettre à leur service ne peut cohabiter avec l'invasion complète de la vie privée, qui peut non seulement façonner les subjectivités, mais en devenir un déni complet.

Quoi qu'il en soit, la compréhension intime de ce capitalisme de surveillance suppose de dépasser les anciennes théorisations de la surveillance centrée sur l'appareil d'État et sur le phénomène de la censure et de la terreur de masse. L'appareil de surveillance d'État s'est largement construit sur le dos d'un appareil déjà développé par les acteurs privés, et la surveillance numérique ubiquitaire des services de renseignement n'a pas, ou du moins pas encore, entraîné un changement net de la nature des régimes démocratiques. Au contraire, nos sociétés démocratiques sont peut-être le premier exemple historique de sociétés de surveillance de masse subreptice et découplée de la terreur de masse. Pour comprendre cette singulière configuration historique, il nous faut comprendre la centralité de la fonction économique de la surveillance, et la construction de modèles économiques extrêmement profitables basés sur la surveillance et l'influence plutôt que sur la surveillance et la répression. La réflexion poussée sur ces modèles économiques est nécessaire non seulement à la théorie des relations entre vie privée et surveillance dans le monde numérique, mais aussi à l'action politique.

Le capitalisme de surveillance est fondé sur un contrat social pourri : ses pratiques ne sont tolérables que dans la mesure où les citoyens ne sont pas conscients de l'ampleur de la collecte des données, de la connaissance amassée sur eux par les modèles prédictifs, des multiples manœuvres d'influence de leur comportement, de la déformation massive et néfaste de notre sphère publique. Il est donc fondé dans le meilleur des cas sur un mensonge par omission, et dans le pire sur un mensonge tout court. Il constitue donc un ordre politique profondément frauduleux et non-viable, dont on voit déjà les contours se lézarder.

CONCLUSION

L'éthique des algorithmes et de l'IA ne doit pas être un empire dans un empire. Si les sirènes de la mode politico-médiatique, et les incitations institutionnelles du champ académique, ont souvent mené à la traiter comme un objet *sui generis*, il est essentiel de réagir face à ces tentations institutionnelles et intellectuelles, et de plonger ses objets dans un contexte plus vaste. Pour tout son dynamisme, le champ de l'éthique de l'IA nous a semblé pécher avant tout par une sous-caractérisation de ses objets, dont la source est un manque de délimitation de leurs bords externes. Notre approche d'épistémologie historique vise à pallier ce défaut de la littérature en fournissant une tentative de contextualisation historique des algorithmes et de l'IA. L'ambition fondamentale de cette contextualisation n'est pas de diminuer l'importance ou la nouveauté des problèmes soulevés par les algorithmes et l'IA, mais au contraire de capturer leur singularité.

Il n'existe cependant pas un contexte unique dans lequel plonger des phénomènes d'une telle portée et d'une telle complexité. Ce qui s'est imposé à nous durant nos années de confrontation à la littérature en éthique des algorithmes, en particulier lorsqu'elle se penche sur l'algorithmisation de décisions affectant des êtres humains, c'est qu'elle réactive, bien souvent de manière inconsciente, des thèmes, problèmes, objets et positions typiques de l'analyse critique de la bureaucratie. Il était donc naturel de penser le phénomène d'algorithmisation de la décision comme un moment de la bureaucratisation, et de voir l'apprentissage automatique, et en particulier l'apprentissage des modèles opaques, comme un moment enchâssé dans ce premier moment.

Nous sommes partis de l'hypothèse de long terme selon laquelle toute modification en profondeur des techniques cognitives est vouée à avoir un impact profond sur les pratiques bureaucratiques, puisque l'histoire de la bureaucratie et celle de ces techniques sont intimement liées sur le long terme. Cette hypothèse peut concerner l'ensemble du phénomène de l'informatisation, qui est bien plus vaste que celui de l'algorithmisation en particulier. Nous avons ensuite formulé l'hypothèse que l'algorithmisation de la décision peut être conçue comme une accélération et une radicalisation du processus historique de bureaucratisation de la décision. Il n'est pas même exagéré de parler d'une hyperbureaucratisation en cours de nos existences, lorsqu'on voit des algorithmes décider de l'accès de la plupart des biens sociaux stratégiques, scruter le moindre de nos faits et gestes et structurer en sous-main le fonctionnement de l'espace médiatique. Nous avons caractérisé ce phénomène par un ensemble de propriétés du processus de décision – dépersonnalisation, uniformité du traitement, centralisation de la conception et du contrôle de l'exécution, explicitation des raisons de la décision, publicité – et de fins poursuivies, ensemble ou séparément, par la recherche de ces propriétés : efficacité, équité, transparence. Il ne s'agit pas pour nous de produire une caractérisation rigide et définitive du phéno-mène de bureaucratisation, mais au contraire de voir comment ces propriétés se modifient, se combinent et se séparent dans les différentes configurations historiques. C'est ainsi que nous pouvions concevoir l'emploi du ML opaque, en tant que vecteur majeur de l'automatisation récente de la décision, comme une croisée des chemins pour le phénomène de bureaucratisation, puisqu'il offre une avancée sur les fronts de la dépersonnalisation, de l'uniformisation et de l'efficacité, tout en rendant problématique l'expli-citation des raisons de la décision. Cette caractérisation épistémique est en même temps la position d'un problème politique. L'opacité de la décision est fortement problématique, dans la mesure où l'explicitation des critères de décision, si elle pouvait bien sûr être réalisée à des fins de contrôle institutionnel, avait l'avantage d'ouvrir cette même prise de décision à la discussion publique, et donc à certaines formes de contrôle démocratique. L'algorithmisation par l'IA fait donc bien pire que d'augmenter l'opacité par incompétence bien familière des discussions du droit : elle fait émerger une forme d'opacité scientifique supplémentaire. Cette opacité représente non seulement un risque considérable de perte de contrôle épistémique de la part des responsables de ces modèles : elle représente aussi un véritable risque démocratique. Pour parachever cette évolution délétère, le statut privé de nombre des grands acteurs du numérique a permis de dissimuler des décisions affectant le destin des centaines de millions d'utilisateurs derrière le secret des affaires et la propriété intellectuelle, ce qui permet d'affirmer qu'aujourd'hui une large partie de la régulation bureaucratique effective de nos existences n'est plus publique.

L'apparition de l'apprentissage automatique peut être vue comme une tentative de contournement, par une nouvelle méthodologie, des difficultés rencontrées dans la programmation de tâches d'IA comme des systèmes de règles. Dans notre perspective d'épistémologie historique de la décision bureaucratique, l'apparition de ce sous-champ de la programmation peut donc être lue comme une réaction à de potentielles limites de l'expression par les règles de la décision rationalisée et dépersonnalisée. Avec l'opacité du ML récent, il est possible de s'interroger sur la possibilité de limites fondamentales au règne de la règle. La question scientifique du caractère irréductible de l'opacité d'une partie du ML se traduit immédiatement en une question politique sur les limites de la bureaucratisation de la décision.

Une discussion plus fine de l'opacité du ML doit nous fait sortir d'une caractérisation binaire de l'interprétabilité des modèles. Celle-ci n'est pas juste une propriété qu'un processus de décision a ou n'a pas, mais elle est une qualité qui doit être pensée de manière intensive. Il importe de concevoir les différents niveaux d'abstraction auxquels un algorithme ou modèle peut être pensé, la connaissance qui peut être extraite d'un niveau donné, et la pertinence de cette connaissance pour les décisions considérées. Le jeune champ de l'IA explicable offre de nombreuses pistes d'intérêt pour ces problématiques. L'existence même d'un champ scientifique dédié à l'explication, objet traditionnel de la philosophie des sciences, a de quoi interpeller les philosophes et les spécialistes des sciences sociales. Nous espérons les avoir convaincus de l'intérêt de s'emparer des enjeux conceptuels de ce champ, comme nous espérons convaincre les informaticiennes et informaticiens de la pertinence d'inscrire leurs travaux dans une vaste tradition intellectuelle venue des sciences sociales. Si les difficultés auxquelles est confronté le champ de l'IA explicable sont si grandes, ce n'est en effet pas seulement de par la complexité intellectuelle de l'explication et de son automatisation : c'est aussi par la nécessité de concevoir l'objet du champ, et le rôle politique qu'il doit jouer. Répondre à ces dernières questions suppose de faire face à des interrogations profondes sur la division du travail intellectuel et sur ses effets politiques. Si l'opacité favorise l'émergence d'asymétries de savoir et de pouvoir délétères, alors l'explication doit s'interroger sur les pouvoirs qu'elle veut favoriser, et sur les conditions épistémiques de ces pouvoirs. Il y a là une interrogation sur les conditions épistémiques de l'acte de gouvernement, du débat démocratique et de l'autonomie des individus qui est vouée à demeurer avec nous.

Les approches modèle-agnostiques, parce qu'elles sont les plus légères en prérequis techniques, constituent assurément un chantier majeur pour tous ceux qui s'intéressent à la dimension proprement pédagogique de l'explication. Il reste à déterminer si les modèles opaques présentent des spécificités à ce niveau d'abstraction, ou si leur opacité scientifique ne renouvelle pas vraiment les anciennes problématiques sur la transmission de savoir aux profanes sur des modèles scientifiques à la fois sophistiqués et d'une grande pertinence politique. Dans l'explication destinée aux expertes et experts, il reste à comprendre quelles règles doivent guider l'emploi de modèles opaques dans les cas les plus problématiques, c'est-à-dire dans les cas où existe un véritable arbitrage entre performance et interprétabilité. Notre examen des algorithmes d'attribution de greffons vitaux montre que le caractère sensible de la décision ne suffit pas à justifier le refus d'emploi de modèles opaques. Dans un contexte marqué par des incertitudes profondes et des contraintes de temps strict, la perte d'explicabilité doit être mise en regard avec le bénéfice éthique de la performance, qui peut être de sauver des vies. Dans de tels cas de figure, une insistance, par ailleurs parfaitement compréhensible, sur l'importance de l'explicabilité dans les mécanismes institutionnels de reddition de comptes risque de créer une tension entre les mécanismes de contrôle de l'accomplissement d'une mission institutionnelle, et l'accomplissement effectif de cette mission. Il n'existe pas à l'heure actuelle de formule simple pour justifier ou refuser l'emploi de modèles opaques, tant les facteurs contextuels spécifiques à chaque décision jouent un rôle majeur.

Comme dit en introduction, la conception de l'algorithmisation comme bureaucratisation m'est venue en premier par l'examen des débats sur l'équité des décisions algorithmiques. L'algorithmisation constitue le degré ultime d'une tendance profonde des sociétés modernes à la recherche d'une plus profonde équité par la dépersonnalisation de la prise de décisions. Cette dépersonnalisation est fondée sur ce que j'ai appelé une anthropologie de la faillibilité : puisque les individus humains se montrent en moyenne incapables de dépasser leurs préjugés et « biais cognitifs », la seule manière d'atteindre l'équité dans la prise de décision massifiée serait d'avoir recours à des mécanismes objectifiés pour être mieux détachés des faiblesses humaines. Il ne s'agit pas là d'une rhétorique tout à fait originale. Dans la justification politique des institutions, le portrait tiré au noir des faiblesses humaines est une figure de style courante. Comme le *Léviathan* justifiait le pouvoir absolu du monarque par l'inéluctabilité de la guerre de tous contre chacun dans l'état de nature, les thuriféraires de l'algorithmisation défendent l'automatisation algorithmique comme la seule voie de sortie pour des individus dévorés par leurs faiblesses psychologiques et idéologiques.

Tout comme la justification du pouvoir du monarque dans le *Léviathan*, cette justification de l'algorithmisation souffre à la fois d'une anthropologie simpliste, et d'une vision un peu trop idéalisée de l'institution. Il me semble qu'à l'heure actuelle la littérature en éthique de l'IA a beaucoup, et parfois très bien insisté sur la seconde branche de la critique. Les critiques des insuffisances et biais dans les données, la possibilité d'encoder des préjugés dans la conception même des modèles, l'absence structurelle de confrontation à des données pouvant falsifier les prédictions du modèle, et les boucles d'auto-confirmation que cette absence peut engendrer : tout cela a été dit, et bien dit. Dans la démarche de contextualisation historique qui est la nôtre, il était nécessaire de souligner que nombre de ces critiques ne sont pas entièrement nouvelles : elles reprennent des remarques faites de manière dispersée sur la collecte des données par les institutions, les limites et erreurs typiques de l'analyse statistique, l'analyse des politiques publiques ou la philosophie des modèles scientifiques. En revanche, il paraît nécessaire d'éviter une caricature qui condamnerait les modèles nés du ML à ne faire que s'enfermer dans la confirmation des préjugés et traitements inéquitables du passé, et ce pour deux raisons distinctes. La première, plus optimiste, est que la modélisation en ML peut mieux faire qu'un inductivisme grossier, et que la recherche en équité dès la conception fournit des outils assez puissants d'analyse des biais statistiques. La seconde, plus pessimiste, est que le ML pourrait très bien contribuer à créer de nouvelles formes de discrimination, que leur nouveauté et leur origine automatique pourraient rendre beaucoup plus subreptices, mais pas nécessairement moins dévastatrices. Il y a là des raisons de s'inquiéter, et encore très peu de travaux sur le sujet.

La première branche du dilemme, celle qui porte sur les limitations de l'être humain, mériterait d'être beaucoup plus explorée : à force de lire des articles en éthique de l'IA, on pourrait croire que les êtres humains sont incapables de faire autre chose que d'éructer des préjugés racistes ou sexistes. Ce n'est pas pécher par optimisme que de dire que la prise de décision humaine, y compris dans les contextes bureaucratiques, est quelque peu plus complexe que cela, et mériterait, y compris dans l'analyse de ses faiblesses, un portrait un peu plus subtil. Sans une telle compréhension, l'analyse comparatiste nécessaire à la discussion des effets de l'automatisation ne peut tout simplement pas avoir lieu, et il ne me semble pas exagéré de dire que dans l'état actuel de l'art elle n'a pratiquement pas lieu. Pour changer cet état de fait, en plus d'une anthropologie un peu plus subtile, il faudrait une prise en compte des pressions institutionnelles qui s'exercent sur la prise de décision humaine dans un contexte bureaucratique, prise en compte qui nous ferait sortir du psychologisme qui domine la discussion sur les biais de la décision. Il faudra aussi que la comparaison entre l'humain et la machine ne soit pas d'emblée posée dans des termes qui soit avantagent la machine, soit réduisent l'être humain à une machine compatissante. Une véritable compréhension des effets de l'automatisation, pour s'en réjouir comme pour la déplorer, mérite que l'on sorte de ces caricatures et oppositions faciles : l'éthique des algorithmes doit encore développer un vrai cadre de conception des effets éthiques de l'automatisation. Elle nécessite aussi qu'on s'interroge sur les raisons même pour lesquelles on se livre à cette comparaison, qui ne devraient pas être sur un duel narcissique entre les capacités de l'Humain et de la Machine, mais une véritable réflexion sur les vertus que l'on cherche à atteindre dans la décision bureaucratique, et les moyens par lesquels nous pouvons obtenir ces vertus.

Dans notre approche comparatiste, nous avons souhaité comparer les discussions de l'équité dans le ML avec les discussions sur un algorithme extérieur à l'IA, et nous avons choisi le cas célèbre de Parcoursup. Nous en avons tiré deux leçons essentielles. La première est l'importance, pour la conception d'une décision équitable, d'une prise en compte des limitations épistémiques de la décision bureaucratique. Même à l'heure des données massives et des traitements algorithmiques rapides et sophistiqués, cette dernière est fréquemment soumise à de multiples limitations dues aux manques de données et aux imperfections de la modélisation formelle. Puisque ces limites sont pratiquement indépassables, il est nécessaire de les admettre d'emblée dans toute discussion de l'équité en contexte bureaucratique. Lorsqu'on parle en particulier de l'accès à des biens sociaux sous tension, il faut rompre avec le fantasme de la possibilité d'un ordre total entre les individus : il est normal qu'une procédure donnée ne puisse départager entre deux individus, et la question se pose alors des modalités du départage. En particulier, l'idéal méritocratique se voit ainsi imposé des limitations sévères dans le contexte de la décision algorithmique. À ces contraintes épistémiques s'ajoutent les autres contraintes pratiques, notamment temporelles, imposées par la massification de la décision. La bureaucratisation, et sa forme particulière qu'est l'algorithmisation, est souvent une tentative de gestion des flux. Ignorer un élément fondamental du contexte de ce type de décision, à savoir qu'elles sont des décisions affectant des masses sous des contraintes très strictes, ne peut mener qu'à rater complètement son objet d'un point de vue théorique, et à mener à des décisions aberrantes d'un point de vue pratique. Dans le cas de Parcoursup, la partie humaine de la décision, protégée par le secret des délibérations des jurys, se trouve dans les faits être bien souvent aussi automatisée que la partie algorithmique, et il ne saurait en être autrement vu les contraintes pratiques. L'application de deux régimes juridiques différents à des décisions faites selon des modalités identiques ne peut mener qu'à plus d'opacité et de controverse, et certainement pas à plus d'humanité. Toute discussion de l'algorithmisation ignorant les contraintes de la massification se condamne à de telles aberrations.

La deuxième leçon est l'importance d'une conception de l'équité qui ne se réduise pas à l'absence de biais. L'équité ne se réduit pas à l'ignorance délibérée de différences entre les individus qui ne devraient pas être pris en compte, elle peut aussi signifier la prise en compte des différences entre les individus pertinentes et licites pour la décision considérée. Sans cette prise en considération, une décision parfaitement dénuée de biais contre toute population, comme une décision aléatoire, peut sembler inéquitable, parce qu'elle produit une décision qui ne semble pas fondée en raison. Il s'agit là d'un sujet qui est à notre connaissance largement ignoré par la littérature en éthique des algorithmes, et qui mériterait plus d'attention. Il ne faut pas réduire la question de l'équité à l'absence de biais discriminatoires, et élargir la focale à l'espace des raisons légitimes justifiant de créer une différence entre individus.

Pour introduire l'équité en ML, l'étude du cas COMPAS était pratiquement incontournable, tant il est devenu un *locus classicus* de la littérature. L'analyse du cas est d'une grande complexité, tant il accumule les problèmes. Il a d'abord permis l'introduction dans le système judiciaire américain d'algorithmes protégés par la propriété intellectuelle, et légitimer l'emploi de boîtes noires dans une décision judiciaire cruciale sur la base d'une confusion entre explicabilité locale et explicabilité globale. Outre le biais classiste créé par la concentration du système judiciaire sur le crime dit « de rue », l'emploi punitif des déterminants sociologiques constitue un retournement pervers de l'usage institutionnel de ces déterminants, qui constitue en soi un geste discriminatoire, puisqu'il mène à légitimer un châtiment par des propriétés sociologiques hors du contrôle de la personne incriminée. Si l'usage institutionnel de ces algorithmes est parfois loin d'une dystopie répressive entièrement fondée sur la répression préventive, un tel retournement introduit un virus dans la philosophie de la peine, virus qu'il faudrait extirper avant qu'il ne se propage. La corrélation très forte entre les déterminants sociologiques et les discriminations raciales a fait passer presque inaperçu ce retournement, mais il convient de lui prêter attention parce qu'il a la capacité peu désirable d'être généralisable en dehors des contextes usuels de discrimination. Là encore, la question des limites épistémiques du pouvoir bureaucratique ressurgit, mais sous la forme des limites qu'on doit lui imposer. Le cas COMPAS montre que la démarche prédictive n'est non seulement pas la compagne nécessaire de l'équité, mais qu'elle peut même être son adversaire : la justice peut aussi imposer de ne pas savoir, et de ne pas prédire.

Mais si le cas COMPAS est devenu si célèbre, c'est avant tout par l'accusation de racisme formulé à son égard, et la discussion sur les métriques de l'équité que cette accusation a enclenchée. La littérature sur les métriques statistiques de l'équité a ensuite démontré que le cas COMPAS n'était pas une exception, mais un exemple d'un problème générique, nommé « incompatibilité des métriques de l'équité ». Sous les hypothèses réalistes d'un modèle imparfait et d'une distribution des taux de base différente selon les populations, plusieurs définitions naturelles et intuitives de l'équité ne peuvent être optimisées en même temps. Si ce résultat est d'une pertinence indiscutable, son sens philosophique exact reste à déterminer. D'aucuns défendent encore qu'une métrique comme la calibration mérite d'être considérée comme la vraie métrique de l'équité, tandis qu'un certain pluralisme prévaut dans l'ensemble de la littérature : reste à savoir si ce pluralisme invite à un usage contextuel des métriques, où l'une pourra se voir prioritiser selon les caractéristiques de la décision, ou si doit prévaloir une vision pessimiste de « l'impossibilité de l'équité ». Si, et ce n'est pas la moindre des hypothèses, les institutions prêtent attention à cette littérature, elle devrait favoriser une discussion fine de la quête de l'équité, notamment dans les politiques publiques, bien éloignée de tout fantasme positiviste ou technocratique.

Par manque d'espace, nous avons dû laisser de côté nombre de sujets de cette littérature, comme la notion d'équité individuelle et sa relation à l'équité de groupe, ou les limites d'une approche en boîte noire de l'équité. Nous souhaiterions aussi voir se développer une interrogation plus profonde sur la réduction de concepts sociaux, notamment les concepts d'appartenance à une population, à une variable mathématique. L'appartenance identitaire s'analyse à tout le moins en l'identité que l'individu s'attribue (identité déclarée), l'identité qu'autrui attribue à ce même individu (identité perçue), et l'identité que l'individu croit qu'Autrui lui attribue (identité réfléchie). Si ces trois concepts d'identité entretiennent des relations intenses, ils ne sont pas identiques dans leur extension, et ne se mesurent pas de manière similaire. En outre, il est relativement évident qu'on n'emploie pas le même concept de race lorsque l'on dit « les Noirs ont une plus forte probabilité de souffrir d'un glaucome » et « les Noirs font l'objet de discriminations à l'embauche ». Le premier concept désigne une réalité physiologique – le taux de mélanine dans la peau – tandis que le second désigne la construction sociale d'un groupe : la réalité physiologique continuerait d'exister même dans un monde où la discrimination raciste serait un lointain souvenir. Toutes ces subtilités sont bien souvent perdues dans la littérature sur l'équité des algorithmes, où l'appartenance à une population est réduite à un nombre dans une colonne. Il reste beaucoup à faire pour répandre les connaissances venues des sciences sociales dans la communauté informatique, et pour interroger la spécificité de l'apprentissage automatique dans l'emploi de ces variables.

L'éthique des algorithmes et de l'IA doit affronter un autre thème classique de la littérature sur les institutions bureaucratiques, à savoir le respect de la vie privée et ses relations avec les libertés publiques et la nature démocratique des régimes politiques. Depuis leurs formes les plus anciennes comme pouvoir scribal, les institutions bureaucratiques sont largement dédiées à la collecte de données sur les populations, et à l'emploi de cette connaissance dans l'exercice du pouvoir. La manière dont cette asymétrie de connaissances entre institutions et individus façonne les relations de pouvoir est donc une question cardinale du fonctionnement des sociétés hiérarchisées. L'informatisation en général, et l'algorithmisation et le ML en particulier, ont eu un impact immense sur ces questions. Depuis deux décennies, nous vivons indubitablement dans l'âge d'or de la surveillance. Jamais les institutions, publiques et privées, n'ont possédé autant de données sur autant d'aspects de l'existence des individus, et autant de moyens pour les analyser. Le caractère subreptice de la surveillance numérique a en outre permis une invasion de la vie privée sans les usuelles réactions d'autocensure typiques des régimes autoritaires : jamais les institutions n'ont donc eu un tel accès qualitatif à l'intimité des individus.

Face à ces évolutions, il est naturel de s'interroger sur le renforcement du pouvoir des régimes autoritaires, et sur la possible dérive autoritaire des régimes démocratiques. Si légitimes qu'elles soient, ces interrogations sur les dimensions politiques bien connues de la surveillance ne doivent pas nous aveugler sur les nouveaux enjeux. Ce qui s'est massivement développé dans les sociétés démocratiques avec la surveillance, ce ne sont pas tant les pratiques répressives de la censure et de la répression des adversaires politiques, que la capacité à cibler des messages sur des segments de plus en plus fins de la population, notamment par le biais de la publicité ciblée. Si ces pratiques sont moins terrifiantes que les camps de la Kolyma, elles n'en ont pas moins un potentiel délétère profond. Le capitalisme de surveillance est largement une économie de la manipulation : elles visent à exploiter autant les informations collectées et inférées que les faiblesses psychologiques des individus pour les rendre plus perméables à une influence insidieuse. Non seulement ces pratiques, lorsqu'elles envahissent l'espace médiatique et les campagnes électorales, ne sont pas un gage de santé démocratique, mais elles représentent également un détournement des capacités économiques des fins de production à des fins de manipulation et d'extraction. À l'heure où les économies modernes doivent affronter le défi titanesque du changement climatique, il y a sans doute mieux à faire qu'accumuler de la connaissance sur les individus pour extraire quelques billets de plus de leurs poches.

Comme nous l'avons rappelé dans notre étude de cas comparative, une bonne partie des pratiques du capitalisme de surveillance n'a rien à voir avec l'apprentissage automatique. Une version systématisée du croisement d'informations suffit ainsi amplement à menacer de mort l'anonymat en ligne. Mais il a cependant joué un rôle immense dans le développement de cette branche de l'économie du numérique. L'apprentissage automatique joue tout d'abord un rôle fonctionnel d'incitation à la collecte : les données massives n'ont de sens que si elles peuvent être analysées, et l'apprentissage automatique a justement promis aux institutions de nouvelles capacités de valorisation des données. Il a aussi été la source de nouvelles techniques de surveillance comme la reconnaissance faciale, qui promet, si elle était acceptée dans ses formes les plus puissantes, de faire suivre à la mort de l'anonymat en ligne celle de l'anonymat dans l'espace public. Mais c'est probablement le développement de modèles prédictifs du comportement des utilisateurs en ligne qui a constitué un des moteurs les plus puissants du capitalisme de surveillance. Ces nouvelles capacités d'inférence sont d'autant plus invasives qu'elles ruinent la capacité des individus à anticiper ce qu'ils révèlent d'eux-mêmes par leur comportement, et permettent d'inférer ce qui est privé à partir de données publiques.

Ces nouvelles capacités d'inférence appellent une interrogation renouvelée sur le concept de vie privée, ce concept si subtil qui va de l'intimité psychique des individus à notre droit à comprendre comment nous sommes perçus, et quelles représentations les institutions forgent de nous. Là encore, l'opacité du ML pose des défis particuliers, tant elle vient complexifier et obscurcir ce processus de construction d'une identité institutionnelle des individus. Comme l'ont bien souligné certains historiens de la vie privée, le processus de privatisation, ou de construction d'une sphère de l'existence libérée du regard d'Autrui et des institutions, est inséparable de la construction de l'État moderne[1]. Les innovations radicales dans les connaissances accumulées par les institutions invitent certainement à une reconceptualisation de la vie privée, et du rôle que nous voulons qu'elle joue dans l'équilibre politique de nos sociétés, dont nous n'avons fait ici qu'esquisser les contours. À l'heure où nous écrivons ces lignes, les débats en cours sur la reconnaissance faciale, les procédures juridiques en cours aux États-Unis contre certains géants du numérique, tout comme le débat sur une proposition de loi européenne encadrant l'usage de l'IA, promettent de nouvelles révélations, tout comme de nouvelles opportunités politiques de mettre ces questions sur le devant de la scène.

Comme de coutume au moment de conclure un tel travail, l'auteur de ces lignes ne peut que se sentir quelque peu écrasé par la modestie relative du chemin parcouru face à l'immensité du territoire encore à découvrir. L'algorithmisation en général, et l'algorithmisation par l'IA en particulier, sont des phénomènes immenses, tant dans leurs dimensions que dans leurs variétés internes, et aucun individu ne peut prétendre l'embrasser dans son entièreté. La littérature embrassée ici, tout comme les quelques études de cas qui ont été menés pour cet ouvrage, ne peuvent guère prétendre à l'exhaustivité face à un phénomène aussi vaste. L'auteur de ces lignes ne pourra donc se consoler qu'en espérant qu'elles puissent inciter d'autres à joindre leurs forces à la sienne.

---

1. Voir l'introduction de G. Duby and Ph. Ariès, *Histoire de La Vie Privée*, t. 4, *op. cit.*

Remerciements

Il est des moments où l'auteur en vient à douter de sa propre existence comme sujet écrivant, et à se voir comme le simple point de rencontre de divers courants d'influence. Si je ne peux prétendre résoudre cette question de métaphysique de l'autorat, la politesse comme la transparence m'obligent à reconnaître l'existence de mes différents affluents, à tout le moins ceux dont le rôle fût si direct et si sensible qu'il est resté gravé dans ma mémoire.

Tous deux venus des mathématiques et de l'informatique, Maxime Darrin et Edwige Cyffers ont *de facto* été mes premiers étudiants en master, puisque j'ai pu exercer auprès d'eux, grâce à l'aimable complicité d'Alberto Naibo et Marco Panza, l'auguste fonction de directeur fantôme. Ils m'ont fait découvrir que le plaisir de l'enseignement peut être décuplé par le colloque singulier, et que certains étudiants mériteraient que leurs professeurs les payent pour passer du temps avec eux. Ils m'ont aussi fait découvrir la joie la plus profonde du directeur, à savoir celui d'exploiter leur travail à mon compte sans aucune vergogne, en particulier pour les études de cas sur COMPAS et Parcoursup. Pour cette deuxième étude, je me dois aussi de remercier Julien Gossa, dont le travail critique original m'a été du plus grand secours.

Je me dois aussi de remercier ceux qui m'ont fait suffisamment confiance pour m'offrir les conditions matérielles nécessaires à ce travail, c'est-à-dire des personnes, et non des institutions. Il s'agit tout d'abord de Cyrille Imbert, Anna Zielinska et Christophe Cerisara, pour mon séjour passé à Nancy, puis de Peter Schröder-Heister, Thomas Piecha et Reinhard Kahle, pour mon séjour à Tübingen.

Mon ami l'historien de l'économie Julien Villain m'a été d'une si grande aide, notamment dans la rédaction du premier chapitre, que les simples remerciements semblent faibles. Disons qu'il a fait de son mieux pour éviter que je ne fasse de « l'histoire de philosophe », et s'il ne saurait être tenu pour responsable des approximations du résultat final, il est probablement le principal responsable de ses qualités.

Il me faut aussi remercier les membres du projet PROGRAMme dont les apports ont nourri cet ouvrage. Je dois penser en tout premier lieu à Henri Stéphanou, dont la finesse et l'expérience dans l'industrie informatique ont été maintes fois une planche de salut intellectuelle. Liesbeth de Mol, Selmer Bringsjord et Tomas Petricek ont aussi exercé une influence aussi discrète que décisive.

TABLE DES MATIÈRES

Achevé d'imprimer en octobre 2024
sur les presses de
La Manufacture - Imprimeur – 52200 Langres
N° imprimeur 240754 – Dépôt légal : octobre 2024
Imprimé en France